유럽영화감독1

유럽영화감독1

1판 1쇄 인쇄 발행일 2019년 11월 13일

지은이 서곡숙·정동섭 외
펴낸이 성일권
펴낸곳 (주)르몽드코리아
편집인 서화열
디자인 박희원
인쇄 조광프린팅
독자서비스 info@ilemonde.com

(주)르몽드코리아
주소 서울시 마포구 양화로1길 83 석우빌 1층
홈페이지 www.ilemonde.com

ISBN 979-11-86596-15-9

Luca Guadagnino

Luis Bunuel

Stanley Kubrick

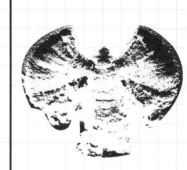

Michel Gondry

Rainer Werner Fassbinder

Ken Loach

Alejandro Amenabar

유럽 영화 감독1

서곡숙, 정동섭 외 지음

Le Monde +

Dardenne BROTHERS

Michael Haneke

Pedro Almodovar

Lars Von Trier

Wim Wenders

| 차   례 |

제1부 노동의 소외와 사회의 모순

1장 미카엘 하네케 ― 중산층 부르주아의 어두운 본성과 끝나지 않는 화두   서곡숙

2장 장-피에르 다르덴, 뤼크 다르덴 ― 보이는 세상, 안 보이는 가치   박태식

3장 켄 로치 ― 좌파 영화감독을 넘어 스타일이 되다   서성희

제2부 영화적 일탈과 예술의 경계

4장 라이너 베르너 파스빈더 —
한 줌의 현실 타협도 용납지 않는, 영화적 혁명의 산 정신

남병수

5장 알레한드로 아메나바르 — 장르영화의 대가

박태식

6장 페드로 알모도바르 — 악동(惡童)에서 거장(巨匠)으로

정동섭

제3부 불안한 영혼과 이방인의 노래

7장 라스 폰 트리에 — 영화 속에 육화(Incarnation)된 종교적 이미지　　지승학

8장 루카 구아다니노 — 감정을 착취하지 않는 감각　　최재훈

9장 빔 벤더스 — 분열과 좌초 너머에서 발굴한 존재의 서사　　안치용

제4부 욕망의 현실과 환상의 매혹

10장 루이스 부뉴엘 — 초현실주의, 그리고 은밀한 욕망(欲望)　　　정동섭

11장 미셸 공드리 — 현실과 환상의 경계 넘기　　　조한기

12장 스탠리 큐브릭 — 개인의 욕망·광기와 국가의 폭력　　　서곡숙

남병수

비평가. 1986년 출생. 본명은 병수, 필명인 유랑은 유목늑대라는 뜻을
가진다. 문자 그대로 사회적 동물인 늑대의 이미지로부터 착안해낸 이
름이다. 이 짐승은 홀로 쏘다니며 늘 고독한 단독자의 길을 열어가지
만, 자유로운 발길이 내딛는 걸음이란 사실 언제나 공동체의 생존이라
는 목적에 닿아있다. 이것이 내가 생각하는 비평가의 초상이다. 만일
주된 관심사에 대해 묻는다면, 긴 설명 대신 두어 가지 화두로 갈음해
볼 수 있을 게다. 먼저는 비평의 비평다움에 대한 성찰 곧 에세이도 논
문도 아닌 독특한 쓰기/읽기 형식으로서의 비평이 과연 무얼 할 수 있
으며 또 어떤 몫을 감당해야만 하는지에 대한 고민일 테며, 그 다음은
다분히 관념적인 정치철학의 선언 대신 예술이 제시할 수 있음직한
실존적·연대적 구원의 가능성을 끝끝내 소명해내고야 말겠다는 갈증
이라고 할 터이다. 2017 조선일보 신춘문예와 한국영화평론가협회상
을 통해 비평가로서의 이력을 시작했다. 현재 연세대 일반대학원에서
비교문학을 공부하고 있다.

박태식

서강대 영문과를 졸업했고 독일 괴팅엔 대학에서 신학으로 박사학위
를 받았다. 현재 성공회대 교수로 재직 중이다. 월간 <에세이>를 통해
에세이스트로 등단했으며 월간 <춤>으로 영화평론가로 입문했다. 한
국영화평론가협회 회원이자 국제영화비평가연맹 회원으로 활동하고
있으며 부산국제영화제 심사위원을 역임한 바 있다. 영화 관련 저서
로는 『영화는 세상의 암호』 1,2,3권, 『그것이 옳은 일이니까요』
(2017년 문광부 문학부문 추천도서)가 있다.

서곡숙

서울대학교 국어국문학과를 졸업하고, 동국대학교 연극영화과 대학원에서 석사와 박사 학위를 받았다. 산업자원부 산하 기관연구소 경북테크노파크에서 문화산업 정책기획 선임연구원, 팀장, 실장으로 근무하였다. 현재 비채 문화산업연구소 대표로 있으면서, 세종대학교 겸임교수, 한국영화평론가협회 기획이사, 서울영상진흥위원회 위원장, 르몽드 시네마 에디터 등으로 활동하고 있다. 저서로는 『코미디와 전략』, 『코미디와 웃음』, 『코미디와 패러디』, 『코미디와 가면』, 『영화와 N세대』, 『영화의 장르, 장르의 영화』(공저) 등이 있다.

서성희

영화평론가. 청주대 연극영화학과에서 시나리오를 쓰고 세 편의 단편영화를 연출하고, 졸업 후 (주)한국영화기획정보센터와 (주)이우영상 기획실에서 일했다. 퇴사 후 경북대에서 「영화에 대한 기대가 관람 후 지각된 성과와 만족에 미치는 영향」(경영학과)으로 석사학위를, 동국대에서 「여성 복수영화의 장르적 진화연구」(연극영화학과)로 박사학위를 받았다. 지금은 지역 영화 생태계를 살리는 일에 관심을 기울이며, 영화에 관한 말과 글로 생계를 유지하고 있다. 현재 르몽드 시네마 부에디터이자, 대구경북영화영상사회적협동조합 이사장으로 독립영화전용관 오오극장 대표, 대구영상미디어센터장과 대구단편영화제 집행위원장으로 활동하고 있다.

안치용

지속가능저널 발행인 겸 한국CSR연구소 소장이다. 한국사회책임네트
워크 집행위원장으로 지속가능 및 사회책임 의제를 확산하고 관련 정
책을 수립하는 데 힘을 보태는 한편 지속가능바람학교를 운영하며 대
학생·청소년들과 미래 의제를 토론하고 공유하는 데 노력을 기울인다.
가천대 저널리즘 MBA 주임교수, 카이스트 경영대학원 대우교수, 한국
외대와 경희대의 겸임교수를 지냈고, 대학과 산업계, 시민사회에서 기
업의 사회적 책임(CSR)과 지속가능성을 주제로 많은 사람들과 대화를
나누고 있다. 전 경향신문 기자. 연세대학교 문과대학을 졸업하고, 서강
대(경제학)와 경희대(경영학)에서 석·박사를 받았다. 영화평론가로도
활동하고 있다. 『한국자본권력의 불량한 역사』 등 약 20권의 저역서
가 있다.

정동섭

영화평론가이자 영화연구자. 한국영화평론가협회 및 한국영상영화치
료학회 회원. 영상영화심리상담사(1급). 고려대학교(학사)와 스페인 마
드리드 주립대학(석사)을 거쳐 마드리드 국립대학에서 문학박사학위
취득. 이후 한국예술종합학교 영상원에서 영화사 및 영화이론 전공(전
문사). 현재 전북대학교 스페인·중남미학과 교수로 재직하며, <르몽드
디플로마티크>와 계간 <인간과 문학>에 영화평론 기고 중. 번역서로
『스페인 영화사』, 『바람의 그림자』, 『스페인문학의 사회사』 등
이 있고, 『돈 후안: 치명적인 유혹의 대명사』, 『영화로 보는 라틴 아
메리카』 등의 책을 썼다.

조한기

건국대학교에서 국어국문학과 문화콘텐츠학을 전공했다. 서울 마을
예술창작소 [영화관 풋잠]에서 프로그래머 활동을 하고 있으며, 서울
자유시민대학 등에서 강의하고 있다. 2018 한국영화평론가협회상 신
인평론상과 2018 한국콘텐츠진흥원 주관 만화 비평 공모전 대상으로
등단했다. <르몽드 디플로마티크>의 '시네마 크리티크', 한국콘텐츠
진흥원 <지금, 만화>, 한국경제신문 <텐 아시아> 등에서 평론을 기고
중이다.

지승학

1974년생. 2011년 동아일보 신춘문예 영화평론부문에 이창동 감독 영화 '시'에 대한 글, "시의 가치를 생각하다."로 등단하였다. 2015년 '선(line)의 인간학 연구'로 박사학위를 취득하여 현재 고려대학교 응용문화연구소 연구교수로 재직 중이며 홍익대, 고려대에서 영상문화 관련 강의를 하고 있다. 공저로 『신데렐라 최진실, 신화의 탄생과 비극』, 『전염의 상상력』, 『영화와 관계』, 『미국영화감독1』 등이 있고, 공역으로 『타르드 다시 읽기』가 있다.

최재훈

최재훈은 늘 길이 끝난 후에 여행이 시작된다고 생각한다. 한국예술종합학교 연극원 졸업 후 국립오페라단 공연기획팀장을 거쳐 현재 서울문화재단에서 근무하며 예술가 지원사업 및 국제교류 사업 등을 기획, 운영하고 있다. 2017년 제37회 영평상 신인평론 최우수상을 수상하며 등단한 후 <르몽드 디플로마티크>, <텐 아시아> 등에 영화 비평을 정기기고하고 있으며, 공연예술에 대한 현장 경험을 바탕으로 월간 <객석>, 월간 <미르>, <문화플러스 서울> 등 문화예술 전문지에 영화 및 공연예술 관련 칼럼을 고정 연재하고 있다.

|서 문|

서곡숙·정동섭

　　『유럽영화감독1』은 르몽드 아카데미가 『영화의 장르, 장르의
영화』, 『미국영화감독1』에 이어 세 번째로 기획한 영화 강의교재
로 9명의 필자가 12명의 유럽영화감독에 대해 서술한 책이다. 『미
국영화감독1』과 마찬가지로 이번에 출간하는 『유럽영화감독1』
도 크게 두 가지 목표를 위해 기획되었다. 우선, 영화를 좋아하는 독
자가 전문적 지식이 없어도 재미있게 읽을 수 있는 교양서를 만들고
자 하였다. 다음은 르몽드 시네마 아카데미에서 열리는 영화 강좌를
위한 교재를 만드는 것이다. 매달 한 명의 감독을 선정해 강의를 진행
하기 위해 책의 구성도 12장으로 이루어졌다. 여기 고른 12명의 감독
은 가장 훌륭한 영화감독이라기보다는 우선 선정된 감독이라는 것을
밝힌다. 향후 제2, 제3의 '유럽영화감독'에 이번에 빠진 감독들이 포
함되기를 기약한다.
　　이 책은 총 4부로 이루어져 있다. '제1부 노동의 소외와 사회의 모
순'에서는 중산층 부르주아의 어두운 본성을 파헤친 미카엘 하네케,
세상 속 보이지 않는 가치에 주목한 다르덴 형제, 날카롭게 현실을 비
판하는 켄 로치를 다룬다. '제2부 영화적 일탈과 예술의 경계'에서는
영화적 혁명을 추구하는 라이너 베르너 파스빈더, 장르영화의 대가
알레한드로 아메나바르, 스페인영화계의 거장 페드로 알모도바르를
분석한다. '제3부 불안한 영혼과 이방인의 노래'에서는 육화된 종교
적 이미지를 구현하는 라스 폰 트리에, 감정을 착취하지 않는 감각을
형상화하는 루카 구아다니노, 분열과 좌초 너머 존재의 서사를 노래
하는 빔 벤더스를 비평한다. '제4부 욕망의 현실과 환상의 매혹'에서
는 초현실주의의 은밀한 욕망을 표현한 루이스 부뉴엘, 현실과 환상

의 경계를 넘나드는 미셸 공드리, 개인의 욕망과 국가의 폭력을 그린 스탠리 큐브릭을 담아낸다.

영화를 처음 접할 때 배우의 매력, 작품의 아우라, 감독의 작품세계 등의 순서로 보통 관심을 점점 키워 나간다. 영화감독은 영화를 만드는 데 가장 핵심적인 일을 하는 사람이며, 영화 제작을 위해 연기자와 제작진의 활동을 조정·감독하고 촬영 및 편집 등 영화제작 전반에 대하여 총괄한다. 프랑소와 트뤼포, 앙드레 바쟁, 존 그리어슨 등을 중심으로 작가주의의 기틀을 마련한 유럽에서는 감독 자신의 예술적 작품 세계를 공고히 하는 제작 전통을 이어오고 있다. 선정된 12명의 감독들은 시나리오를 중심으로 한 문학의 범주에서 벗어나, 트뤼포의 말처럼 '액션!'과 '컷!'의 명령 사이에서 만든 개성적인 영상미학을 구현하고 있다. 다르덴 형제, 미카엘 하네케, 켄 로치는 72년 칸영화제 역사에서 황금종려상 2회 이상 수상자를 위한 명예의 엘리트클럽 8명에 포함된 감독이다. 다른 감독들도 칸영화제를 비롯하여 해외영화제의 수상작을 다수 배출하여 그 작품세계와 완성도를 입증 받은 감독이다.

『유럽영화감독1』의 공동저자 9명에게 가장 먼저 깊은 감사를 드린다. 남병수, 박태식, 서곡숙, 서성희, 안치용, 정동섭, 조한기, 지승학, 최재훈은 한국영화평론가협회의 신진평론가로서 한국영화비평에서 주요한 역할을 담당하고 있다. 이들은 현재 신문 <르몽드 디플로마티크>의 온라인 영화 섹션 '르몽드 시네마 크리티크'의 필자이면서, 동시에 영화, 문학, 예술, 문화콘텐츠, 신학 등 다양한 분야의 전문가로 활동하고 있다. 아울러 영화 출판 시장의 어려움에도 불구하고 『영화의 장르, 장르의 영화』(2018), 『미국영화감독1』(2019)에 이어 『유럽영화감독1』을 용기 있게 출판해 주신 르몽드 코리아의 성일권 대표님께 감사드린다. 또한 꼼꼼한 교열과 성실한 후속작업으로 책의 완성도를 높여 주신 서화열 팀장님, 신세대 감각의 디자인으로 책의 화사함을 더해준 박희원 디자이너에게도 고마움을 표하고 싶다. 향후 르몽드 아카데미의 기획 하에 『아시아영화감독1』, 『한국영화감독1』 등 감독 후속시리즈를 계획하고 있으므로 독자의 많은 성원을 부탁드린다.

제1부

노동의 소외와 사회의 모순

1장 미카엘 하네케

중산층 부르주아의 어두운 본성과 끝나지 않는 화두

Michael Haneke

서곡숙

미카엘 하네케

<일곱 번째 대륙> 포스터

1. 폭력적인 미디어와 냉담한 유럽 사회 비판[1]

1) 미디어 3부작: 폭력적인 미디어 비판

미카엘 하네케(Michael Haneke)는 오스트리아의 영화감독이며, 연극과 오페라의 연출가이자 TV 영화감독이다. 하네케의 아버지는 배우이자 감독인 프리츠 하네케이고, 어머니는 오스트리아 출신 배우 베아트리스 폰 데겐스치힐드이다. 하네케는 유년 시절 배우나 피아니스트가 되려고 했지만, 꿈을 포기하고 빈 대학에서 철학, 심리학, 연극을 공부했다. 1974년 이후 15년간 오귀스트 스트린드버그, 괴테, 하인리히 폰 클라이스트의 작품을 연극무대에 올리는 한편, 텔레비전 방송국의 고용 감독 일도 병행했다. 대학 졸업 후에는 영화비평가로 잠시 활동하다가, 독일 텔레비전 방송국에서 편집자와 각본가로 일하기도 했으며, 자신이 연출한 연극을 지속적으로 무대에 올렸다. 그는 47살이 되던 해에 프리랜서가 되었고, 장편영화 <일곱 번째 대륙>(Der siebente Kontinent, 1989)을 연출하며 극영화 감독으로 데뷔하게 된다.

하네케는 미디어의 폭력적 속성을 다룬 미디어 3부작인 <일곱 번째 대륙>, <베니의 비디오>(Benny's Video, 1992), <퍼니 게임>(Funny

Games, 1997)을 연출한다. <일곱 번째 대륙>은 삶의 무감각과 단절 감에 빠져들어 현실에 존재하지 않는 미지의 대륙으로 떠나고자 하는 가족을 다룬 이야기이며, 하네케 영화의 폭력적이고 대담한 이야기의 뿌리를 엿볼 수 있다. <베니의 비디오>는 비디오 게임에 중독되어 아무런 감정 없이 살인을 저지르는 중산층 소년들에 대한 반심리적인 묘사로 거센 논쟁을 유발한다. <퍼니 게임>은 중산층 가정의 행복한 휴가에 테러를 가하는 불가사의한 사이코 킬러들의 살인 게임을 기존 스릴러 장르와 전혀 다른 방식으로 전개해 관객들에게 충격을 안겨준다.

<베니의 비디오> 포스터

2) 칸영화제 4부작: 냉담한 유럽 사회 비판

미카엘 하네케 감독은 네 편의 영화로 칸영화제 상을 받는다. 피아노 여교수의 성적 일탈을 그린 <피아니스트>(La Pianiste, The Piano Teacher, 2001)로 2001년 칸영화제에서 심사위원대상을 받고, 이자벨 위페르와 브누아 마지멜이 각각 여우주연상과 남우주연상을 받는다. 중산층을 통해 정치사의 치부를 드러내는 <히든>(Cache, Hidden, 2005)으로 칸영화제 감독상을 받는다. 마을의 기이한 사건을 통해 파시즘과 권위주의를 비판한 흑백영화 <하얀 리본>(Das weiße Band-Eine deutsche Kindergeschichte, 2009)은 하네케에게 칸영화제 황금종려상을 안겨준다. 연달아 황금종려상을 안겨준 <아무르>(Amour, 2012)는 노년의 병마로 사랑이 파괴되는 내용을 담고 있다. <하얀 리본>과 <아무르>로 황금종려상 2회 수상으로 '**엘리트 클럽**'에 이름을 올리게 된다.

<미지의 코드>(Code inconnu: Récit incomplet de divers voyages, 2000)는 인종, 국적, 성별, 계급적 차이를 가지고 있는 인물들이 파리의 한 거리에서 우연한 사건을 통해 충돌하면서 부채살처럼 퍼져가는 파장을 다루고 있다. <늑대의 시간>(Le temps du loup, 2003)에서는 한 가족의 경험으로부터 시작된 세기말의 징후를 다루면서, 동화와 묵시록의 비전을 교묘하게 결합한다.

<미지의 코드>는 유럽 사회의 고질적 병폐인 계급과 계층 간의 소통 문제를 다루고, <늑대의 시간>, <히든>, <하얀 리본>은 실천적 윤리가 부재하는 현 유럽 사회에 대한 알레고리로서 유럽인 스스로 억압한 죄의식을 폭로하는 작품들이다. 초기작들이 오스트리아의 중산층 가족을 중심에 놓고 미디어의 폭력성과 인간의 어두운 본성을

<퍼니 게임> 포스터

칸영화제 엘리트클럽

황금종려상 2회 이상 수상자
1. 알프 셰베리
2. 프랜시스 포드 코폴라
3. 빌 아우구스트
4. 에밀 쿠스투리차
5. 이마무라 쇼헤이
6. 다르덴 형제
7. 미카엘 하네케
8. 켄 로치

<미지의 코드> 포스터

탐구하려 했다면, 프랑스 시절의 하네케는 냉담한 유럽사회를 비판함으로써 유럽 사회 전반으로 시선을 넓혀 주제를 확장한다.

2. <피아니스트>: 억압의 세계와 욕망의 세계의 충돌

1) 억압의 세계: 가정에서의 집착과 피학적 자해 행위

<피아니스트> 포스터

<피아니스트>(La Pianiste, The Piano Teacher, 2001)는 엄마(애니 지라르도)와 사는 우아하고 지적인 피아니스트 에리카 코후트(이자벨 위페르)가 자신에게 첫눈에 반한 금발의 매력적인 청년 발터 클레머(브느와 마지멜)를 만나면서 차츰 드러내는 비뚤어진 사랑과 욕망에 관한 이야기다. 어머니의 비정상적인 집착과 통제 아래 성장해 가학적인 성격과 소통 불능의 인물이 되어버린 피아노 교수 에리카의 삶을 묘사한 이 영화는 성 정체성과 지배/복종 관계라는 도발적인 주제를 다루고 있다. 이 영화는 에리카를 중심으로 엄마와의 갈등, 학생들과의 갈등, 발터와의 갈등을 보여줌으로써, 억압의 세계, 분열의 세계, 욕망의 세계 사이의 충돌을 그리고 있다.

에리카와 엄마의 갈등은 가정에서의 정신적 집착과 경제적 착취를 드러내며, 엄마의 이름으로 행해지는 가부장적 사회에 갇힌 여성의 피해를 통해 '억압의 세계'를 보여준다. 에리카는 자신을 억압하는 엄마에 대한 분노로 엄마와 몸싸움을 하지만 곧바로 화해하고, 유일한 인간관계인 엄마와 한 침대를 사용하면서 엄마의 몸 위에 올라타 키스를 하는 등 애증의 관계를 보여준다.

피학적 성적 판타지

사디즘과 마조히즘은 가학증과 피학증 혹은 사디즘과 마조히즘이라 불린다. 사디즘이라는 말은 프랑스의 귀족 출신 소설가 사드(Marquis de Sade, 1740~1814)의 이름에서 유래되었다. 사디즘은 다른 사람들에게 고통을 주면서 쾌감을 느끼는 성향을, 마조히즘은 이와는 반대로 고통을 받으면서 쾌감을 느끼는 성향을 지칭한다. 둘의 결합을 사도마조히즘이라 부르고, 또 이를 SM이라 줄여 부른다.

아버지의 부재, 엄마의 강박적인 집착으로 세상과 관계를 맺지 못하던 에리카는 발터에 대한 욕망과 긴장감으로 자해행위와 성적 자위행위를 하게 된다. 혼자만의 성적 자위행위와 자해행위는 에리카의 충족되지 않는 욕망과 **피학적 성적 판타지**를 보여준다. 에리카는 성인용품점에 가서 포르노 영상을 보고, 휴지에 묻은 정액 냄새를 맡고, 남녀의 카섹스를 훔쳐보며 자위를 하고, 피학적 성행위를 위한 성인용품을 수집하고, 자신의 성기를 아버지의 면도칼로 자해한다.

카메라는 냉철한 시선과 불균형의 미장센으로 가학적인 엄마와 피학적인 에리카의 관계를 응시한다. 에리카와 엄마의 몸싸움, 화해, 대화의 장면에서, 카메라는 움직이지 않고 고정된 채 두 사람을 지켜본다. 에리카가 자신의 성기를 면도칼로 자해하는 장면에서도, 카메

<피아니스트> 에리카가 실내악 연습을 마치고 성인용품점으로 가는 장면

라는 괴로워하는 에리카의 얼굴과 다리 사이로 흘러내리는 피를 거리를 두고 떨어진 채 지켜본다. 몸싸움한 후 한 침대에 나란히 누운 두 사람을 찍는 투숏 장면에서, 전면에 크게 배치한 엄마, 후면에 작게 배치한 에리카, 두 사람의 어긋난 시선으로 강압적인 엄마로 인한 힘의 불균형과 억눌린 에리카의 상황을 표현한다.

2) 분열의 세계: 지식의 전수/독점과 지배/복종의 성행위

에리카는 엄마의 억압과 경고로 인해 학생들에 대해 가학적 태도를 보이며 갈등을 일으키고, 엄마와 학생들(특히 발터) 사이에서 '분열의 세계'를 보여준다. 에리카는 피아노 교수라는 직업과 엄마의 경고로, 음악 교육에서의 지식 전수와 독점 사이에서 딜레마에 빠지게 된다. 에리카는 학생들에게 무관심한 지도, 조언이 배제된 심한 독설, 연주회 참여 금지 등 가학적인 태도를 보인다. 그래서 엄마의 명령은 이행하지만, 학생들, 학부모들과 갈등한다. 반면에, 에리카는 재능과 매력을 겸비한 발터를 열성적으로 지도하고 발터에 대한 사랑을 키워감으로써, '슈베르트 전문가를 키우지 말라'와 '남자를 사귀지 말라'는 엄마의 두 가지 명령을 모두 위반한다.

<피아니스트> 발터가 에리카의 연주를 처음 듣고 감동하여 미소 짓는 장면

엄마의 집착과 발터의 열정 사이에서 분열되기 시작한 에리카는 타인에 대한 위해행위, 지배/복종의 성행위를 하게 된다. 학생 안나에 대한 발터의 친절한 태도에 에리카가 질투심을 느껴, 유리 조각을 깨뜨려 안나의 코트에 넣어 안나의 손을 다치게 만든다. 화장실에서 에리카와 발터의 지배/복종의 성적 관계는 교수/학생 관계의 연장선상에 놓여 있다. 에리카는 화장실 문을 열어놓은 채 자신의 손이나 입으

로 발터의 성기를 애무하지만 발터의 키스나 애무는 거부함으로써, 공평한 놀이로서의 성행위를 원하는 발터를 당혹스럽게 만든다. 강압적인 엄마로 인해 수동적이고 피학적인 삶을 살아온 에리카는 발터와의 관계에서는 일방적인 지시에 따른 지배/복종의 성행위로 능동적이고 가학적인 역할을 맡고자 한다.

<피아니스트> 에리카가 학생들을 지도하는 모습

<피아니스트> 에리카가 발터를 지도하는 모습

<피아니스트>는 하이 앵글과 미장센을 통해서 에리카의 피아노 지도에서 다른 학생들과 발터를 대비시켜 보여준다. 다른 학생들을 지도하는 장면에서는, 피아노 건반을 두드리는 학생들의 손가락(하이앵글) 혹은 창밖을 내다보는 에리카(뒷모습)를 보여준다. 반면에, 발터를 지도하는 장면에서는, 피아노 건반을 두드리는 발터의 손가락과 옆에 앉은 에리카의 다리(하이앵글) 혹은 발터를 쳐다보는 에리카(앞모습)를 보여준다. 또한 발터가 피아노를 연주하는 장면에서는, 카메라가 점점 다가가며 무심한 태도(익스트림롱숏)에서 감동으로 촉촉하게 젖은 눈(익스트림클로즈업)으로 바뀌는 에리카의 심리 변화를 담아낸다.

<피아니스트> 에리카가 발터의 연주를 듣고 감동하는 장면

3) 욕망의 세계: 피학적 성적 판타지와 이상/현실의 괴리

에리카는 자신의 피학적 성적 판타지를 요구함으로써 발터와 갈등하게 되고, 결국 이상과 현실의 괴리로 고통받는 '욕망의 세계'를 보여준다. 피학적 성적 판타지를 갖고 있는 에리카와 공평한 성적 놀이를 원하는 발터 사이의 성행위는 3단계, 즉 에리카의 가학적 성행위 요구, 에리카의 정상적 성행위 거부, 발터의 가학적 성행위 실행으로 진행된다. 첫째, 에리카는 자신이 원하는 피학적 성적 판타지를 위해 발터에게 가학적 성행위를 지시하지만, 발터는 강간해 달라는 에리카를 미쳤다며 불쾌해한다. 둘째, 에리카는 발터가 원하는 정상적인 성행위를 시도하지만, 긴장감과 두려움으로 기침, 편두통, 구토 등그녀의 육체가 거부감을 보인다. 셋째, 분노한 발터가 가학적인 폭행과 강간을 실행하자, 에리카는 충격을 받아 발터를 살해하려고 하지만 결국 준비한 칼로 자신을 찌른다.

에리카는 누구도 손을 얹어주지 않고 누구도 짐을 덜어주지 않는

자신의 어깨에 칼을 꽂는 자해행위를 함으로써, 성적 판타지의 허상 및 욕망을 표출할 수 없는 현실을 드러낸다. 발터는 에리카의 가학적 성행위 요구와 정상적인 성행위 거부에 모욕감을 느끼지만, 나중에 에리카가 요구한 가학적 성행위를 실행함으로써 에리카에 대한 욕망에서 벗어난다. 반면에, 에리카는 가학적 성행위를 요구하지만 발터에게 거부당하고, 정상적 성행위를 시도하지만 자신의 몸이 거부반응을 보이고, 발터의 가학적 성행위 실행이 자신의 피학적 성적 판타지를 충족시키지 못한다는 점에서 이상과 현실의 괴리를 겪게 된다.

화장실에서 발터가 에리카에게 키스한 후 에리카의 일방적인 성행위 요구에 당황하는 장면

<피아니스트>에서는 인물의 뒷모습, 영상/사운드의 분리, 카메라 숏 크기의 차이 등을 통해 인물들의 관계 변화와 감정이입에서의 차이를 보여준다. 첫째, 발터와 에리카의 뒷모습을 통해 지배/복종의 성적 관계에서의 변화를 보여준다. 전반부 화장실에서는 에리카에게 일방적으로 자신의 성기를 애무 당하는 발터의 뒷모습을 보여주지만, 중반부 아이스링크에서는 정상적인 성행위를 시도하다가 구토하여 발터에게 거부당하는 에리카의 뒷모습을 보여줌으로써, 에리카와 발터의 지배/복종 관계가 전도되었음을 암시한다. 둘째, 영상/사운드의 분리를 통해 감정의 단절을 보여준다. 발터가 에리카를 강간하는 장면에서는, 가해자 발터의 목소리와 피해자 에리카의 상반신 모습을 결합함으로써, 에리카의 지시가 아닌 자신의 분노로 강간하는 발터보다는 사랑이 없는 강간과 이상/현실의 괴리로 고통스러워하는 에리카에게 감정적 동일시를 하게 만든다. 셋째, 영화는 카메라 숏의 크기를 통해서 인물에 대한 거리두기와 감정이입을 대비시킨다. 마지막 장면에서 멀리서 웃으며 인사를 하는 발터(익스트림롱 숏)와 자신의 어깨를 칼로 찌르는 에리카(클로즈업)를 대비시켜 보여줌으로써, 자신을 합리화하며 일상으로 돌아간 발터에게는 거리두기를 하는 반면, 성폭행의 충격과 억눌린 고통으로 괴로워하는 에리카

에게는 감정이입을 하게 만든다.

<피아니스트> 집에서 에리카가 발터에게 피학적인 성적 판타지를 고백하는 장면

<피아니스트> 아이스링크 창고에서 에리카가 발터에게
그가 원하는 대로 하라며 바닥에 눕는 장면

<피아니스트>에서 엄마로 지칭되는 억압의 세계는 닫힌 공간, 어두운 공간인 반면에, 발터로 지칭되는 에리카의 외부세계, 욕망의 세계는 열린 공간, 환한 공간이다. 감옥 같은 이중문, 철창, 검은색, 그늘 등으로 상징된 통제의 세계에서 살아온 에리카의 삶은 비정상적으로 뒤틀려 있다. 명암의 대조, 색채의 대비, 음악·대사의 사용 등을 통해 에리카를 둘러싼 두 세계의 충돌을 보여준다.[2] 이 영화는 철저히 반영웅적인 여성 주인공의 허상뿐인 욕망에 이끌린 삶과 그 해결될 수 없는 충돌의 시각화를 통해 강렬하게 스스로를 소멸시키는 모습을 표현한다.[3] 에리카는 자신의 판타지 실행에 대해 어떠한 지배도 할 수 없으며, 오히려 그것이 자극하는 타인의 쾌락에 종속되어 버린다. 이는 에리카가 동화하는 쾌락의 이론이 진정한 판타지로서 실행

과 소통되지 못하기 때문이기도 하지만, 그보다는 그녀 자신이 스스로의 욕망을 담거나 표출할 수 없는 '현실'이라는 틀 안에 갇혀 있기 때문이다.[4]

<피아니스트>는 미카엘 하네케의 명성이 확고하게 굳어지게 되는 계기를 마련한 작품이다. 에리카와 엄마의 관계는 상대방에게 집착하며 학대를 가하는 한편 서로를 남성의 대체물로 여기는 기이하고도 독특한 모녀 관계를 그림으로써 여성주의 측면에서 새로운 시선을 제시한다. 또한 에리카와 발터의 관계는 인물의 이면과 상반된 변화를 보여준다. 지독한 독설과 냉담한 태도를 보이던 에리카는 상처받기 쉬운 연약한 내면을 드러낸다. 반면에, 공대 졸업생, 피아노 전공자, 하키선수이면서 깊이 있는 이해, 친절한 태도, 아름다운 외모 등 지덕체를 모두 갖춘 발터는 파괴적인 내면을 드러낸다. <피아니스트>는 에리카의 성적 억압과 일탈 행위를 통해 사랑과 욕망에 대한 고정관념을 부수며, 똑같은 장면의 반복, 미세한 변주, 거리두기를 통해 미묘한 심리적 변화를 차갑게 응시하며, 억압의 세계, 분열의 세계, 욕망의 세계 사이에서의 두려움, 갈등, 고통을 그려낸다.

3. <히든>:
감시의 시선과 중산층 부르주아의 음흉한 내면

1) 보이지 않는 감시의 시선: 현실/재현의 혼재

<히든>(Caché, Hidden, 2005)은 조르쥬(다니엘 오떼유)와 안느(줄리엣 비노쉬)가 자신들의 일상사를 찍은 비디오테이프와 섬뜩한 메시지가 담긴 그림을 배달받으면서 파문이 일기 시작하는 내용이다. 이 영화는 '**파리 학살 사건**'이라는 프랑스 정치사의 치부를 중산층의 일상에 접목한 영화이다. <히든>은 보이지 않는 감시의 시선, 마음속 깊은 비밀의 폭로, 중산층 부르주아의 음흉한 내면을 차례로 드러내면서 원제인 '**Caché**'의 세 가지 뜻을 모두 보여준다.

<히든>에서 보이지 않는 감시의 시선으로 인해 가족, 지인, 마지드에 대해 조르쥬의 불신이 커지면서 중산층 부르주아 가정의 평화로운 일상이 깨어진다. TV 문학 토론 프로그램 진행자인 조르쥬의 망각을 깨워 죄의식을 불러일으킨 비디오테이프의 발신자는 끝내 밝혀지지 않음으로써, 영화를 이끌고 가는 메타-주체를 의도적으로 텅

<히든> 포스터

파리 학살 사건

1961년 10월 17일 '파리 학살' 사건은 알제리민족해방전선(FLN)의 호소로 열린 야간통행금지 반대 평화시위에 알제리인 3~4만 명이 결집해서 200여 명의 시위대가 경찰에 맞거나 물에 빠져 죽었으나, 30년 가까이 무거운 침묵이 계속되었던 사건이다.10)

Caché

<히든>의 원제인 'Caché'의 뜻은 세 가지이다. 첫째, 숨겨진, 감추어진, 보이지 않는, 등 뒤에 감추어진 손. 둘째, 비밀의, 표현되지 않은 마음속 깊은 고뇌. 셋째, 음흉한, 음흉한 성격.

빈 기표로 남겨두는 서스펜스 방식을 사용한다. 이러한 '감시 카메라 화면과 주인공인 조르쥬의 현실, 그의 어린 시절의 경험과 현재의 꿈, 알제리와 프랑스의 역사는 서로 횡단하고 구분할 수 없게 되면서 다층화된 기억을 만들어 낸다.'[5] 현실, 영화적 현실, 영화적 현실의 재현 영상, 영화적 현실의 재현 영상을 바라보는 인물 등 영화의 다층적인 구조가 나타난다.

<히든> 조르쥬의 집에서
조르쥬와 아들이 나오는 장면

<히든> 조르쥬가 '피를 토하는
아이' 그림을 보고 자신의 집에서
거리를 내다보는 장면

<히든> 조르쥬 집을 찍은 비디오테이프 영상

<히든>에서 카메라는 감시하는 시선과 현실—재현의 혼재를 보여준다. 일상적인 현실처럼 보이는 영상에 가로줄이 생기는 장면에서, 관객은 비로소 영화적 현실이 아니라 조르쥬와 안느가 지켜보는 비디오테이프 영상 화면이라는 사실을 깨닫게 된다. 관객은 이 과정에서 같은 영상을 바라보지만, 감시의 시선에서 있어서 주체에서 대상으로 관점이 급격하게 전환되어, 범인과 피해자에게 모두 감정이입을 하게 된다. 이때 관객은 조르쥬 부부를 바라보는 시선, 그 시선

<히든> 조르쥬와 안느가 집으로 배달되어 온
감시 영상과 이상한 그림에 대해서 대화하는 장면

을 재현한 화면, 그 화면을 바라보는 조르쥬 부부를 통해 시선의 다층화를 경험하게 된다.

2) 마음속 깊은 비밀의 폭로: 과거의 악몽과 현재의 균열

<히든>에서는 조르쥬의 마음속 깊은 비밀이 폭로되면서, 과거의 악몽에 시달리는 조르쥬, 그의 거짓말에 분노하는 아내, 그의 협박에 고통스러워하는 마지드 사이에 갈등을 일으킨다. 과거 조르쥬 집의 일꾼이었던 아셈 부부는 알제리 시위 때 파리로 갔다가 파리 학살 사건에서 죽임을 당한다. 조르쥬 부모가 책임감을 느껴 아셈 아들인 마지드의 입양을 결정한다. 이를 불편해하고 싫어하던 6살 조르쥬는 마지드가 입에서 피를 토한다는 악소문과 닭의 목을 도끼로 자르며 자신을 위협했다는 거짓말로 마지드를 다른 곳으로 보내게 만든다.

과거 아셈과 마지드 부자(父子) 사건은 희생자인 마지드에게는 이중적인 고통의 '비극', 목격자이자 고용주인 조르쥬 엄마에게는 정신적 부담을 피하고자 하는 '망각', 가해자인 조르쥬에게는 죄책감을 은폐하는 '악몽'으로 각각 나타난다. <히든>에서 '재현된 집단적 죄의식과 개인 책임의 불투명하면서도 불가분한 관계는 포스트모던 인식론과 **포스트콜로니얼** 서사에 존재하는 길항과 중첩의 이중관계를 보여준다.'[6] 가장 부끄러운 '숨겨진' 기억을 아프게 끄집어내 비판하는 성찰의 시선은 프랑스 중산층 부르주아들의 알량한 양심이 밑천을 드러내는 순간까지 밀어붙인다.[7]

<히든> 어린 마지드가 도끼로 닭의 목을 자르고 어린 조르쥬에게 다가오는 장면

<히든> 조르쥬의 집으로 배달되어 온 '입에서 피를 토하는 아이' 그림

<히든>에서 카메라는 먼저 과거 사건에 대한 인물들의 기억을 들려준 후 나중에 실제 과거 사건을 재현해서 보여줌으로써, 가해자,

희생자, 목격자의 간극을 느끼게 한다. 과거 사건 재현 영상에서, 차에서 내린 남녀가 마지드를 강제로 데려가려고 하자, 마지드가 가기 싫다며 달아나고, 조르쥬 부모들은 집 안으로 들어가 버리고, 붙잡힌 마지드는 폭행을 당하고는 차에 실려 간다. 이때 카메라는 앞쪽의 도끼, 중간의 닭, 뒤쪽의 저택을 배치한 후, 마지드가 끌려가는 장면을 익스트림롱숏과 롱테이크를 통해 멀리서 차가운 시선으로 지켜봄으로써, 가해자의 폭력, 희생자의 비극, 목격자의 외면을 적나라하게 드러낸다.

<히든> 어린 마지드가 피 묻은 도끼를 들고 다가오는 장면

3) 중산층 부르주아의 음흉한 내면: 지식인의 은폐와 망각

<히든>은 자신의 잘못을 은폐하고 망각하려는 지식인 계층을 통해 중산층 부르주아의 음흉한 내면을 보여준다. 과거의 비극은 현재의 비극으로 계속 이어지며, 가해자와 희생자의 굴레도 계속 반복된다. 과거에 아셈이 국가의 폭력으로 죽고, 아들 마지드가 조르쥬의 잘못으로 추방되었다. 현재에도 마지드가 조르쥬의 협박으로 자신의 결백을 증명하기 위해 자살하고, 마지드의 아들은 아버지의 죽음과 조르쥬의 무책임한 태도에 고통을 받는다. 마지드에 대한 조르쥬의 협박은 가장으로서의 책임감보다는 타인의 가족을 희생시키더라도 자신의 가족만을 지키려는 부르주아의 이기심을 드러낸다. 조르쥬는 평범한 얼굴 뒤에 숨겨진 추악한 본성이라는 인간의 이중성과 불안감을 보여준다. 그래서 자신들이 겪는 모든 사건의 책임을 마지드 부자에게 떠넘김으로써 정신적 부담을 덜고자 하는 중산층 부르주아의 어두운 본성을 드러낸다.

<히든> 마지드가 자신의 결백을 주장하며 칼로 자신의 목을 긋는 장면

<히든> 마지드가 조르쥬의 협박을 듣고 오열하는 장면

　　<히든>은 반복과 변주, 유사성과 차이, 수미쌍관법 구성을 통해 가해자/피해자의 경계를 허물고 일상/비극을 대비시킨다. 첫째, 다른 시각으로 그려낸 똑같은 사건, 다른 위치에서 그려낸 유사한 행위라는 반복과 변주를 통해 가해자/피해자의 경계를 허문다. 둘째, 카메라는 양쪽 인물에 대한 동일한 클로즈업, 인물 얼굴의 숏 크기 차이를 통해 감정이입에서 유사성과 차이를 강조한다. 셋째, 처음과 끝이 수미쌍관법 구성을 이루면서 희생자의 고통과 가해자의 은폐를 보여주면서, 중산층 가정의 평화로운 일상과 마지드 가족의 비극을 대비시킨다. 넷째, 조르쥬가 캄캄한 방에서 나체로 침대에 눕는 장면은 인물이 무책임과 망각, 거짓말과 은폐의 동굴로 들어감을 암시한다.

<히든> 조르쥬가 자신을 찾아온 마지드 아들을 협박하는 장면

　　<히든>은 <퍼니 게임>보다는 좀 더 심오하고, <늑대의 시간>보다는 좀 더 정제되어 있고, <피아니스트>보다는 좀 더 정치적인 영화다.[8] 조르쥬가 과거에 퍼뜨린 악소문을 재현한 '입에서 피를 토하

는 아이'와 '목이 잘린 닭' 그림은 마지드의 고통과 조르쥬의 죄책감을 동시에 나타낸다. 하네케는 <히든>을 통해 그 상처의 내면을 깊숙이 파고들어, 역사적 과오와 한 지식인이 경험하게 되는 불안과 공포를 교묘히 엮어낸 날카로운 심리 스릴러를 만들어냈다. 가진 자의 위선과 오만, 치유할 수 없는 상처와 죄의식에서 발생하는 **트라우마**를 신랄하게 파고드는 하네케의 집요한 연출력은 때로는 잔인할 만큼이나 강렬하게 관객을 압도하지만, 그가 던진 날카로운 독설 뒤에는 언제나 커다란 슬픔이 존재하고 있다.

<하얀 리본> 포스터

트라우마

트라우마(Trauma)는 신체적, 정신적 외상(外傷)을 말한다. 외상의 사전적 의미는 '사고나 폭력으로 몸의 외부에 생긴 부상이나 상처를 이르는 말'이다. 주로 신체적 외상보다는 심리학과 정신의학에서 말하는 심적·정신적 외상을 의미하는 말로 쓰인다.

4. <하얀 리본>: 권력의 권위주의 비판과 끝나지 않는 희생제의

1) 의사의 집: 금지된 욕망과 기만

<하얀 리본>(Das weiße Band-Eine deutsche Kindergeschichte, 2009)은 1913년 남부 독일의 작은 마을에서 벌어지는 미스터리한 사건들을 그리고 있다. 지극히 평화롭고 고요해 보이는 마을에서 낙마 사건, 사고사, 방화, 폭행사건, 실종 사건 등 끔찍한 사건들이 연이어 발생해 마을은 공포에 휩싸인다. 한편, 아이들은 순결한 영혼의 상징인 '하얀 리본'으로 복종과 순결을 강요당하고, 어른들의 보이지 않는 폭력 속에서 강한 유대감을 형성한다. 이 사건들은 의사의 집, 남작의 저택, 목사의 집을 중심으로 권위주의에 대한 비판과 끝나지 않는 희생제의를 보여준다.

의사의 집과 산파의 집에서 일어난 사건들은 육체적 지도자인 의사의 금지된 욕망과 기만을 드러낸다. 첫째, 낙마 사건에서 피해자인 의사는 불륜, 폭행, 근친상간, 성폭행에서는 가해자임이 드러남으로써, 의사의 낙마는 사실상 가해자 의사에 대한 처벌임이 밝혀진다. 과부인 산파 바그너 부인이 의사의 진실, 즉 아내에 대한 학대, 자신과의 불륜, 딸과의 근친상간을 폭로하자, 의사는 바그너 부인에게 폭언, 폭행, 추방으로 대응한다. 아내를 닮았다거나 아내의 귀걸이를 물려주겠다는 등의 말을 하면서, 의사는 딸 안나에 대한 성폭행과 근친상간을 아내에 대한 사랑으로 합리화한다. 둘째, 칼 폭행 사건은 엄마인 산파 바그너 부인이 아니라 감춰진 아버지인 의사에 대한 처벌임이 밝혀진다. 칼 폭행은 바로 의사의 낙마라는 1차 처벌에도 불구하고

1장 미카엘 하네케 — 중산층 부르주아의 어두운 본성과 끝나지 않는 화두

계속해서 딸을 성폭행하는 의사에 대한 2차 처벌이다. 불륜으로 생겨나 아이를 지우려는 과정에서 장애인이 되었으며 의사의 부도덕성으로 폭행당함으로써, 칼은 의사의 부도덕성에 대한 이중적 처벌의 희생양이 된다.

<하얀 리본> 산파 바그너 부인의 집 창문으로 아이들을 보는 장면

<하얀 리본>에서 의사의 뒷모습, 다소 떨어진 풀숏, 말/행동의 불일치로 의사의 기만을 비판하는 시선을 보여주는 반면에, 눈물을 흘리는 딸에 대한 클로즈업으로 그 고통에 감정이입을 하게 만든다. 의사가 딸 안나를 성폭행하는 장면에서, 침대에 앉아 눈물을 흘리는 안나는 정면을 보여주는 반면, 그녀의 앞에 선 의사는 뒷모습을 보여줌으로써 비판적 시선을 보낸다. 이때 의사는 갑자기 방문을 연 어린 아들에게 말로는 딸의 귀를 뚫어주고 있다고 하지만, 행동으로는 딸의 허벅지 위로 올라간 원피스 잠옷을 밑으로 내림으로써, 말/행동의 불일치로 자신의 기만을 드러낸다.

2) 남작의 저택: 계급적 갈등과 보복

남작의 저택과 농부의 집에서 일어난 사건들은 경제적 지도자인 남작의 보복과 계급적 갈등을 드러낸다. 남작의 저택과 농부의 집에서 일어나는 사건은 여섯 가지이다. 첫째, 남작의 제재소 바닥이 무너져 농부 부인이 사망한다. 둘째, 농부의 큰아들이 남작의 양배추밭을 망쳐 놓는다. 셋째, 남작 아들이 제재소에서 매달려 폭행을 당한다. 넷째, 남작의 창고에서 화재가 발생한다. 다섯째, 농부가 자신의 가족에게 닥칠 피해를 염려해 자살한다. 여섯째, 관리인 아들이 남작 아들의 피리를 빼앗고 물에 빠뜨린다.

남작의 보복 조치와 남작 부인의 도피로 마을 사람들은 일자리를 잃거나 죽음에 처하게 된다. 하지만 실제적인 가해자인 남작 부부는 자신들을 피해자로 위장하고 마을 사람들에게 자신들의 잘못을 떠넘긴다. 그래서 남작 아들에 대한 폭행은 가해자인 남작 부부에 대한 처벌이다. 남작은 아이들 보호와 마을의 평화를 위해 범인을 잡자고 호소하지만 마을 내부에 의심만 불러일으키고, 범인이 잡히지 않자 분노하여 미사에 불참하고 경제적 보복 조치를 취한다. 남작 부인은 악의, 시기심, 무관심, 폭력이 난무하는 곳에서 아이들을 키우기 싫다며 남작에게 이혼을 요구함으로써 자신의 불륜을 합리화한다.

순종과 인내의 삶을 살아온 농부 부부는 남작 부부가 당한 재산상의 손실에 대해 목숨으로 대가를 치른다. 남작의 제재소 바닥 파손으로 농부 부인이 사고사를 당하고, 남작의 양배추밭 파손으로 농부의 큰아들이 경찰에 연행되고, 계속되는 사건의 용의자로 농부의 가족들이 의심받고, 남작이 일자리를 주지 않아 굶주리게 되고, 창고 화재로 자신들에게 닥칠 피해를 염려하여 농부는 자살한다. 남작 부부의 무책임한 행동과 경제적 보복 조치로 폭행을 당한 아들 지기와 죽음을 맞이한 농부 부부가 희생물이 된다.

<하얀 리본> 남작이 마을 사람들에게 연설하는 장면

<하얀 리본> 축제에서 남작 부인과 교사가 이야기하는 장면

<하얀 리본>에서 남작의 저택은 거리를 둔 고정된 카메라로 냉철한 시선을 견지하는 반면에, 농부의 집은 다양한 앵글과 쇼트로 감정이입을 하게 만든다. 남작 부인이 아들 지기의 폭행당한 모습에 오열하는 장면, 남작이 남작 부인의 이혼 요구에 괴로워하는 장면에서, 익스트림롱숏, 롱숏 등 카메라가 거리를 둔 채 지켜봄으로써 남작 부부에 대한 비판적 시선을 보여준다. 반면에, 농부가 죽은 아내의 벌거벗은 하반신을 천으로 덮어주는 장면, 농부의 어린 아들이 죽은 엄마의 얼굴을 덮은 망사천을 벗기려는 장면, 농부의 큰 아들이 목매달아 자살한 아버지의 하반신을 목격하는 장면에서, 미디엄숏, 클로즈

업 등 인물에 근접한 카메라로 농부 가족의 슬픔에 감정이입을 하게 만든다.

<하얀 리본> 농부의 큰아들이 남작의 양배추 밭을 망치는 장면

<하얀 리본> 관리인 아들이 남작 아들의 피리를 뺏고 물에 빠뜨리는 장면

<하얀 리본> 마르틴이 다리 난간 위에서 자살을 시도하는 장면

3) 목사의 집: 가혹한 규율과 은폐

목사의 집과 교사의 집에서 일어난 사건들은 정신적 지도자인 목사의 가혹한 규율과 은폐를 드러낸다. 목사의 집에서는 목사의 가혹한 규율과 처벌로 인해, 아들 마르틴은 자살 시도라는 방식으로 자신의 죄를 묻는 피학적 증세를 보이고, 딸 클라라는 낙마 사건, 폭행 사건, 실종사건 등의 주모자로서 죄를 지은 마을 지도자들이나 그 아이들을 처벌하는 가학적 증세를 보인다. 목사는 아이들의 사소한 잘못에 대해 과도한 처벌을 내린다는 점에서, 잘못을 저지른 자식들에게 반성하라며 팔에 묶어준 '하얀 리본'은 순수의 상징이 아니라 주홍글씨가 된다. 자살 시도를 하는 마르틴, 폭행당한 마을 아이들, 기절하는 클라라, 클라라가 죽인 새 핍시 등은 목사의 가혹한 처벌로 인한 희생양이 된다.

교사의 집은 범죄와 진실을 드러내는 공간인 반면에, 목사의 집은 범죄와 진실을 은폐하는 공간이다. 교사는 마을을 모두 볼 수 있고 모든 사실을 알고 있다는 점에서, 관찰자적 시선, 목격자의 시선, 제삼자적 시선, 지식인의 시선을 보여준다. 교사는 마을 사람들의 이야기를 들어주고 치유해주고 범인을 알아낸다는 점에서, 마을의 지도자들인 의사, 남작, 목사가 하지 못했던 임무를 수행한다. 교사는 목사의 아이들이 범행의 주모자라는 사실을 알고 목사에게 말하지만, 목사는 오히려 교사를 협박하고 범행에 관한 진실을 은폐한다. '많은 것이 애매모호하고 많은 질문을 남긴다.'는 교사의 내레이션처럼, 영화는 추측과 짐작만 있을 뿐 끝까지 범인이 누구인지 그 동기가 무엇인지 명확하게 밝히지 않는다.

<하얀 리본> 목사가 자녀들에게
훈계하는 장면

<하얀 리본> 목사가 아들 마르틴
에게 위협하는 장면

<하얀 리본> 아이들이 하교길에 클라라를 중심으로 이야기하며 걷는 장면

<하얀 리본> 목사의 집에서 아이들이 귀가하여 부모에게 인사하는 장면

<하얀 리본>에서 목사의 집은 닫힌 공간과 권위주의적 시각을 드러내며, 목사와 자식들의 관계는 정신적 가해자와 피해자의 면모를 보여준다. 목사에게 매를 맞기 위해 식당으로 들어가는 클라라와 마르틴의 뒷모습과 닫힌 문을 지켜보는 장면은 아버지의 억압, 엄마의 방관, 아이들의 두려움을 동시에 표현한다. 목사가 마르틴을 겁주는 장면에서, 마르틴의 왼쪽 팔에 묶인 하얀 리본, 아버지와 아들 각각의 오버숄더숏, 아들 뒤에 보이는 십자가를 통해 종교적 억압을 보여준다. 목사가 자신이 아끼는 새 핍시의 시체를 발견하는 장면에서, 핍시를 찌른 가위의 십자가 형태는 아버지의 종교적 권위에 대한 클라라의 도전을 보여준다. 마지막에 목사가 신도들과 교회에서 예배 보는 장면에서, 점점 캄캄해지는 화면은 진실을 은폐하는 영적 지도자에 대한 비판을 나타낸다.

<하얀 리본> 목사와 신도들이 있는 예배당이 점점 어둠 속으로 사라지는 장면

<하얀 리본>에서는 종교, 법, 권력 집단이 묵인한 어른들의 범죄에 대해서 아이들이 직접 처벌을 가함으로써, 육체적 지도자인 의사의 기만, 경제적 지도자인 남작의 보복, 정신적 지도자인 목사의 은폐에 대해서 비판한다. 이 영화에서 '권력의 정점에 있는 의사, 목사, 남작과 같은 마을의 지도층 남성들은 가정 내에서는 물론 마을에서도 여성, 아이들, 교사나 소작인처럼 가난하고 힘없는 구성원들에게 협박, 억압, 폭력을 가한다.'[9] 1차 세계대전이 발발하기 직전인 1913년을 배경으로 남부 독일의 작고 아름다운 마을에서 일어나는 기이한 사건들은 억압된 환경 속에서 폭력에 노출된 인간이 어떤 식으로 극단적인 존재가 되어 가는지를 보여준다. <하얀 리본>은 한시도 눈을 뗄 수 없는 팽팽한 긴장감, 촘촘하고 짜임새 있는 스토리, 어두운 인간 본성에 대한 진지한 성찰, 감시자의 시선을 그려내는 절제된 구도,

완벽에 가까운 기술적 숙련도, 미학적 완결성을 구현한 흑백영화로
강렬하고도 울림 있는 메시지를 전달한다.

5. <아무르>:
죽음의 압도적인 힘과 나약한 인간의 사랑

1) 소리: 소통에서 불통으로

<아무르>(Amour, Love, 2012)는 파리에 사는 80대 중산층 노
부부의 평온한 삶 속에 병마가 들이닥치면서 사랑의 일상적 판타지
가 파괴되어가는 과정을 현실적인 비극으로 구현해내고 있다. <남
과 여>의 장-루이 트린티냥과 <히로시마 내 사랑>의 엠마누엘 리
바가 조르쥬와 안느를 연기했다. 이 영화는 소리, 음식, 공간을 중
심으로 점점 죽음으로 침잠해가는 노부부의 삶을 그리면서 사랑
(amour)의 문제를 제기하고 있다.

<아무르>에서 노부부의 소리는 소통에서 불통으로의 하강 곡선
을 그린다. 음악소리에서 묵음으로, 대화 소리에서 신음으로, 일상의
소리에서 기계음으로 바뀐다. 첫째, 음악 소리는 야외에서 실내로, 현
실에서 회상으로, 소리에서 묵음으로 점점 하락하는 곡선을 보여준
다. 조르쥬, 안느, 알렉상드르의 연주는 회상이나 침묵으로 대체된다.
둘째, 배려가 넘치는 부부의 대화 소리(고마워·미안해)는 고통의 신
음 소리(아파·엄마)로 바뀐다. 셋째, 일상의 소리는 기계의 소리로 바
뀐다. 안느가 요리하면서 내던 식당의 물소리는 안느의 휠체어 소리,
도우미의 청소기 소리 등으로 대체된다.

<아무르> 조르쥬가 안느의 피아노 연주를 회상하는 장면

<아무르> 안느가 멍하게 있자
조르쥬가 당황하는 장면

<아무르> 조르쥬가 안나의
피아노 연주를 회상하는 장면

<아무르>는 소리의 하강 곡선 및 카메라의 반복과 점강법을 함께 사용하여 일상의 소리가 서서히 침잠되는 과정을 보여준다. 거실에 있는 피아노를 연주하는 장면에서, 제자 알렉상드르의 연주, 조르쥬의 연주와 중단, 안느의 연주 회상을 똑같은 미장센 반복으로 피아노 소리가 점점 사라져가는 과정을 보여준다. 부부가 알렉상드르의 음반을 듣는 장면에서, 알렉상드르가 선물한 음반에 기뻐하는 모습(정면 바스트숏)에서 안느의 병환으로 착잡하다는 알렉상드르에 속상해 하는 모습(측면 롱숏)으로 변할 때 갑자기 카메라가 뒤로 확 빠진다. 조르쥬가 베개로 안느의 얼굴을 눌러 안락사시키는 장면에서는, 안느의 고통스러운 신음 소리와 발버둥 치는 다리를 보여주다가, 이후 침묵 소리와 축 늘어진 다리로 안느의 죽음을 암시한다. 안느의 안락사 후 조르쥬가 자살하는 장면에서, 조르쥬가 문틈을 박스테이프로 막는 소리, 안느가 설거지를 하는 물소리, 부부가 외출하면서 닫히는 문소리 등 죽음을 일상의 소리로 암시한다.

2) 음식: 배려에서 배척으로

<아무르>에서 노부부의 음식은 배려에서 배척으로의 하강곡선을 보여준다. 함께에서 혼자로, 흡수에서 거부로, 평화에서 폭력으로 변한다. 반복해서 보여주는 스테이크 고기 먹는 모습은 아내/남편의 삶에서 환자/보호자의 삶으로의 변화를 보여준다. 안느가 음식을 먹는 모습도 맛있게 먹기, 억지로 먹기, 거부하기, 뱉어내기로 변하면서, 점점 음식과 삶에 대한 거부가 심해지는 상태를 보여준다. "당신 목 말라 죽는 꼴을 나보고 보라고?"라며 애원하던 조르쥬가 물을 뱉어내는 안느의 뺨을 때리는 모습에서 인내의 한계치에 다다른 노부부를 보여준다.

<아무르> 조르쥬가 안느를 쳐다보는 장면

<아무르> 안느가 조르쥬에게 말하는 장면

카메라는 안느의 병환으로 지쳐가는 노부부의 삶을 반복과 점강법, 움직이지 않는 시선, 긴 호흡으로 지켜본다. 식당에서 스테이크를 먹는 장면(바스트숏)이 계속 반복되지만, 부부가 함께 먹기, 남편이 아내를 먹여주기, 남편이 혼자 먹기로 변화하면서 점강법을 보여준다. 침실에서 먹이는 장면도 계속 반복되는데, 조르쥬가 안느에게 죽을 먹이는 장면(미디엄숏), 조르쥬가 물을 뱉어내는 안느의 뺨을 때리는 장면(오버더숄더숏) 등 노부부의 고통을 점점 다가가며 지켜본다. 조르쥬가 안느를 좌변기에서 힘겹게 부축해서 일으키는 장면, 안느가 침상을 소변으로 젖게 한 뒤 속상해하는 장면, 도우미가 몸을 씻겨줄 때 안느가 아프다고 호소하는 장면에서, 카메라는 육체적, 정신적으로 점점 무너져가는 환자와 보호자를 긴 호흡으로 지켜본다.

3) 공간: 사랑에서 죽음으로

<아무르>에서 노부부의 공간은 사랑에서 죽음으로의 하강곡선을 보여준다. 부부의 생활공간은 건강한 부부가 함께하는 공간(=식당), 육체가 마비된 아내를 도와주는 공간(=거실), 육체와 정신이 모두 붕괴되는 공간(=침실)으로 점차 바뀐다. 이때 식당은 부부에서 타인으로, 거실은 소통에서 불통으로, 현관은 개방에서 폐쇄로, 침실은 사랑에서 죽음으로 기능이 바뀐다. 그리고 악몽 속 침입자, 그림 속 풍경, 비둘기 등은 죽음을 암시한다. 악몽 속 침입자는 앞으로 닥칠 죽음의 그림자를 암시하며, 그림 속 풍경은 죽음으로 갈 수 없는 바깥세상을 표현하며, 집에 날아 들어온 비둘기는 죽음 이후의 자유와 평화를 상징한다.

<아무르> 조르쥬가 신음하는 안나의 손을 쓰다듬으며 달래주는 장면

<아무르> 조르쥬가 신음하는 안나의 얼굴에 베개를 덮어 안락사 시키는 장면

<아무르> 에바가 안느의 병환을 걱정하는 장면

<아무르>에서 카메라는 육체적 마비와 언어적 장애를 겪는 아내, 간호로 인해 한계에 다다른 남편, 엄마를 보며 힘들어하는 딸을 고정된 시선으로 지켜본다. 안느가 휠체어를 작동시키며 즐거워하는 장면, 휠체어에서 떨어져 쓰러져 있는 장면, 조르쥬의 부축을 받아 걷는 장면에서, 카메라는 고정된 채 노부부를 지켜본다. 딸 에바의 애원으로 조르쥬가 잠긴 침실 문을 여는 장면에서, 두 사람이 거실에서 침실로 걸어가는 미디엄숏, 침실로 들어가는 롱숏을 고정된 카메라와 긴 호흡으로 지켜본다. 거실에서 에바가 창밖을 내다보며 우는 뒷모습(롱숏)에서 아버지를 뒤돌아보며 우는 얼굴(바스트숏)로 바뀌는 장면은 환자 가족의 슬픔에 공감하게 만든다.

<아무르> 조르쥬가 에바의 요청으로 잠긴 침실문을 열려고 하는 장면

<아무르>는 죽음으로 향하는 노부부의 '사랑'을 보여주는 영화이다. 전반부에는 배려심 있는 안느와 자상한 조르쥬가 서로 아껴주고 함께 하는 삶을 담아내며 이상적인 노부부의 사랑을 보여준다. 하지만 후반부에는 환자인 안느와 보호자인 조르쥬는 죽음의 압도적인 힘 앞에서 무너지면서 나약한 인간의 사랑을 보여준다. 조르쥬는 안느의 고통을 끝내기 위해, 안느의 존엄을 지키기 위해, 크게 흔들리는 사랑의 감정을 붙들기 위해 안느의 목숨을 끊기로 결심한다. 조르쥬는 그 결단의 순간에 당도할 때까지 사랑에 뒤따르는 고통의 무게에 짓눌린다. 이 영화는 사랑이 점점 감당할 수 없는 의무가 되고, 의무의 이행이 사랑의 감정마저 무너뜨리는 고통이 되어갈 때, 당신은 어떻게 행동할 것인가 혹은 조르쥬의 결단을 과연 사랑이라 부를 수 있는가 하는 질문을 던진다.

6. 현실의 이면을 해부하는 차가운 시선

1) 부르주아의 불안한 내면과 질문으로 끝나는 결말

미카엘 하네케 감독이 연출한 네 편의 영화들, 즉 <피아니스트>, <히든>, <하얀 리본>, <아무르>는 부르주아의 불안한 내면, 질문으로 끝나는 엔딩, 권선징악의 부재 등의 내러티브적 특성을 보여준다. 남녀의 비정상적인 욕망, 중산층 부르주아의 비밀과 은폐, 마을의 미스터리한 사건과 처벌, 노부부의 일상 붕괴와 사랑을 차가운 시선으로 적나라하게 드러냄으로써, 관객이 극한의 감정을 느끼게 만든다.

네 편의 영화들은 일관되게 견지하고 있는 평화롭고 안전한 세상과 그 안에서 안주하고 있는 중산층의 불안한 내면을 들여다보며 부르주아적 낙관주의를 파괴한다. 집은 사랑, 지성, 평화, 배려라는 긍정적 가치와 강간, 거짓, 폭행, 죽음이라는 부정적 가치가 혼재된 복합적 의미의 공간이다. 한편, 텅 빈 집, 텅 빈 거리는 의미와 가치를 상실한 공동체의 공간을 표현한다. 이 영화들은 **스테레오 타입**의 중산층 부르주아 커플을 등장시키는데, 그들은 대체로 조르쥬(게오르그), 안느(안나)라는 이름을 지닌다. 첫 번째 극영화 <일곱 번째 대륙>에서 게오르그와 안나가 등장한 이후로, <피아니스트>의 안나, <히든>의 조르쥬와 안느, <하얀 리본>의 안나, <아무르>의 조르쥬와 안느 등 같은 이름의 인물이 반복해서 등장한다. 이 커플의 정체성은 언제나 하네케의 영화 안에서 변화하면서 유럽 중산층의 이면을 드러낸다.

이 영화들은 현대 유럽 사회에 널리 퍼진 불통, 부르주아의 불안한 내면, 계급적 단절을 형상화한다. 현실의 어두운 이면을 적나라하게 보여주지만 권선징악적 결말이 없다는 점에서, 현실에 대한 비판적, 비관적 세계관을 동시에 보여준다. 하네케의 영화에서 관객들은 자신이 머물고 있는 세계에 관한 극단의 심리적 공포를 체험하지만, 이는 영화가 끝나도 사라지지 않는다. 서서히 드러나기 시작하는 유럽사회의 타락한 모습과 해결되지 않는 의문의 사건들을 동시에 쫓는 감독의 담담한 시선을 통해, 범인이 누구인가가 아니라 범인이 왜 이런 사건을 발생시켰는가에 대한 질문을 관객에게 던진다. 현실의 이면과 숨겨진 비밀에 대해서 명확하게 설명해주지 않으며 해답이 아니라 질문으로 끝을 낸다. 그래서 그것을 판단하고 그것에 대해서 생각하게 만든 후 그것에 대해서 행동하는 것은 관객의 몫으

스테레오 타입

스테레오 타입(stereotype)은 고정관념(固定觀念)을 뜻한다. 특정 집단의 사람들이 지니고 있는 과잉 일반화 또는 부정확하게 일반화된 신념이다. 고정관념은 일반적인 것으로 성, 인종, 민족, 직업 집단에 관한 것이고, 이것은 사회적 지각에 많은 부정확성의 기초를 형성한다.

로 놔둔다.

2) 정교하고 차가운 카메라와 반복·변주의 미장센

하네케 감독이 연출한 네 편의 영화들에서 스타일은 정교하고 차가운 응시를 보여주는 카메라, 고통을 표현하는 절단된 육체, 인물의 감정을 표현하는 슈베르트 음악, 반복과 변주를 통한 질문 등의 특징을 보여준다. 하네케의 작품은 주제에 맞게 카메라 움직임, 미장센, 사운드, 공간, 조명 등을 섬세하게 연출하여 작품의 가치관과 세계관을 표현한다.

첫째, 고정된 카메라의 경우 인물의 동선까지 정확하게 계산하여 배치한 정교한 연출력은 인물의 행위와 감정을 지켜보며 현실의 이면을 해부해 들어간다. 둘째, 미장센의 경우 화면에서 절단된 육체는 인물의 극단적인 위기와 고통을 표현한다. <피아니스트>에서 성폭행을 당하는 에리카의 상반신, <하얀 리본>에서 죽은 농부 부인의 하반신, <아무르>에서 질식사당하는 안느의 하반신 등. 셋째, 인물의 감정을 표현하는 음악의 경우 모두 **슈베르트**로 설정되어, 슈베르트에 대한 하네케 감독의 애정을 보여준다. <피아니스트>에서 피아노 교수인 에리카의 전공, <하얀 리본>에서 남작 부인의 연습곡, <아무르>에서 피아노 연주자인 안느의 선호곡 등. 넷째, 인물의 뒷모습은 자신의 부끄러운 행위를 숨기려는 심리 혹은 자신이 처한 현실에서 벗어나고자 하는 심리를 표현한다. 다섯째, 반복되는 영상과 변주는 관객으로 하여금 그 의미와 차이를 생각하게 만든다. 특히 수미쌍관법 구성을 통해 처음과 끝을 유사하게 만든 후 유사성과 차이를 극명하게 대비시키고 있다.

3) 세상에서 가장 차가운 영화, 관객과 소통하는 영화

'세상에서 가장 차가운 영화'를 만드는 미카엘 하네케 감독은 그저 화두를 풀어놓기만 할 뿐, 그 질문이 무엇인지와 그 답은 무엇인지를 찾아내는 것은 모두 관객의 몫으로 남겨둔다. 하네케는 예술가를 '사회의 상처에 손가락을 집어넣고 영원히 소금을 발라대는 존재'라고 말하며, 쉬운 해답의 영화를 거부하고 관객 스스로 해답을 찾아 나서는 영화를 연출해왔다. 그는 '나는 관객을 가르치려 들지는 않는다. 단지 끊임없이 자극하고 그들과 소통하려 하는 것뿐이다.'라고 밝히

슈베르트

프란츠 페터 슈베르트(독일어: Franz Peter Schubert, 1797년 1월 31일 ~ 1828년 11월 19일)는 오스트리아의 작곡가이다. 음악의 최고봉 중 한 사람이다. 관현악곡·교회 음악·실내악·피아노곡 등 명작이 많은데, 특히 리트(독일 가곡)에 뛰어난 작품이 많으며, 19세기 독일 리트 형식의 창시자이다.
여러 가지 의문점을 남긴 채 31세로 병사한 그는 가난과 타고난 병약함 등의 어려움에도 불구하고 600여 편의 가곡, 13편의 교향곡, 소나타, 오페라 등을 작곡했으며, 가곡의 왕이라고 불린다.

고 있다. 그래서 그는 영화는 답을 주는 것이 아닌, 질문을 던져야 한다는 자신만의 철학을 담아내며 '미카엘 하네케'식 영화 세계를 구축한다.

하네케의 논쟁적인 영화는 현실 감각을 지워버리는 미디어의 폭력성, 소외와 비인간화라는 현대사회의 병리 현상이라는 주제를 꾸준히 다루어왔다. 매 작품을 공개할 때마다 영화 팬들의 찬사는 물론 논란의 주인공이 되기도 하는 하네케는 '영화란 관객들에게 자기 반영과 상상의 여지를 제공해야 한다'라는 신념을 피력한다. 영화감독 **장뤽 고다르**(Jean-Luc Godard)의 '영화는 24분의 1프레임 하나하나가 진실이다'라는 명제에 대해, 하네케는 '영화는 24분의 1프레임 하나하나가 거짓말이다'라고 맞받아친다.

하네케는 관객과 소통하지 못하고 왜곡된 진실을 주입시키기에 급급한 요즘의 주류 영화들이 판단력을 흐리게 한다며 비판한다. 그는 자신의 영화에서는 옳고 그름, 문제와 정답을 강요하는 것을 절대로 허용하지 않는다. 그는 끊임없는 실험 정신, 보는 이들을 불편하게 만드는 소재·이미지를 통해 진실에 다가가기 등을 통해 사람들이 통상적으로 믿는 거짓을 드러내는 영화를 만들어 왔다. 미카엘 하네케의 파격적이고도 집요한 행보는 21세기를 대표하는 가장 중요한 감독이자 우리가 반드시 주목해야 할 예술가로 인정받고 있다.

장뤽 고다르

장뤽 고다르(1930년 12월 3일 출생)는 스위스계 프랑스인 영화감독이자 각본가, 비평가이다. 1960년대 프랑스 영화 운동인 누벨 바그를 이끌었던 대표적인 인물 중 한 명이다.

| 주　석 |

1) 다음백과-근현대 영화인사전, 네이버지식백과-세계영화작품사전 참조하여 정리.

2) 최일목, 「영화 <피아니스트>의 억압과 자유의 상징 연구」, 『한국콘텐츠학회논문지』, 한국콘텐츠학회, 2016년 12월, 158~159쪽.

3) 남수영, 「포르노그래피, '비정상적' 쾌락의 이론과 실재: 미하엘 하네케의 〈피아니스트〉를 중심으로」, 『문학과영상』, 문학과영상학회, 10권 2호, 2009년 8월, 374~375쪽.

4) 남수영, 위의 글, 374~375쪽.

5) 김선아, 「포스트필름 시네마의 기억술」, 『미학 예술학 연구』, 한국미학예술학회, 36권, 2012, 161~165쪽.

6) 이형섭, 「미카엘 하네케의 〈히든: 포스트모던 인식론과 포스트콜로니얼 서사의 불편한 조우」, 『문학과영상』, 문학과영상학회, 2011년 3월, 228~229쪽.

7) 강소원, 「이만희에서 미카엘 하네케까지, 부산국제영화제에서 만난 몇 편의 영화들」, 『오늘의 문예비평』, 겨울 통권 59호, 오늘의 문예비평, 2005년 6월호, 283~284쪽.

8) 강소원, 위의 글, 283~284쪽.

9) 김금동, 「시스템이론을 통해 본 하네케 영화 <하얀 리본>에 나타난 관계와 소통의 문제」, 『독일언어문학』, 한국독일언어문학회, 74호, 2016, 171쪽.

10) 도미니크 비달, 「1961년 '파리 학살' 환기하기」, 르몽드코리아, <르몽드 디플로마티크>, 2011년 11월 11일. (http://www.ilemonde.com)

2장 장-피에르 다르덴, 뤼크 다르덴

보이는 세상, 안 보이는 가치

Jean-Pierre
Dardenne
Luc Dardenne

박태식

1. 생애와 작품

다르덴 형제는 유난히 칸 영화제와 인연이 깊다. 각본상, 심사위원 대상, 심사위원 특별상은 물론 작품상에 해당하는 황금종려상만 두 차례를 받았으며 이들의 영화에서 남우주연상과 여우주연상까지 나왔으니 가히 칸 영화제를 섭렵했다는 표현을 써도 될 법하다. 이를 두고 형제의 고향인 벨기에가 프랑스 언어권이라 가산점을 받았으리라는 추측도 가능하나, 전적으로 궁색한 이유다. 다르덴 형제가 만든 영화 중 한 작품이라도 진지하게 보았다면 절대 그리 말할 수 없을 것이다. 비록 그들 영화의 지리적 배경이 주로 벨기에 리에쥬 근처의 작은 도시지만 실제로는 세계를 품는 문제의식에 들어있기 때문이다.

장-페에르 다르덴, 뤼크 다르덴

장-피에르 다르덴 Jean-Pierre Dardenne(1951~)과 뤼크 다르덴 Luc Dardenne(1954~) 형제 감독은 광산 도시 세랑 Seraing에서 태어났다. 그들은 수도 브뤼셀에서 수학했으며 형인 장-피에르는 연기를 전공했고, 동생인 뤼크는 철학으로 학위를 받았다. 당시 장-피에르의 스승으로 형제에게 영감을 준 아르망 가티 Armand Gatti 감독은 벨기에 노동자 계급의 삶과 투쟁을 다큐멘터리로 담아보기를 권했고 고향에서의 경험이 큰 도움이 되었다고 한다. "이 시절에 핸드헬드

<팔쉬> 포스터

기법(Handheld Camera)과 즉석에서 이루어지는 대화를 사용했는데 훗날 그들 영화의 특징으로 자리 잡는다."[1]

1970년대에 다르덴 형제는 다수의 다큐멘터리를 만들었다. 그리고 1975년에는 아예 데리베 Dérives라는 제작사를 설립했으며 1981년에 회사를 확장하여 극영화 분야도 다루기에 이른다. 확장된 제작사인 필름 데리베 픽션 Film Dérives Fiction은 지금까지도 왕성한 활동을 벌이고 있다. 이 회사에서 다르덴 형제의 장편영화 첫 작품인, 유대인 가족사를 다룬 1987년 작 <팔쉬가家>(Falsch)가 만들어졌다. <팔쉬가家>를 기점으로 2016년의 <언노운 걸>까지 30년 동안 불과 10작품만 만들었으니 이들을 다작 성향을 가진 감독으로 분류할 수는 없다. 그보다는 한 작품 한 작품 충분한 준비기간을 갖는 과작寡作형, 혹은 절약형 감독이라 하겠다. 아무튼 이들의 차기작을 만나려면 인내심을 갖고 기다려야 한다.

감독으로서 다르덴 형제의 특징을 꼽아보겠다. 우선 그들은 강렬한 사실주의에 근거해 노동자 계층의 삶을 다루고, 인물의 사실적 설정에 노력을 기울인다. 이로써 영화는 일상성日常性을 획득하는데, 이를테면 왜곡이라곤 없는 카메라 워크와 대사들을 사용한다. 그래서 관객의 시선은 언제나 사람의 눈높이에 맞춰지고 독백이나 내레이션 없이 오직 대화만 나온다. 심리적 효과를 내기 위해 아래서 쳐다보거나 위에서 내려다보거나 줌으로 당기거나 미는 작업 등은 없으며 상황 설명을 일절 붙이지 않는 것이다. 게다가 촬영 장소도 제한되어 있어 같은 가게, 같은 사람, 같은 거리가 반복해서 나온다.

결정적으로 그들은 배경음악을 사용하지 않는다. 아니 <자전거를 탄 소년>에서 한 번 나오긴 하는데, 이마저도 집중하지 않으면 베토벤을 들었는지 기억조차 못 할 정도다. 사실 우리 일상에서 시시각각 때맞춰 음악이 들리는 경우는 없지 않은가. 만일 누구라도 슈퍼마켓 입구의 자동문이 열릴 때마다 '짜잔-'하는 소리가 들리면 서둘러 정신병원에 가야 할지 모른다. 이렇게 사실주의에 기반을 둔 일상성을 획득하면 관객은 자연스럽게 주제에 집중할 수 있다. 특수효과나 신기한 볼거리나 장엄하고 화려한 전망이나 혼을 빼놓는 현란한 대사나 심금을 울리는 배경음악이 없으면 오히려 집중력이 생긴다는 뜻이다.

다르덴 형제의 또 한 가지 특징은 윤리적 성격이 물씬 풍기는 주제 의식이다. 그래서 노동, 이민, 죄책감, 용서, 복수, 생명, 성장 등등 세상사의 다양한 측면을 다루지만 언제나 분명한 메시지를 주려 한다. 따라서 열린 결말 식으로 관객을 자유롭게 놓아두지 않고 오히려 영화가 전달하는 바가 무엇인지 끊임없이 생각하게 유도해, 같은 영화를 반복해서 보게 만든다. 수수께끼 놀이는 하는 느낌이랄까? 다시 볼 때마다 늘 새로운 점이 발견돼 주제에 접근하는 길을 순탄하게 만들어주니 말이다.

본격적인 분석에 앞서 그들의 작품들을 일괄해 보겠다(감독 작품만 정리한다).[2]

장편 영화

1987년 <팔쉬가家>(Falsch)

1992년 <나는 당신을 생각한다>(Je pense à vous)

1996년 <약속>(La promesse)

1999년 <로제타>(Rosetta) 칸 영화제 황금종려상, 여우주연상

2002년 <아들>(Le fils) 칸 영화제 심사위원 특별상, 남우주연상

2005년 <더 차일드>(L'enfant) 칸 영화제 황금종려상

2008년 <로나의 침묵>(Le silence de Lorna) 칸 영화제 각본상

2011년 <자전거 탄 소년>(Le gamin au vélo) 칸 영화제 심사위원 대상

2014년 <내일을 위한 시간>(Deux jours, une nuit)

2016년 <언노운 걸>(La fille inconnue)

다큐멘터리

1978년 <나이팅게일의 노래>(Chant du rossignol)

1980년 <전쟁을 끝내기 위해, 벽은 무너져야 했다>(Pour que la guerre s'achève, les murs devaient s'écrouter)

1981년 <R... 대답하지 않는다>(R... ne répond plus)

1982년 <어느 임시 대학의 강의>(Leçons d'une université volante)

1983년 <조나단을 보라, 장 루베의 작품 세계>(Regarde Jonathan/Jean Louvet, son oeuvre)

단편 영화

1979년 <레옹 M의 보트가 처음으로 뫼즈 강을 처음 내려갈 때>(Lorsque le bateau de Leon M. descendit la Meuse pour la première fois)

1987년 <세상을 달리는 사나이>(Il Court, il Court, le Monde)

2007년 <어둠 속에서>(Dans l'obscurité) 옴니버스 영화 <그들 각자의 영화관>(Chacun Son Cinema, 2007)에 포함.

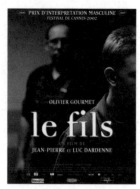

<아들> 포스터

2. <아들>: 어떻게 용서하나요?

1) 곤경에 처한 올리비에

"제 후견인이 되어주실래요?" 감옥에서 5년 만에 출소해 보호감찰을 받는 프랑수와(모르강 마린)가 올리비에(올리비에 구르베)에게 던진 말이다. 철없던 11살 어린 나이에 큰 죄를 짓고 이제야 겨우 새로운 삶을 시작하려는 소년이 신뢰감을 보내며 한 부탁이니 청소년 재활센터의 목공교사인 올리비에에겐 오히려 보람 있는 일이다. 하지만 그는 구체적으로 무슨 죄를 지었는지 알아야 후견인 노릇을 하지 않겠냐며 프랑수와의 죄에 대해 다그쳐 물어본다.

다르덴 형제의 영화는 남다르다. 극적 효과나 화려한 세팅은 눈에 띄지 않고 그저 주변의 친숙한 사람들과 배경을 다루는 느낌이다. 일상성을 주제로 한 영화로 보이기에 십상이라는 뜻이다. 하지만 그 일상의 시간에 숨어있는 주제는 아주 심각하다. 아들을 죽인 범인을 문하생으로 받아 직업 교육을 하는 남자가 과연 이 세상에 몇이나 될까? 영화 <아들>(Le Fils, 2004)이 제시하는 문제의식은 실로 무거워 화면은 비록 편안하지만 상영시간 내내 부담으로 다가온다.

올리비에는 처음부터 의도적으로 프랑수와에게 접근해 문하생으로 받는다. 그리고 아들을 죽인 소년의 일과를 온전히 손안에 넣으려 하는데 심지어 프랑수와의 방에 몰래 들어가 침대에 누워보기까지 한다. 그쯤 되면 올리비에의 엽기적 행각이 눈에 거슬릴 만도 하나 오히려 공감을 불러일으킨다. 죽은 아들을 잊지 않으려면 무엇엔가 집착해야만 했던 것이다. 이 사실을 알게 된 전부인 마갈리(이사벨라 수파르)가 원수의 얼굴을 한번 보겠다며 달려왔다가 혼절하고 이어서 나눈 대화는, "우리 아들을 죽인 애야!"/"알아."/"근데 왜 이래?"/"나도 모르겠어."다.

저도 모르게 프랑수와에게 접근한 올리비에는 자기감정의 정체가 무엇인지 확실히 모른다. 때론 호기심으로, 때론 일을 빨리 배우는 데 대한 대견함으로, 때론 그를 죽이고 싶은 증오심으로 매일매일 가득한 긴장 속에 살아간다. 다르덴 형제 감독이 원래 다큐멘터리 감독이라서인지 마치 다큐멘터리를 보는 듯 <아들>에도 자연스러움이 부여되어 있다. 하지만 감독은 관객이 자연스러운 느낌에 머물러 있지 못하게 만든다.

올리비에는 프랑수와에 향한 증오에서 시작했지만, 점점 감정이 흔들린다. 그래서 몇 번이나 망설이다가 드디어 대화를 나누려 하는데 프랑수와는 기대와 완전히 다른 태도로 일관한다. 아들이 앞을 막아섰기에 목을 졸랐을 뿐이며 5년 동안 충분히 대가를 치렀다는 것이다. 여기서 올리비에는 곤경에 처하고 만다. 아무리 용서를 하고 싶어도 상대가 준비되어 있지 않은데 어떻게 용서할 것인가?

이와 같은 주제 의식을 가졌던 영화로 이창동 감독의 2006년 작 <밀양>을 꼽을 수 있다. 아들을 잃은 신애(전도연)는 살해범을 용서하러 교도소까지 찾아갔다. 하지만 자신에게 닥친 처참한 현실 앞에 혼절하고 만다. 신애는 다음과 같이 말한다. "그래요, 내가 그 사람을 용서할 수 없었던 것은 그것이 싫어서보다는 내가 그러고 싶어도 그럴 수가 없었기 때문이었어요. 그 사람은 이미 하나님에게 용서를 받고 있었어요. 나는 새삼스레 그를 용서할 수도 없었고 그럴 수도 없었지요."

<밀양> 포스터

그리스도교의 구원관에 따르면 어떤 죄인이라도 회개하고 하나님을 받아들이면 그 믿음으로 구원을 받을 수 있다. 하지만 <밀양>에서는 신의 섭리에 질문을 던진다. 그러면 남은 이는 어떻게 되는가? 죄인 자신은 회개하여 고통에서 빠져나가면 그만일지 모르나 그 죄가 만들어 놓은 결과는 도대체 어떻게 정화淨化될 수 있겠는가?

2) 용서받을 준비가 되어있니?

<아들>을 보면서 한 시퀀스, 한 시퀀스가 정밀한 계산 아래 만들어졌음을 알 수 있었다. 올리비에가 프랑수와의 존재를 처음 알아차리는 장면, 아내 마갈리의 급작스러운 출현과 사태를 수습하려 올리비에가 동분서주하는 장면, 그리고 목재소로 향하는 여정에 잠시 카페에 들려 허기를 채우는 장면을 꼽을 수 있다.

<아들> 카페에서, 올리비에와 프랑수아

올리비에가 차 뒷좌석에서 곤히 잠든 프랑수와를 억지로 깨워 카페에 들어가고, 사과 파이와 음료수를 시켜 먹고, 잠시 축구 놀이대에서 같이 즐기고, 화장실에 가 손을 씻은 다음 거울에 비친 자기 얼굴을 들여다볼 때까지 두 사람 사이에 교차하는 감정을 정밀하게 표현한다. 프랑수와의 전적인 신뢰와 그를 향한 증오가 올리비에를 동시

에 지배하면서 거울에 비친 자신에게 물어본다. '도대체 너는 어떤 사람인가?' 이렇다 할 카메라 워크나 멋진 대사는 없지만, 올리비에의 마음이 확연히 드러나는 대목이다. 그의 속마음이 관객들에게 들킨 것이다. 나는 누구인가?

감독은 카메라를 등장인물에 가능한 한 접근시켰다. 덕분에 인물들의 미세한 움직임까지 관객이 파악할 수 있지만, 순간순간 쫓아다니려니 화면이 종잡을 수 없이 흔들린다. 이는 고정해 놓은 앵글의 범위 내에서 인물이 움직이는 것과 정반대의 카메라 작업인 핸드헬드 기법 때문인데, 덕분에 올리비에의 세세한 감정변화까지 읽어낼 수 있었다. 관객을 불안하게 만들어 놓은 감독의 역발상이 오히려 영화의 깊이를 더해주었다. 특히, 주인공 역의 올리비에 구르베가 실제 목수 출신 배우인 까닭에 대단히 자연스러운 연기를 만날 수 있었다. 어쩐지 자연스럽게 나무를 다루더라니. 그는 칸 영화제에서 <아들>로 남우주연상을 받았다. 다르덴 형제 감독의 작가정신을 잘 읽을 수 있는 대목이었다.

영화를 보면서 복수, 용서, 화해, 폭력 등등 많은 단어가 떠올랐다. 그리고 이런 단어들을 이리저리 엮어보려 노력했다. 가능한 한 영화에 대한 나의 공감지수를 높이려 했고 두 번째 볼 때는 아예 한 장면씩 꼼꼼히 나누어 살펴보았고, 다시 한번 볼 때는 처음부터 끝까지 관통하는 감독의 논리에 접근하려 했다. 이제까지 영화 평론을 해오면서 <아들>에서처럼 공부를 잘한 작품이 없을 정도였다.

<밀양>에서 신애의 항변을 좀 더 들어보자. "그의 죄가 나밖에 누구에게서 먼저 용서될 수 있나요. 그럴 권리는 주님에게도 있을 수가 없어요. 그런데 주님께선 그를 용서할 기회마저 빼앗고 만 거예요. 내가 그를 어떻게 다시 용서합니까?" 이렇게 결론을 열어놓은 채 영화가 끝난다. 하지만 그와 다르게 <아들>에서 올리비에는 프랑수와를 용서한다. 그것이 용서인지도 잘 모를 정도로 의심스러운 결말이지만, 분명히 용서한다. 마침내 폭력이 갖는 악순환의 고리가 끊어지고 만 것이다.

다르덴 형제는 '죄와 용서'라는, 영화에서는 다루기 무척 어려운 종교적 주제를 능란하게 화면에 올려놓았다. 용서는 결코 한쪽의 문제가 아니다. 용서받을 사람이 준비되었을 때 하는 용서여야 비로소 진정한 의미의 용서다.

<아들>은 매우 훌륭한 작품이다.

<아들> 예고편

3. <자전거를 탄 소년>: 성장의 조건

1) 통제할 수 없는 소년

<자전거를 탄 소년> 포스터

어린이는 저절로 어른이 되지 않는다. 몸이 자라 어른의 체형을 갖추었다 하더라도 그를 진정한 어른이라 부르려면 필요조건들이 있기 마련이다. 이를테면, 독립적으로 일을 수행해나갈 수 있는가, 자기 일에 책임을 질 수 있는가, 그리고 만일 가정까지 꾸리고 있다면 그에 마땅한 희생을 감수할 수 있는가? 등등, 각각 처한 상황에 따라 얼마든지 어른 됨의 기준이 달라질 수 있다. <자전거를 탄 소년>(Le gamin au velo, 2012, 87분)에서도 중요한 조건 한 가지를 제시한다.

시릴(토마 도레)은 절망적인 처지에 빠졌다. 엄마는 오래전에 어디론가 사라졌고 같이 살던 아빠마저 아들을 보육 시설에 맡긴 후 도통 나타나지 않는다. 아빠를 향한 그리움에 시릴은 보육 시설에서 임의로 벗어나 옛집으로 가보지만 아빠가 이미 종적을 감추었다는 사실을 알게 될 뿐이었다. 게다가 아빠는 시릴이 목숨처럼 아끼는 자전거까지 팔아치운 채 사라진 것이었다. 수소문하여 겨우 찾아간 아빠에게서 돌아온 한마디는 '더는 연락을 취하지 말라'였다. 아빠를 만나고 돌아오는 차 안에서 시릴은 스스로 얼굴을 할퀴고 차창에 머리를 찧는다. 세상에 홀로 남은 소년이 할 수 있는 유일한 행동이다.

영화는 그처럼 절망에서 시작하고, 관객은 자연스럽게 절망이 희망으로 바뀌기를 기대한다. 하지만 감독은 희망을 제시하는 데 서두르지 않는다. 얼마나 잔잔하게 영화를 이끌어나가는지 마지막에 제작진 명단이 올라온 후에도 '도대체 이게 뭐지?'하는 의문이 들 정도였다. 잠시 자리에 앉아 생각을 시작했고, 그 후로 며칠 동안 영화에서 빠져나오지 못했다.

우선 아버지에게 거부당한 시릴의 마음을 짐작해보았고, 동네 불량배들과 어울리던 것과 자신을 헌신적으로 도와준 사만다(세실 드 프랑스)를 칼로 공격한 장면이 떠올랐고, 마침내 시릴이 나무에서 떨어진 후 자전거를 타고 사라진 마지막 장면에 이르렀다. 그때쯤 되니까 영화가 서서히 보이기 시작했다. 실로 오래간만에, 생각할 거리를 많이 남겨주는 영화라는 게 바로 이런 거라는 느낌이 들었다.

<자전거를 탄 소년>에는 감정이 잘 정리되어 있다. 관객을 과도한 웃음이나 억지 울음으로 유도하지 않고 극적인 반전도 없으며 배

자전거를 타고 달리는 시릴

경음악마저 딱 네 번, 그것도 아주 간결하게 사용된다. 베토벤의 피아노 협주곡 5번 '황제'에 나오는 짧은 주제다.

다르덴 감독은 배경음악을 사용하지 않는 것으로 유명하다. 그런 감독이 '황제'를 사용했을 때는 의도가 분명하다. 장엄한 선율에 맞춰 이 대목을 진지하게 생각해보라는 뜻이다. 실제로 네 번 다 그저 보아 넘길 수 없는 장면들이었고 시릴에게 생긴 변화를 짐작할 수 있었다. 특히, 아버지에게 거절당하고 카메라가 자전거를 타는 시릴을 쫓는 장면은 길이 기억에 남을 것이다. 여기서 감독은 이례적으로 **패닝** 카메라를 사용한 롱테이크를 시도한다. 영화를 통해 어떻게 인물의 감정이 표현될 수 있는지 극명하게 보여주는 교과서적인 예다.

시릴은 11살이다. 그래서 아직 자신을 표현하는 방법이 서툴러 주어진 상황에 적절하게 대처하지 못한다. 감독은 아마 이 영화를 위해 오랫동안 어린이의 행동과 말을 관찰했을 것이다. 수돗물을 틀어놓은 채 무심히 내려다보고, 사만다의 지적을 받자 괜히 냉장고 문을 한번 더 여닫고, 사만다 앞에서 자신의 장기인 자전거 묘기를 보여주고, 동네 건달 형의 부탁에 앞뒤 가리지 않은 채 응하고, 얼굴을 쥐어뜯고, 싸움할 때 물어뜯는 버릇까지 아주 세심하게 어린 시릴을 묘사했다. 얼마나 열심히 물어뜯었는지 건달패거리에게 '불도그'라는 별명까지 얻는다.

그랬던 시릴에게 다시 한번 싸울 기회가 주어진다. 평소 같으면 이를 드러내 물고 늘어져 주변에서 겨우 말려야 떼어놓을 수 있었을 것이다. 그런데 '어디 한 번 쳐보라'는 도발적인 말에 '그러기 싫어'로 대꾸한다. 그리고 나무에서 떨어져 큰 상처를 입었음에도 아무 일도 없었다는 듯이 툴툴 털고 일어나 가버린다. 어떤 변화가 시릴에게 생긴 걸까?

2) 관용, 성장의 발판

사만다를 어떻게 설명할 수 있을까? 무책임한 시릴의 아버지와 나무에서 시릴이 떨어지게 만든 소년의 아버지가 이루는 대조, 그리고 시릴의 호감을 샀다가 범죄를 사주하는 자칭 '웨스트'와 대비를

패닝(panning)

촬영 대상을 움직임을 따라 부드럽게 카메라를 옆으로 이동시키며 촬영하는 기법.[9]

웨스트

컴퓨터게임 '레지던트이블 Resident Evil'에 나오는 캐릭터.

이루는 사만다. 그녀는 그저 착하다는 말로는 설명이 불충분하다. 그녀는 아버지를 찾는 시릴의 여정에 늘 함께하고 시릴의 막무가내 행동을 모두 받아준다. 종종 우리나라에서 밀려난 아이들을 양자를 받아들여 훌륭하게 키워낸 서양 부모들의 미담이 신문에 실리곤 하는데 아마 사만다는 그런 유의 사람일 것이다. 어떤 악조건에도 도움이 필요한 이를 거절 못 하는 사람 말이다. 거짓말을 하고 팔을 물고, 심지어 칼로 자신을 찌른다 한들 그녀의 맘은 변치 않는다.

그렇다고 하여 사만다의 보살핌을 맹목적으로 보아서는 안 된다. 그녀를 온전히 이타적인 성녀聖女라는 식으로 과대 포장할 할 필요가 없다는 뜻이다. 감독의 전작인 <아들>에서 올리비에는 아들을 죽인 아이를 어떻게 허용할 수 있느냐는 마갈리의 비난에 "나도 모르겠어."라고 한다. 마찬가지로 자신을 왜 데려왔느냐는 시릴에 질문에 사만다 역시 "나도 모르겠어."라 답한다. 나도 모르게 베푸는 호의! 아무리 원수 같은 자라도 따뜻한 밥 한 끼 차려주는 우리나라의 '정情'이 여기 해당할지 모르겠다.

"영화에는 왜 사만다가 시릴을 돌보는지 그 이유가 분명히 나와 있지 않다. 종교적인 이유도 발견되지 않는다. 그녀의 선한 마음은 그저 주어진 것이다. 사만다는 늘 민소매 차림이라 어깨 아래가 드러나는데 그녀의 팔뚝에서 어떤 짐이라도 질 수 있는 강인함이 엿보인다."[3] 남자친구와 시릴을 두고 한 사만다의 선택에 주목하기 바란다. 예상을 앞지르는 대화다.

영화가 결론으로 다가서는 무렵 시릴이 자신의 어린이용 자전거에서 사만다의 어른용 기아 8단 자전거로 바꿔 타는 장면이 나온다. 이는 그의 삶에 큰 변화가 찾아온 순간을 보여주는 중요한 은유다. 시릴이 성장한 것이다. 진정으로 자신을 위하는 사람이 누구인지 아는 성장, 자신뿐 아니라 상대를 배려해주는 성장, 폭력에 폭력으로 맞서지 않는 성장, 그리고 세상을 살다 보면 '그럴 수도 있지'라고 생각하는 성장, 즉 관용의 지혜를 깨달은 것이다. 영화 마지막 장면에 시릴이 자전거를 타고 화면에서 사라진 다음 다시 한번 베토벤의 '황제'를 들려준 까닭이다.

"오직 공부로 모든 걸 감당하게 하는 오늘의 부모는 근시안적이다. 상위 몇 퍼센트 안에 드는 성적을 확보한 것으로 많은 것을 쉽게 허락하는 일 역시 마찬가지다. 논어 헌문憲問 편에 다음과 같은 구절이 나온다. '공자가 말했다. 사랑한다면 수고롭게 하지 않을 수 있겠는가, 진심으로 대한다면 반성하도록 하지 않을 수 있겠는가? 子曰

2장 장-피에르 다르덴, 뤼크 다르덴 — 보이는 세상, 안 보이는 가치

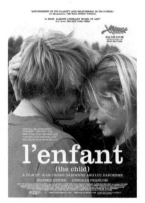

<더 차일드> 포스터

<자전거를 탄 소년> 예고편

<내일을 위한 시간> 포스터

<로제타> 포스터

愛之, 能勿勞乎? 忠焉, 能勿誨乎"[4] 공부 외에 모든 것을 상대화시키는 오늘의 우리나라 교육 풍토를 향한 경고를 영화에서 발견할 수 있었다.

영화가 지향하는 바는 무엇일까? <아들>에서 '용서'의 진정한 의미에 집중했다면 <자전거를 탄 소년>은 어디를 보고 있을까? 외롭고 거칠었던 시릴은 사만다라는 엄마를 갖게 되었고 삶에 꼭 필요한 지혜를 터득했다. 드디어 어른으로 가는 길에 들어선 것이다. <자전거를 탄 소년>에서 다르덴 형제는 진정한 가족은 혈연을 뛰어넘는 것이라고 자신 있게 말한다.

다르덴 형제는 <더 차일드>(L'Enfan)라는 성장영화로 칸 영화제(61회)에서 황금종려상을 받은 바 있다. 혹시 그 영화를 본 적 있는 독자라면 <자전거를 탄 소년>을 선택하는 데 절대 망설이지 않을 것이다. 칸 영화제 심사위원 대상(64회)을 충분히 받을 자격이 있는 영화다.

연출력의 승리!

4. <내일을 위한 시간>: 노동의 꽃 인간

1) 불과 천 유로 때문에

다르덴 형제의 영화는 언제나 믿음직하다. 나이와 상관없이 곳곳에서 들리는 우리 시대의 목소리를 잘 반영하는 감독이다. 감독으로서 이들의 연출 특징을 몇 가지만 꼽아보면 천재성이라는 용어가 어떤 이에게 적용될 수 있는지 금세 알 수 있을 정도다. 2014년 작인 <내일을 위한 시간>(Deux jours, une nuit, 95분)에는 1999년 칸 영화제 황금종려상 수상작인 <로제타>(Rosetta)에서 보여주었던 문제의식이 다시금 발견된다. <로제타>에서 다르덴 형제는 노동력 착취라는 문제에 집중했고 그와 더불어 인간소외 현상을 다룬 바있다. 자본주의가 인간을 망가뜨리는 막강한 파괴력을 가졌다는 뜻으로 풀이할 수 있겠다.

영화의 원제목은 'Deux Jours, Une Nuit', 번역하면 '이틀 낮, 하룻밤'이다. 제목에서 알 수 있듯이 영화는 불과 이틀 동안 벌어진 일을 다룬다. 사실 이는 다르덴 형제의 연출 특징이기도 한 '시간의 압축'에 따른 것으로, 몇 년씩 간격을 두는 식의 간헐적인 시간 흐름을 거부한다. 사건을 그려내기 위해 몇 주, 아니 며칠이면 충분하다. 그러다 보니 한번 나왔던 거리가 계속 나오고 인물들의 등장 역시 익숙할 정도로 반복된다.

한 30분쯤 영화를 보면 관객은 마을의 지도를 대충 그릴 수 있다. 심지어 주인공 산드라(마리옹 코티아르)의 남편인 파브리찌오 롱기온과 회사 주임 역의 올리비에르 구르베는 다르덴 형제의 영화에서 이미 낯익은 배우들이다. 배우들이 여기저기서 만나볼 수 있는 사람들로 인식되면 관객과 영화의 거리가 그만큼 가까워질 수밖에 없는 노릇이다. '아, 이제 평범한 여성 노동자 산드라가 골목을 돌아가면 담배 가게가 나올 것이다.' 관객은 쉽게 예측할 수 있다.

주인공 산드라 역의 마리옹 코티아르는 <라비앙 로즈>(La mome, La Vie en Rose, 2007)로 아카데미 여우주연상까지 받은 바 있는, 세계적으로 주가가 높은 배우다. 그래서 우리는 그녀 정도면 여성미가 철철 넘쳐흐르리라는 착각에 빠지곤 한다. 그런데 영화에서 만난 그녀는 지극히 평범했다. 몸의 한 부분을 확대해 이상적인 몸매나 미모를 강조하지 않기 때문이다. 화장기 없는 얼굴과 분홍색 민소매에 허름한 청바지를 걸치고 거리를 오가니 동네 아주머니에 불과하다. 배우 자신은 그렇게 평범해지기를 원치 않았을지 모르나 영화의 질을 높이기 위해 과감한 선택을 했을 법하다.

<내일을 위한 시간>에서 보여준 발군의 연기 덕분에 마리옹 코티아르는 아카데미상을 비롯한 국제영화제들에서 73회나 여우주연상 후보로 지명되었다. 특히, 몇 번이나 자동차 안에서 근접 촬영을 했고, 연기의 완성도에 깜짝 놀랐다. 필자의 눈에 마리옹 코티아르가 이렇게 빛나기는 처음이었다. 이와 비슷한 경우로 <자전거를 탄 소년>의 세실 드 프랑스와 <언노운 걸>의 아델 하에넬이 있는데 그녀들 역시 놀라운 변신을 시도했다. 자동차 신과 연기 모두에서 말이다.

차 안에서 남편과 대화하는 산드라

다음으로 중요한 것은 카메라의 위치다. 산드라가 설득을 위해 십여 명의 동료들을 만날 때마다 **투 샷**을 사용한다. 그러나 투 샷의 고전적인 사용법을 거부하고 두 인물 모두에 동등한 무게를 부여한다. 특히, 그녀 앞에서 눈물을 보인 티무르와 계약직의 이주노동자 알퐁

투 샷(Two Shot)

한 프레임 속에 두 인물을 배치하는 촬영기법으로 흔히 한 인물을 강조하게 위해 다른 인물을 배경으로 사용한다.[10]

스가 기억에 남는다. 아무튼 이런 다양한 인물 설정을 통해 일상성의 광범위한 지평을 획득할 수 있었다. <내일을 위한 시간>에서도 다르덴 형제의 연출 스타일은 여전했다.

이렇게 공간과 시간과 배우를 익숙하게 만들어놓으면, 그다음부터 저절로 이야기가 중요해진다. 엉뚱한 볼거리에 현혹되는 데서 벗어나게 만든다는 뜻이다. 실제로 불과 이틀 낮, 하룻밤 사이에 어느 작은 도시에서 그저 그렇게 생긴 사람들이 나오니 사실 어떤 대단한 일이 벌어질지에 대해 의문이 생길지 모른다. 그러나 <내일을 위한 시간>에서 제시하는 문제의식

<내일을 위한 시간> 산드라와 티무르

은 능히 세상을 품을 만해, 오늘의 세상을 난장판으로 만들어버린 자본주의 전반에 강력한 도전장을 내민다.

2) 여보, 우리 잘 싸웠지?

산드라는 가족의 열악한 경제여건으로 어쩔 수 없이 병가를 냈던 직장에 복직하려 한다. 하지만 이미 회사는 그녀를 회사 이익에 불필요한 존재로 만들어버린 지 오래다. 보너스라는 달콤한 미끼가 동료들의 연대감을 흔들어놓았던 것이다.

회사의 이익을 위해 개인을 희생시키고, 그 희생을 다수결이라는 민주 절차로 위장하고, 목적을 위해 어떤 속임수라도 정당화하고, 결국 비정규직의 목줄을 단단하게 조이고 만다. 이처럼 오늘의 자본주의 세상에선 인간성은 사라지고 이윤만 남아 있다. 신자유주의의 어두운 그림자다. "동료가 해고당한다. 불과 1천유로(약 130만 원)의 보너스 때문이다. <내일을 위한 시간>에서는 신자유주의의 심장을 가진 사용자와 맞서 목숨을 건 투쟁을 벌인다."[5] 덕분에 우리는 영화를 통해 자본주의가 어떤 모습을 갖추었는지 그 민낯을 분명히 만날 수 있다.

북유럽의 선진국 벨기에는 세계 어디에 내놓아도 손색이 없을 정도의 생활환경과 작업 조건을 갖고 있다. 그래서 인권을 존중하는 모

**신자유주의
(Neoliberalism)**

국가권력의 시장개입을 비판하고 시장의 기능과 민간의 자유로운 활동을 중시하는 이론. 하지만 이런 식의 경제적 자유는 기득권 국가나 사용자에 유리하게 작용되기 십상이다.

범적인 나라로 세계 각국에서 칭송을 받곤 한다. 다섯 살 때부터 돈 버는 현장으로 내몰리는 아프리카 극빈국의 처참한 상황을 생각하면 글자 그대로 노동자의 천국인 셈이다. 하지만 적어도 산드라의 경우는 다르다. 그녀에게 주어진 자본주의 현실은 자살이라는 극단적인 선택으로 몰아갈 정도의 악마적인 요소를 두루 갖추고 있다. 도대체 벨기에가 노동자의 천국이라는 게 무슨 헛소리인가 말이다. 영화에서 쉽게 확인할 수 있다.

영화 끝 무렵에 정말 비열한 제안이 산드라에게 주어져 마침내 자본주의가 자신의 추악한 얼굴이 드러낸다. 그녀가 이틀 동안 벌였던, 목숨 건 투쟁을 담보로 거래가 이루어지려는 참이었다. 산드라는 끝까지 든든히 곁을 지켜준 남편에게 전화를 걸면서 자신이 달라졌다는 사실을 스스로 확인한다. "여보, 우리 잘 싸웠지? 난 행복해." 신자유주의 시장경제에 대한 비판과 더불어 다르덴 형제의 선택이 인간성 회복에 있다는 점을 뚜렷하게 부각하게 시킨 한마디다. 영화의 감동은 그렇게 다가왔다.

일찍이 마르크스는 인간을 역사의 주체로 보았다. 하지만 이는 인간이 노동을 통해 역사에 뛰어들어 노동이 갖는 참 의미를 발견했을 때의 이야기다. 또한 이것이 바로 자본주의 생산 체계에서 소외되었던 인간이 자신의 진정한 모습을 회복하는 길이기도 하다. 그렇게 마르크스는 노동의 긍정적인 가치를 밝혀냈다. <내일을 위한 시간>에서 다르덴 형제는 자본주의 체계를 고발하는 차원을 훌쩍 뛰어넘어 인본주의로서 노동의 가치를 제시한다.

영화를 이렇게 잘 만들 수 있다는 사실에 경이로움을 금할 수 없었다. 얼마나 고급스러운 연출인지 모르겠다.

산드라의 내일은 어제와 확실히 달라질 것이다.

5. <언노운 걸>: 죄책감의 늪

1) 떨쳐낼 수 없는 느낌

불현듯 과거사가 떠올라 마음이 아플 때가 있다. 중학교 시절 가까운 친구가 있었는데 몹시 싸우고 난 후 줄곧 외면했다. 그 친구가 전학 가는 날에 나는 창밖을 내다보지도 않았다. 아마 마지막으로 창문에 비칠 내 모습을 기대하며 뒤를 돌아보았을지 모르는데….

아버님이 나이가 드셔서 거동이 쉽지 않았다. 그런데 나 살기 바빠서 한 주에 한 번 형님 집으로 찾아뵙는 일마저 쉽지 않았다. 전화를 드리면 늘 '한 번 와라' 하셨고 그때마다 다음 주엔 꼭 찾아뵙겠다는 말씀을 드렸다. 그리고 똑같은 대화를 나눈 어느 토요일에서 지난 불과 이틀 후, 아버님은 돌아가셨다. 지금도 마지막 대화를 나누었던 밤 날씨며 공기 중의 냄새며 입었던 옷이며, 심지어 내 목소리까지 정확히 기억난다. "다음 주에는 꼭 갈게요. 아버지."

왜 이런 것들은 잊히지 않을까? 그리고 몇십 년 전 일들까지 다시금 떠오르곤 하는 걸까? 나는 행복했던 순간만 기억하고 싶은데 말이다.

나에게 알지 못하는 사람은, 알지 못하는 사람이다. 세계 인류는 70억이고 우리나라 인구만 해도 5천만 명이며 길에 스쳐 지나가는 사람들만 따져도 부지기수다. 그러니 십 년 전 어느 자리에서 한번 인사한 사람을 오늘 우연히 다시 만난들 여전히 모르는 사람일 뿐이다. 그렇게 돌아가는 게 세상의 이치인데 어느 날 제니(아델 하에넬)에게 뜻하지 않은 일이 닥친다. <언노운 걸>(La fille inconnue, 극영화, 105분)은 이렇게 시작한다.

3개월간 작은 동네 가정의로 파견 나와 있던 그녀는 근무 마지막 주에, 그것도 진료 시간이 한참 지나서 울려오는 현관 벨 소리를 듣는다. 근무 시간에만 환자를 받는 게 원칙인 서구 사회이기에 제니에겐 문을 열어줄 의무가 없었다. 그리고 정 급했으면 한 번 더 벨을 눌렀을 게 아닌가? 아이들 장난이었을 가능성도 있고 말이다. 그런데 다음날 출근을 하는 제니에게 형사 두 명이 찾아와 CCTV를 확인해 달라는 요청을 하고 어젯밤에 벨을 단 한 번(!) 눌렀던 소녀가 공사판에서 변사체로 발견되었다는 소식을 듣는다. 그때부터 제니는 죽은 소녀의 전날 밤 행적을 추적하기 시작한다. 제니의 목적은 단 한 가지, 이름도 없이 묻힌 소녀의 묘비에 이름을 적어 넣으려는 것이다.

상영 시간이 105분 정도니까 영화는 그리 길지 않은 편이고, 카메라에 잡히는 모습도 사람들의 만남과 주인공이 거리를 걷거나 차에 타는 장면 등 일상적인 게 대부분이다. 하지만 주인공이 왜 걸어가고, 왜 만나고, 왜 운전하는지 등등 상황을 충분히 짐작할 수 있기에 이야기의 긴장감이 유지된다. 소녀의 모습이, 그것도 CCTV 화면에서 잠깐 본 데 불과하지만, 뇌리에서 절대 사라지지 않는 굵직한 무게감으로 제니를 장악했기 때문이다. 죄책감에서 벗어나려면 무엇인가 해야만 했다.

<언노운 걸> 제니와 살인자 A

소녀의 죽음과 관련해 많은 사람이 죄책감에 시달린다. 사실 다른 이들에 비교하면 제니의 죄책감은 가장 작은 축에 속한다. 실수로 소녀를 죽인 A, 그 사실을 알고 있는 B, B의 친구인 C. 제니와 함께 일했던 인턴 D, 소녀의 성性을 산 양로원에 사는 노인 E, 소녀를 데려와 E에게 안겨준 E의 아들 F, 살인자 A의 아내 G, 사건 담당 형사 H와 I, 제니를 만류하는 선배 의사 J, 사건과 간접적으로 관련된 폭력배 K, 소녀의 언니 L 등등. 그들의 태도 역시 다양해 살인사건을 사무적으로 대하는 사람, 죄책감에 시달리는 사람, 어쩔 수 없는 일이었다면서 합리화의 구실을 찾는 사람, 어떻게 해서든지 사건을 덮으려고 하는 사람, 그에 더해 일을 적당히 덮어야 한다면서 완력을 쓰는 사람까지 있다. 차이는 있을지언정 다들 어느 정도의 죄책감을 가진 셈이다.

2) 소녀의 이름은 무엇일까?

다르덴 형제의 영화에는 언제나 핵심 주제를 둘러싼 다양한 사회적 메시지가 섞여 들어가 있다. 이렇게 섞어 넣는 작업은 감독이 사회문제에 유난히 관심이 많아서일 수도 있지만 실제로 우리가 사는 세상에서 늘 발견되는 문제라는 이유가 더욱 타당할 것이다. 거름 장치 없이 세상을 바라보려는 감독 고유의 철학이 드러난다는 뜻이다. <언노운 걸>에서도 비단 죄책감이라는 인간 본연의 갈등 외에 불법 이민, 노인문제, 사회 깊숙이 뿌리 내린 매매춘과 폭력 등등에 관심을 기울인다. 그러니까 죄책감을 둘러싼 제반 사회적 조건들을 넓게 파악하려고 시도하는 셈이다.

어이없이 목숨을 빼앗긴 소녀는 아마 과거 프랑스령 어느 아프리카 국가에서 벨기에로 몰래 들어왔을 것이다. 먼저 온 언니를 찾았지만, 언니의 삶도 녹록지 않아 얹혀살기가 여간 어렵지 않았다. 그런 상황에서 불량배에 걸려들어 창녀로 전락하고 만다. 불법체류자 신분이라 떳떳하게 자신을 드러낼 수 없던 소녀는 살기 위해 양로원에 사는 노인과 불법으로 매매춘 거래를 하곤 했다. 어느 날 밤늦게 언니 집으로 돌아오던 소녀는 길에서 괴한을 만났고 그에게 쫓기던 중 도움을 청하고자 병원 벨을 눌렀다. 그리고 억울한 죽음. 그녀는 미성년자라 인생에서 꽃도 한번 피워보지 못했다. 소녀의 죽음에 대한 광범위한 관찰이다.

앞서 말했듯 <언노운 걸>은 죄책감에 관한 영화다. 다르덴 형제는 인터뷰에서 소녀의 이름을 찾아준 의사 제니에 대해 이렇게 말한다.

"제니는 소녀가 최소한 익명으로 매장되지 않길 바랐고, 그래야만 이 소녀가 세상에 존재하다 사라졌다는 걸 증명할 수 있다고 믿었습니다. 제니는 자신에게 잘못이 있다고 믿고 책임감을 느끼죠. 아무것도 안 하는 걸 거부하고, 아무것도 말하지 않는 걸 거부해요. '아무것도 보지 못했고, 아무것도 듣지 못했어요.'라고 하지 않는 겁니다."[6]

<언노운 걸>은 우리 구비문학에서 사또가 부임한 첫날밤에 죽어나갔다고 하는 이야기와 비슷하다. 한을 품고 죽은 귀신이 한을 좀 풀어달라고 나타난 것인데 사또들은 공포를 느껴 숨을 거두었고 마침내 현명한 사또가 등장해 귀신의 사연을 듣고 한을 풀어주었다. 그랬더니 감사의 말을 남기고 귀신은 저승으로 편히 갔다. 죄책감은 비록 산 사람이 느끼지만, 그 원인은 죽은 이에게 있다.

왜 평범한 사람인 제니, 그리고 나아가 우리는 모두 죄책감을 느낄까? 영화는 그에 대해 분명한 답을 갖고 있다. 크든 작든 우리가 죄책감에 시달리는 이유는 죽은 소녀가 우리를 부르고 있기 때문이다. 죄책감은 비록 산 사람이 느끼지만, 그 원인은 분명 죽은 사람, 아니, 보다 일반적으로 말해 상처 입은 사람에게 있다. 그렇게 시각을 달리하면 우리 자신을 올바르게 성찰할 수 있을 것이다.

자신이 어떤 사람인지 정확히 아는 깨어있는 삶! 평범한 사람이 겪는 윤리적 갈등에서 어떻게 벗어나야 할지 다르덴 형제가 제시하는 해법이다.

죽은 소녀의 이름은 영화 마지막에야 겨우 등장한다. 펠리시 콤바! 독자 여러분도 소녀의 이름을 꼭 기억해 두기 바란다. <언노운 걸>은 칸 국제영화제, 토론토 국제영화제, 선덴스 영화제 등등에서 주목을 받았다.

영화가 무척 깊다. 그 말 한마디면 충분하다

<언노운 걸> 예고편

6. 깨어있음

다르덴 형제 감독은 다큐멘터리로부터 영화를 시작했다. 그런 까닭에 우리가 마주하는 현실을 정밀하게 살피는 데 이력이 나 있고, 실제 이들의 작품들을 보면 그야말로 있을 법한 이야기들이 넘쳐난다. 여기에 더해 가능한 한 **판단중지** 상태에서 현실을 보려는 노력을 기울이는데, 이는 사실주의 영화의 기본 전제로 작용한다. 다르덴 형제의 영화가 극적 효과나 화려한 설정에 기대지 않는 대신 그저 주변의 친숙한 사람들과 배경을 다루는 느낌을 주는 이유다.

아버지에게 버림받고, 회사에서 부당하게 쫓겨나고, 도와줄 이 아무도 없는 세상에 홀로 팽개쳐진다. 그런가 하면 원치 않는 아기가 태어나 어찌할 바를 모르고 철천지원수와 맞닥뜨린다. 그 과정에서 가족과 노동과 불법체류 그리고 폭력과 용서와 사랑에 대해 깊이 성찰할 기회를 얻는다. 그렇게 우리 앞에 주어진 세상을 선입견 없이 바라볼 수 있다면 사태의 본질을 깨닫는 데 큰 도움을 받을 수 있을 것이다.

"우리는 다큐멘터리에서 시작했습니다. 그래서 주변에 어떤 일이 벌어지고 있는지 늘 흥미를 갖습니다. 우리의 일상은 고치 속에 들어 있는 게 아니라 가게에서 물건을 사고 극장에 가며, 극장에서도 언제나 영화와 현실 사이의 개연성을 염두에 두곤 합니다."[7]

다르덴 형제의 작업 스타일을 살펴보겠다. 그들은 우선 완벽에 가까운 시나리오를 만들어놓고 한두 달 리허설을 거쳐 미세한 부분까지 보완한 다음 실제 촬영에 들어간다고 한다. 철두철미한 준비를 거쳐 이야기와 인물과 대사와 행동과 장소와 시간까지 세밀하게 설정해 놓았으니 촬영이 일사천리로 진행될 수밖에 없는 노릇이다. 현장 상황에 맞춰 수시로 시나리오를 바꾸느라 촬영 기간이 무한정 늘어나는 작품들과 비교할 때 이야기가 압축적인 것은 그 때문이다.

철두철미하게 준비하는 작업 스타일은 다르덴 형제의 영화에서

판단중지(Epoche)

현상학자 에드문트 훗설 (Edmund Husserl, 1859~1938) 이 고대 그리스어에서 차용한 개념으로, '현상학적 순환'의 첫 단계다. 외부세계에 대한 철학적 믿음을 유보하고 의식으로 들어오는 현상 그 자체만 검토.

다양하게 드러난다. 그들은 영화에서 절제된 감정을 다양한 상징과 은유에 섞어내는데, 돌이켜보면 한 장면 한 장면에 분명한 메시지가 담겨있다. 그 메시지를 담아내기 위해 감독이 세세히 연구하고 정밀하게 연기 지시를 했을 법한 상황을 머리에 그려보면, 이들의 연출력에 감탄사가 절로 나온다. 단 한 장면도 허투루 찍지 않은 것이다.

다르덴 형제의 영화들이 평범한 사람들의 일상을 다루고 있는 것은 분명하다. 그렇다고 영화의 주제까지 평범하진 않으며 오히려 치열한 구석이 있어 갖가지 사회 문제들에 깊숙이 접근한다. 이를 두고 어떤 이들은 혹여 주제들이 정치적으로 해석될 소지가 있는지 궁금해 한다. 하지만 다르덴 형제의 입장은 견고하다.

"우리는 이들을 한 번도 정치적인 영화라고 생각한 적이 없습니다. 우리는 그저 동시대 인물들에 대해 이야기를 하고 싶었을 뿐입니다. 유럽의 많은 감독이 이 분야에서 작업하는데 이민移民이나 오늘날 유럽의 생활방식에 방해가 되는 것들입니다. 심판을 내리려는 의도는 전혀 없고, 다만 그런 일들을 카메라가 담아낸다는 사실이 중요합니다."[8]

결의론(決疑論)

윤리와 종교의 일반원리를 특정한 구체적인 인간행위에 적용하여, 사물의 이치를 하나하나 정확하게 따져 해결을 모색하는 방법.

<플레니테리엄> 포스터

다르덴 형제의 작품이 윤리적 주제를 다룬다고 하지만 이는 사뭇 광범위한 개념설정이다. 사실 윤리倫理라는 말은 그 자체로 쉽게 정의하기 어려운 측면이 있고, 이를 세분화해 사회윤리, 종교윤리, 정치윤리 식으로 파고 들어가면 더욱 난감해진다. 특히, 종교윤리는 도그마적인 성격이 강해 딱딱하게 여겨지기에 십상이다. 예를 들어, 생명윤리를 거론할라치면 콘돔을 사용하는 게 윤리적으로 옳은가 그른가 하는 **결의론**적 논쟁으로 이어질 수 있는 것이다.

여기서 '윤리'에 대한 포괄적 정의를 내리려는 무리한 시도를 하진 않겠다. 하지만 다르덴 형제가 영화에서 선택한 윤리적 주제들 모두가 양심과 인간의 존엄성을 바탕으로 하고 있음은 분명해 보인다. 앞서 분석한 네 작품에서 두루 발견되는 성향이기도 하다.

사회문제를 다루지만 정치적 입장과 거리를 두고, 인간의 본질을 다루지만 종교적으로 해석되기를 바라지 않는다. 그 점에서 다르덴 형제의 영화는 다양한 계층의 관객에게서 공감을 얻고 객관성을 획득할 수 있다. 누구라도 이들의 영화를 한 번 보면 이야깃거리가 줄기차게 쏟아져 나와 감상 후 진지한 토론이 가능하다. 이제까지 나는 마블Marvel 유의 영화를 보고 나서 동행들과 토론을 벌인 적은 한 번도 없다.

비록 다르덴 형제의 감독 작품은 아니지만, 그들이 제작에 참여한 <플래니테리엄>(Planetarium, 2016년)에서는 영화가 무엇인지 다시금 생각할 계기가 생긴다. 영화의 주인공 안드레 코르반스키(엠마누엘 셀린저)는 돈과 흥행에 휘둘리지 않는 훌륭한 영화인이다. 하지만 운명은 그의 편이 아니었고 자유로운 영혼이 머물 자리는 지상에 없었다. 안드레가 피고로 선 재판정에 들어서자 연신 그를 찍어대는 카메라를 향해 절규하듯 외친다. "영화는 악한 것을 찍으라고 있는 게 아니오, 선한 것을 찍으시오!" 끔찍함 범죄, 잔인한 폭력, 엽기적 행각, 왜곡된 사랑 등등의 악한 소재들을 여과 없이 다루는 요즘 영화를 향한 일갈一喝로 들렸다. 다르덴 형제의 신념을 반영하는 대사임이 확실하다.

사실주의에 바탕을 둔 윤리적 주제. 같은 성향의 영화를 꾸준히 만들어온 덕에 다르덴 형제는 누구도 부정할 수 없는 세계적인 감독 반열에 올랐다. 혼탁한 세상과 맞서 싸우는 용감한 전사로서 그들의 꺾이지 않는 의지에 찬사를 보낸다.

관객 여러분, 우리 잘 싸우고 있지요?

칸 영화제에서 다르덴 형제

| 주 석 |

1) Article 'History of Dardenne brothers' in Encyclopaedia Britannica
   https://www.britannica.com/biography/Dardenne-brothers#ref1008605
2) 다르덴 형제 감독의 작품과 일생을 재구성하는 데는 인터넷 사전을 참고했다.
   https://www.britannica.com/biography/Dardenne-brothers#ref1008605,
   https://en.wikipedia.org/wiki/Dardenne_brothers
3) Manohla Darfismarch, "Seeking a Father, Finding Humanity" in New
   York Times(NYT)2012년 3월 5일https://www.nytimes.com/2012/03/16/
   movies/the-kid-with-a-bike-from-jean-pierre-and-luc-dardenne.html
4) 안은수, 『논어, 삶을 위한 트리올로지』, 케포이북스, 2016년, 77-78쪽.
5) Andreas Borcholte, "Zwei Tage, eine Nacht: Menschlichkeit oder
   1000 Euro?", in Der Spiegel 2014년 10월 30일.
6) 다르덴 형제와 네이버 인터뷰, https://movie.naver.com/movie/bi/mi/
   basic.nhn?code=150372
7) 다르덴 형제와 Cineuropa 인터뷰 by Matthieu Reynaert Cinergie, 2005
   년 9월 9일. https://www.cineuropa.org/en/interview/54684/
8) 다르덴 형제와 Film지 인터뷰 by Sam Adams, 2009년 3월 8일.
   https://film.avclub.com/jean-pierre-and-luc-dardenne-1798217260
9) 위키피디아 영어판 참조.
10) 위키피디아 참조.

3장 켄 로치

좌파 영화감독을 넘어 스타일이 되다

서성희

Ken Loach

1. 블루칼라의 시인, 켄 로치

1) 텔레비전 감독에서

켄 로치 감독

켄 로치는 1936년 6월 17일 영국의 워릭셔주 넌이턴시에서 전동 공구 공장에서 감독 일을 하던 노동 계급의 아들로 태어났다. 장학금을 받고 학교에 진학할 기회를 얻어 고등학교를 졸업한 후, 2년 동안 영국 공군에 복무한 후 옥스퍼드 세인트 피터스 칼리지에서 법학을 전공한다.

그러나 켄 로치는 옥스퍼드 재학 시절 드라마학회 활동을 더 열심히 했고, 졸업 후 법학 대신 연극을 선택해 버밍엄 인근 극단에서 배우로 열정을 키웠지만, 연기로 큰 빛을 보지는 못했다. 이후 ABC 텔레비전에서 주는 장학금으로 노스햄튼 레퍼토리 컴퍼니에서 연출자 교육을 받고, 1963년 8월 BBC에 텔레비전 조감독으로 들어가면서 감독의 길을 걷게 된다.

당시 BBC는 자유주의 혁신의 시기로 널리 알려진 변화의 시대를 모색 중이었고, 켄 로치는 그 분위기를 이어받아 방송국에서 경력을 시작할 때부터 실험적인 접근 방식을 선택하도록 격려받았다. 켄 로치는 먼저 <캐서린>(Catherine, 1964)을 시작으로 <Z 카>(Z-Cars,

<Z 카> 포스터

1964)[1] 시리즈와 <청년의 일기>(Diary of a Young Man, 1964) 시리즈를 통해 텔레비전 감독으로 명성을 얻었다.

이 시리즈들은 당시 스튜디오에서 주로 찍던 영국 텔레비전 드라마의 관습에서 벗어나 야외 촬영과 배우들의 독백 삽입 등 텔레비전 드라마의 문법이라 할 만한 것을 재창조하려는 시도에 성공했고, 텔레비전 스토리텔링의 중요한 돌파구를 제시하면서 실험적인 감독이라는 평판을 얻게 되었다. 또한, 켄 로치의 작품에서 다큐멘터리적인 촬영 방법론이 점점 중요해진 것은 맞지만, 적어도 초기[2]에는 잉마르 베리만과 알랭 레네, 장 뤽 고다르 등의 예술영화에 많은 빚을 지는 연출로 당시 그의 작품은 모더니즘적 실험 요소들도 중요한 역할을 맡았다.

그는 1980년까지 함께 일하게 될 배우 출신의 프로듀서 토니 가넷을 만나 1965년부터 BBC에서 방영했던 시리즈를 통해 1960년대 영국 TV영화의 걸작들을 만들었다. 당시 켄 로치는 <업 더 정션>(Up the Junction, 1965), <캐시 컴 홈>(Cathy Come Home, 1966)과 같은 낙태, 사형제도, 노동 계급의 문화 변화, 무주택, 의료제도, 청소년의 성 문제 등 당시 쟁점의 대상이 되는 사회 문제들을 '다큐멘터리 드라마' 즉 다큐멘터리적인 스타일에 극영화의 드라마적 요소가 혼합된 양식으로 제작했다. 드라마가 있지만 때로 화면은 기록영화처럼 카메라가 배우를 따라다니기도 하고 배우들이 카메라를 빤히 쳐다보며 관객에게 말하는 것처럼 대사를 말하기도 한다. 그러나 점차적으로 켄 로치 감독은 공영 방송국인 BBC와 정치적인 드라마로 마찰을 빚으며 텔레비전 드라마 감독으로서의 한계와 회의를 느끼게 된다.

2) 영화감독으로

<불쌍한 소> 포스터

1967년 켄 로치 감독은 첫 장편영화인 <불쌍한 소>(Poor Cow)를 만들었다. 이 영화는 여러 남자를 겪으며 살아가는 한 여인의 삶을 조명하며 사회 문제에 대한 그의 비판적 성향을 유지한다. 하지만 이 영화는 음악을 많이 사용하고, 에피소드로 나누어 이야기를 전개하고, 주관적인 독백을 사용하는 등 당시 프랑스 누벨바그가 남긴 여러 흔적을 담고 있어 이후 켄 로치 영화들과는 사뭇 다른 점을 보여준다.

1969년 켄 로치는 토니 가넷과 함께 두 번째 장편인 <케스>(Kes, 1969)를 통해 광산 노동자들의 지친 삶을 그렸다. 자신의 스타일을 형성해 가는 일련의 과정들을 거친 켄 로치 감독은 <케스>부터 자신의 스타일을 찾았고 이후 확고하게 굳히게 된다.

그러나 <케스>의 성공에도 불구하고 극영화를 계속 만들기란 쉽지 않았다. 1970년대와 80년대 켄 로치 감독은 몇 편의 영화를 만들었지만, 큰 성공을 거두지는 못했다. 배급의 뒷받침이 약했고, 검열도 문제였다. 자선단체에서 기부해서 만든 <아동 구제기금 영화>(The Save the Children Fund Film, 1971)도 결과가 좋지 못했다. 영화가 마음에 들지 않았던 자선단체는 아예 네거티브 필름을 없애버리려 했고, 이 같은 수난을 당해 창고에 처박혀 있던 영화는 2011년에 와서야 대중에게 공개될 수 있었다.

<아동구제기금 영화> 포스터

특히 1979년부터 1990년까지 이어진 보수당 대처 수상의 집권 기간 동안 켄 로치 감독은 고전을 면치 못했다. 감독은 극영화와 TV 작품을 함께 만들면서 투자자와 배급사를 만나는 기약 없는 일을 반복했다. 그는 다큐멘터리 작업을 통해 작품 활동을 지속했지만, 사회성 짙은 다큐멘터리들은 검열을 받고, 배급사를 찾지 못하고, 방영이 금지되는 고난을 겪는다. 1979년과 1980년 극영화 <블랙 잭>(Black Jack)과 <사냥터지기>(The Gamekeeper)를 연이어 만들지만 영화의 흥행 성공 이후에도 사정은 여전히 나아지지 않았다.

<블랙잭> 포스터

극영화로 복귀해 기쁜 마음으로 만들었다고 회고하는 <사냥터지기>는 직장에서 해고된 철강 노동자가 사냥터를 관리하며 살아가는 모습을 통해 여전히 귀족이 살아 숨 쉬는 영국의 모습을 무심한 듯 보여주며, 당시 영국경제가 한 노동자의 일상에 어떤 영향을 미치는지 날카롭게 파고들고 있다. 이 영화가 성공한 후에도 80년대 중반까지 켄 로치 감독은 노조 투쟁 현장을 돌아다니면서 기록영화를 찍었지만, 고전을 면치 못했다.

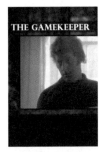

<사냥터지기> 포스터

1982년 켄 로치는 중앙독립텔레비전과 손을 잡고 채널 4의 위탁을 받아 리더십의 문제를 다룬 일련의 다큐멘터리들을 제작했다. 이는 대처 정부의 강경 정책으로 인해 영국의 노조활동이 위축되고 있는 상황에서 노동운동의 방향을 재점검해보려는 취지로 이루어진 작업이었다. 그러나 이 프로그램은 검열의 제재로 채널 4에서 방영되지 못했다. 영국 광부들이 파업할 때 부른 노래와 시에 관한 다큐멘터리 <당신은 어느 편인가?>(Which Side Are You On?, 1985)도 ITV(ITV's The South Bank Show)의 위탁으로 노동자들의 힘든 삶과 노동 운동을 소재로 삼아 제작되었지만, 방영이 금지되었다. 결국, 이 영화는 베를린국제영화제에 출품되어 상을 받은 후에

<당신은 어느 편인가요?> 포스터

<파더랜드> 포스터

<레이디버드 레이디버드> 포스터

<숨겨진 계략> 포스터

<하층민들> 포스터

<랜드 앤 프리덤> 포스터

<다정한 입맞춤> 포스터

야 채널 4를 통해 방영될 수 있었다. 당시 찍은 극영화로는 <파더랜드>(Fatherland, 1986)가 유일하다.

3) 세계에서 가장 정치적인 감독으로

켄 로치 감독의 행보는 1990년대 이후 만개한다. 90년대 이후 켄 로치가 만든 영화는 세계 곳곳에서 주목받았다. 그에 대한 투자자가 많아졌고 칸영화제를 비롯한 여러 영화제에서 상을 받는 등 켄 로치 감독은 세계적인 거장으로 입지를 굳힌다. 특히 그에 대한 칸영화제의 사랑은 각별했다. 영국 복지 제도의 허상을 정부로부터 양육권을 빼앗긴 가난한 여인의 삶을 통해 비판해 1994년 베를린국제영화제에서 은곰상을 받은 <레이디버드 레이디버드>(Ladybird Ladybird)를 제외하면, <숨겨진 계략>(Hidden Agenda, 1990), <하층민들>(Riff-Raff, 1991), <레이닝 스톤>(Raining Stones, 1993), <랜드 앤 프리덤>(Land And Freedom, 1995)까지 줄줄이 칸영화제에서 상을 받았다. 2006년 황금종려상을 받은 <보리밭을 흔드는 바람>(The Wind That Shakes The Barley)과 2012년 심사위원상을 받은 <엔젤스 셰어: 천사를 위한 위스키>(The Angels' Share), 두 번째 황금종려상을 받은 <나, 다니엘 블레이크>(I, Daniel Blake, 2016), <미안해요, 리키>(Sorry We Missed You, 2019)까지 그의 작품은 14번이나 칸영화제 경쟁 부문에 초청됐다.

1990년 발표한 <숨겨진 계략>은 칸영화제에서 심사위원 특별상, 공사장 노동자를 소재로 한 <하층민>은 비평가상을 받고 1991년 '올해의 유럽영화'로 선정되었다. 1995년 <랜드 앤 프리덤>은 칸영화제 비평가상과 유럽영화상을 수상하였다.

2000년대 들어서도 켄 로치 감독의 활동은 누그러들지 않았다. 저임금과 열악한 근무환경에 시달리던 LA 거대 회사의 잡역부들이 파업에 돌입하게 되는 과정을 묘사한 <빵과 장미>(Bread And Roses, 2000), 영국의 가난한 백인 처녀와 파키스탄 청년의 인종의 벽을 뛰어넘는 사랑을 그린 <다정한 입맞춤>(Ae Fond Kiss, 2004) 등은 원숙기에 들어선 그의 면모를 유감없이 보여주었다. <빵과 장미>는 미국에 불법체류 하는 제3세계 노동자들의 고단한 일상과 눈물겨운 노동운동을 다루고 있다. 영화 제목은 "우리는 빵도 원하지만 행복한 삶(장미)도 원한다"라는 노동자들의 오랜 구호이다.

2006년 켄 로치 감독은 아일랜드의 독립전쟁을 다룬 <보리밭을

흔드는 바람>으로 제59회 칸영화제에서 황금종려상을 거머쥐었다. 그의 영화에 대한 평가는 대개 "용감하고 흥미로운 드라마이며, 반대 의견을 개진해온 영국의 고귀한 전통을 대변한다"라고 극찬한 평자들이 있었던 반면, 보수주의자들은 "영국인을 사디스트로, 아일랜드인을 낭만적으로 묘사했다"라는 비판으로 양분된다.

켄 로치 감독은 이렇게 양분되는 평가에도 아랑곳하지 않고 이듬해에도 영국 런던에서 자행되고 있는 이주노동자들에 대한 부당행위에 맞선 한 여성의 눈물겨운 투쟁을 다룬 <자유로운 세계>(It's a Free World..., 2007)를 내놓았다. <자유로운 세계>는 당대 영국에서 벌어지고 있는 비정한 노동 현실에 대한 면밀한 관찰이 돋보이는 작품으로, 영국의 자본가들이 중산층 이하 계급을 착취하고, 그들이 다시 외국의 이주노동자들을 착취하는 계급적 먹이사슬의 연쇄를 조명한다.

2009년에는 좌절에 빠진 한 우편배달부가 축구클럽 맨체스터 유나이티드에서 활약했던 전직 축구선수 에릭 칸토나와 만나 대화를 나눔으로써 삶의 희망을 찾는다는 내용의 <에릭을 찾아서>(Looking for Eric)를 연출한다. 이 영화는 평단의 호의는 물론이고, 상업적으로도 성공을 거두었다.

<에릭을 찾아서> 포스터

켄 로치 감독은 이후 이라크 점령기에 청부업자로 일했던 사람들의 이야기를 통해 정치적 상황에 놓인 개인들 간의 관계를 탐구한 <루트 아이리시>(Route Irish, 2011)를 세상에 내놓았다. 이어 스코틀랜드의 양조장을 배경으로 한 사고뭉치가 겪는 애환을 위트 있게 그린 <앤젤스 셰어: 천사를 위한 위스키>를 연출하고, 2016년에는 <나, 다니엘 블레이크>로 칸국제영화제에서 황금종려상을 수상했다. 팔순이 훌쩍 넘어서까지도 왕성한 작품 활동을 보여주며 2019년에는 <미안해요, 리키>를 칸 영화제 경쟁 부문에 내놓았다.

<루트 아이리시> 포스터

켄 로치 감독은 사회 시스템에 관한 문제 제기를 통해 인간에 대한 예의를 추구하는, 살아 움직이는 이 시대의 양심이자 지성이다. 그는 영화가 세상을 바꿀 수 있을 거라고 믿지 않는다고 했다. 자신이 그저 "미력하게나마 돕는 것뿐"이라고 말한다. 지금부터 켄 로치 감독이 영화를 통해 노동자 계급의 실제 삶이 어떤지 보여주고, 노동자 계급의 목소리를 찾아주고, 영화로 미력하게나마 세상을 도우려는 대표적인 영화 네 편을 만나보려 한다.

<앤젤스 셰어> 포스터

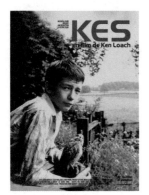

<케스> 포스터

<케스> 탄광촌의 외로운 소년
빌리에게 희망을 준 유일한
새 케스와의 만남

2. <케스>: 노동 계급의 소년으로 살아가기

<케스>는 켄 로치 감독의 두 번째 장편영화로 자신의 스타일을 찾고 확립하게 되는 작품이다. 1969년에 배리 하인스(Barry Hiness)의 소설 『매와 소년』(A Kestrel for a Knave, 1968)을 원작으로 가난에 찌든 영국 북부 공업지대를 배경으로 요크셔의 작은 탄광촌에 사는 한 소년이 황조롱이 새끼를 키우면서 비상을 꿈꾸지만 주변 사람들의 몰이해로 좌절을 겪게 되는 켄 로치 감독의 초기 대표작이다.

1960년대 초 영국의 뉴웨이브(British New Wave) 계열의 영화들이 등장하고 십 년 정도 후에 나온 <케스>는 흥행과 비평에서 모두 성공을 거두었다. 저예산으로 만든 <케스>는 실제 지역에서 촬영하고, 노동자 계급을 주요 등장인물로 삼았다는 점에서 뉴웨이브 영화들과 맥락을 함께하고 있다. 이 영화는 허구의 설정을 가미한 소박한 형식 속에 사회에 대한 문제의식을 담아내는 켄 로치의 스타일을 잘 보여준다.

1) 노동 계급의 삶과 대물림

15살의 빌리 카스퍼(데이비드 브래들리)는 엄마 카스퍼 부인과 이복형인 쥬드 카스퍼와 살고 있다. 신문 배달을 해 가정의 생계를 도우며 어렵게 살아가고 있지만, 빌리는 가정에서나 학교에서나 사랑과 관심을 받지 못한다. 형 쥬드는 탄광에서 일하고 있으며, 빌리도 곧 학교를 졸업하면 직업을 가져야 하고 탄광 일을 하게 될 거라고 말한다. 하지만 빌리는 땅속에서는 절대로 일하지 않을 거라고 말하며, 자신이 유일하게 애정을 갖는 대상은 직접 훈련시킨 매 '케스'이다.

영화는 크게 세 가지 축으로 전개된다. 하나는 빌리와 빌리 어머니와 형으로 이루어진 빌리의 가정이며, 또 하나는 빌리의 학교생활이고, 나머지 하나는 빌리와 매의 관계이다. 빌리의 가정은 아버지가 집을 나가서 돌아오지 않는 결손 가정이다. 그리고 형 쥬드는 아버지가 다른 이복형이다. 탄광 일을 하는 노동자인 형 쥬드와 노동자인 어머니 카스퍼는 주말에 클럽에 가서 술 마시고 즐기는 것으로 삶의 위안으로 삼는다. 온종일 일만 하는 것에 지친 카스퍼 부인은 재혼을 꿈꾸며 일상을 탈출하고 싶지만 쉽지 않다. 아이들에게 큰 사랑도 주지 못한다. 주먹질로 유명했던 형 쥬드는 힘든 노동일을 하며, 경마에 돈을 걸어 도박하는 것을 삶의 낙으로 삼는다. 쥬드의 폭력은 집에서 빌리에게 고스란히 이어진다.

학교에서의 폭력은 훨씬 강도가 세다. 6시에 일어나 신문 배달을 하는 빌리는 피곤해 조회 시간에 존다. 교장 선생님은 학생들의 의견이나 입장은 전혀 듣지 않고 다른 선생님의 심부름으로 온 학생까지 싸잡아 같이 체벌한다. 체육 선생 석든은 학생들과 같이 축구를 할 때 자신에게 유리하게 팀을 짜고 자기 마음대로 패널티를 준다. 자신이 찬 페널티킥이 골키퍼의 손에 막히자, 골키퍼가 먼저 움직였다며 다시 페널티킥을 차 결국 골을 넣는다. 하지만 골키퍼였던 빌리는 골을 먹고 결국 체육 선생의 팀이 진다. 화가 난 체육 선생님은 빌리를 찬물로 학대한다. 빌리는 폭력을 행사하며 훈육하는 선생님을 피해 창문을 통해 도망쳐 나온다. 영화는 이러한 학교에서의 폭력을 상당 시간 할애해 보여준다.

축구시합 장면

석든 선생님과 건장한 아이들

골대를 지키는 미성숙한 빌리

영화는 빌리의 가정을 통해 당시의 사회적 상황과 노동자들의 생활을 따라간다. 그리고 그들이 어쩔 수 없이 그렇게 생활하게 되는 사회의 구조적인 폭력과 시스템을 보여준다. 빌리의 취업 담당 면접관은 빌리에게 어떤 종류의 직업을 갖고 싶은지 묻는다. 하지만 생활 자체가 힘든 빌리는 생각해보지 않아서 잘 모르겠다고 한다. 그러자 면접관은 사무직이 좋은지 기술직이 좋은지 두 가지의 문항을 빌리에게 제시한다. 빌리는 사무직이 좋겠다고 하지만, 면접관은 서류에 기술직이라고 적고 일방적으로 빌리에게 기술직을 권유한다. 그리고 면접관은 탄광의 작업 여건이 많이 개선되었다며, 탄광직도 소문만큼 그렇게 나쁘지 않을 거라고 말한다.

결국 빌리에게 선택권은 없다. 빌리도 곧 광부가 될 것이다. 어떻게 보면 빌리가 광부라는 직업을 벗어나는 거의 유일해 보이는 방법은 교육이다. 하지만 영화는 사회의 구조적인 폭력과 시스템이 학교에서도 고스란히 이어지는 것을 보여준다. 그래도 켄 로치 감독의 영화에는 희망의 가능성을 보여주는 인물이 존재한다. 영어 선생 파딩만은 빌리가 다른 학생과 싸움을 하자 빌리를 옹호하고 다독거려주고 빌리의 이야기를 들어주고 매를 훈련시키는 재능을 알아봐주고 칭찬해 준다. 영화는 일말의 희망까지 저버리진 않는다.

그러다 형 쥬드가 경마에 돈을 걸라며 빌리에게 돈을 준다. 하지만 그 말이 우승할 확률이 적다는 얘기를 들은 빌리는 그 돈을 다 써버린다. 그런데 그 말은 경주에서 일등을 하고 화가 난 쥬드는 빌리의 유일

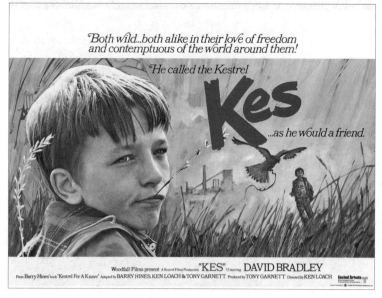

<케스> 영국 극장 개봉 포스터

한 희망이자 자신의 재능을 발휘했던 매 케스를 죽여 버린다. 빌리가 케스를 땅에 묻으며 영화는 끝이 난다. 케스의 죽음에는 자본이 있고 응보가 있고 반복되는 폭력의 순환이 있다. 영화는 눈물로 과장하지 않는다. 다른 성장영화들처럼 어린아이의 천진난만함과 순수함으로 과장하지도 않는다. 사회의 모순에 대해 크게 소리 높여 외치지도 않는다. 영화는 15살 소년의 삶을 따라가며 그가 겪는 일들을 담담히 카메라에 담아낸다.

2) 켄 로치 감독의 영화적 특징

켄 로치 감독의 영화 특징 첫 번째는 비전문 배우를 캐스팅해서 영화를 만들고 배우에게 완결된 대본을 주지 않는 것으로 유명하다. <케스>를 준비하면서 오디션을 봤고 빌리 역의 40여 명의 응시자 중에서 데이비드 브래들리를 뽑는다. 켄 로치 감독은 비전문 배우들의 실제 경험을 상당히 중요시한다. 그래서 감독은 영화 속 인물과 유사한 삶을 살아온 비전문 배우들을 캐스팅한다. 그들은 실제 자신이 경험하면서 느꼈던 감정들을 영화에 쏟아내고, 시나리오의 빈 곳을 그들 삶의 페이소스로 가득 채워 넣는다.

장면과 인물에 대한 완벽한 설명을 하지 않은 채 이성으로 이해하는 것이 아닌 감성으로 느껴지는 상황 연기를 통해 진정어린 연기를 뽑아내려 한다. 심지어 브래들리에게 시나리오도 읽지 못하게 했다. 브래들리는 영화의 결말을 모르고 있다가 나중에 촬영을 하면서 케스가 죽은 사실을 알게 됐다. 형 쥬드가 케스를 죽인 사실을 확인하고 소파에서 오열하는 장면과 쓰레기통에서 케스를 꺼내 흙에 묻는 장면에서 과도한 이미지를 쓰지 않고, 억지로 만들어낸 감정을 표현하지 않는다. 하지만 관객은 그의 행동과 표정에서 그가 받은 충격과 감정을 충분히 전달받는다.

비전문 배우 데이비드 브래들리 캐스팅

실제 배경장소인 탄광촌에서 촬영

탄광촌에 희망도 별다른 기대도 없이 사는 소년에게 매는 탈출의
가능성이었다. 소년은 매를 훈련시키는 방법에 관한 관심이 커지고
매가 가진 사냥기술과 독립적인 태도에 매혹되면서 자신을 억압하는
지겨운 현실과 영국 노동자 계층의 삶에 대한 대안적인 가능성을 어
렴풋이 발견했다. 그러나 영국 북부 공업지대의 암울하고 어두운 탄
광촌 전경은 경제적 문화적 소외가 인간관계와 꿈을 어떻게 좌절시키
는지 보여준다. 이 소년이 자유롭게 나는 매처럼 비상할 가능성이 파
괴되는 순간 그에게 희망도 함께 좌절됨을 보여준다.

<케스>가 이렇게 큰 울림을 만들어내는 데는 비전문 배우의 리얼
한 연기와 이것을 이끌어내는 연출의 힘도 컸지만, 각본의 힘도 크게
작용했다. 영화는 과도한 이미지를 사용하지 않고, 억지로 만들어낸
감정을 표현하지 않는다. 그럼에도 연기자들의 행동과 표정으로 큰
울림을 만들어내는 데는 켄 로치 감독 영화의 두 번째 특징인 현장감
있는 시나리오의 힘도 크게 작용했다. 그는 여러 시상식에서 시나리
오작가에게 감사의 마음을 전달하는 등 늘 시나리오작가에 대한 존경
심을 나타냈다. 켄 로치는 이렇게 말한다. "나는 시나리오작가를 무한
히 존경하지만 (영화감독이 곧 작가라는) 작가주의 이론은 믿지 않는
다. 나는 작가가 되려는 생각이 없다. 영화란 공동 작업이며 가장 중요
한 공로자가 있다면 그건 시나리오작가이다." 켄 로치 감독은 뛰어난
시나리오 작가들과 작업을 같이 했다. 10번의 장편을 같이 만든 폴 래
버티를 비롯해 짐 앨런, 배리 하인즈 등 그들은 살아 있는 캐릭터와 짜
임새 있는 탄탄한 시나리오를 만들어냈다.

시나리오의 탄탄한 구성에다가 비전문 배우들의 실제 경험과 실제
공간에서 촬영하는 켄 로치 감독의 영화는 따라서 자연스럽게 추가되
는 그 지역의 방언과 노동자들의 걸걸한 입담과 욕설로도 유명하다.
때문에 그의 일부 영화는 영어권에서 상영될 때도 영어 자막을 삽입
하곤 한다. <케스>도 예외는 아니다. 영화의 엑스트라들은 모두 촬영
지인 반즐리에서 고용했고 배우들은 요크셔 지방의 악센트를 쓰고 있
거나 알고 있었다.

<케스>는 영국 요크셔의 탄광촌을 배경으로 빌리라는 소년의 이
야기를 통해 영국 노동자들의 삶과 현실을 생생하고 감동적으로 묘사
해 성공을 거둔 켄 로치 감독의 대표작 중 하나이다. 가난한 노동자계
층의 아이에게 '너의 미래란 결국 탄광에서 일하는 것'뿐이라고 가르
치는 학교와 애정이 없는 가정에서 외톨이로 지내던 빌리는 새끼 매
를 키우면서 탈출의 가능성을 꿈꾼다. 영국 노동계급의 삶에 대한 대

안적인 가능성을 어렴풋하게나마 발견하지만 결국 희망은 좌절되고 평생 노동계급으로 살아갈 것을 강요받는 꽉 막힌 사회를 그리고 있다. 그러면서 인간에 대한 따뜻한 관찰을 담고 그 특유의 단순하고 소박하면서도 진지한 켄 로치의 영화 스타일을 확립한 작품이다.

3. <빵과 장미>: 여성 이주노동자로 살아가기

1) 여성 이주노동자의 환경

<빵과 장미> 포스터

켄 로치 감독은 줄기차게 억압받는 약자들의 투쟁을 그린 영화들을 만들어왔다. 2000년에 그가 선택한 억압받는 약자는 이민자로 그들의 권리 쟁취를 위한 노동자의 연대를 '켄 로치다운' 훈훈한 감동 드라마로 엮어낸다.

멕시코 국경을 넘어 미국 로스앤젤레스로 밀입국한 마야(필라 파딜라)는 언니 로사가 일하는 엔젤 크리닝 컴퍼니라는 청소 용역회사에 빌딩 청소부로 취직한다. 그러나 이 도시에는 천사라곤 없다. 중간관리자는 호의를 베푸는 척하지만, 밀입국자인 마야를 취직시켜준 대가로 한 달 월급을 수수료로 갈취한다. 지각해도 그 자리에서 해고해버리고, 동료 청소부를 밀고하도록 꼬드긴 후 거부해도 잘라버린다. 시간당 5달러를 받고 일하는 직장에서 영어를 못 해도 쫓겨나야 한다.

마야가 취직한 지 석 달쯤 지나 노동운동가 샘(애드리언 브로디)이 용역회사의 청소부 명단을 훔치러 들어온다. 마야는 경비원에게 들켜 쫓기는 샘을 대형 쓰레기통 안에 숨겨준다. 다음날 샘이 마야와 로사 식구의 집에 찾아와 청소부들이 단결해 싸워야 한다고 선동한다.

마야의 집에 찾아온 샘이 말한다. "82년 청소부의 시간당 임금은 8.5달러였고 의료보험, 치과보험 모두 가입이 됐다. 99년 청소부의 시간당 임금은 5.75달러에 아무런 보험 혜택도 없다. 그 강도 같은 놈들은 미국의 최빈곤층에게서 20년 동안 수천억 원을 가로채 갔다." 게다가 이들 중 상당수가 밀입국자여서 노조도 만들지 못한다. 불법 이민자이기 때문에 의료보험 혜택을 받을 수도 없고, 휴가는 꿈조차 꿀 수 없으며, 첫 월급은 감독관에게 고스란히 바쳐야 하고 단 한 번 지각했다는 이유로 해고되는 억울한 상황이다. 언니 로사는 남편이 당뇨병으로 고생하는데도 보험 혜택을 받지 못하고, 동생 마야를 취직시키기 위해 중간관리자에게 몸까지 내준다. 중간관리자는 그래놓고도 마야의 첫 월급까지 챙긴다. 청소 노동자들이 얻고자 하는 건 노동의 정당한 대가인 빵과 함께 인간 존중이다.

빵은 생존을, 장미는 사람의 존엄성을 상징한다. 영화는 노동 운동의 목적이 노동자의 생존권과 사람의 존엄성(인권)임을 말하고 있다. 이 영화에서 켄 로치는 "우리는 빵뿐 아니라 장미도 원한다"라고 외친다. 그러나 빵과 장미는 그냥 얻어지는 게 아니다. 마야는 노동운동가 샘과 함께 '빵과 장미', 즉 생존권과 행복추구권을 얻기 위한 투쟁의 선봉에 서게 된다.

1912년 빵과 장미를 요구하는 여성들

빵과 장미

3월 8일은 세계 여성의 날이다. '우리에게 빵과 장미를 달라' 1908년, 빵(생존권)과 장미(권리)를 얻기 위해 여성노동자들이 궐기를 시작한 것을 기념하는 날이다. 이후로도 매년 3월 8일마다 각국에서 여성들의 지위향상과 남녀차별 철폐, 여성빈곤 타파 등 여성의 권리를 위한 노력이 계속되고 있다.

1908년, **빵(생존권)과 장미(권리)**를 얻기 위해 여성노동자들이 궐기를 시작한 것을 기념하는 '여성의 날' 구호를 그대로 제목으로 가져온 <빵과 장미>는 직설적인 제목에 걸맞게 비교적 단순한 노동운동구조를 가져온다. 풍요의 상징인 미국에서도 최고소득을 자랑하는 변호사와 펀드매니저가 모여 있는 LA의 고층 건물에서 일하는 이들과 최저 임금에도 미치지 못하는 시급과 어떤 사회적 혜택도 받기 힘든 환경에 처한 최빈곤층인 밀입국자 청소부들이 한 공간에 있다. 그러나 같은 건물 안에 있어도 존재하지 않는 것 같은 청소부라는 직업의 특성은 선명하게 부각된다. "우리가 유니폼을 입는 건, 다른 사람들에게 보이지 않도록 하기 위해서야."

로맨스와 유머는 영화에서 중요한 장치로 작용한다. 켄 로치와 단짝이 된 시나리오작가 폴 래버티는 6년 동안 실제 LA 청소부들의 운동에 동참하며 애쓴 덕택에 영화 속 인물들은 남미 특유의 낙천성과 거기에서 오는 힘을 드러내고 있다. 시위하다 체포돼 끌려간 경찰서에서 남미 혁명지도자들의 이름을 대며 깔깔거리는가 하면 노동운동가 샘이 강연 도중 마야의 유혹을 받고 섹스하는 장면은 얼핏 민중 영웅의 투사적 이미지를 깨주며 인간적인 부드러움과 세속성을 불어넣어 준다.

시나리오 작가 폴 래버티, 켄 로치 감독, 프로듀서 레베카 오브라이언(왼쪽부터)

켄 로치의 영화답게 줄거리만 보면 상당히 도식적으로 보이지만 '켄 로치다운' 영화가 되는 건 역시 그의 세계관 때문이다. 그는 일관되게 원칙주의자의 길을 걸어왔지만, 관념적인 과격함이 없다. 혁명으로 모든 것이 일순간에 승리하기를 바라는 욕심도 없다. 이 영화에서 청소부들은 임금인상을 쟁취하지만, 마야는 본국으로 추방된다. 그래도 그녀의 선택엔 후회가 없다. 마야는 자존심과 명분을 얻고 떠나기 때문이다. 켄 로치 감독이 말하는 희망은 한 인간이 자존심과 명분을 잃지 않고 살아가는 것, 딱 거기까지다. 딱 거기까지만 얘기하고 영화를 마무리할 수 있는 건 혁명보다 얼핏 더 쉬워 보일 수 있지만 웬만한 경륜과 확신이 없으면 못 하는 일이다.

그래서 켄 로치 영화는 전달하고자 하는 메시지가 상대적으로 쉽고 간명하게 느껴진다. 여기서 켄 로치 감독의 세 번째 영화적 특징이 드러난다. "내 생각에 촬영은 단순하고 경제적이어야 한다. 경제적인 촬영의 핵심은 자연광을 최대한 활용한다는 것이다. 와이드 렌즈나 망원 렌즈도 잘 쓰지 않는데, 그건 렌즈가 사람의 눈과 같아야 한다고 믿어서다. 대상을 조용히 응시하고 연민하는, 사람의 눈 말이다."

내용이 스타일을 결정해야 한다는 것이 켄 로치 감독의 생각이다. 카메라와 스타일이 기록하는 대상과 사태보다 중요해져서는 안 된다. 그리고 비전문 배우의 실제 경험을 상당히 중요하게 생각하는 감독의 성향대로 이 영화에서도 배우를 뽑을 때 노조를 만들어 봤거나 이민자 경험이 있는 배우를 골랐다. 실제 청소부이자 노조 간부인 마이론 파예스도 영화에 출연하고 있다.

이전까지 주로 영국 노동자와 하층민을 다루던 켄 로치는 <칼라송>(Carla's Song, 1996)과 이 영화를 통해 외국으로 눈을 돌린 작품을 발표한다. 정치적 자유와 경제적 풍요를 꿈꾸며 선진국에 도착한 두 여성의 모습을 통해 아메리카 대륙의 현실을 고발한다. <칼라송>이 미국과 남미 정치관계의 실상을 우회해 보여줬다면, <빵과 장미>는 미국 노동현장에 관한 직접적인 보고서이다. 20세기 초 빵과 장미를 요구했던 여성 이주노동자들의 구호가 100년이 지난 지금도 저임금, 노동착취, 폭력과 협박, 해고 위기와 공포 속에서 노동하는 여성들이 여전히 존재한다고 영화는 말한다. 삶을 지탱하는 기본적인 요소 외에 삶을 아름답게 해줄 것들을 쟁취하기 위해서 어떻게 해야 하는지 영화는 직설적인 화법으로 말하고 있다.

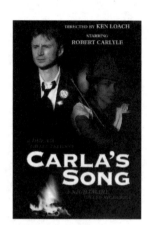

<칼라송> 포스터

2) 오직, 연대

<빵과 장미>는 여성 이주노동자의 어려움에 관한 세밀한 보고서를 작성한다. 먼저 마야는 밀입국 이후 예정대로 가족에게 인계되지 않고 납치·감금되어 성폭력을 당할 상황에 놓이게 된다. 가족을 만날 생각에 힘든 여정을 참아왔을 마야를 자연스럽게 납치·감금한 남성 브로커들은 누가 먼저 마야를 가지게 될지 동전으로 정한다. 그 공간에 마야가 함께 타고 있다. 상대적으로 여성 이주노동자는 더 쉽게 강간 및 신체적 폭력을 겪을 수 있는 위험에 노출된다.

미국에서 친언니의 소개로 얻게 된 첫 직장에서 남성 근로 매니저로부터 조건부로 월급을 내놓으라는 강요를 당한다. 백인 남성 근로자여도 임금 갈취 협박을 당했을까. 불법 이주노동자인 마야가 일자리를 구하기 위해 자신의 임금 갈취와 협박의 부당함을 변호하지 못할 거라는 계산이 없었다면, 그 상황은 이루어질 수 없다. 영화는 얼마나 많은 이주노동자가 이와 유사한 상황에서 자신의 노동 대가를 갈취당하고 있을지 생각하게 한다.

시각장애가 있는 중년 여성 노동자가 당일 해고되는 모습을 보고

"저건 아니야. 우리 어머니 연배잖아"라고 말한다. 국내에서도 대학 내 청소 노동자의 근로 처우 증진을 지지하는 대학생들의 운동이 확산되고 있다. '청소 노동자'는 나와 관계없는 일이라고 생각할 수도 있다. 하지만 그 노동자가 '내 가족'이라고 생각한다면 서로의 거리가 그리 멀지 않다는 것을 깨닫게 된다. 그리고 그런 처우는 '나도 언제라도 당할 수 있다'로 나아간다. 그것이 '너는 나다'라는 영화가 전달하려는 메시지이다. 결국 영화는 해고 노동자의 복직을 함께 요구하는 노조 파업에 돌입하게 된다. 언제나 켄 로치 감독은 노동자의 연대만이 희망이라는 메시지를 전한다.

파업이 진행될수록, 내부고발이 이루어지면서 노조 내 분위기가 다소 혼란스러워진다. 마야의 언니가 집회 시위를 주동한 사람을 밀고 했다는 주장이 불거지기 시작한다. 마야는 언니에게 얹혀사는 사는 집에 가서 당당하게 "왜 배신했냐"라고 따지자, 언니는 태연하게 남편의 "간병비가 당장 필요한데 못할 게 뭐냐"라고 항변한다. 그리고 "네 일자리도 그 근로 매니저에게 성 상납해서 만든 거다." "집이 어려울 때 미국에 홀로 와서 성 판매를 해서 생활비에 보탠 거야. 아님 그 돈이 어디서 생겼겠니?"라는 언니의 울음 섞인 고백에 마야는 충격에 빠진다. 같이 근무하던 언니의 배신과, 자신의 최초 고용이 성 상납을 통해 이루어졌음을 알고 마야는 오열한다. 영화는 생계를 위해 근로를 찾는 와중에 성 판매를 선택하게 되는 여러 요인을 생각하게 한다.

마야는 오랜 시간 파업한 노동자들과 거리 퍼레이드를 하고 빌딩 점거를 하며 구호를 외치는 선택을 한다. 마야는 백인 노동운동가 샘에게 자문을 구하고 사내 노조원들과 함께 정당한 근로 처우를 요구하는 집회 시위에 돌입한다. 노조원들 사이에서도 부당해고의 두려움으로 이견이 있긴 하지만, 결국 '지금이 아니면 언제'라는 마음으로 의기투합한다. 함께 노래를 부르

연대하는 청소노동자

거나 퍼포먼스를 벌이는 등 다채로운 방법으로 사측을 압박하는 과정에서 많은 노동자가 빗자루와 피켓을 들고 근무처 빌딩을 향해 걸어오며 함께 구호를 외치며 동참한다.

여기서 백인 노동운동가 샘의 각성이 중요한 촉매제로 작용하기는 하지만, 잠재된 노동권익을 인식시켜 준 것이지 그의 시혜성 행동을 통해 계몽된 것이 아니라고 강조한다. 연대한 청소 노동자들은 무장경찰이 다가오는 와중에도 빌딩 로비를 점거하며 함께 구호를 외치는

단결력을 보여준다. 혼자라면 그 광경이 가능했을까? 함께하는 동료가 있고, 전략을 제공하는 운동가가 있고, 법률 자문으로 그들을 보호하는 이들이 있기에 유색인종 이민 노동자 노조의 파업 요구안이 가결되는 성과를 이룰 수 있었다는 과정을 영화는 보여준다. 하지만 마야의 범죄사실이 탄로 나면서 본국인 멕시코로 추방되는 장면으로 영화는 끝을 맺는다.

켄 로치 감독은 7년 후 이주노동자 착취에 관한 이야기를 다시 만들어 내놓는다. <자유로운 세계>는 착취당하는 입장이 아니라, 이주노동자를 착취하는 관점에서 영화를 만들었다. 노동자들의 직업 보장률이 낮아지고 계약직이 늘어나는 세태에 착안한 것으로, 노동자 착취가 근대화의 자연스러운 산물이라는 자유시장의 환상을 주입하는 모든 형태의 정부와 그 산하기관들을 착취자의 관점에서 익살스럽게 꾸짖고 있다. "착취당하는 사람에 대한 영화를 만드는 것은 너무 뻔하지 않나 생각했다"라는 켄 로치와 작가 폴 래버티는 "이 경우엔 그 상대편에 있는 사람들의 태도와 사고방식을 보여주는 게 더 흥미로울 듯했다"라고 이야기한다. <빵과 장미>는 이주노동자들을 통해 노동자들의 권리를 엿볼 수 있는 영화이고, <자유로운 세계>는 이주노동자를 착취하는 입장에서 이주노동의 현실을 직시하게 하는 영화이다.

<자유로운 세계> 포스터

4. <보리밭을 흔드는 바람>: 과거를 통해 현재를 바라보기

1) 운명 앞에 흔들리는 형제

1920년 아일랜드에 대한 영국의 압제를 압축적으로 보여주는 사건으로 영화는 시작한다. 자신의 이름을 영어가 아닌 게일어로 말했다는 이유로 아일랜드 청년 미하일이 영국군에 의해 가족과 조금 전까지 **헐링**을 함께하던 친구들 앞에서 맞아 죽는다. 전쟁에 휘말리고 싶지 않았던 젊은 의사 데미안(킬리언 머피)은 런던에 있는 병원에 일자리를 얻어 떠나려 하지만, 결국 아일랜드에 대한 영국의 횡포를 한 번 더 목격하고 형 테디(패드레익 들러니)가 이끄는 IRA(Irish Republican Army)에 가담해 연인 시네이드(올라 프츠제럴드)와 함께 조국의 독립운동에 가담한다.

어느 날 그들은 영국군의 무기를 빼앗는 데 성공하지만, 내부의 밀

<보리밭을 흔드는 바람> 포스터

헐링(hurling)

막대기와 공을 이용한 야외경기로, 오래 전부터 아일랜드의 국기(國技)로 인정받고 있는 구기 종목이다.

아일랜드 전통 경기인 헐링을 즐기지만, '공중집회 금지법'을 어겼다는 이유로
영국군에게 폭행당하는 장면

고로 붙잡히고, 형 테디는 호된 고문을 받는다. 이를 지켜보던 아일랜드계 보초병이 이들을 풀어주면서 위험을 넘긴다. 그리고 자신들을 밀고한 사람이 오랫동안 알고 지내온 동생 크리스임을 알게 된다. 데미안은 밀고자를 처형하라는 명령에 따라 크리스에게 총부리를 겨눈다. 비록 지주의 하인이었던 크리스가 고용주의 협박에 못 이겨 공화군의 소재를 누설했지만, 데미안은 크리스가 아직 나이가 어리다는 이유로 망설인다. 그러나 "비록 강압에 의한 것이었다 하더라도 지금은 전쟁 중이며, 배신행위를 그냥 둘 수는 없다"라는 결론을 내리고 친형제와도 같았던 크리스의 심장을 자기 손으로 직접 쏜다. 사람을 살리는 전도유망한 의사에서 독립군이 되어 권총으로 어린 동생 같던 크리스를 죽이면서 "우리를 바쳐 싸우는 아일랜드가 (조국이란 게) 이렇게까지 할 가치가 있는 거겠지"라며 슬픔을 토로한다. 조국은 위기상황일 때

크리스와 그의 주인 해밀튼 경을 처형하러 가는 장면

는 공동의 신념과 가치로 지탱된다. 그러나 아일랜드 독립 투쟁을 소재로 시작한 영화 <보리밭을 흔드는 바람>은 단순히 외부의 전쟁에 초점을 맞추고 있는 이야기가 아니다. 오히려 진짜 이야기는 아일랜드가 영국과 평화조약을 맺는 순간부터 시작된다.

아일랜드 독립군이 결사 항전을 하자 마침내 영국은 평화조약을 체결하는 타협안을 내놓는다. 그러나 그 조약은 북아일랜드 즉 얼스터 6주를 영국령으로 남겨두는 것이며, 아일랜드도 공화국으로부터 완전히 독립하는 것이 아니라 대영제국의 자치령인 '아일랜드 자유국'(Irish Free State)으로 남으며, 아일랜드 자유국 의원들은 영국 국왕에게 충성을 맹세해야 한다는 내용이었다. 아일랜드가 남부와 북부로 분단된다는 것과, 완전한 독립이 아니라 여전히 영국령으로 남는다는 것은 그동안 독립 투쟁을 했던 원칙파의 입장에서는 납득하기 힘든 것으로 아일랜드의 독립운동단체들은 혼란에 휩싸인다. 아일랜드의 독립을 위해 함께 싸웠던 IRA가 평화조약 내용을 놓고 의견이 갈리면서 그들은 새로운 갈등과 혼란을 겪게 된다. 외세와 싸웠던 아일랜드 독립군은 이제 동지와 싸워야 한다.

먼저 현실적인 형 테디는 일단 조약을 받아들이고, 점진적으로 개선해나가자는 주장을 한다. 그에게 영국과의 평화조약은 간신히 얻어낸 기회이며, 이 기회를 놓치게 된다면 아일랜드는 영원히 영국의 속국으로 살아갈지도 모른다는 주장을 한다. 그러나 데미안에게 조국의 완전한 자유와 독립은 타협될 수 없는 목표이다. 영국이 제시한 평화조약은 아일랜드를 분열시키는 비열한 술수일 뿐이다. 다시 투쟁을 시작하자고 하는 데미안은 영국과의 평화조약을 받아들이자는 형 테디를 이해하지만, 그에게 동의할 수는 없다. 그런 데미안에게 테디는 이상주의자라고 말하고, 데미안은 오히려 자신이 현실주의자라고 말한다. 서로를 의지하며 살아온 두 형제는 서로를 등질 수밖에 없는 슬픈 운명으로 갈라선다.

결국 데미안은 조약 반대파와 함께 지하 활동을 하게 되고, 아일랜드 자유국 정부의 무기를 훔치다 잡힌다. 아일랜드 자유국 정부군의 장교가 된 형 테디는 동생에게 "전향하고 동료들의 위치를 밀고하라"고 설득하지만 데미안은 "내가 크리스의 심장을 쐈어. 왜 그랬는지 형도 알잖아"라는 말로 거부한다. 테디는 결국 자신의 부하들에게 직접 동생의 처형을 명령하고, 동생의 연인인 시네이드에게 알리러 간다. 이때 시네이드는 테디에게 자기 집에서 나가라고 외치며 "다시는 당신을 보고 싶지 않다"라는 말을 한다.

이는 데미안이 크리스를 죽인 뒤 크리스의 어머니에게 들었던 말과 같은 구도를 이루며 쓸쓸함을 배가시킨다. 소년 크리스를 처형한 청년 데미안을 다시 형 테디가 처형해야 하는 폭력의 전이과정이다. 켄 로치 감독은 대의명분에 의해 저질러진 폭력의 사슬이 삶을 파괴하는 과정을 거대한 운명의 바람에 쓰러지는 보리를 바라보는 마음으로 영화를 그려낸다. 크리스의 죽음이 영국으로부터의 독립을 위한 전쟁이 낳은 비극이었다면, 데미안의 죽음은 아일랜드 내전으로 생긴 비극이다. 두 인물의 분열은 결국 분할되고 마는 아일랜드의 슬픈 역사를 대변한다. 영국은 아일랜드가 두 개 이상의 집단으로 나뉘도록 끊임없이 이간질함으로써 지배를 유지한다.

분열하는 형제를 통해 분할되는 슬픈 아일랜드의 역사를 설명한다.

켄 로치는 영화에서 온건한 보수적 민족주의자인 테디가 아니라 과격한 진보주의자 데미안을 주인공으로 내세워 아일랜드 독립운동의 영웅 **마이클 콜린스**가 아니라 마르크스주의자 **제임스 코널리**를 지지한다. 누군가는 타협하는 것을 합리적인 현실주의라고 하고, 원칙과 신념을 중요시하는 것을 이상주의자라고 말하기도 한다. 그러나 켄 로치는 말한다. "난 이상을 실현하고자 하는 현실주의자라고." 그는 투쟁을 멈추지 않는 좌파임을 스스로 분명히 말한다. 비록 영화가 민족주의나 사회주의적 의제를 역사가 빚은 비극적 운명론으로 가렸다는 비난이 있다 할지라도 <보리밭을 흔드는 바람>은 민족주의를 고취하고 전쟁 스펙터클을 전시하는 영화가 아니라, 지금도 세계 도처에 살아남아 자유와 평등의 씨를 말리는 억압으로부터 제국주의에 저항하는 계급 단결을 위한 영화이다.

마이클 콜린스

마이클 콜린스는 아일랜드 민족주의자로 비밀무장단체인 아일랜드공화국군(IRA)을 창설하여 도시 게릴라전을 이끌었고 영국군 합참의장 윌리엄을 암살했다. '영국과 아일랜드 조약'을 성사시키고 자유아일랜드의 초대 총리가 되었으나, 아일랜드 32개 주 가운데 신교도가 많은 북아일랜드 6개 주를 자치지역에서 제외시켰다는 이유로 아일랜드의 완전독립을 주장하는 IRA 내 강경파들에 의해 반역행위로 간주되어 1922년 8월 암살당했다.

제임스 코널리

제임스 코널리는 아일랜드의 사회주의 지도자이자 혁명가이다. 그는 아일랜드 민병대의 지휘관으로서 봉기를 주도했으나 도중 총상을 입었고 결국 영국군에게 붙잡혀 총살당했다.

2) 과거는 현재를 비추는 거울이다

<랜드 앤 프리덤> 포스터

1930년대 스페인 내전에 참전한 영국인 이야기를 다룬 <랜드 앤 프리덤>과 1920년대 아일랜드 독립운동을 소재로 한 <보리밭을 흔드는 바람>은 가장 잘 알려진 켄 로치 작품이다. 2006년 칸영화제 황금 종려상을 받은 <보리밭을 흔드는 바람>은 캐릭터와 배우를 최대한 근접시켜온 켄 로치 감독답게, 아일랜드 코크 출생인 것을 보고 캐스팅한 킬리언 머피를 세계적으로 알린 영화이기도 하다. 아일랜드의 독립전쟁(1919~21)과 연이은 내전(1922~23)을 배경으로 운명의 바람 앞에 흔들리는 형제의 갈등을 주축으로 아일랜드 근현대사를 그리고 있다.

영국 통치에 반대하는 아일랜드 민족주의자의 비합법 조직인 아일랜드 공화국군(IRA)

특이한 점은 영화를 만든 켄 로치 감독이 영국인이라는 점이다. 영국은 아일랜드를 12세기 후반(1169)부터 20세기 중반(1948)까지 800년 동안 식민지배한 나라이다. 비유하자면 일본인 감독이 한국독립운동과 남북 분단, 6.25 전쟁을 전후로 극심한 이념 갈등을 다룬 해방 전후사 시기를 영화로 찍은 셈이다. 따라서 켄 로치 감독은 이 영화로 자신의 조국인 영국을 비판했다는 비아냥거림을 피할 수 없었다.[3] 그럼에도 불구하고 영화는 평등과 자유에 관한 날 선 시각과 영국을 반대하는 영화가 아닌 계급 간의 연대라는 메시지를 잘 드러내고 있다.

결국 형제는 독립운동이라는 단일한 목표를 위해 영국이라는 목표물에만 전념해 왔다. 그러나 오랜 세월 그들은 영국이라는 너무나 크고 오래된 적으로부터의 해방 외에, 정작 그들이 무엇을 원하는지에 관해서는 깊게 생각해보지 못했다. 영화 속에서 데미안의 동료인 댄은 "무엇에 반대하기는 쉽지만, 무엇을 원하는지 아는 건 어렵다"라고 말한다. 그것이 비극의 시작이었다. "우리가 당장 내일 영국군을 몰아내고 더블린성에 녹색기를 꽂는다 해도 사회주의 공화국을 조직하지 못한다면 우리의 노력은 모두 헛될 뿐이며 영국은 계속 우리를 지배할 것이다. 지주와 자본가, 상권을 통해서"라는 제임스 코널리의 말을 인용한 대사에서 켄 로치의 일관된 지향점을 엿볼 수 있다.

켄 로치 감독은 두 형제 중 누구의 편에 서기보다는 그저 관찰자적 시점으로 그들의 삶이 어떻게 흘러가는지 중립적으로 보여주려 했다. 오히려 IRA에 속한 유일한 여성인 시네이드는 남성들이 아일랜드의 자유와 독립을 얻어내는 것에만 주력하고 있을 때 그 이후의 상황, 즉 아일랜드가 자유와 독립을 얻은 그 뒤에 무엇을 어떻게 해야 하는가에 대해 생각한다. 그녀는 남성과 여성이 민주적인 환경 속에서 평등하게 살아가는 곳을 꿈꿨고, 그러한 아일랜드를 만들기 위해 노력한다. 스페인 내전을 그린 <랜드 앤 프리덤>과 같이 전쟁 자체에 주목하는 것이 아니라 진짜 그들의 투쟁 대상이 누구인지를 이야기하는 데 집중한다.

그래서 켄 로치 감독이 만들어낸 전쟁영화에 나오는 전투 신이나 총격전은 스펙터클을 위한 것이 아니라 살아남기 위해 벌이는 서바이벌전을 연상시킨다. 이는 감독이 전쟁영화를 만든 것이 아니라 그 속에 사람 사는 이야기를 녹여내 말하려고 하기 때문이다. 그래서 그곳에서 벌어지는 전투신은 스펙터클한 영상이 아니라 리얼리티가 강조되어 볼품없이 보이지만 깊은 비애가 느껴진다. 혁명과 자유를 노래하지만 투쟁을 통해 무엇이 옳고 그런지보다, 우리는 어떤 모습으로 어떻게 살아가는지에 대한 고민을 던지며 이 사회가 개선되기를 바라는 바람을 전하고 있다. <보리밭을 흔드는 바람>은 과거 역사를 이야기하면서, 그것이 현재를 비추는 거울로써 지금 우리가 어떻게 살아가야 하는지를 말하고 있다.

이러한 주제의식을 전달하기 위해 켄 로치는 장면을 모아 찍는 일반적인 촬영 방식과 달리 장면을 순서대로 찍고, 촬영 당일 아침 그날 벌어질 상황을 알려주며 그날 찍을 분량의 대본만을 주는 방식으로 촬영한다. 이러한 방식은 배우들이 영화 속 인물과 자신을 일치시키고 캐릭터를 영화 속에 녹여내 실감 나는 연기를 펼치게 하는 켄 로치 감독의 독특한 방식이다. <보리밭을 흔드는 바람>의 경우에도 이러한 방식은 유지되었고, 킬리언 머피는 "영화를 찍는 것이 아니라 인물 자체로서 같은 과정을 겪는 것이기 때문에 그 역할에 대해서 완벽하게 동의하게 된다"라고 말한다.

데미언 역의 킬리언 머피

켄 로치 감독의 특별한 촬영법은 영화가 아닌, 영화 속 현장을 온전히 그려내는 효과를 거둘 수 있다. 그래서 배우뿐만 아니라 다른 스태프까지도 역사 현장 속에서 살아가는 것처럼 느낄 수 있다. 이것이 켄 로치 감독이 지금껏 고수해 온 켄 로치 스타일이다. 또한, 켄 로치는 역사적 사건을 다룰 때 캐릭터의 활력과 이야기의 속도감을 유지하는 데 탁월하다. 소그룹의 움직임을 담는 장면에서 탁월한 동선 연출과 감정 과잉을 차단하는 단호한 편집도 여전하다.

과거로의 회귀는 2014년 <지미스 홀>(Jimmy's Hall, 2014)에도 나타난다. <보리밭을 흔드는 바람>은 아일랜드 독립전쟁 동안 나타난 급진주의적인 사회주의 전통이 어떻게 주변부로 밀려나게 되었는지를 그리고 있다면, 역시 폴 래버티와 켄 로치가 만든 <지미스 홀>도 조국으로부터 추방당한 아일랜드 급진주의자 지미 그랠턴의 삶을 그리고 있다.

<지미스 홀> 포스터

"과거에 대해 진실을 이야기한다면 현재에 대해서도 진실을 말할 수 있다"라고 말하는 켄 로치 감독은 "역사는 언제나 나에게 무엇이 가장 중요한지를 일깨워주는 중요한 테마"라고 말한다. 제59회 칸 영화제 수상소감에서 이라크와 같은 사건들을 다시 생각해 볼 기회가 되길 바란다고 밝혔다. 영국은 이라크를 아일랜드와 같이 수니파와 시아파로 분할 통치함으로써 이들 간에 씻을 수 없는 원한의 싹을 만들었고, 이것이 당시 미국의 침략 과정에서 불거져 이라크는 내전 상

황이었다. 이 영화가 과거 아일랜드에 있었던 제국주의적 식민 정책의 역사를 그리고 있지만 켄 로치 감독은 현재의 세계정세를 보라고 말한다.

> "그녀를 향한 오래된 사랑 나의 새로운 사랑은 아일랜드를 생각하네.
> 산골짜기의 미풍이 금빛 보리를 흔들 때 분노에 찬 말들로 우리를 묶은 인연을 끊기는 힘들었지.
> 그러나 우리를 묶은 침략의 족쇄는 그보다 더 견디기 어려웠네.
> 그래서 난 말했지.
> 이른 새벽 내가 찾은 산골짜기 그곳으로 부드러운 미풍이 불어와 황금빛 보리를 흔들어 놓았네."
>
> - 1798년 실패로 끝난 아일랜드 봉기에 나섰다가 연인을 잃은 한 청년의 슬픈 얘기를 그린 로버트 조이스의 시 〈보리밭을 흔드는 바람〉 중에서

5. 〈나, 다니엘 블레이크〉: 복지로 살아가기

1) 네 잘못이 아니야

<나, 다니엘 블레이크> 포스터

대학에서 법학을 전공하고 소외된 계층, 노동자, 빈곤계층의 소리에 귀 기울여 온 켄 로치 감독, 그는 누구보다 사실적인 그들의 일상을 대중에게 전달하기 위해 노력했다. 언제나 약자, 이주민, 노동자 등 소외계층에 대한 날카로운 문제의식을 영화 속에 담아냈다. 그는 따뜻하지만 사회를 비판하는 날카로운 시선을 유지하며 80이 넘는 노장의 나이에도 불구하고, 강건한 메시지와 여전히 사람들의 마음을 움직이는 깊은 울림이 있는 영화들을 선사하고 있다. 켄 로치 감독을 소개할 마지막 영화는 2016년 칸영화제 황금종려상을 받은 <나, 다니엘 블레이크>이다. 정치적 신념을 영화에 담는 현존하는 거장이자 블루칼라의 시인이라 불리는 켄 로치 감독의 대표작을 4개만 선정한다는 것은 상당히 곤혹스러운 일이다. 그러나 켄 로치 감독이 2014년 은퇴를 선언하고, 영국에 보수당이 집권하고 복지정책을 축소한다는 말에 분노하여 만들게 된 영화 <나, 다니엘 블레이크>를 소개할 수 있었던 건 다행이다.

심장질환으로 직업을 잃은 남자 다니엘 블레이크(데이브 존스)는 실업급여를 받으려 하지만 복잡한 절차는 그를 곤경에 빠뜨린다. 그

는 비슷한 처지에 놓인 싱글맘 케이티(헤일리 스콰이어)와 만나 서로를 보듬어 준다. 영화 <나, 다니엘 블레이크>는 암흑 화면 속에서 들려오는 다니엘 블레이크와 의료수당 지급 담당자와의 길고도 답답한 대화를 들려주는 것으로 시작된다. 한 번의 심장 쇼크로 인해 주치의로부터 업무 불가 판정을 받은 그에게 담당자는 다니엘의 건강 상태와는 하등 상관없는 형식적인 질문들로 심사를 끌고 나간다.

어이없는 심사에 화가 난 다니엘이 유머 섞인 항변을 하지만, 그 결과는 잔인했다. 마치 괘씸죄인 양 그에게 심사 탈락을 결정한 것이다. 의료수당 심사에서 탈락하게 되면 그는 다시 일을 해야만 한다. 그러나 주치의는 그의 건강 상태가 일할 수 없는 상태라며 허락하지 않는다. 그렇다면 그가 할 수 있는 것은 심사 결과에 항소하는 것이다. 그런데 항소절차가 복잡하다. 어이없는 심사결과 통보순서를 기다려야 하는 것은 물론이고, 기관과 통화하기 위해선 두 시간의 연결대기음을 들으며 마냥 기다려야 한다. 그 힘든 시간을 버텨 통화를 하게 되면 또다시 불합리한 절차상의 순서가 통보된다. 전화로 해결하지 못한 그가 구직센터를 찾아가지만, 그곳은 그의 마지막 자존감마저 앗아간다.

추운 거리의 건물 처마 밑에서 언 손을 비비며 서 있는 모습, 스쳐지나가는 사람들 속에서 자리를 옮기며 하릴없이 시간을 보내야만 하는 초라한 순간들. 지금 다니엘 블레이크는 가난하고 지쳤으며 절박하다. 은퇴를 앞둔 평범한 목수 다니엘과 가난 때문에 고생하는 미혼모 케이티의 이야기를 통해 '최소한의 인간다운 삶'을 위해 힘겹게 살아가는 평범한 사람들을 보여줌으로써 인간의 존엄성이 관료주의와 사람들의 무관심, 편견 속에 쉽게 무너질 수 있음을 보여준다. 그리고

영국 사회복지제도의 불합리를 경험하는 케이티 가족

정책 사각지대에 놓인 인간이 부여잡는 희망을 그려간다.

영화 속 인정 없는 절차와 관습은 다니엘의 실업급여 수령을 방해한다. 자본주의 사회는 늙음과 병으로 도태된 다니엘에게 "경쟁에서 밀리면 안 된다"라며 쇠약한 노인을 일터로 내몰고서 "놀면서 돈 받겠다는 거냐?"라며 비아냥댄다. 다니엘은 이 세계에서는 쓸모없는 사람으로 전락한다. 싱글맘 케이티도 마찬가지다. 런던에서 노숙자 쉼터를 전전하다 뉴캐슬로 이사 온 그녀는 번번이 면접에서 떨어지고, 생리대를 살 돈이 없어 도둑질까지 하고 만다. 주인공 케이티가 식료품 배급소를 찾아간 장면은 작품 속 가장 비통한 장면이자 사회적 약자의 참혹한 현실을 적나라하게 조명한 인상 깊은 대목이다. 또한, 다니엘과 케이티가 매춘업소에서 마주치는 장면은 밑바닥 인생의 모멸감과 뼈아픈 감정을 서글픈 시선으로 담아낸 명장면이다.

여가는커녕 기본적 생활도 유지되지 않는 상황. 사회 안전망의 사각지대에서 허기를 이기지 못하고 음식을 삼키다 눈물짓는 케이티를 향해 다니엘만이 "네 잘못이 아니야"라고 위로한다. 그렇다면 누구의 잘못일까. 켄 로치 감독은 개인을 배려하지 않는 시스템을 일갈한다. 소통을 거부하는 공무원의 행태와 허울뿐인 절차. 도대체 누구를 위한 절차이고 정책인지 냉소적인 시각으로 허점을 낱낱이 밝히며 재고를 요구한다. 켄 로치의 '무고한 영웅'들이 직면한 빈곤과 실업의 문제가 결코 그들의 품성과 능력 문제로 전가될 수 없음을 피력한다. 가령 이력서 작성 교육 장면에서 강사는 노동자들에게 취업하고 성공하려면 "똑똑해져야 한다"라고 말한다. 영화는 사회적 모순을 개인의 역량 문제로 치환하고 왜곡하는 자본의 이데올로기가 정말 옳은 건지 되묻고 있다. 켄 로치 감독은 칸영화제에서 황금종려상을 받은 후 수상소감으로 그 답을 말한다. "소외계층의 문제는 영국만의 문제가 아니다. 사람들에게 '가난은 너의 잘못이야'라고 말하는 우리의 잔인함이 문제이다."

2) 인간 선언 '나, 다니엘 블레이크'

정확히 50년 전 켄 로치 감독은 BBC의 <더 웬즈데이 플레이> 시리즈에서 영국 노동 계급의 주거 문제와 복지 제도의 모순을 다룬 <캐시 컴 홈>을 연출한 바 있다. 이 작품은 당시 영국 인구의 23%에 해당하는 1,200만 명 이상이 시청했고, 사회적 이슈로 부상했다. 켄 로치를 연구한 영국의 미디어 연구자 존 힐은 이 영화가 '국가적 양심'을 건드리는 데 성공했고, BBC는 방영 한 달여 만에 재방송을 전격적으로 내보내기

<캐시 컴 홈> 포스터

도 했다고 기록한다. 당연히 논란도 뒤따랐다. 보수주의자들은 이 영화에서 공무원과 센터 직원들이 여성의 가슴이나 훔쳐보는 무뢰한으로 묘사됐다고 분개했다. 그러나 존 힐은 켄 로치 영화를 평가하면서, "켄 로치 영화의 가장 큰 힘은 그의 작품을 둘러싼 논쟁 그 자체"라고 단언한다.[4]

50년이 지난 지금, 사회는 더 나아진 걸까. 여전히 팍팍한 사회는 고난을 겪는 사람들에게 무관심하다. 실업급여, 지원금을 '권리'가 아닌 '시혜'로 간주하는 시각도 여전히 존재한다. 하지만 <나, 다니엘 블레이크>는 당당히 권리를 주장하는 다니엘의 모습을 통해 사회, 국가, 정책보다 중요한 개인을 조명한다. 영화의 막바지, 다니엘은 관공서 벽에 낙서를 한다. 첫머리에 "나, 다니엘 블레이크"라는 문장이 새겨진다. 철옹성 같던 벽에 크게 적혀진 다니엘의 이름. 이 낙서를 통해 켄 로치 감독은 '국가나 정책은 사람보다 클 수 없다'라는 메시지를 전한다. 나 자신이 인간으로서 마땅히 존중받아야 할 존재라고 공식적으로 선언한 셈이다.

인간의 존엄과 인간의 권리를 항변하기 위해
견고한 관공서 벽에 "나, 다니엘 블레이크"를 써놓고 환호하고 있다.

자신이 바라는 사회를 영화를 통해서 다가가려는 켄 로치 감독은 "영화는 많은 전통을 지니고 있다. 그중 하나의 전통은 '저항의 영화', 강력한 권력에 저항하는 사람들의 이해를 담아내는 영화를 만들어내는 것이다." 그는 '신자유주의'로 불리는 경제정책이 세상을 위험하게 만들었고, 그 결과 수많은 사람이 잔혹한 빈곤과 내핍에 시달리게 되었음을 피력하며 영화예술의 책무가 무엇인지 상기시킨다. '일깨워라', 영화는 많은 질문을 던질 수 있다. 켄 로치 감독은 일깨우는 것이 영화 제작의 아주 중대한 목표라고 생각한다. 불합리한 것을 참고 넘어가는 것이

더 이상 용인되지 않는다는 것을 일깨워야 한다.

켄 로치 영화의 힘은 계몽주의에 가까우리만치 날카롭고 정확한 사회적 메시지에도 있지만, 다른 한편으로는 그의 모든 영화에서 드러나는 휴머니티와 연민의 시선 때문이기도 하다. 영화 속 59살의 목수 다니엘 블레이크와 마찬가지로 20대 후반의 싱글맘 케이티가 결코 그들의 무능과 잘못으로 인해 그러한 삶으로 내몰리지 않았음을 강조하는 이유이기도 하다. 특히 케이티는 감독의 전작 \<레이닝 스톤\>에 등장했던 성찬식을 앞둔 7살 소녀 콜린의 20년 후를 연상하게 하는 캐릭터로, 실직 노동자의 가정에서 대물림된 가난의 상징처럼 여겨지기도 한다.

사실 켄 로치 감독은 독창적인 문법으로 이야기를 치장하는 감독이 아니다. 반론도 있지만 메시지보다 형식을 앞세우지 않는다. 그가 전달하는 상황은 언제나 간명하며 별다른 독해를 요구하지 않는다. 켄 로치의 영화는 보는 순간 무언가 잘못되었다는 걸 알 수 있고 화면 저편에서 일어나는 부당함에 대한 즉각적인 분노를 유도한다. 50여 년의 세월에 걸쳐 켄 로치의 과녁은 시스템의 부조리에 맞춰져 왔다. 인간 사회에서 부조리는 항상 존재한다. 그러니 부조리를 고발하는 것을 멈춰서도 안 되고, 비단 고발하는 것에 머물러서도 안 된다. 켄 로치의 영화가 동력으로 삼고자 하는 것은 항상 '부조리에 대한 자각' 그다음 단계, 그러니까 분노를 매개로 한 '공유와 연대'다.

세계가 신자유주의를 향한 브레이크를 멈추지 않는 현 상황으로 봐서, 1990년 이후 거의 1년에 1편씩 영화를 만들어온 이 블루칼라의 시인이 당분간 걸음을 멈추는 일은 없을 것 같다.

6. 켄 로치는 전 세계 모든 약자의 친구다

1) 따뜻하지만 날카로운 시선을 가진 감독

"우리는 희망의 메시지를 사람들에게 보여야 한다. 다른 세상이 가능하다고 말해야 한다."

- 2016년 칸영화제 황금종려상 수상 소감 중에서

켄 로치 감독의 영화 속 주인공들은 영국과 북아일랜드, 스코틀랜드를 넘어 기회의 땅이라 불리는 미국 그리고 여전히 혁명의 불씨와 연대를 꿈꾸는 니카라과까지 종횡무진 움직인다. 그들은 알코올 중독자 '조'

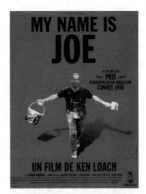
<내 이름은 조> 포스터

라는 이름으로, 춤 잘 추고, 노래하는 혁명 여전사 '칼라'라는 이름으로 노동자 계급의 청년 문제, 빈곤의 악순환이 주는 가난의 무게, 빵과 권리를 당연히 누려야 하는 이민자들의 그늘진 일상이라는 문제를 영국을 넘어 전 세계적인 관심사로 끊임없이 환기해주었다.

남편의 실직과 복지 정책의 허점으로 홈리스가 될 운명에 처한 캐시의 이야기를 다룬 <캐시 컴 홈>을 시작으로 딸의 첫 번째 성찬식에 입힐 드레스를 사주기 위해 고군분투하는 실직 배관공 아빠의 하루하루의 "삶이 힘들고 고단할 때, 마치 하늘에서 돌이 비처럼 쏟아지는 것 같습니다. 오직 나에게만"이라는 의미를 지닌 <레이닝 스톤>, 이주노동자들의 생계와 존엄적 권리를 다룬 <빵과 장미>, 아일랜드 독립의 역사적 광풍 앞에서 서로에게 총을 겨누어야 하는 형제 이야기 <보리밭을 흔드는 바람>, 착취당하던 주인공이 가해자가 되어 다른 이를 착취하게 되는 신자유주의 세계의 서늘한 현실을 그린 <자유로운 세계>, 2012년 칸영화제 심사위원상 수상작으로 냉혹한 사회 현실 속에 꿈도 희망도 잃은 젊은 세대들의 이야기이자 가족이라는 한 가닥 희망을 버리지 않는 청년 백수 아빠와 루저 친구들의 이야기이기도 한 <앤젤스 셰어: 천사를 위한 위스키>, 사회복지제도의 맹점을 짚은 <나, 다니엘 블레이크까지>까지, 켄 로치 감독의 영화 이야기는 끝없이 이어졌다. 시간이 지나도 변함없는 주제 의식과 세계의 변화만큼이나 다양해진 소외계층 각각의 군상들을 유머와 눈물, 조롱과 폭소로 담아낸 켄 로치 감독이야말로 리얼리즘 영화의 진정한 이야기꾼이다.

<1945년 시대정신> 포스터

2) 살아 있는 캐릭터, 리얼리티의 미학

"가난한 사람을 위한 나라는 없다." 그러므로 "신념이 있으면 싸워야 한다."(**어나이린 베번**)
- 다큐멘터리 〈1945년 시대정신〉(The Spirit of '45, 2013) 중에서

켄 로치 감독의 드라마는 언제나 관객들의 심장을 묵직하게 뒤흔들지만, 영화의 주인공들은 웃고, 떠들고, 구호를 외치고, 욕하고, 노래하고, 춤추며 자신들만의 방법으로 사랑하고 싸우고 오늘을 살아간다. 모두 한 번쯤 우리 일상에서 마주치거나 본 적 있는 캐릭터로 생생함을 전하는데, 관객들이 이들에게 공감하게 되는 것은 제작진의 철저한 사전 조사 끝에 캐릭터가 구축되기 때문이다. 이 중엔 다수의 실화 속 인물들도 있을뿐더러, 제작진은 현장에서 직접 채집하고 관찰하고 발견

어나이린 베번

(Aneurin Bevan)

영국의 정치가. 노동당 좌파 지도자. 탄광부 출신으로 일찍부터 노동조합 운동에 나섰다. 1929년 하원 의원이 되고, 한때 노동당의 기관신문 편집을 맡았다 (1942~45). 1945년 이후 애틀리 내각의 보건상·노동상(1951) 등의 장관을 지냈다. 1947년에는 전국 무료 치료 제도를 제안하고, 1948년부터 영국의 모든 의료를 무료로 시행하는 '국가보건서비스'(NHS: National Health Service)를 실시했다. 1951년 군사 경비를 위해 사회 보장계획의 예산을 줄이려는데 반대한 뒤, 사임했다.

한 이야기로 드라마를 시작한다. 켄 로치 감독이 기성 배우보다는 비전문 배우 기용을 우선하는 것도 이 이유다. 그들이 실제로 겪은 삶을 그대로 반영해 연기를 이끌어 내기 때문에 그의 영화는 더욱 현실적이고 인간적이다.

50여 년간 사회적이고 정치적인 주제 의식 속에 아웃사이더들의 애환을 담은 작품을 만들어 온 켄 로치 감독. 그는 영화의 사회적 리얼리즘을 전달하기 위해 그들이 실제로 겪는 삶을 그대로 반영해 다큐멘터리를 보는 듯한 착각을 하게 만들고, 비전문 배우 기용을 통해 일상의 세세한 면까지 묘사하는 탁월한 연출력으로 관객들로 하여금 영화 속 캐릭터에 빠져들게 한다. 그래서 켄 로치 감독의 영화는 진실되며 마음의 경적을 울리는 힘이 느껴진다.

켄 로치는 처음부터 시나리오를 배우들에게 주는 것이 아니라, 매일매일 그날 찍을 분량의 대본만을 주는 촬영법으로 유명하다. 또한 보통의 감독이 시나리오 순서와는 상관없이 같은 장소에서 여러 장면을 연속으로 찍는 것에 반해 켄 로치 감독은 시간과 비용이 더 들더라도 장면 순서대로, 즉 배우들이 자신의 역할이 겪게 되는 사건들을 시간 경과에 따라 찍을 수 있게 한다. 이러한 방식은 배우들이 영화 속 인물과 자신을 일치시키도록 만들어 캐릭터 자체가 영화 속에 녹아들어갈 수 있도록 하는 켄 로치만의 비법이다. 이렇듯 자연스러운 인물을 창조해내는 것을 무엇보다 중요시하는 켄 로치 감독의 특성 때문에 그의 영화에 출연하는 배우들은 평소와는 다른 촬영 방식으로 긴장하는 경우가 많다. 그러나 곧 이러한 상황에 익숙해져 더욱 실감나는 연기를 펼칠 수 있었다고 한다. 생각해서 나오는 연기가 아니라 반응으로 나오는 연기이기 때문에 훨씬 자연스러운 감정을 표현하게 되고, 더 큰 감정의 심도를 뽑아낼 수 있다는 것이 켄 로치 감독의 촬영법이 지닌 장점이다.

그리고 켄 로치의 영화는 부연설명이 필요할지언정 해석이 필요하진 않다. 그는 모호성의 수사학을 신뢰하지 않는다. 그의 영화를 가장 잘 말하는 방식은 이야기꾼이 되어 그의 영화를 구현하는 것이다. 그리고 감독이 세상을 조금이라도 나아지게 할 수 있는 해법은 결국 사람에게 있다고 전한다. 그래서 켄 로치의 영화는 언제나 가슴 밑바닥을 뜨거워지게 한다. 그리고 말한다. 빵이 곧 삶인 이들을 위해 정의롭기를.

| 주 석 |

1) 켄 로치는 1964년 TV시리즈 <Z 카>의 에피소드를 맡으면서 이름을 알리
   게 된다. <Z 카>는 1962년에 방영을 시작해 장수해 온 경찰시리즈로 켄 로
   치에게는 BBC에서 가장 인기 있는 프로그램에서 일해 보는 값진 경험이었
   고, 35mm 필름으로 인서트 쇼트를 찍어볼 첫 기회를 제공했다. 1962년에서
   1978년까지 제작된 <Z 카> 시리즈는 한국에서도 방영되었다.

2) 켄 로치는 매체의 가능성에 대한 상상력과 독창적인 스토리텔링이라는 평가를
   받은 <업 더 정션>의 성공으로 전파를 타게 된 <아서 결혼의 파경>(The End
   of Arthur's Marriage, 1965)에서 무정형성과 기술적 실험을 과감히 접목
   해 실험적인 감독이라는 평판을 받았다.

3) 1996년 <칼라 송>부터 현재 2019년 <미안해요, 리키>까지 켄 로치와 함께 작
   업한 시나리오 작가 폴 래버티와 1990년 <숨겨진 계략>부터 함께한 프로듀서
   레베카 오브라이언은 아일랜드계이다.

4) 존 힐, 이후경 옮김, 『켄 로치: 영화와 텔레비전의 정치학』, 컬처룩, 2014, 44쪽.

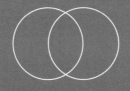

제2부

영화적 일탈과 예술의 경계

4장 라이너 베르너 파스빈더
한 줌의 현실 타협도 용납지 않는, 영화적 혁명의 산 정신

5장 알레한드로 아메나바르
장르영화의 대가

6장 페드로 알모도바르
악동(惡童)에서 거장(巨匠)으로

4장 라이너 베르너 파스빈더

한 줌의 현실 타협도 용납지 않는, 영화적 혁명의 산 정신

Rainer Werner Fassbinder

남병수

라이너 베르너 파스빈더

예루살렘의 아이히만

독일의 철학자·사상가인 한나 아렌트가 남긴 여러 저작 중에서도, 서로 쌍을 이루듯 뚜렷한 사유의 구별을 보이는 '전체주의의 기원'과 더불어 가장 많이 알려진 책이다. 특파원 신분으로 아이히만 재판을 직접 참관한 후에 쓴 저술로, 인간존재의 개체적 본질과 사회적 성격에 대해 깊이 들여다보고 있다. 본 저술을 통해 일반인들에게까지 유명해진 '악의 평범성'이란 용어가 사실 제목(부제)을 제외하곤 본문엔 거의 등장하지 않는다는 점은 꽤나 유쾌한 넌센스이다.

1. 뉴 저먼 시네마와 파스빈더라는 고유명사

1) 나락에 주저앉은 시대현실, 비상을 위한 영화의 몸부림

나치의 전체주의 정권 치하에서 독일사회는 극도로 황폐해졌다. 왜곡된 민족주의와 파시즘 그리고 전쟁의 광기가 남긴 건 지독한 폐허뿐이었다. 그렇다 해서 언제까지나 과거에 안주하고 있을 순 없으므로, 절망을 딛고 일어서서 앞날을 기획해야 할 필요가 시급히 요청되었다. 이에 2차 대전이 종전된 해인 1945년을 새로운 기원으로, 다시 말해 독일의 영년(Year Zero)으로 선언함으로써, 국가-사회적 수준의 회복을 꾀하려는 움직임이 각계각층에서 전개되었다. 하지만 의외로 기획은 생각만큼이나 순조로운 열매를 거두진 못했다.

그 첫 번째 이유로 지연된 과거 잔재의 청산 문제를 제시해볼 수 있을 터이다. 이해를 돕기 위해 조금 단적인 사례를 끌어오는 것을 용납한다면, 한나 아렌트의 저술로 인해 유명해진 아돌프 **아이히만**의 재판과 구속이 뒤늦은 1961년, 그것도 독일이 아닌 이스라엘 법정에 의해 진행되었다는 사실을 떠올려 볼 수가 있겠다. 방대한 양의 심문기록은 나치주의자들이 해외 망명지는 물론, 여전히 독일 안팎에서 근근이 활동하고 있었음을 증언해준다. 뿐만이 아니다. 심지어 나치독일의 국방군을 책임지던 대장군 에리히 폰 만슈타인의 경우 정치적 알력에 의해 처벌을 거의 면제받았으며 이후 서독에 재기용되기도 했다. 과거청산에 독일이 꽤 많은 시일을 필요로 했음을 헤아려볼 수 있는 대목들이다. 절망적 현실을 갈음할 새로운 삶 양식을 설계하느라 바쁜 탓에, 정작 과거의 습속을 속속들이 반추하는 뼈아픈 작업을 감행하는 일에 다소 소홀할 수밖에 없었고, 그러다 보니 문제를 극복하는 데 소요된 시간 역시도 예정보다 꽤나 지연된 셈이라고 말해볼 수 있으리라.

물론 당대의 혼잡한 독일사회를 뒤덮은 어두운 그림자가 비단 그것 하나만은 아니었다. 전후 20세기의 남은 반절을 휩쓴 이데올로기 갈등이며 이로 인해 영토의 허리가 동강 나게 돼버린 국가적 차원의 비극은, 미처 아물지 않은 상처를 이리저리 후벼놓기에 충분했다. 더불어 파시즘-전쟁을 겪은 세대와 새로운 세대와의 갈등 역시 좀처럼 무시 못 할만한 것이었다. 이념대립에 긴장의 날을 잔뜩 벼려 세운 서방세계의 적극적인 원조로 인해 사상 유례가 없던 단시간의 경제회복과 성장을 이룩한 (서독의) 기성세대는 그 눈부신 성과를 일전의 부채의식을 갈음하는 방패막이로 동원하려 했으나, 썩 여의치 않았다. 젊은이들은 장년세대를 향한 백안을 쉽게 거두어들이지 않았다. 수축되고 일그러진 의식수준의 회복이 온전히 이루어지지 않은 상황에서의 급진적인 물질의 축적과 팽창은, 오히려 부패한 사회현실과 천민적 타락상이 고스란히 수면으로 현상되도록 만들 뿐이라는 인식과 판단 때문이라고 하겠다. 사실이 그랬고 말이다.

일련의 상황은 후속 세대로 하여금 '아버지'로부터의 단절을 부르짖도록 만들었다. 영화계 역시 예외는 아니었다. "구시대 영화는 죽었다. 우리는 새로운 영화를 믿는다"는 강령을 내건 **오버하우젠 선언**(1962)에 기초한 이 움직임은 서서히 몸피를 키우며 전에 없던 새로운 영화의 흐름을 만들어갔다. 그건 대략 10년 동안의 경제기적 시기를 통해 온통 팽배해진 자기 만족적인 안일함, 사회 순응적인 경향, 또한 독일식 자본주의에 대한 무조건적 긍정 등을 필두로 하는 당대 정신문화 일반에 대한 거부와 비판이면서, 아울러 과거 **표현주의** 시대 황금기의 1/4 수준밖엔 남지 않았고, 그것마저 국가사회주의에 영합한 주류적 영화 형태들만 잔존하고 있던 당시 독일영화산업의 쇄신을 위해 내뻗은 당찬 발걸음이기도 했다. 환언하자면 현실에 대한 적절한 감수성과 문제의식 없이 시각적 쾌락과 오락적 측면에만 매달리던 아버지 영화(Papas Kino)에 대한 사형선고이자, 독일

오버하우젠 선언

1962년 2월 28일, 오버하우젠 시의 서독 단편 영화제(West German Short Film Festival)에서 채택된 짧고도 강력한 선언이다. 영국의 뉴 시네마 운동과 프랑스의 누벨바그에 영향을 받은 젊은 감독들과 비평가들에 의해 발의되었으며, 그 골자는 아버지 영화의 죽음(Papa's Kino ist tot)이다. 국가 사회주의의 비호를 받은 상업영화의 그늘을 벗어나서 새로운 독일 영화를 그려내야 한다는 당위와 포부를 담고 있고, 사실상 뉴 저먼 시네마 운동의 기원이 되었다.

독일 표현주의

표현주의는 20세기 초반의 독일 영화를 대변하는 주요 경향이다. 통상적인 리얼리즘이나 자연주의가 추구하는 바와는 달리 내적 의식의 형상화 및 외면화에 윗점을 찍고 있다. 물리적·객관적인 현실 그 자체보다는 정신에 의해 인식/표상된 주관적 느낌을 양식화하는 데에 집중하다보니, 다소간 과장되고 왜곡된 스타일을 보여주기도 하는 게 큰 특징이다. <칼리가리 박사의 밀실>이 당대 독일표현주의 영화를 대표하는 작품이다.

영화의 새로운 계보를 써 내려가겠단 다짐이었다고 하겠다.

1960년대 알렉산더 클루게(1932~)의 주도하에 움터 청년의 독일 영화(Young German Film) 정도로 호명되던 이 혁신적 흐름은, 1970년대에 이르러 한결 세련되고 정식적인 이름을 부여받게 되었다. 이른바 뉴 저먼 시네마(New German Cinema)의 탄생이다. 전체적으로 비판적 사회인식과 부정적인 현실에 대한 개입의지를 공통분모로 삼는 것 외엔, 특별히 어떤 스타일적인 전범을 제시하는 게 불가능한 만큼이나 자유로운, 그렇기에 사조(-ism)란 말보단 운동(movement)이나 실천(action)이란 말이 좀 더 어울리는 게 이른바 뉴 저먼 시네마의 외양이라고 할 테다. 하지만 특유의 자유분방함에도 불구하고, 최소한 파스빈더(1945~1982)의 존재를 배제하고서 그것에 대해 논한다는 게 처음부터 이치에 맞지 않는다는 사실 단 하나만큼은 꽤나 자명해 보인다. 어렵게 생각할 건 전혀 없다. 최초 오버하우젠 단편영화제에서 도화선을 지핀 불길이 점차 자라나 파스빈더의 대표작들과 함께 정점에 다다랐고, 신비롭게도 그의 죽음과 함께 그 명을 달리해버리게 된 까닭이라고 말해본다면 아마도 충분한 설명이 될 것이다. 1982년 그의 생명의 불씨가 사그라짐과 동시에, 함께 타오르던 뉴 저먼 시네마의 불꽃 역시 꺼져버렸다. 말하자면 운명을 같이한 형국인 셈이다.

2) 정치적 멜로의 가능성: 파스빈더의 영화적 사유와 실천

<르몽드>가 파스빈더에게 바친 평가 곧 "국가사회주의를 통한 독일 정체성의 파괴, 즉 구세대가 남겨 놓은 잔재에 눈을 뜨고 그 정체를 파악한 1960년대 젊은 세대의 분노"라는 문장을 곧바로 뉴 저먼 시네마를 서술하는 술어절로 치환한다고 해도 별다른 무리는 없다고 할 테다. 혹은 파스빈더 그 자신의 언설대로 "내가 영화에서 어떻게 일이 잘못될 수 있는지를 보여주는 목적은 만약 삶을 바꾸지 않는다면 그렇게 될 것임을 경고하기 위해서"라는 목적의식을 뉴 저먼 시네마의 주된 문제의식으로 곧장 갈음한다 해도, 크게 이상할 것은 없다고 하겠고 말이다.

새로운 독일영화 특유의 비판적 문제의식은 개별 영화작가에 따라 상이한 스타일을 통해 현출된다. 개중에서도 파스빈더의 경우 멜로드라마적인 특성이 도드라진다. 스스로가 **더글러스 서크**(1897~1987)의 양자임을 자처할 만큼, 그는 일찍이 할리우드로 건너

더글러스 서크

파스빈더는 함부르크 태생으로서 미국에서 왕성하게 활동한 망명 독일인 더글러스 서크 감독에게서 깊은 인상을 받았으며, 더 나아가 그를 정신적 양부로 삼기도 했다. 인간 존재를 망가트리는 사회와 제도의 억압을 미묘하게 비판하는 서크식 멜로드라마는 파스빈더에게 전유되어 정치적 함의를 담뿍 머금은 인물군상의 탄생을 촉발시켰다. 카메라 운용의 불규칙성, 세밀하게 양식화된 공간성, 현실적이지 않은 조명 활용 등속의 표현기법들 역시도 서크로부터 계승 및 발전되었다고 볼 수가 있다.

간 서크가 풀어낸 바 있는 충분히 사회적이고 정치적이면서도 아울러 감성적인 멜로 영화를 수용해 자기 나름의 색깔과 방식으로 훌륭하게 전유해낸다.

혹자는 멜로와 정치성 사이에 놓인 교량을 좀처럼 발견해내지 못하곤, 양자의 접속에 대해 도통 불가능한 만남이라며 부정적인 시선을 거두지 않으려 들는지도 모르겠다. 그러나 사실 알고 보면 이 둘의 연결은 대단히 자연스러운 것이다. 기본적으로 모든 멜로적 현상들의 윗점은 '관계성'에 찍히기 때문이다. 곧 존재자들 간의 관계맺음 말이다. 멜로의 본질은 서로 다른 존재들 사일 잇는 관계성이다. 그렇기에 처음부터 사회적이다. 사회적이기에 또 정치적이다.

보다 더 깊은 수준에서 탐문해본다면, 실은 관계맺음의 차원을 논하기에 한 발 앞서, 낱낱의 개별 존재자들부터가 '이미' 사회적 존재들이라는 점을 언급하지 않을 수 없다. 간단히 말해, 일견 자율적이며 독립적인 것으로 여겨지곤 하는 그/녀의 의지와 욕망이란 건 그리 투명하지가 않다. 알고 보면 그중 많은 부분은, 자신을 둘러싼 환경 속에 놓인 여러 타율적 인자들이 상호작용하는 가운데에 **구조적으로 결정**된다. 물론 존재자 저마다가 타고난 개별적이고 사적인 속성들을 부정하는 건 아니다. 허나, 그건 복잡한 사회적-역사적 환경이 발산하는 영향력의 세례를 받아 채색되고, 아울러 일정한 변형의 과정을 겪게 된다. 요는 순수하게 즉자적인 존재란 없다는 것. 개별 존재는 '항상 사회적' 존재다. 사실이 그렇다면 이들 사회적 존재들 사이의 관계맺음이란 게, 단지 그들만의 자유로운 원함과 그들 소유의 의지에 의거해서만 이루어지지 않을 것임은 물론이다. 따라서 어떤 멜로적 감흥이 진행하는 양상을 살펴보는 건, 외부 영향력이 존재들 사이에 어떻게 개입해 작용하는지를 바라보는 과정과도 같다고 하겠다.

어쩌면 파스빈더가 관계의 문제에 특별한 관심과 집중력을 보이게 된 건 부모의 이혼으로 겪은 불우한 시절의 경험이 그의 무의식에 자리하고 있기 때문일지도 모른다. 아울러 퀴어로서의 자기 정체성은 개별 존재들에게 가해지는 사회적 압력의 무게감을 보다 입체적이고 다각적인 국면에서 인지할 수 있는 여건을 제공해주었을 것이다. 말하자면 파스빈더는 창작에 앞서 먼저 눅진한 경험의 세례를 통과함으로써 가공하고자 하는 현실을 보다 생생히 이미지화할 수 있었다. 그 덕에 체험된 주관을 독특한 영화적 양식화의 과정을 통해 객관화(표현)해낼 수 있었고 말이다. 앞서 언급한 바 있듯 스타일을

구조결정론

인간의 의식적 판단과 결정, 더 나아가선 욕망의 형태와 성격까지도 현실세계의 구조질서에 의해 규정된단 입장이다. 분명 유의미한 수준의 타당성을 갖춘 주장이지만, 자칫하면 상관관계와 인과관계 사이에 놓인 차이를 도외시하고 양자를 간단히 등치해버리려는 극단주의의 자세로 경도돼버릴 수 있으므로, 늘 경계해야 한다.

확립하는 데 가장 핵심적인 영향을 준 인물은 더글러스 서크다. 그를 자양분이요 디딜 발판으로 삼아 파스빈더는 영화언어를 실험했고, 점차 발전적으로 자신만의 영화문법을 확립해나갔다.

　　장편영화 데뷔작인 <사랑은 죽음보다 차갑다>(Liebe ist kälter als der Tod, 1969)에서부터 그의 마지막 작업인 <쿼렐레>(Querelle, 1982)에 이르기까지, 사실상 파스빈더의 거의 모든 영화에서 멜로(존재자들의 관계성)와 정치성(부패한 사회비판)의 두 축은 늘 빠지지 않는 요소로 다루어지고 있다. 다만 그것들을 전달하는 방식만이 점차적인 세련화의 과정을 겪어왔노라고 말해 볼 따름이다. 초창기의 몇몇 영화들 속에서 이들 두 요소는 거의 평행·병존하고 있는 것으로 그려진다. 간단히 요약하자면 '사회도 어두운데, 존재들도(그이들의 관계도) 어둡다'는 식이라고 할까. 그러나 사유와 실천이 익어가는 도상에서 파스빈더의 영화는 양자 사이의 연결고리를 보다 더 섬세하게 다뤄낼 수 있게 되었다. 이를 크게 두 경향으로 정리해볼 수 있을 것이다. 먼저는, 어느 한쪽이 다른 한쪽에 격렬히 부대끼며 지배적 영향력을 행사하려 시도하는 '상황적 조건'을 효과적으로 부각하는 법을 체득한 경우라고 할 테다. 남은 한 경향은, 실상 이들 양자를 서로 떼어놓고 인식하는 게 거의 불가능한 일이라고 할 만큼이나 관계란 것이 처음부터 이미 정치와 긴밀하게 연루된다는, 곧 어떤 방법을 동원해도 결코 벗어날 수 없으리라는 '깨달음'을 영화적으로 적절히 형상화해낼 방법과 원리에 가닿게 된 경우다.

　　구태여 분류해보자면 아래에서 다루게 될 영화 텍스트들 중 <불안은 영혼을 잠식한다>(Angst essen Seele auf, 1974)가 상황적 조건이 상대적으로 부각되는 사례라고 할 테다. '독일 연방공화국의 역사에 관한 연작물' 또는 '독일 현대사' 3부작으로 —BRD(Bundesrepublik Deutschland) Trilogy— 일컬어지는 <마리아 브라운의 결혼>(Die Ehe der Maria Braun, 1979)과 <롤라>(Lola, 1981) 그리고 <베로니카 포스의 갈망>(Die Sehnsucht der Veronika Voss, 1982)은 후자의 성격을 강하게 띤다고 본다면 옳을 터이다. 낱낱의 텍스트들을 자세히 들여다보는 동안 존재자들의 관계와 사회현실 사이에 숨겨진 공간(in-between)을, 그리고 그 속에서 일어나고 있는 갖은 역학적 움직임들을 예리하게 벼려진 시선으로 관찰하고 풀이하는 파스빈더식 정치적 멜로영화의 진가에 젖어 들 수 있을 것이다.

파스빈더 독일 현대사 3부작의 상징물

2. <불안은 영혼을 잠식한다>:
보이지 않는 폭력, 넘어설 수 없는 차별의 가름막

1) 타자를 향해 드리워진 서늘한 시선

<불안은 영혼을 잠식한다> 포스터

우연찮게 맞닥뜨린 운명 같은 사랑 앞에서 넘어서기 힘든 나이차이 그리고 민족적/인종적 다름이라는 외재적 조건들 따윈 넉넉히 뛰어넘기를 택한 두 사람, 에미와 알리가 있다. 그러나 마주한 장벽과 눈앞을 가로막은 경계를 능히 허무는 격렬한 사랑에 사로잡힌 이들마저도, 그 정체가 불분명하고 모호하기 그지없는 사회적 폭력 앞에선 결국 입은 상처를 고스란히 끌어안은 채 불안의 늪지 속으로 가라앉을 도리밖엔 없다. 그건 문제해결의 절차가 가진 인과성을 따져본다면 한결 분명해진다. 애당초 누군가에게 미움 ─정확히는 **혐오**─ 받아야만 할 이유를 좀처럼 헤아릴 수가 없다면, 대책의 마련 역시 요원하단 것. 위협의 원인과 근거가 불투명한 이상, 상황의 근본적인 해소는 물론 '미움 받을 용기' 따위와 같은 내적 확신을 가지는 일조차도 여의치 않다. 찢어진 자리들을 꿰매고 상처의 수복을 시도하려 해도, 어디에서부터 출발해야 할는지 작업의 착수지점을 도통 찾아낼 수 없기에, 미끄러짐만을 반복하다 결국 한 차원 더 깊은 고통 속에 침전케 될 따름이니 말이다.

<불안은 영혼을 잠식한다> 경계와 거부의 시선, 곧 이방인 타자되기의 경험

재독 아랍인들의 아지트(카페이자 술집 더 나아가 무도장과 도박장 따위의 사교공간까지 겸하는)에 백인 중년 여성인 에미가 발을 들여놓는 순간은, 스크린 한쪽 구석에 위치한 작은 문을 열고 들어오는 롱 쇼트의 양식을 통해 프레이밍 된다. 카메라로부터의 거리나 화면

혐오/혐오정서

혐오는 합리적인 근거나 논리적인 타당성을 찾아볼 수 없음에도 불구하고 대상을 향해 촉발되고 발현되는 불쾌의 정서를 통칭하는 표현이다. 많은 경우에 이는 대상을 배제하거나 밀어내고, 심지어는 고립시키거나 파괴하기에 이르는 폭력의 현상학으로 이어진다. 혐오의 기원에 대해선 여러 가지 해설이 있다. 자기동일성(항상성)과 자기불멸성(영원성), 오염 되지 않은 순결함(완전성)이라는 허구적 신화를 억지로 지탱하고자 애쓰는 과정에서 발생하는 엔트로피를 눈엣가시처럼 번거로운/상대적으로 연약한 대상을 향해 쏟아놓는 행위에서부터 그 원인을 찾기도 하고, 가혹한 자연세계에서 살아남아 후대를 이어가기 위한 투쟁 및 경쟁의 역사와 관련지어 그 유래를 살피려는 입장도 있다. 물론, 이외에도 많은 가설이 존재한다. 뿐만 아니라 요즘은 젠더 특정적 혐오와도 같은 약자·소수자 정체성의 문제와 관련하여, 혐오정서에 관한 논의가 활발하게 이루어지고 있다.

상의 구도에서 차지하는 위치를 보건대, 이 살아있는 피사체가 꽤나 주변적인 속성을 머금고 있음을 어렵지 않게 간파할 수 있다. 공간을 가득 메운 동양풍의 구슬프고 끈덕진 음악소리는, 이미지의 제시방식과 협력하여, 적어도 이 장소에서만큼은 이방인에 해당하는 그녀가 가진 존재지위나 위상 따위를 한층 더 도드라지도록 만든다.

화면 구석진 곳 변경에서부터 중심에 자리한 테이블로 나아오기까지, 한 인물의 동세가 변화하는 양상을 카메라는 놓치지 않고 선명히 포착해낸다. 비단 외양만 아니라 제스처나 분위기와 같은 성격적 특질까지 모자람 없이 담아낼 만큼이나 꽤나 유연한 움직임을 보여준다고 말하는 편이 옳겠다. 허나 특정인물이 자아내는 생동감과는 사뭇 다르게, 거의 정지 상태와도 같은 부동의 형세를 꽤나 긴 호흡으로 지탱해내고 있는 '무언가'가 같은 시공간 속에서 함께 병존하고 있다는 사실 또한 눈여겨보아야만 하겠다. 에미가 종업원과 대화를 나누는 동안에도, 그 무엇인가는 여전히 외화면의 경계저편에서 마네킹의 모습과도 같은 항상성을 계속해서 유지하고 있다. 그것의 정체는 **타자**를 바라보는 (다수의) 시선이다. 경계심과 거부감으로 점철된, 이방인 여성을 향해 드리워진 차갑고 긴장된 시선 말이다.

작중에서 에미를 향한 재독 아랍(모로코)인들의 서늘한 눈길은, 정확히 독일주류사회를 구성하는 게르만계 백인들이 알리를 위시한 외국인 타자들을 향해 드러내는 시선권력에 대한 전도된 형태의 반응이라고 말해볼 수 있다. 하다못해 이젠 얼마 되지 않는 자신들의 안식처마저 노출됐다고 생각할 터이니, 공격적인 거부감의 표명은 어쩌면 당연할 것일는지도 모른다. 이러한 반응들을 통해 짐작해볼 수 있는 건, 아무래도 이들 양자 간에 건너가기 힘겨운 간극과 격차가 존

타자/타자성의 문제

인문·사회학에서 빈번히 사용되는 타자 또는 타자성의 개념은 '객관적인 타인'을 지시하는 말과는 그 결이 좀 다르다. 학술적 의미에서의 타자란 일반적으론 크게 두어 가지 맥락을 내포하고 있다. 이를테면 먼저는 내집단/외집단이란 범위구분에서의 외집단, 또 중심부/주변부라는 위계구분에서의 주변부를 모두 만족하게 되는 경우에 비로소 타자의 위치가 부여된다고 말할 수 있다. 대개 이들의 경우 현실적 압력에 비교적 쉽게 노출되는 경향을 가지므로, 사회적인 약자라는 보다 가벼운 의미로 범박하게 번역되기도 하다.

<불안은 영혼을 잠식한다> 내집단으로부터의 배제와 축출을 경험하다

재한단 사실일 게다. 나아가 이처럼 민족적/인종적인 차이를 곧바로 당파적인 그리고 계급적인 문제로 인식하는 일그러진 사회풍토 속에서라면 에미와 알리의 연합이 쉬이 받아들여질 수 있으리라 믿는 것 자체가 무리한 일일 터이다. 그건 처음부터 개별자와 개별자 사이의 사귐으로 여겨지는 게 아니라, 서로 다른 위상을 가진 소수적인 주변과 다수적인 중심 사이의 무람없는 관계맺음으로 번역될 테니 말이다. 비록 성문화되진 않았을지언정 어겨선 안 될 절차를 어긴 것으로 말이다.

불문율 조항으로 입법된 위계 차이를 무시한 채 진행된 두 사람의 연합은 그 법의 제정 및 집행 주체인 사회로 하여금 현격한 적대정서를 불러일으키도록 충동한다. 우연히 하룻밤을 같이 보낸 에미와 알리가 수줍게 연애감정을 싹 틔우게 된 바로 그 최초의 순간부터, 즉각적으로 이들 두 사람의 모습은 마치 누가 멀찍이 서서 감시하기라도 하듯 1/3 즈음 열린 문틈을 통하여 카메라의 시야에 포착되기 시작한다. 이처럼 틈새를 이용한 독특한 프레이밍 방식의 동원은 명시적인 감시의 주체를 상정하거나 제시하기 위함은 아니다. 그건 외려 일반화된 사회적 통념 그 자체를 지시하는 것이라 본다면 옳을 터이다. 금기를 위반한 자들에겐 적개심 가득한 눈총이 드리워지리란 선언 정도로 번역해보는 것 역시 가능할 테고 말이다. "행복해서 두렵다"는 에미의 불안 가득한 뇌까림은 그저 근거 없이 뱉어진 괜한 말이 아니다.

<불안은 영혼을 잠식한다> 보이지 않는 사방 모든 것으로부터 적대 상황

텍스트의 면면을 통해 이와 같은 적대의 눈총은 보다 구체적으로 가시화된다. 이방인과 독일인의 결합을 헐뜯는 직장동료들의 험담이란 건, 에미에게는 마치 자신을 홀로 정중앙의 심판대에 세워둔 채 그

주변 사위를 높다란 벽으로 두른 외화면의 재판정에서 들려오는 배심원들의 무거운 판결처럼 지각된다. 이후 알리와의 관계가 실제로 드러나게 되자 그녀의 동료들은 에미를 자신들의 내집단 밖으로 배제하여 밀어낸다. 이는 화면상에서의 인물배치, 특히 식사장면에서, 다른 이들과는 동떨어진 채 화면 한 귀퉁이에 홀로 고립돼버린 그녀의 처지를 통해 도드라지게 현상된다. 그뿐만 아니다. 이웃은 물론이거니와 피를 나눈 자식들마저 그녀를 동물원의 짐승과 같이 취급하고 있다는 점을 고려해본다면, 동료들의 행태란 어쩌면 유난한 일이 아닐는지도 모른다. 그만큼이나 사회적 폭력이 자연스러운/일상적인 것으로 간주 되고 있단 뜻이다.

<불안은 영혼을 잠식한다> 온통 노란 테이블로 가득한 공원에서의 경험: 사회적 적개심의 일반화된 양태

온통 노란 테이블로 가득한 공원에서의 경험은 그들에게 가해지는 사회적 적개심의 일반화된 양태를 한층 더 분명하게 현상해낸다. 비교적 젊은이로부터 중년을 거쳐 늙은이에 이르기까지, 환언하자면 문자 그대로 남녀노소를 대표한다고/상징한다고 말해볼 수 있음 직한 인간군상 전부가 누구랄 것 없이 멀찍이서 두 사람을 매섭게 노려보고 있다. 마치 종이나 천 쪼가리 따윌 태워버릴 목적으로 가지런히 한 점을 향해 여력을 온통 집중시킨 이글거리는 돋보기의 안광처럼 말이다. 구태여 카메라가 한 차례 포커스 인/아웃을 시도하며 피사세계를 뒤흔들고 분위기를 환기해 봐도 살을 도려내듯 날카로운 시선은 조금도 변치 않는다. 외려 카메라의 몸부림은 고착화된 인식을 입체적으로 강조해주는 보조 장치로써만 복무케 될 따름이다. 서슬 퍼런 눈길이 닿지 않는 곳을 찾을 수 없다는 건 분명 비극이다.

2) 한계를 가늠할 수 없는 지독한 폭력의 현상학

<불안은 영혼을 잠식한다> 의도된 친절 곧 폭력의 새로운 현상방식

고통 속에 내던져진 이들을 더욱이나 견디기 어렵도록 만드는 건 그들에게 가해지는 폭력의 일관성 없는 태도다. 태도의 예측불가능성은 존재자들이 다가오는 폭력에 맞서 어떻게 반응해야 하고 대응해야 할지조차 좀처럼 가늠하지도 종잡지도 못하도록 만들어버리는 까닭이다. 향방부지 내지는 방향상실에 빠진다고나 할까. 가령, 에미와 알리 두 사람을 매우 멸시하던 이웃(식료품상

인)은 느닷없이 그들을 향한 공격적인 태도와 불쾌감의 표현을 누그러뜨린다. 또한 치미는 분노를 주체하지 못해 어머니의 텔레비전을 부숴버린 아들은 갑작스레 그녀를 찾아와 사죄를 청한다.

허나 갑작스러운 친절 속에서 진정한 화해와 화합의 의지를 발견해내기란 어려워 보인다. 외려 폭력은 다른 표현의 방식을 경유함으로써 은밀하지만 보다 더 강력하게 현상되고 있을 따름이다. 직접적으로 억압을 행사하는 것을 지양하고 멀리하는 대신, 배면에 숨겨진 자신들의 욕구를 만족하고자 타자들을 수단화하고 착취하는 방향으로 말이다. 이처럼 걷잡을 수 없는 폭력의 우회와 변주는 상황을 헤아릴 수 없고 어찌할 바도 알지 못해 신음하는 존재자들을 한 차원 더 짙은 혼란 속으로 내몰아갈 따름이다.

극도로 지친 알리가 '쿠스쿠스'를 찾게 되는 게 바로 이 즈음해서다. 모로코 출신인 그가 머나먼 고향의 음식인 쿠스쿠스를 갈망한다는 건 단지 과거의 삶에 대한 그리움의 표현만은 아니다. 차라리 위안 얻길 희구하는 절박함의 표상이라면 어떨까. 사랑하는 이와 함께 만들어가는 삶마저 담뿍 긴장에 절여져 버린 만큼, 이젠 다른 어디에서도 일말의 안식을 기대할 수 없게 돼버린 극도의 피로상황 속에서 품게 된 구원에 대한 간절한 염원이라 보는 편이 옳을 테다.

<불안은 영혼을 잠식한다> 처음과 같이 춤을

아내 된 에미를 두고 외도를 저지른다거나 도박에 빠져드는 것 등속의 용납하기 어려운 행동을 감행하는 건, 다른 한편으론 풍랑에 떠밀리다 못해 도무지 그 스스로를 제어할 수 없는 자기-파괴적인 극점의 자리에까지 내몰리게 됐음을 지시해준다. 달콤한 연애의 말이었던 "키프키프"(상관없음)를 망가져 버린 몰골로 씹어뱉고 있는 스스로를 자각하며, 그는 자신의 얼굴을 반복해서 세차게 때린다. 그러나

두 뺨 얼얼한 통증조차 이미 망실해버린 눈빛을 되돌려놓을 순 없다. 카메라의 세심한 호흡이 화장실 거울 속에 비추인 형체로부터 잡아낸 건, 영혼이 뭉그러진 채 빠져나가 버리고 남은 텅 빈 껍데기다.

벼랑의 끝을 향해 내달리던 발걸음을 붙들며 그를 불러 세운 건 에미다. 무엇도 개의치 않는다는 듯 처음 만났을 때와 꼭 같은 모습으로 아지트를 방문한 그녀를 보고서, 알리 역시 처음 그녀에게 다가섰던 것과 동일한 모습으로 나아가 함께 춤출 것을 권한다. 마치 그 순간만큼은 어떠한 외부상황의 간섭으로부터도 충분히 자유로울 수 있기라도 한 것처럼, 둘은 붉은 조명 아래에서 체온을 나누며 그간 묵혀두었던 날 것의 속마음을 서로에게 털어놓는다.

그러나 스테이지는 멀찍이 현실로부터 분리된 기하학적 공간도, 모든 외부인자들의 간섭으로부터 온전히 차단된 진공상태의 실험실과 같은 장소도 아니다. 그곳은 단지 연장된 무대다. 여전히 이들에게는 가혹하기 그지없는 절망적인 현실세계의 한 부분일 따름인 것이다. 물밀 듯 몰려드는 통증에 알리는 춤을 추다 말고 쓰러지고야 만다. 어디에도 안전지대는 없다.

<불안은 영혼을 잠식한다> 슬픔조차 자유로울 수 없다

심지어 병실 밖에선, 그에게 위궤양을 선고한 의사마저 1/3 즈음 열린 문틈으로 그들을 매섭게 노려보고 있다. 병증과 광기의 치료자인 의사마저 사회적 광증에 오롯이 매몰돼 있다면, 하물며 다른 희망의 여지 따윈 찾아볼 수조차 없을 테다. 깊은 곳에서부터 터져 나오는 에미의 울음소리에 발맞추어 마치 기다리기라도 했다는 듯 들려오기

시작하는 고요한 하모니카 음악은, 대단히 부자연스럽다. 동요와 같이 다감한 음률은 되레 이들에게 드리워진 폭력의 무게와 비참의 정서를 한층 극화하는 장치로 복무한다고 말해볼 수 있으리라.

텍스트에 대한 논의를 닫으며, 혹자는 에미에게 면죄부를 줘선 안 된다는 말을 반드시 덧붙여야 한다며 주장할는지도 모른다는 점에 대해 간단히 언급해두고 지나가지 않으면 안 될 성싶다. 가령 전혀 상황과 맞지 않은 맥락에서의 발화들 그러니까 가장 무의식에 가까운 언어들을 통해, 그녀가 흘러간 제국주의적 영광에 대한 향수를 일정부분 간직하고 있음을 들여다볼 수 있다는 것이다. 더불어 그 연장선상에서, 에미 역시 불쾌함과 불편함이 담뿍 묻어나는 시선으로 한유고 여성을 바라보고 있다는 사실 또한 부인할 수 없다는 힐난이 덧붙을 테고 말이다. 제 스스로가 타자됨의 처지를 누구보다 선명하게 체험하고 있음에도 말이다. 하지만 비판의 윗점은 그녀의 목에 비난의 살을 겨누는 쪽이기보다는, 외려 그녀 역시 퇴락하고 혼탁한 독일사회를 살아가는 소시민의 하나일 뿐임을 확증하는 데에 찍히는 편이 옳다고 하겠다. 자신이 떠밀리고 있으면서도 누군가를 떠밀고 있다는 건 ―심지어 쿠로프스키란 성으로 보아 그녀 역시 순혈 게르만은 아님을 짐작해볼 수 있다. 마치 **검은 피부에 하얀 가면**을 쓴 꼴이다― 역설적으로 어두운 사회현실의 영향력이 얼마나 존재들 가운데 깊이 들러붙어 그들을 안에서부터 점점이 개먹고 있는지를 선명하게 지시해주는 증거가 된다.

3. <마리아 브라운의 결혼>: 달콤한 가면 뒤에 가려진 사회적 억압의 사슬고리

1) 사랑이라는 이름의 환영을 좇다

분명 방금 전까지 빗발치던 포화에 잿더미로 주저앉은 세계. 더 정확하게는, 그토록 무지막지한 폐허 위에 간신히 구축된 세계야말로 텍스트의 무대공간이 된다고 말해볼 수 있을 게다. 한 발 가까이 다가가 그 속사정을 유심히 들여다본다면 전후세계의 비참함이 한층 더 선연히 다가올 터이다. 민중의 대부분이 극도의 생활고에 시달리는 탓에 삶들의 모양새가 피폐해진 것은 물론이겠고, 가치체계들 역시 혼연히 뒤섞여버린 탓에 전 사회적 혼란은 자명할 것이다. 이처럼

<마리아 브라운의 결혼> 포스터

혼탁한 상황 속에서 사랑이란 가치를 온전히 지탱해낸다는 건 아마도 불가능에 가까운 일이지 싶다. 스스로 사랑이라 믿었던 게 결국은 사랑이 아닌 것으로 드러나게 되는 경우 역시 비일비재할 테고 말이다. 상대의 변심이나 배반 따윈 차라리 흔한 일일 게다. 끝까지 열정을 갖고 끈덕지게 좇았음에도 불구하고, 사랑의 고결한 이상 따윈 눈앞에서 홀연히 사라져버리고, 실상은 혼탁한 시류 속에서 단지 제 손발에 채워진 족쇄가 시키는 대로 그저 주어진 쳇바퀴만을 쉼 없이 돌리길 반복할 뿐이었던 것으로 드러나게 된다면, 상실감은 만만치 않을 테다. 존재를 지탱해주는 장치가 물거품으로 흩어져버리게 될 때, 생의 의욕 또한 점점이 사그라지고야 만다. 절망 속에서 스스로 화마에 몸을 던진 마리아처럼 말이다.

영화는 다음과 같이 운을 뗀다. 갑작스러운 공습에 의해 히틀러의 초상이 포탄의 충격과 함께 벽째 무너져 내리고, 아이의 울음소리와 아무렇게나 흩날리는 먼지 파편들이 화면을 가득히 메운 가운데, 마리아는 어떻게든 혼인서류를 마무리하고자 위험을 무릅쓴다. 카메라는 생명의 위기를 감내하고서 서류뭉치 앞에 엎드려 손을 뻗은 마리아의 모습을 꽤나 긴 시간 동안, 마치 정지상태의 물상 앞에서 관조적인 감상의 자세로 머무르듯 숨을 죽여 포착해낸다. 그녀의 주변에만 시공간의 운동이 멈추기라도 한 것처럼 말이다. 허나, 숨 가쁘게 돌아가는 현실의 상황적 조건은 그녀의 선택을 대단히 기괴한 것으로 만든다. 당혹감은 물론이거니와 불편함까지 지각하도록 만든다는 게 옳은 표현이겠다. 도대체 그렇게까지 해야만 할 이유가 무엇이란

<마리아 브라운의 결혼> 남편을 찾는 팻말을 짊어진 마리아

말인가. 아무렴 결혼에/결혼이란 제도에 자신을 묶는 것이 그리도 중요한 것인가? 생사를 장담할 수 없는 위태로운 길 위로 스스로를 기탄없이 내몰 만큼이나?

헤르만을 오래 보아온 것도 아니다. 단 하루도 채우지 못한 결혼 생활을 제한다면 그저 몇 주간의 짧은 만남이 전부였으니 말이다. 그럼에도 마리아는 텍스트의 말미에 가닿기까지 —산술적으로 따진다면 10년 이상— 사랑을 믿는다. 만만치 않은 세월의 풍파에도 여태 자신이 주저앉지 않도록 스스로를 채찍질하고 이끌어올 수 있었던 동력은 다름 아닌 남편 헤르만에 대한 사랑이었노라고 술회하면서 말이다. 실제 전쟁 막바지의 살얼음판을 통과하는 가운데서도, 전쟁 이후의 곤궁함이 물물교환 따위에 생을 의지하도록 만들고, 때로는 가족처럼 가까운 이들에게마저 선을 내리긋고선 서로를 거래의 대상으로 마주할 수밖에 없도록 만드는 비참의 현실 속에서도, 그녀는 남편을 찾는 '팻말'을 스스로 짊어진 주홍글씨처럼 걸치고선 애써 이곳저곳을 누비고 다닌다. 물론 그게 곧 사랑의 '증표'라고 말할 순 없다. 정말로 그랬더라면 그것의 폐기와 더불어 헤르만을 향해 품은 사랑 역시도 곧장 휘발해버렸어야만 할 터이니 말이다.

카메라의 시선은 열차의 무쇠발굽을 주목한다. 찰나의 순간 뒤면 그 발길질에 짓눌려 바스러질 운명의 오브제가, 잠시나마 제 무력한 존재감을 발휘한다. 이윽고, 헤르만의 초상 위로 항거할 수 없는 힘이 들이닥친다. 확실히 이것만으로도 충분히 인상적인 일이겠지만, 놀라기는 아직 이르다. 그 사건 이후로 밟아나갈 마리아의 행보야말로 더한 충격을 안겨다 준다고 할 터이니 말이다. 그녀가 남편의 팻말을 화차의 제물로 내어준 이후로 택한 길이란 소위 미군을 상대로 하는 유흥업종에 취직하는 것이었기 때문이다. 놀랍게도 마리아는 이를 남편에 대한 진지한 사랑의 자세와 결부시킨다. 일말의 주저함 없이 말이다.

풀어쓰자면 마리아의 선택이 좀처럼 납득하기 어려운 모호함을 촉발시키는 건, 행위 그 자체보다는 그런 선택을 감행하게 된 계기에 있다. 다른 게 아니라, 그녀가 살롱에 뛰어든 건 극도로 핍진(乏盡)한 상황 속에서 살아남아 언젠가 무사히 돌아올지도 모를 남편을 맞이하겠단 이유에서였기 때문이다. 누가 뭐라 해도 자신의 가슴 속 진정한 사랑이란 여전히 남편 헤르만 오직 단 하나밖엔 없으니, 그밖에 다른 조건들이야 어떻게 달라진대도 전혀 문제 될 것이 없다는 나름의 주관과 확신이, 이처럼 극단적인 선택을 가능케 한 동력이 되어주었

<마리아 브라운의 결혼>
화차의 쇠발굽 아래 짓밟히는
헤르만의 팻말

다고 할 테다.

<마리아 브라운의 결혼> 유흥업에 뛰어듦, 또 다른 사랑의 표현이란 이름으로

마리아는 복중에 아이까지 갖게 됐음에도 불구하고 미군 빌과의 결혼을 거부한다. 그것도 모자라 아이의 이름을 헤르만으로 짓고자 하며, 심지어는 남편이 전사했단 소식(오보)을 전해 들었음에도 뜻을 쉽게 굽히지 않는다. 만에 하나 그가 죽었다 할지언정 여전히 사랑은 헤르만 하나뿐이라는 확신을 포기할 수 없었던 까닭이라고 하겠다. 한 발 나아가서, 그녀는 천신만고 끝에 전장에서 귀환한 헤르만과 몸 싸움을 벌인 빌의 머리를 뒤에서 유리병으로 가격하여 끝내 죽음에 이르도록 만든다. 양적인 면에서나 질적인 면에서나 —혼인서류를 작성한 즉시로 전장에 끌려간— 헤르만보단 그와 훨씬 더 깊은 사귐의 시간을 보낸 것이 사실임을 떠올려본다면, 마리아의 선택은 좀처럼 이해되지 않는다. 아울러 몇 년 만에 처음 마주하게 된 그녀를 사정없이 밀쳐버리고 담배 따위나 훔치려 드는 실망스럽고 모자란 행태야말로 마리아가 그토록 기다리던 헤르만의 실체였음을 고려해본다면, 그녀의 판단은 아무래도 **그로테스크한 것**이 아닐 수 없다.

마리아의 불가해한 행적은 여기서 멈추지 않는다. 그녀는 자기 대신 수감된 헤르만의 보석금을 마련하고, 더불어 그의 출소 이후에 함께 꾸려나갈 행복한 가정을 예비해야 한다는 목적하에, 방직사업가 오스발트의 직원 겸 정부가 되길 주저하지 않는다. 시간은 흐르고 긴 인내 끝에 —영화의 전체 스토리시간은 1943년부터 1954년까지다— 마침내 마당이 딸린 저택을 지을 만큼의 큰돈을 거머쥐는 데 성공하지만, 바라던 사랑마저 성취하진 못한다. 설사 헤르만이라 할

그로테스크한 것

기괴함 또는 괴이함으로 번역되곤 하는 그로테스크는 사실 단순히 이물감을 자아내는 상황이나 표현상의 특질 그 자체만을 지시하는 용어는 아니다. 좀처럼 예측하지 못한 이질성의 난입은 대개 한 단계 더 높은 수준의 의도와 결부되곤 한다. 그렇기에 그로테스크의 체험은 단순한 감각성의 경험을 넘어 그 난데없는 출현의 심층적 원인을 탐문하려는 진지한 수고를 성공리에 동반할 때에 한층 빛을 발할 수 있다.

지라도 그녀가 내린 일련의 선택들과 행동들을 모두 납득하기란 어려운 일이니 말이다. 비단 헤르만뿐이겠는가. 사실, 환영에 도취되어 그 모든 일들에 나름의 확신과 정당성을 부여하고 있는 건 오로지 마리아 그녀 자신 하나뿐이다. 사랑이란 이름의 조작된 환상에 단단히 얽매였기에 가능했던 일이라고 보는 게 옳을 테다. 이 점은 영화의 말미에 이르러 보다 더 확실해진다.

<마리아 브라운의 결혼> 여전히 사랑의 주체라는 믿음을 가진 채, 정부되길 택함

2) 사그라진 몽상과 드러난 결박의 사슬

그녀는 공증인의 입을 통해 오스발트의 유언을 접하게 되고, 유언장의 내용을 통해 그간 가려졌던 진실에 가닿게 된다. 좀처럼 예상할 수 없었던 갑작스러운 출소와 더불어 자신 곁을 홀연히 떠나버린 헤르만이 오스발트의 사후가 돼서야 갑작스레 잠적을 풀고 나타나게 된 이유에 대해 비로소 깨치게 된 마리아의 정신은, 생의 의지를 완전히 망실해버렸다고 할 만큼이나 처참하게 분쇄돼버린다. 손목의 대동맥을 타고서 잔잔히 흘러내리는 수도꼭지의 물줄기는, 방출되어 빠져나가는 생명(선혈)의 이미지를 대신해 이미 모든 게 끝나버렸음을 선언해준다. 되레 붉은색보단 이편이 하얗게 질린 영혼, 내지는 생기를 잃어버린 육신을 표현하기엔 적절할 듯하다. 카메라의 눈이 잠잠히 머무는 얄궂을 만치 느긋한 침묵의 20초는 삶에서 죽음으로의 이행을 그려내기에 충분한 시간일 뿐만 아니라, 특유의 대비효과에 힘입어, 초가 다르게 부서지고 무너져 내리는 그녀의 내면적 존재상실에 대한 보다 더 감각적인 해설을 제공해준다.

영화의 시간

영화의 시간구성은 입체적이다. 우선적으로 상영 시간과 스토리 시간이라는 두 축의 교차점에서 그 기본형질이 직조되는 것은 물론이거니와, 더 나아가서는 선형적인 물리질서를 전복시키며 전후관계를 자유롭게 재조직하는 흐름의 구성능력, 그리고 임의적인 축소와 늘림 및 삭제와 강조라는 의식적인 왜곡의 기법들을 통해서, 영화의 시간 표현 가능성은 최대한도로 확장된다.

자신이 두 남자의 거래대상에 불과했다는 진실(truth)은 단순한 사실(fact) 그 이상의 의미를 마리아의 심중에 틈입시킨다. 숭고하다고 믿었던 사랑이 단지 저 혼자만의 착각이었다는 게 확인되는 순간, 자신이 삶 속에서 밟아온 그간의 모든 지난한 여정은 그저 한 인간의 지독한 광기가 빚어온 무의미의 궤적에 지나지 않는 것으로 전락해 버렸다. 어쩌면 사랑은 처음부터 부재했으며, 어떻게든 현실을 버텨 내기 위한 '강박증적인 변명'만 존재했을는지도 모를 일이다. 스스로의 강한 확신과 달리 그녀는 표류하는 자였고, 혹여나 쓸려 내려갈까 무엇이라도 붙들 수밖엔 없는 자였으니, 따지자면 잠시도 주체로서의 삶을 온전히 누린 바 없었던 셈이다.

애당초 그녀가 제 생명을 걸고 사수하려 했던 법률혼 증서부터가 '능동적인 사랑'을 인치는 증표는 아니었다. 그건 그저 전통적인 가부장제와의 연결접속을 기계적으로 승인하는 절차에 불과했다고 할 테다. 보이지 않는 사슬이 제 몸에 채워져, 영원히 자신을 결박하고 구속하도록 말이다. 스스로가 주도적으로 미래를 개척해왔다고 판단했던 순간들에서도, 그녀는 여전히 도구적 존재일 뿐이었다. 단적으로는 헤르만을 면회하는 장면이 이를 감각적으로 형상화해준다. 앞으로 일어날 행복한 미래에 대한 흥분과 기대에 가득 찬 그녀를 탈-초점의 흐릿함 속에다가 던져버리기까지 하며 화면 그득히 붙잡아낸 건, 얼굴도 알 수 없는 자(간수)의 허리춤에 걸린 '열쇠' 꾸러미다. 다시 말해 생을 풀어나갈 열쇠는 그녀에게 속한 것이 아니다. 부드득대는 그 쇳조각들의 비아냥댐은 마리아가 아무리 원대한 계획을 품는다 한들 모든 걸 현실화하는 권한이 그녀의 손아귀에 주어져있지 않음을 선명하게 지시해준다. 결단코 예속의 고리를 벗어나지 못하리란 뜻이다.

더하여 회사의 집무실에서 그녀가 수화기를 붙들 때면, 항상 반복적이고 강박적인 소음이 외화면 어딘가에서 느닷없이 간여해왔다는 사실을 떠올려 보는 것 역시 중요한 지점일 테다. 특히 헤르만과 관련된 전화를 받는 순간이면, 그건 더는 가벼운 잡음으로 취급하기 힘들 만큼의 뚜렷한 존재감을 주장해온다. 일련의 훼방들이 입을 모아 그녀의 박탈되어버린 주체성을 증언한다. 심지어 오스발트의 죽음을 통보받고 비탄 어린 죄책감에 잠긴 순간조차, 그녀는 순전한 의미에서의 주체는 아니었다. 지난밤 그에게 쌀쌀맞은 전화를 남긴 바로 그 시각에도, —이때도 그녀의 자취는 간곳없이 지워지고 오브제인 다이얼 전화기만이 화면을 가득 채운다— 그것을 후회하며 서글

소음의 역할

마디와 마디 사이의 대단히 정교하기 그지없는 결합처럼, 마치 이음매 없이 깔끔하게 조직된 듯한 구조물을 침습하여 간질이는 소음/잡음의 존재는, 종종 쉽게 의식하지도 간파하지도 못했던 가려진 진실을 향해 인도해주는 미더운 열쇠가 되어주기도 된다.

픈 고뇌에 젖어든 시각에도, 여전히 그녀가 두 남자에 의해 거래 중인 (-ing) 대상물의 신세에 불과했단 사실에는 의심의 여지가 없다.

마리아는 늘 혼미한 바다 가운데 몸부림치며 표류할 뿐이었지, 한 번도 그 항해의 키를 부여잡은 존재는 아니었던 셈이다. 존재를 에워싼 현실세계의 혼탁함은, 슬픔과 현기증에 차마 몸을 가누기 힘든 그녀의 바로 몇 걸음 곁에서 아무렇지 않게 벌어지고 있는 짙은 성애의 현장을 통해 단편적으로나마 가시화된다. 조롱이라도 하듯 얄팍하게 쳐진 장막 너머의 진실은 극히 어둡다. 문제는 이 얄팍한 장막을 들여다볼 힘조차 그녀에게 허락되지 않았다는 점이다. 영화의 마지막 장면 역시 언급하지 않을 수 없을 것이다. 비운의 삶을 끝낼 가스 폭발음과 월드컵의 승리를 알리는 라디오 소리가 얽혀져 빚어낸 **사운드 몽타주**의 청각적 명암 대비는 존재자를 삼키는 사회적 어두움의 그림자를 한 차원 더 도드라지게 만든다. 유언장을 읽고 돌아서는 공증인이 뱉어낸 비명소리와 마스터쇼트에서의 아기울음 또한 교묘히 **수미쌍관**을 이루며, 벗어나래야 벗어날 길 없는 심연의 수렁과 같은 당대 독일사회의 현사실적 무대상황을 적절히 꼬집어준다고 하겠다.

사운드 몽타주

사운드몽타주는 명백히 결을 달리하는 두 사운드 이미지사이의 대비적 결합을 통해, 어느 한쪽이 연상하는 의미를 강조하거나 더러는 전혀 새로운 종류의 감각을 환기하는 유의 기법을 지칭한다.

수미쌍관/수미상관법

텍스트구조의 처음과 끝이 동일하게/유사하게 조응하는 형태를 뜻한다. 반복 및 강화를 통해 본디 품은 뜻을, 더러는 한동안 숨겨져 있던 뜻을 드러내면서 강조하기도 하는 구성상·기법상의 특질이다.

4. <롤라>:
만연한 부패와 어두움, 승패가 존재치 않는 수렁 속 현실

1) 야누스의 가면을 쓴 도시

유럽의 근현대사에서 총체적인 어둠과 부패에 잠식된 사회란 수식어가 꽤나 적절히 들어맞는 실제사례 중의 하나로 종전 이후의 독일을 지목해본다면, 썩 틀린 표현만은 아닐 것이다. 급격한 경제성장이라는 화려한 가시적 성과를 슬쩍 들추고 보면, 실상은 미처 봉합되지 않은 갖은 상처로부터 새어나온 고름과 악취가 사회 전반에 짙게 서려 있었으니 말이다.

텍스트의 무대가 되는 도시는 정확히 이러한 당대 독일사회의 축소판으로 번역될 수 있다. 여기선 모든 것이 이중적이다. 많은 이들이 참혹한 역사를 기억할 기념비를 세우는 일에 참여하면서도, 속으론 전쟁제국의 위엄을 그리워한다. 민중들의 사회를 지향하는 자들이 등 뒤에서 자본가들과 손을 잡으며, 도덕주의자임을 천명하는 자들은 가슴 한 칸에 비윤리적인 전체주의에 대한 향수를 머금는다. 아

<롤라> 포스터

침에 잘 다려진 정장을 입고서 생활전선으로 뛰어들었던 이들은 어느덧 해가 지면 홍등가의 퇴폐적인 음악에 흠뻑 젖어 들어 제 몸과 마음을 느슨히 풀어버린다. 이편에 속했건 저편에 속했건 혹 다른 어느 쪽이건 간에, 그 점엔 하등 차이가 없다.

롤라의 말처럼 이 도시의 모두에겐 낮의 삶과 밤의 삶이 서로 판이하게 다르다. 빛과 어둠 곧 쉽게 조화될 수 없는 두어 가지 삶 양식을 하나의 존재 안에다 품은 모순적인 실존형식을 취하고 있다고 보는 편이 옳을 것이다. 이러한 모순은 도시를 이끌어갈 각 분야의 지도인사들이라 해서 예외는 아니다. 아니, 조금 달리 말해져야만 할 테다. 재계와 언론의 대표인사는 물론이거니와 시정과 치안 등속의 공무를 주관하는 공직자들부터가 타락의 일선현장에 깊이 발을 들여놓고 있으니, 이들이 뱉어놓은 끈적이는 독성의 안개 속에서 남은 도시민들마저도 그만 발이 묶여 좀처럼 자유로울 수가 없게 돼버린 형국이라고 말해두는 편이 한결 더 적절할 것이다.

이는 영화의 종반부에서 두드러지게 가시화된다. 마치 일점소실의 회화작품을 바라보기라도 하는 양 도취된 민중들의 시선이 오롯이 한 곳을 향해 가지런히 가닿는 자리에선, 부패의 한 대목이 지금막 새로운 역사의 페이지 위로 은근슬쩍 기록되고 있다. 카메라는 몇 걸음 멀찍이 물러서서 불법과 부정부패로 점철된 기공식 장면 전체를 조망하듯 붙들어낸다. 정치인은 멋들어진 연설을 남기는 중이며, 어느 누구 하나 그것에 반감을 표하지 않는다. 끔찍하게 둔화되고 물화 돼버린 전체주의적 집단지성의 실상만이 주어진 프레임 속에 점

<롤라> 사실상 도시민 일반의 망그러진 삶을 여실히 투영하는 살롱

하나 놓치지 않고서 오롯이 포착될 따름이다. 이것이 시각적 이미지로 현상된 도시의 실제현실이다.

매춘을 겸하는 고급 술집(살롱)에서 일하는 롤라는 자신을 그네들 스스로에 비해 한 단계 낮잡아보는 도시민들의 사고를 좀처럼 이해할 수가 없다. 자신이나 그들이나 전연 다를 게 없노라고 확신하는 까닭이다. 꽤 늦은 밤이 돼서야 근사한 차를 어느 구석진 곳에다 숨겨둔 채 탐욕에 멀어버린 눈을 치뜨고 부나방처럼 살롱으로 찾아오는 이들의 이중적인 삶이나, 그녀 스스로의 생활이나, 동일하게 분절되고 파편화돼 있다는 점에선 매한가지일 테니 말이다. 그네들에게서 밤과 낮의 삶이 판이하게 구별되듯, 롤라 또한 사랑하는 딸 마리의 모친이란 사실을 부인할 수 없다. 아울러, 그들만이 분홍빛 사랑과 보라빛깔 정욕 사일 자유롭게 오고가며 넘나드는 건 아니다. 롤라 역시 말벗과 같은 연애대상(애슬린)과 이런저런 이야기를 나누기를 즐기는가 하면, 또 다른 이(슈커트)와는 체온과 체액 그리고 호흡이 오가는 다분히 끈적이는 관계를 유지하기도 한다. 이것이 그녀의 삶이다. 크게 더 나을 것도, 그렇다고 해서 특별히 못날 것도 없는, 한 명의 타락한 도시민으로서의 분열되고 뭉그러진 삶 말이다.

롤라와 별반 다를 것 없는 삶을 살아가는 게 분명함에도, 살롱 밖의 도시민들은 그녀를 자신들과 동일한 내지는 동등한 시선으로 바라봐주지 않는다. 심지어 그녀의 어머니 쿠머 부인이라 해도 예외가 아니니, 다른 이들이야 거론할 필요조차 없을 게다. 상황이 그렇다 보니 자신을 '있는 그대로' 바라봐 달라는 롤라의 염원이란 건 필시 절절한 외침이면서도, 때론 노기를 잔뜩 머금은 일갈이 되기도 하는 셈이다. 그녀를 대하는 도시민들 일반의 인식은 애슬린과 슈커트의 경합 장면을 통해 도드라지게 현출된다.

두 사람은 그녀의 침실에 머물 자격을 두고, 테이블 위에다 지폐를 하나씩 교차해서 쌓아나간다. 카메라는 한 장 한 장 지폐가 어긋나게 쌓여가는 순간을 숨을 죽이고 끈덕지게 포착해간다. 마침내 돈으로 세운 시소의 어느 한 축이 균형을 잃고서 쓰러져버리기까지 말이다. 그리곤 오래 기다렸다는 듯 비참함에 물든 로라의 얼굴을 비추는 것 또한 잊지 않는다. 모두 다 나가라며 테이블의 돈을 집어 던지고 문을 세차게 걸어 닫는 그녀의 심리적 정황은 대단히 명확하다. 아무렴 동일한 수준의 인간들에게 동등한 존재로 대우받지 못했단 울분과 자괴감 때문이라고 할 테다. 그들에 의해 ―롤라의 일부라기보다는 그녀라는― 존재 그 자체가 거래대상으로, 수단화/도구화 가능

있는 그대로 본다는 것

사실 누군가를 있는 그대로 바라본다는 것은 불가능하다. 바라봄의 행위는 늘 무언가를 경유한 바라보기에 해당하고, 그 매개체가 되는 인식의 틀거지란 결코 투명한 셀로판지가 아니기 때문이다. 상이한 생물학적, 사회학적 인자들의 복합작용을 통해 빚어진 최종적인 사고틀은 저마다 이질적임을 기억하여야 할 것이다. 심지어 칸트에게서조차도 물자체의 경험이란 초-감성적 역량의 존재와 그 발현을 전제할 때에만 '비로소' 온전히 가닿을 수 있을 만한 ―그러니까 일상적 의미에선 불가능한― 성질의 것으로 정의된다.

<롤라> 폰 봄에게 연애를 거는 롤라

한 것인 양 가볍게 취급돼버린 꼴이니 말이다. 울분이 수그러들자 감정의 평형이 무너져 내린 롤라는 계단에 쓰러지듯 주저앉고, 이때 문틈 너머로 들려오는 외화면 사운드는 그녀의 절망감을 배가시킨다. 오늘 밤에도 돈이면 그녀를 살 수 있다는 한껏 고조된 슈커트의 빈정댐은 —사실을 부인할 수 없기에— 가뜩이나 말라버린 그녀의 맘을 조각조각 부숴버리기 충분하다.

일찍이 롤라가 폰 봄에게 다가갔던 건 도시민들이 존경해 마지않는 —그리고 그녀와는 어울리지 않는다며 모두가 입을 모아 역설하는— 폰 봄을 유혹하는 데 성공함으로써, 그 역시도 자신과 다를 것 없는 존재란 사실을 확인하기/드러내기 위해서였다. 한 발 더 나아가, 혹 그렇게만 된다면 그에 못 미치는 나머지 도시민들 역시, 자신이 그녀와 꼭 같은 수준의 인간임을 인정하지 않을 수 없게 되리라는 판단 때문이기도 했을 터이다. 하여 롤라는 신분을 완전히 숨긴 채 폰 봄에게 연애를 걸고, 시나브로 깊어진 관계 끝에 그와 동침까지 하게 되지만, 거듭된 고민 끝에 살롱의 인수권을 슈커트에게서 얻어낼 목적으로 그의 청혼을 거절하기에 이른다. 생각이 여기에 미치면 혹여나 폰 봄을 가엽게 여기게 되는지도 모르겠다. 하지만 정말로 폰 봄은 단지 이용당한 희생자에 불과한 걸까. 오직 그만은 다른 도시민들과 구별되는 특별한 삶 양식을, 고매한 정신을 가진 존재란 말인가?

2) 처참히 벗겨진 현실의 민낯

영화 텍스트에서 거울이라는 오브제가 담당하는 역할은 자못 선명하다. 그것이 살롱의 화장실에 걸린 것이든, 롤라의 화장대에 놓인 것이든, 하물며 폰 봄의 방에 세워진 것이든지 간에 말이다. 텍스트 속에서 거울은 무엇이든 놓치지 않고 '가감 없이 드러내는' 역능을 갖는다. 쉽게 말해서 사람의 눈을 속일 순 있을지언정 거울을 속일 수는 없다. 은밀한 속내, 가려진 욕망, 기만된 표정과 제스처 아래에다 숨긴 모든 음습한 것들이 거울 앞에선 자연스레 무장해제 된다. 고고하게 바이올린을 연주하는 듯 보이는 폰 봄의 입가에 걸린 얄궂은 웃음, 스리슬쩍 배어나는 욕망에 젖어 순간적으로 번들거리는 그 진실의 읊조림을, 거울이 놓칠 리 만무하다.

사실 거울이라는 우회로를 경유하지 않는다 할지라도, 온화한 도덕주의자 폰 봄의 감춰진 면을 짐작해보는 게 그리 어려운 일만은 아니다. 이미 텍스트의 초입에서 그는 프러시아 출신이란 이유로 쿠머 부인에게 가볍지 않은 관심을 표했던 바 있다. 프러시아, 달리 말해 프로이센은 한때 나치가 정권을 잡는 데 기여한 열렬한 지지기반이었다. 특별히 그녀의 고향에 해당하는 동프로이센 지역은, 실상 나치 탄생 이전부터 오래도록 우익 세력들의 정치적인 둥지로 복무해왔다. 그저 출신성분 하나만으로 그녀에게 호감을 느낄 수 있다는 건 그리 가벼이 넘어갈만한 일이 아니다. 겉보기에 말쑥하고 전혀 윤리적으로 흠잡을 곳 없어 보이는 엄격주의자 폰 봄의 이면에 도사리고 있는 광기를 은근히 드러내 주는 역할을 감당한다 말해본다면 큰 무리 없다고 할 테다. 이를테면 정복, 전쟁, 제국, 파시즘 등속의 것들에 대한 남다른 향수와 감수성을 소가지에 지니고 있음을 은연중에 밝히는 것 말이다. 아직은 채널이 하나뿐인 텔레비

<롤라> 살롱을 찾은 폰 봄과 맞닥뜨리게 된 롤라

전을 무리해서 구매하는 모습에서도 역시나 조국의 영화로움이란 이데올로기적 표상에 사로잡힌 폰 봄의 맹목적이고 강박적인 믿음을 들여다볼 수가 있다. 도무지 신뢰할 수 없는 단일채널 공영방송의 존재는, 영화의 시종을 고하는 민족주의적 포크송과도 정확히 그 맥을 같이 한다고 하겠다.

상술한 돈 쌓기 경합에서 모욕을 당한 애슬린이 으슥한 밤 폰 봄을 찾아가면서부터, 상황은 완전히 전환의 국면을 맞이하게 된다. 부패한 현실을 가리는 거짓되고 '영화로운 텔레비전 소리'를 자장가 삼아 잠들어버린 그이를 깨우는 초인종은, 이를테면 불쾌한 진실을 일깨우는 '사자(使者)의 음성'과도 같다. 사운드 몽타주가 안겨주는 이질적 감각의 현전은 두 사람의 발걸음을 부지런히 좇아, 물리적인 시공간을 훌쩍 뛰어넘어

<롤라> 진실이 드러나게 된 상황 앞에서, 과잉된 움직임을 보이는 롤라

선 장소에서까지 연이어 지속된다. 간드러진 환락의 소리들로 그득한 살롱의 외벽을 비집고 스며오는 묵직한 보고형의 전자음성은, 스스로 디딤돌을 자처함으로써 가볍게 들뜬 쾌락의 음조들에 한층 더 생생한 현실감을 부여해준다. 때맞춰 살롱 전체의 천태만상을 한눈에 오롯이 포획해 담아내려는 카메라의 프레이밍 작업이 보태어진다. 이로써 도시의 민낯이 한 톨의 남김도 없이 폭로된다.

슈커트는 물론이거니와 어느 누구 하나 빠지면 혹 섭섭하기라도 하다는 듯, 각계각층의 인사들이 카메라가 친 그물 속으로 일제히 걸려든다. 백색의 원피스 대신 창부의 옷을 걸친 롤라 또한 이 덫을 피해갈 수가 없음은 물론이다. 분노한 폰 봄은 건축사업의 승인을 유보하며, 아울러 유력인사들에게 닥칠 파멸을 예고하지만, 노기를 잔뜩 머금은 그 역시도 사실상 흉중 내밀한 곳에서부터 날뛰는 욕망의 불길을 통제할 수 없다는 점에선 그네들과 별반 다를 바 없다. 결국 폰 봄은 롤라와의 잠자리를 제공하겠단 제안 앞에 무너져 내린다.

마침내 폰 봄을 굴복시켜 대단위의 불법적 건축허가를 얻어냄으로써 막대한 재산을 거머쥐게 된 슈커트는, 롤라에게 마리의 명의로 된 살롱의 인수권을 건네준다. 어쩌면 딸의 미래를 위해 오래도록 술과 웃음을 팔아온 그녀의 곡진한 바람이 비로소 이뤄진 듯도 하다. 적어도 표면적으론 말이다. 허나, 그게 전부일 리 없다. 텍스트가 고발하는 악취의 농도가 고작 그 정도일 리는 없다. 영화의 마지막 장면에서 폰 봄과 식을 올린 롤라가 신부의 면사포를 둘러쓴 채 몰래 슈커트와 부정을 범하는 동안, 폰 봄이 양딸 마리와 함께 도착한 곳은 처음으로 그가 롤라와 동침했던 바로 그 2층짜리 오두막이다. 텍스트는 폰 봄의 얼굴을 클로즈업함으로써 끝을 맺는다. 무슨 일이 일어나는지 구태여 말하지 않는 것, 차라리 그 뒤를 돌아보지 않는 편이 되레 더 비극적인 정취를 남길 터이니 말이다. 이를테면 영화 텍스트는 결국 승자가 없는 아귀지옥을 그려내는 것으로 갈무리된다. 모든 존재의 모든 관계들이 흔들리고 깨어지며 무너져 내린다. 어느 것 하나 확실한 것이 없는 혼돈. 아래로 세게 내던져도 다시 제자리로 돌아와 손아귀에 멱을 잡히길 계속해서 반복하는 애슬린의 공놀이 장난감처럼, 벗어나려고 해도 결코 벗어날 수 없는 저주와도 같다고나 할까. 이 이미지야말로 전후 독일사회의 어둠을 단적으로 형상화한 것이라고 말해볼 수 있을 테다.

5. <베로니카 포스의 갈망>:
불가능을 향해 내던진/내던져진 서글픈 몸짓

<베로니카 포스의 갈망> 포스터

1) 간신히 피워 올린 소망과 염원의 불씨

텍스트에 다가가 말을 건네는 동안 각별히 주의해야만 할 점이 한 가지 있다면, 그건 다른 무엇보다도 포스를 단순한 신경증 환자로 취급해선 절대 아니 된단 사실일 테다. 이 점은 이미 텍스트의 서두에서부터 선명히 제시되고 있는 바다. 그녀의 삶에 들이쳐 온 고통의 문제는 그리 만만찮은 깊이와 무게감을 갖는다. 그 자취를 신중히 추적해보도록 하자. 영화는 극장 스크린을 비추는 것으로 운을 뗀다. 스크린 속의 스크린엔 심각한 중독증상에 신음하는 이와 약물의 공급을 빌미로 그녀를 착취하는 이의 모습이 함께 현상된다. 더는 대가를 지불할 수 없게 돼버린 자의 고통 어린 절규를 바라보는 포스는 지그시 눈을 내려감는다. 스크린 속에 등장하는 자가 겪는 문제와 자신의 문제가 크게 다르지 않음을 알기에, 그 종말 역시 근사할 것임을 헤아리는 까닭일 테다. 물론 닮은 게 비단 그것 하나만은 아니다.

<베로니카 포스의 갈망> 영화 속 영화의 한 장면, 스크린에 현상된 자신의 모습을 마주하다

놀랍게도 눈을 감은 포스의 상상 속엔, 느닷없는 영화의 촬영현장이 펼쳐진다. 이로써 단지 스크린이라는 가름막의 경계를 따라 안팎으로 나뉜 두 인물의 상황만이 유사한 게 아니라, 실은 포스 그녀 자신이 과거에 직접 그 영화에 출연한 주연배우(중독자)였음이 밝혀진다. 다수의 화려한 조명들과 정교한 장치들이 구석구석 설비된 영화

세트 앞에 놓인 배우는 마치 거대한 기계틀 속에 놓인 작은 부품의 신세와도 같다. 정확히 사회라는 복잡한 힘의 구조물 속에 위치한 초라하고 연약한 자신의 모습처럼 말이다. 비록 흘러간 기억 속에서의 젊었던 자신은 정말로 아무것도 모른 채 그저 진심으로 기뻐하고 있을 뿐이지만. 여하간, 그랬던 자신을 대면하는 게 그리 유쾌한 경험일 리 없다.

사실이 그렇다면 별안간 관람을 그만두고 영화관을 뛰쳐나가 버린 그녀의 심중을 헤아리는 것 또한 그리 어려운 일만은 아닐 테다. 두어 가지 이유를 떠올려보는 게 가능하리라. 먼저는 과거 기억의 한 자락 속에 간직한 즐거움이란 게 지금에 이르러선 그저 깊은 슬픔에 불과한 것으로 전락해버린 상황에서부터 오는 좌절감 때문이라 하겠다. 더하여 의식 속에 현상된 옛 자취들로부터, 마치 예정된 수순에 따라 혹은 기가 막히게 짜인 극본에 의거해 흘러가고 있는 것만 같이 느껴지는 제 삶과, 그 배후에서 작용하는 좀체 항거할 수 없는 힘의 실재를 발견하게/읽어내게 된 까닭이라고도 말해볼 수 있을 테다. 그

<베로니카 포스의 갈망> 과거의 기억, 화려한 제작환경 속
하나의 부속에 불과했던 자신을 떠올리다

러니 엄습해오는 두려움을 도무지 마주할 자신이 없는 것이다.

그럼에도 포스는 배우의 삶을 놓지 못한다. 그건 그녀가 영화예술에 거는 나름의 기대 때문이라고 하겠다. 막연한 선망이나, 몰락한 배우의 집착 때문만은 아닌 셈이다. 무익한 망상을 위해 제 살점을 뜯어내는 수고를 감내할 필요는 없지 않겠는가. 스스로 고백하듯, 그녀는 영화예술이 존재자들에게 자유와 해방을 안겨다 준다고 믿었다. 물

론 여기서 존재란 단지 배우를 뜻하는 것만은 아니다. 풀어쓰자면 그녀는 영화에 몸을 던져 넣음으로써, 비단 자신에게만 아니라 영화적 경험에 참여하는 관객들 모두에게까지 참 자유와 해방을 선물하는, 미더운 구원의 전도자로 복무할 수 있으리라고 확신한 것이다.

\<베로니카 포스의 갈망\> 배우 일을 향한 그녀의 욕망은 단지 화려함에 대한 강박적인 갈증만으로 온전히 해명될 수 없다.

　이제는 좀처럼 쉽게 포기하고 내려놓을 수 없었던 일급배우의 화려함도, 더 나아가 스스로가 기대했던 예술의 혁명적인 효과란 것 역시도, 기실은 영화제작환경을 주관하는 시스템 혹은 사회적 환경의 손아귀로부터 결코 자유로울 수 없다는 진실에 직면케 되었다지만, 그렇다 해서 일말의 기대감까지 내버릴 순 없다. 그건 배우로서 가진 자신의 책임감마저 저버리는 일이 돼버리는 까닭이다. 그러니 설령 포스의 갑작스러운 방문을 맞이해 앞에선 반색으로 포옹해오는 시스템의 종사자가 뒤로는 반색(反色)의 얼굴로 그녀의 존재를 불쾌해할 것이라고 한들, 더는 일급배우의 자리를 허락해주지 않을 것이 분명하다고 할지라도, 결코 물러설 수 없는 것이다. 그저 몸을 내던질 뿐.

　앞으로 자신에게 도래할 일들을 충분히 '짐작'하면서도, 그녀는 자신이 해야 할 일에 끈덕지게 매달리기를 택한다. 그리할수록 신경증이 더욱 도드라지게 될 것은 물론이며, 아울러 제게 남은 삶의 너비 역시 현격하게 좁아질 것이 자명함에도 불구하고, 숨어 안전하기보단 차라리 스스로를 불사르는 편을 택한 셈이다. 어떤 의미에서 이것은 분명히 나름의 능동적 의지가 개입된 주체적인 '선택'에 해당한다. 그러니 포스를 그저 과거의 환영에 사로잡힌 히스테릭한 여성으로 단순화해버리려는 시선은 문제적일 수밖에 없는 것이다. 영화의 종반부에 이르면 이 점은 다시 한번 확실해진다. 뒤돌아서는 카츠 박사의 등 뒤에 대고 '과거의 고통스러운 대사'를 곱씹어 읊조리는 장면을 눈여겨보자. 이 뇌까림은 마침내 자신이 예견된 결말에 다다랐음을 시인하는 것이요, 또 그것을 담담히 끌어안겠단 선언과도 다름없다. 죽음의 공포 앞에 잠시잠깐 혼란스럽지 않을 순 없겠으나, 끝내 그녀는 자신다운 최후를 맞이길 택한다. 꿈에서나 보았던 아름다운 고별무대를 준비하는 모습으로.

　카메라는 립스틱을 바르는 그녀의 자취를, 그리고 손거울에 비친 그녀의 얼굴을, 구태여 번갈아 가며 붙들어낸다. 지금 그녀가 무엇을 하고 있는지 그리고 그 일에 어떤 태도로 임하고 있는지, 단 한 마디 대사 없이도 포스의 의중을 헤아릴 수 있도록 말이다. 그건 분명 제의적인 뉘앙스를 풍긴다고 할 만큼이나 지극히 의식적인 행위다. 오랜 고통에 피폐해진 모습임에도 불구하고, 마지막을 맞아들이는 그녀의

\<베로니카 포스의 갈망\>
아득한 꿈속의 무대

<베로니카 포스의 갈망> 곧 찾아오게 될 죽음의 공포 앞에서 잠시간 흔들리다

모습은 사뭇 진지하다. 끝까지 배우로서 죽기를 택한다는 것. 거듭해서 강조하자면, 그건 이미 스스로가 진즉에 설정해놓은 결말부를 결연한 의지를 통해 현실화하는 일에 불과하다. 그렇지 않았더라면 카츠를 신고하지 않을 이유도 없었을 테고 그녀를 변호하고자 눈물을 머금고 연인 로베르트를 배신하지 않아도 되었을 테다. 설령 약물에 의존하는 한이 있다 할지라도, 그녀는 죽는 바로 그 순간까지 배우여야만 했던 것이다. 정말이지 서글픈 건, 주체적 노력을 타자의 굴종으로 자유의 노래를 부자유의 신음으로 곧장 갈음해버리는 어마무지한 폭력에 의해, 결국 그녀의 몸부림이 흔적도 없이 삼켜지고야 말았다는 점이다.

2) 불씨를 꺼트리는 거대한 폭력의 바람

그렇담 카츠의 경우는 어떠할까. 만일 그녀가 자신이 행하고 있는 일들의 의미를 전연 헤아리지 못했었노라고 말한다면, 그건 분명 거짓일 터이다. 어느 누구보다 명료한 의식과 분별을 갖고서도 일을 진행하였으리란 판단이 외려 옳을 것이다. 결정적 단서도 있다. 까다롭게 요동치는 정서마저 숨길 방도는 없단 점 말이다. 포스를 사지로 몰아넣는 바로 그 순간에 이르기까지도, 카츠는 그녀가 내민 손을 아무렇지 않게 감싸 쥔다거나, 심지어 그녀가 자신의 손등에 키스할 수 있도록 태연히 내버려 두는 편을 택하기까지 한다. 일견 무덤덤해 보인다고나 할까. 하지만 차마 눈을 맞추지 못하곤 옆으로 고개를 돌려버리는 카츠의 모습을 목도하는 순간, 그 찰나의 흔들림 속에서 자신이 무엇을 하고 있는지 충분히 자각한 자의 내면적 격동을 읽어낼 수가 있다. 머잖아 자신이 죽음에 이르게 할 자와 잠시잠깐의 온기를 나누는 동안, 그녀는 그간 자신에게 행복을 주어 고맙다는 —그건 아마 잠시나마 더 배우로 살아갈 수 있게 해주어 고맙단 뜻일 게다— 포스에게 단지 자신은 행복을 '판' 것뿐이란 대답을 건넨다. 종합해보자면, 그건 분명 포스의 아픔을 그리고 그녀의 복잡하기 그지없는 감정들을 충분히 헤아릴 수 있었음에도 불구하고, 자신의 이익을 우선으로 삼는 선택지를 취해왔단 말이 되는 셈이다.

물론 조금 다른 각도에서 살펴볼 수도 있을 터이다. 어쩌면 그녀는 법적 허용한도를 훨씬 초과하는 수준의 모르핀을 공급해줄 수 있을 만한 의료당국의 권위라든지, 혹 시민 몇 명 따윈 소리소문없이 사고사/자연사 처리한 채 별일 아닌 듯 넘어가 버릴 수 있을 만큼의 어마무지한 권력에, 도무지 반기를 들거나 저항할 자신이 없었던 것일는지도 모른다. 최소한 그녀에게 얽인 촘촘한 굴레들의 무게가 결코 가볍지 않다는 점만은 부인할 수가 없단 뜻이다. 허나 설령 그 점을 감안한다 할지라도 혼탁한 사회적 현실에 있는 그대로 순응하길 택하고, 아울러 남은 선택의 기회들을 주저함 없이 반납해버린 일에 대해 아무런 지탄을 받지 않아도 된단 말은 아니다. 백번 양보한다 한들, 짊어질 책임마저 증발해버리진 않을 터이다.

그러나 설령 혐의를 부인할 순 없다 하더라도, 어지럽고 난해하게 얽힌 사회적 현실의 무게감과 영향력이 때론 보이지 않는 층위와 영역들에서까지 존재자들을 촘촘하게 옭아매고 있다는 사실마저도 외면해선 안 된다. 텍스트의 끝자락에서, 카메라의 시선은 자신조차 모르는 사이에 포스의 사건이 기사화되었음을 확인하곤 당혹감에 빠진 로베르트에게 집중된다. 이내 놀라운 일이 벌어진다. 그의 얼굴을 점차로 가리는 동시에 스크린 가득히 확대돼가는 신문지면은 그가 미처 헤아릴 수도 없었고 설령 알았다 해도 당해낼 수 없었을 만한 힘의 크기를 현격히 가시화한다. 이윽고 그녀의 보금자리를 찾아가 포스의 저택을 앗아 가버린 일당들을 감찰하던 그는 결연히 '**장갑을 내던진**' 후 차량에 오른다. 이로써 영화의 종지부가 찍힌다.

여기서 한 가지 더 유의해볼 만한 사실은 그들과의 전쟁을 선언하고 돌아서는 로베르트가 운전기사에게 남긴 주문이, 다름 아닌 '1860 뮌헨 스타디움으로'란 점이다. 단지 스포츠 기자로서의 소임에 충실하기 위함이라는 가벼운 해설은 전투의 의지를 표하며 떠나가는 이

장갑 던지기

고중세 격투문화를 가진 서구 유럽에서, 누군가를 향해 장갑을 던진다는 것은, 상대방의 명예를 인정하지도 존중하지도 않겠다는 것을 뜻한다. 다시 말해 싸움을 걸겠다는 굳은 의지의 표현이다.

의 비장함에 어떠한 종류의 주석도 달아주지 못할 것이다. 더불어 그가 일개 기자의 손아귀에 움켜쥘 수 없는 수준에서 전개되는 거대 권력의 현상학을 들여다본 이후라는 점 역시도 충분히 고려돼야만 할 테고 말이다.

그렇담 독일사회가 그 장구한 역사를 자랑하는 ―심지어 나치 휘하에서도 비호를 받으며 그 활동을 끊이지 않았던― '영광스러운' 스포츠 팀의 본산을 향하여 발걸음을 옮긴다는 것이 뜻하는 바는 과연 뭘까. 그건 아마 현실에 대한 투쟁의지를 명백히 다지는 이들마저도, 여전히 혼탁한 사회의 그물망 속에 함께 엮어진 존재라는 점을 가감 없이 드러내주는 선언이라고 보는 편이 옳을 테다. 격렬히 거부한다 해도, 끝내 그 강력한 문법의 영향력이 미치는 영토 내에서 발 딛고 살아갈 수밖엔 없음을 나타내는 표지란 뜻이다. 그 천박한 어두움 속에서 말이다―.

6. 파스빈더를 다시 생각하며

두어 개의 명제를 통해 파스빈더의 영화적 사유와 실천이 갖는 의미를 범박하게나마 정리해보는 게 가능할 성싶다. 먼저 그의 영화는 다분히 **유토피아** 지향적이라는 점이 언급돼야만 할 테다. 수동성과 소극성이 지핀 낭만적 이상주의를 염두에 둔 표현이 결코 아니라는 해명과 더불어서 말이다. 그 뜻은 차라리 이렇게 풀이 가능하다. 이 영화작가의 경우 혼탁한 사회적 현실에 대한 지극히 냉소적인 그리고 염세적인 인식을 내비침과 더불어서, 또 다른 한편으론 그것을 어떻게든 벗어나야만 하리라는 당위 역시 목 놓아 외치고 있노라고 말이다. 하지만 그럼에도 그의 영화는 이렇다 할 윤리적 지침을 제시하는 데 몰두하지 않는다. 이것이 두 번째 논점이다. 환언하자면 현실사회의 윤리적 차원을 문제 삼아 꼬집고 있음에도 불구하고, 구체적이고 명시적인 윤리적 제언을 남기려고 시도하진 않는단 뜻이다. 이를 어떻게 생각해야 할까?

구태여 유토피아의 어원이 οὐ(not) + τόπος(place)라는 상투적인 언설을 보태지 않더라도, 그 사고에 깃든 공상적 측면과 도전적 측면을 동시에 짐작해보는 데엔 큰 어려움이 없을 것이다. 아울러 이미 암시한 바 있듯, 파스빈더의 사유와 실천에 있어서의 유토피아 지향성이란 것 역시, 그저 막연한 이상향(Eutopia)에 가닿길 꾀하는 것만은 아니라는 점 또한 고려돼야만 할 터이다. 간단히 말해 지극히 허

유토피아

지금은 일상생활에서도 빈번하게 사용되는 유토피아라는 말이 처음 알려지고 나아가 힘을 얻게 된 것은 영국의 작가이자 사상가인 토머스 모어가 쓴 동명의 공상소설 때문이다. 원작에서 유토피아라는 표현이 뜻하는 바는 오늘날 통상적으로 사용되곤 하는 용례처럼, 단지 이상향이라는 의미만을 취하진 않는다. 어디에도 존재하지 않는/존재할 수 없는 곳이라는 뜻을 동시에 머금고 있다고 말해본다면 옳을 것이다. 다시 말해 이중적 의미체계를 가진단 뜻이다. 이와 같은 의미의 겹침을 올곧게 인지할 때에야, 유토피아적인 투쟁이라는 표어가 가질 수 있는 함의를 온전하게 감지해낼 수 있을 것이다.

구적인 사회주의 이상공동체를 상상적으로 건립하고, 나아가 그 속에 안온히 정주하려는 자폐적인 태도 따위가, 결코 그의 종극목적이 될 순 없단 뜻이다. 되레 파스빈더의 핵심은 '상황의 급박성'을 겨냥한다. 여기에서 급박성이란 설령 어떤 식의 전략이나 접근 방법 따윌 취한대도 좋으니 반드시 돌파하는 것만을 최우선적인 목표로 삼아야 할 정도로, 그렇지 않고서라면 도저히 미래를 기약하지 못한다고 주저함 없이 말해볼 수 있을 만큼이나 눈앞의 현실이 절망적인 상태라는 사실을 깨쳐야 한다는 것을 의미한다.

여기에까지 생각이 가닿게 되면 그가 특별한 윤리적 지침을 콕 찍어 제시하려 들지 않았단 점이 더는 이상하지 않게 다가온다. 뿐만 아니라 구태여 여러 제재를 경유해 다양한 차원의 다층적 비참함을 그려내는 데 매달렸던 나름의 까닭 또한 분명해진다. 딱히 어떤 영역을 꼬집어 특정할 이유가 없을 만큼이나 현실사회의 모습이 엉망이란 점을 지적하지 않을 수 없었다고나 할까. 사실이 그러하다면 파스빈더가 존재론적이면서도 관계론적인 계기(멜로)를 자신의 주된 영화적 줄기로 삼고 있는 까닭 역시, 그것이 현실사회를 살아가는 어느 누구라도 해도 좀처럼 벗어날 수 없을 법한 모종의 공통적 지평을 현상해내고 있기 때문이라고 말해볼 수 있으리라. 구석구석까지 만연한 사회적 어둠은 바로 이 송유관을 경유해서 표현될 때에 한층 더 현실감 있게, 그 입체적인 얼굴을 드러낼 수가 있다.

확실히 파스빈더는 미친 사회를 극복해야 한다는 강박적인 욕구에 사로잡혀 있었다. 13년이라는 짧은 시간 동안 무려 43편에 달하는 영화를 찍는다는 건, 너무나 쉽게 그에게 가해지곤 하는 '정력적이라는' 수식어만으론 온전히 설명하기가 힘들 터이다. 그토록 정력적인 이가 코카인 및 수면제의 과다복용(중독)으로 생명을 단시간에 소진해버렸으리라고 짐작하는 것 또한 어려운 일이겠고 말이다. 차라리 미친 사회에 대한 공포와 불안감 그리고 그것을 해소하고 극복하지 않으면 안 될 것이라는 강박적 의식으로 인해, 늘 눌려 있었다고 보는 편이 적절할 게다. 한시도 빠짐없이 늘. 그런 와중에서 파스빈더가 손아귀에 움킬 수 있을만한 말 걸기의 수단은 분명 영화뿐이었으리라. 혹 다른 여지가 존재했더라면, 포스와 매한가지로 영화작업과 더불어 자신의 생을 남김없이 살라버릴 이유 따윈 없었을 터이니 말이다.

일련의 사실들을 종합적으로 고려해본다면, 어두운 현실을 극복할 '실증적' 대안을 제시하지 않았다는 무의미한 힐난에 매몰되어선 안 될 것이라는 결론을 어렵지 않게 도출할 수가 있다. 속류적인 비판

파스빈더의 극단 활동

파스빈더는 일찍이 전위극단 안티테아터(antitheater)의 창립 멤버이자 실질적 대표로서 활약한 바 있다. 두말할 것 없이, 여기에서 얻은 풍부한 기획과 연출의 경험은 고스란히 그의 영화세계 속에 반영되어 그 몸피를 살찌게 했다. 뿐만 아니라, 극단 활동을 통해 호흡이 잘 맞는 실력파 배우들을 동료로 영입할 안정적인 공급루트 또한 갖출 수 있었음은 물론이다. 첫 장편 <사랑은 죽음보다 차갑다>에서부터 계속 호흡을 맞춰온 한나 쉬굴라가 그 대표적 사례라고 하겠다.

텍스트의 현재성

낱낱의 텍스트는 언제나 독특한 시대적 맥락 속에서 탄생한다. 그러나 다른 한편으로 이 텍스트들은 이질적 환경의 세계 속에서 그 의미적/기능적 번역가능성을 확보할 때, 따라서 전혀 새로운 모습으로의 탈바꿈과 다시 피어남을 경험할 수 있을 때에야, 여전한 힘과 생명력을 담보할 수 있게 된다. 하지만 모든 작품들이 유의미한 수준의 현재성을 발휘할 수 있는 건 아니다. 그렇다면 현재성을 충만히 머금고 있다는 판단이야말로 작품 및 작가에 대한 최고의 찬사 중 하나라고 말해본다 한들 큰 무리는 아닐 것이다.

과는 멀찍이 거리를 두는 편이, 외려 파스빈더에게로 나아가는 미더운 이정표를 마련해줄 것이다. 지엽적인 부분들에 대한 과도한 천착이나 몰입은, 자칫하면 그가 자아내는 특유의 예술성과 문제의식을 시야에서 가려버리는 부정적 작인으로 작용하게 될는지도 모를 일이다. 따지고 보면 사실 파스빈더의 경우만큼이나 창작의 목적의식이 뚜렷한 경우도 흔치 않을 테다. 다만 그게 어떤 방식으로 표현됐느냐는 점만 다를 뿐이고, 그 다름의 양상이란 게 사뭇 낯설게 다가올 따름인 것이다. 두드러지는 원색의 사용을 모쪼록 멀리했으니 말이다.

영화의 문제의식이 원색적인 방식으로 전달되어야 할 당위란 건 없다. 영화는 예술이지, 임의로 어떤 교의나 사상을 주입하기 위해 고안된 프로파간다 선전영상이 아님을 염두에 두어야 할 것이다. 예술로서의 영화는 '그런 것' 대신 추체험을 진리의 계기로 삼는다. 체험적 인식의 경로를 통해, 영화가 말하고자 하는 바가 관객들에게 감각적으로 의식될 수 있도록 말이다. 그 경험의 중추엔 세심하게 빚은 영화의 언어, 풍부한 카메라의 움직임이 있다. 아마 이것으로 파스빈더를 흠잡을 이는 없을 터이다. 본인의 극단을 가진 만큼 연기와 연출의 수준을 균일하게 유지할 수 있었던 것도 큰 이점이었을 테다. 그에 힘입어 영화언어의 질적 수준을 최대한 끌어올리는 일에 마음 놓고 집중할 수 있었을 터이니 말이다.

그렇담 이제 유일하게 남은 문제는, 그리고 어쩌면 다른 무엇들보다 더 중요한 문제는 그이의 작품들이 가진 현장성과 **현재성**을 따져보는 작업이 아닐까 싶다. 아마도 한 예술가의 작업이 다른 시대 다른 장소적 맥락 가운데서도 여전히 살아남아 나름의 생명력을 발휘하고 있다는 진단과 평가보다, 그/녀에게 바쳐질 더 나은 헌사란 존재하지 않을 것이다. 허면 우리네 사회 현실에 대해 파스빈더의 영화적 사유와 실천이 말해줄 수 있는 함의란 과연 어떤 것이겠는가. 아울러, 어째서 그이의 시도가 물리적 제약을 아득히 뛰어넘어 지금-여기에까지 충분한 유익을 제공해준다고 말해볼 수가 있겠는가. 성급히 답을 내리기에 앞서, 우리네 현실을 진지하게 되돌아보는 자문(自問)의 과정이 먼저 필요할 성싶다. 어쩌면 그가 살았던 시대와 매한가지로, 아니 그 이상으로 혼탁하다고 말할 수 있을 법한 사회를 작금의 우리들이 살아내고 있는가? 청산되지 않은 구시대적 요인들과 현재적 요인들이 마구 뒤섞여 가늠하기 어려울 만치 복잡한 형태를 가진, 그리고 그 기형적인 모습만큼이나 부패하고 타락한 가치들을 점점이 토해내고 있는 바로 그런 세계를 우리가 견뎌내고 있노라고, 말해볼 수 있겠는가?

　야속하게 들릴는지 모르겠으나, 사고실험의 가능성을 활짝 열어 둔 채로 이만 논의를 걸어 닫고자 한다. 모처럼의 수고로움도 없이 목전에 주어진 결과물을 그저 받아들여 내면화하는 일 따윈, 크게 의미가 없을 것이니 말이다. 반면 스스로가 제기한 질문과 대답을 계속해서 곱씹어보는 것이야말로 파스빈더를 지금-여기에 다시 호출하는 작업이 될 것이요, 그와 적극적으로 대화하는 과정이 될 것이며, 그가 빚어낸 영화적 가치를 현실의 삶 속에 각인하고 또 간직하는 일이 될 터이다. 그러니 필자의 정형화된 답변을 제시함으로써, 그이와의 소중한 만남의 시간마저 앗아가고 싶진 않은 셈이다. 아무쪼록 졸고가 파스빈더와의 더 깊은 사귐의 자리로 나아가는 데 있어 미약한 보탬이나마 되어주었길 간곡히 소망할 따름이다. 그것이면 필자에게 주어진 소임은 다한 듯싶으니 말이다—.

5장 알레한드로 아메나바르

장르영화의 대가

Alejandro Amenábar

박태식

1. 생애와 작품

알레한드로 아메나바르

장르영화

분명하게 장르를 구분할 수 있는 영화를 일컫는다. 이를테면 공포물, 느와르, 팜므 파탈, 하드보일드, 서부극, 뮤지컬 영화 등 뚜렷한 범위에서 만들어진 작품이다. (위키피디아)

알레한드로 아메나바르(Alejandro Fernando Amenábar Cantos) 감독에 대한 수식어로 흔히 고야영화제 감독상, 유럽영화제 감독상, LGBT 감독, 영화음악가, 게이 작가, 반가톨릭주의 등을 꼽는다. 그중 가장 눈에 띄는 것은 '장르영화의 대가'이다. 사실 아메나바르가 만든 영화들은 하나같이 독특한 주제와 그 주제에 대한 오랜 연구, 그리고 합리적인 이야기 전개로 관객에게 다가선다. 그의 영화를 보고 나면 아무리 낯선 주제였다 할지라도 영화의 설득력에 절로 고개를 끄덕거리게 된다. 아메나바르가 오늘날 스페인 영화계를 이끄는 대표적 감독들 중 하나로 자연스럽게 꼽히는 까닭이다.

아메나바르 감독은 1972년 3월 31일 칠레의 산티아고에서 스페인 어머니와 칠레인 아버지 사이에서 출생했고 바로 다음 해에 스페인으로 온 가족이 이주했다. 피노체트가 군사 쿠데타를 일으켜 정권을 잡기 직전이라고 한다. 그는 스페인 마드리드에서 어린 시절을 보낸 후 콩플루체트 대학(Complutense University)에 입학해 영화를 전공했지만 학업을 중도에 포기하고 만다. 대학 교육에 실망했다고 전해지는데 실기가 아닌 이론 위주의 교과가 그를 만족시키지 못했던 것 같다.

어머니 조세피나가 전하는 바에 따르면 알레한드로는 어린 시절부터 글쓰기와 독서를 좋아했으며 자기가 읽은 모든 내용을 흡수하는 능력이 남달랐다. 그리고 기타와 키보드를 자유자재로 다루고 감수성도 풍부해 작곡에도 능했다. 그러니까 아메나바르 감독이 연출, 각본, 영화음악에 이르기까지 영화와 관련된 다양한 분야에서 보여준 능력은 어릴 때부터 형성되었다고 해야 옳을 것이다.

1991~1994년에 두 편의 단편영화를 찍은 후, 아메나바르가 1996년에 만든 독특한 스릴러 <떼시스>(Tesis)로 스페인뿐 아니라 베를린영화제에서 비평가들의 주목을 받게 된다. 이 시절에 그는 스페인 영화감독 호세 루이 쿠엘다(José Luis Cuerda)와 인연을 맺는다. <떼시스>로 주목을 받은 다음 해인 1997년에 그는 두 번째 장편 <오픈 유어 아이즈>(Abre Los Ojos)를 만들었다. 이 영화는 스페인에서 상업적 성공을 거두었고 베를린영화제와 동경영화제에서도 시선을 끌었다. <오픈 유어 아이즈>에 감동을 받은 배우 톰 크루즈는 판권을 산 다음 할리우드에서 2001년 <바닐라 스카이>라는 제목으로 리메이크했다.

<바닐라 스카이>에 출연한 톰 크루즈의 제안으로 2001년에 만들어진 영화가 바로 <디 아더스>(The Others)이다. 아메나바르 감독으로서는 세 번째 장편영화로 이 역시 큰 성공을 거두어 일약 세계적인 감독으로 부상하기에 이른다. <디 아더스>는 수주일 동안 미국에서 흥행 1위를 기록했고 베니스영화제에 출품되었으며 유럽영화제에서 최우수 작품상 후보로 올랐다.

다음 영화인 <씨 인사이드>(Mar adentro)는 당시 세계적으로 논란이 일었던 '존엄사尊嚴死' 문제에 정면으로 도전한 작품이다. 아마 이 영화가 그때까지 감독의 경력에 정점을 찍은 작품일 것이다. 스페인 최고의 명예를 가진 고야상에서 무려 14개 부문을 수상했고, 2004년 골든 글로브를 거쳐 마침내 아카데미 영화제에서 최우수외국어영화상을 수상했다. 당시는 존엄사 문제가 중요한 이슈였고 이를 다룬 영화들이 다수 제작되었다. 이를테면, 같은 해에 클린트 이스트우드가 감독한 영화 <밀리언 달러 베이비>가 있겠다. <씨 인사인드>는 2010년에 인도에서 <청원>(Guzaarish)이라는 제목으로 다시 만들어졌다.

아메나바르 감독은 2009년 <아고라>(Agora)를 만들었다. 다섯 번째 장편영화다. 이 영화에는 5천만 유로, 우리 돈으로 환산하면 6백억 원이라는 엄청난 돈이 투입되었고 당시까지 스페인 영화 역사에서 가장 많은 제작비를 사용한 영화로 알려져 있다. 후문에 따르면

<씨 인사이드>를 완성한 후 아메나바르 감독은 여행 차 갔던 몰타섬에서 하늘을 가로지르는 은하수를 보았고, 친구와 천문학에 대해 이야기를 나누던 중 영화의 아이디어를 떠올렸다고 한다. 실제로 이 영화는 몰타섬에서 촬영했다. <아고라>는 칸 영화제 초청작품이다. 감독의 최신작인 <리그레션>(Regression)은 2015년에 만들어진 스릴러로 이 역시 실화를 바탕으로 한다.

1996년에서 2015년까지 20년간 불과 6편의 장편영화를 만들었으니, 그 사실만으로도 한 주제에 대해 충분한 시간을 갖고 숙고하는 아메나바르 감독의 연출 경향을 알 수 있다. 본격적인 분석에 앞서 그들의 작품들을 일괄해 보겠다.

단편영화

1992 <이메노프테로>(Himenóptero)
1995 <루나>(Luna)

장편영화

1996 <떼시스>(Tesis)
1997 <오픈 유어 아이즈>(Abre los ojos)
2001 <디 아더스>(The Others)
2004 <씨 인사이드>(Mar adentro)
2009 <아고라>(Agora)
2015 <리그레션>(Regression)

그 외 작품들

1994 <Al Lado del Atlas> (음악)
1998 <Allanamiento de Morada> (음악)
1999 <마리포사>(La lengua de las mariposas, 음악)
1999 <그 누구도 모른다>(Nadie Conoce A Nadie, 음악)
2004 <꿈꾸는 남자>(El Soñador, 각본, 제작)
2005 <Un viaje mar adentro> (TV 시리즈, 감독)
2010 <포 더 굿 오브 아더스>(El Mal Ajeno, 제작)

2. <디 아더스>: 내가 미친 것인가요?

1) 우리 말고 누군가 살고 있어요.

어린 시절 시골에서 올라오신 집안 어른에게 들은 이야기가 있다. 죽음과 함께 영겁으로 물러갔어야 할 영혼이 한을 품고 구천을 헤매는 경우였다. 동네 어느 분이 죽은 어머니가 꿈에 자주 등장해 "괴롭다"는 말을 연발하는 바람에 무덤을 파보았다. 그랬더니 어머니의 관을 바로 옆 소나무의 뿌리가 칭칭 감고 있었다고 했다. 서둘러서 양지바른 곳으로 관을 옮겼더니 어머니가 더 이상 나타나지 않더란다. 그 이야기가 어른이 된 지금도 쉽게 잊히지 않는 이유는 무엇일까?

공포영화는 역시 소재가 관건이다. 그런데 식상한 소재, 이를테면 공동묘지에서 귀신이 갑자기 나타나 사람을 놀라게 한다거나 거대 괴수가 도시를 휘젓고 다니는 식이라면 관심을 그다지 불러일으키지 못할 것이다. 그 점에서 <디 아더스>(The Others, 2001년)의 소재는 소나무 뿌리에 감겨있던 관처럼 아주 탁월하다.

2차 세계대전이 끝난 1945년, 그레이스 부인(니콜 키드먼)은 영국 체널(Channel) 섬의 한적한 해안 대저택에 앤과 니콜라스, 두 자녀 함께 살고 있다. 남편인 찰스(크리스토페 에클리스턴)는 전쟁에 나갔는데 살았는지 죽었는지 연락이 두절된 상태다. 아이들에게는 햇볕에 노출되면 피부가 타들어가는 특이한 병이 있어 낮에도 온 창문에 두꺼운 커튼을 쳐두어야 한다. 그레이스는 아픈 자녀들에게 전념하기 위해 하인을 들였고 가정부 밀스 부인(피오눌라 플래너건)과 정원사 터틀 씨와 린다라는 벙어리 소녀가 채용된다. 그때부터 집에 이상한 일이 터지기 시작한다.

밀러 부인, 터틀 씨, 린다

이 집에 우리 외에 누군가 살고 있다! 굳게 닫아두었던 커튼이 갑자기 열려 가족을 놀라게 하고, 치는 사람도 없는데 피아노 소리가 나며, 문을 아무리 닫으려 노력해도 닫히지 않는다. 게다가 앤은 집에서 다른 아이와 어떤 할머니를 봤다는 섬뜩한 말을 지껄인다. 그래서 밀스 부인에게 문단속, 창문 단속을 철저히 하라고 이르건만 부인은 묘한 미소만 지을 뿐 신통한 반응을 보이지 않는다. 안 그래도 예민한 성격의 그레이스는 점점 정신이 이상해져 가는 자신을 주체하지 못한다. 그러다가 우연히 발견한 사진에서 잠자고 있는 듯 앉아있는 밀스 부인과 터틀 씨와 린다를 보고 소스라치게 놀란다.

안개가 자욱하게 낀 첫 장면부터 음산한 분위기를 풍기더니 사진이 나오자 그레이스는 무엇인가 단단히 잘못되었다는 사실을 알게 된다. 공포의 시작은 비교적 미미했지만 시간이 지날수록 분위기가 싸늘해지더니 드디어 영화가 절정을 향해 숨 가쁘게 치닫는다. 그렇게 사건의 심층까지 파고들어 가는 감독의 솜씨가 여간 멋진 게 아니었다. 아메나바르 감독이 1972년 출생임을 감안할 때 불과 서른도 안 된 나이에 이런 작품을 만들 수 있다는 사실이 놀라울 뿐이었다. 음울한 분위기와 모호한 대사들과 영화 마지막, 불과 5분 사이에 모든 의문을 풀어내는 구성이 공포영화로서 손색이 없었다.

<디 아더스>는 2001년 스페인을 대표하는 고야 영화제(Goya Awards)에서 작품상, 감독상, 각색상, 편집상, 여우주연상 등 중요 상들을 휩쓸었고 여기저기서 해당 연도 최고의 공포영화로 꼽혔다. 한 가지 재미있는 사실은 실제 영화에서 스페인 말이라곤 단 한 마디도 나오지 않는다는 점이다.

2) 겹쳐있는 두 세상

교령회 交靈會 (Séance)

고인을 만나고 싶은 사람들과 영매와 테이블에 둘러앉아 죽은 자와 소통하는 회합이다. 우리식으로 굿판을 벌일 때 무당이 접신해 죽은 이의 말을 전해주는 것과 비슷하다.

19세기 말~20세기 초에 유럽에선 흔히 교령회라 부르는 의식이 유행했다. 과학적인 사고를 하는 현대인이 교령회를 접하면 우선 의심이 생기는 게 당연한 노릇이겠지만 만일 앞서간 형의 목소리가 실제로 들리거나 형이 방안으로 걸어 들어와 의자 뒤에 서는 느낌을 받으면 머리카락이 쭈뼛 설 것이다. 그러면 궁금증을 과학적인 방법을 통해 증명하고픈 맘이 생길 테고 실제로 유럽에서는 교령회의 기이한 현상을 담은 사진들이 유행했다. 그러니까 그레이스가 발견한 사진은 죽은 자의 모습을 찍은 것이었고 이를 통해 그들의 영혼과 소통한다는 믿음이 자취를 드러낸 셈이다. 그레이스가 소스라치게 놀란 데는 바로 그런 이유가 있다. 이 집에 도대체 무슨 일이 있는 걸까?

독자 중에 물리학의 과제로 이른바 '통일장이론'을 들어본 분이 있을지 모르겠다. 현대 물리학자들 중에 통일장이론에 도전해 만들어낸 이론들이 있는데 그중 한 가지가 '초끈이론'(Superstring Theory)이다. 지난 동안 물리학자들은 물체를 이루는 최소 단위 구성요소를 점 형태의 작은 입자로 이해했다. 양성자, 중성자, 그리고 일상적 물체의 기본단위인 원자와 분자를 일컫는다. 그런데 '초끈이론'에 따르면 모든 입자는 점이 아니라 끈이며 각각의 끈이 진동하는 형태에 따라 다양한 입자의 모습을 띤다고 한다. 끈의 진동패턴에 따라 변화무쌍한 입자들이 생산되는 것이다.

'초끈이론'에서 가정하는 우주는 3차원의 공간과 1차원의 시간이라는 기존 개념이 아니라 9차원의 공간과 1차원의 시간으로 구성되니, 우리 눈에 보이는 세계는 진정한 실체가 아니라 실체의 일부분에 지나지 않는다. 따라서 "여분의 차원은 아주 작은 영역 속에 구겨져 있어 현재의 관측기구로 측정할 수 없거나, 아니면 우리가 인식하지 못할 정도로 반대한 영역에 퍼져있을 수도 있다."[1] 필자가 이해하는 한 '초끈이론'을 옮겨보았다. 우리가 사는 세계에 또 다른 세계가 겹쳐있을 수 있다는 것이다.

이제 '초끈이론'을 <디 아더스>에 적용해보자. 여기서는 두 세계가 공존하는데 하나는 그레이스가 사는 1945년이고 다른 하나는 영화가 만들어진 2001년이다. 이 두 세계는 본디 서로 간섭하지 않은 채 따로 있어야 옳다. 하지만 그레이스의 모성으로 그 법칙이 깨졌다. 연약한 마음에 큰 잘못을 저질렀으나 모성의 강력한 힘으로 그 잘못을 바로잡고 만 것이다.

그 순간 영화를 보면서 품었던 모든 의문이 풀리고 관객은 자연스럽게 카타르시스를 경험한다. 앞서 말했듯 우리나라에서 죽은 이와 소통하는 통로가 꿈이라면 서양에서는 죽은 이와 만남을 주선하는 교령회를 통해 어머니의 말을 들을 수 있다. 그레이스는 항변한다. "누가 뭐래도 여기는 내 집이다!"

배우이자 저명한 영화평론가인 R. 에버트는 <디 아더스>를 M. 나이트 샤말란 감독의 1999년 작인 <식스 센스> 비교한다. 샤말란 감독이 작은 점들을 쫓는 방식을 취했다면 <디 아더스>는 보다 큰 차원에서 신령한 현상을 이해하려 했다는 것이다.[2] 이는 아메나바르 감독이 긴 호흡을 통해 풍부한 상상력을 제공하고, 몽환적이면서도 소름 돋는 분위기를 만들어 내는 데 일가견이 있다는 뜻이다. <디 아더

통일장이론
(Unified Theory)

우주의 삼라만상을 모두 담은 단 하나의 법칙을 일컬으며 이 이론을 밝혀내는 게 아인슈타인의 희망사항이었다고 전해진다.

<디 아더스> 예고편

스>는 공포영화 분야에서 세계적으로 유명한 새턴 영화제(Saturn Awards)에서 2001년 최고작품상과 여우주연상을 받았다.

3. <씨 인사이드>: 인간의 죽을 권리

1) 죽고 싶어요.

<씨 인사이드> 포스터

1948년 노벨 문학상을 받은 영국의 저명한 시인이자 문학평론가인 T.S. 엘리엇(1888~1965)의 대표작으로 흔히 1922년에 발표한 연작시 '황무지'(The Waste Land)를 꼽는다. 우리에게는 시의 첫 구절인 "4월은 잔인한 달 April is the cruellest month"로 잘 알려진 작품이다. 본디 시인은 황무지로 변한 겨울을 찬양하느라 꽃이 피어 생기가 돋아나는 봄을 잔인하다 부른 것인데, 우리나라에서는 종종 그 뜻이 와전되기도 한다. 아무튼 엘리엇은 '황무지' 서문에 그가 존경하는 E. 파운드(1985~1972)에게 간단한 문구를 적어 넣었다.

"Nam Sibyllam quidem Cumis ego ipse oculis meis vidi in ampulla pendere, et cum illi pueri dicerent: Σίβυλλα τί θέλεις; respondebat illa: ἀποθανεῖν θέλω."[3] 이를 번역하면 "나는 쿠마에서 암포라에 걸려있는 시빌을 내 눈으로 똑똑히 보았다. 그리고 어느 소년이 물어보았다. '시빌, 네가 원하는 게 무엇이니?' 그러자 그녀는 대답했다. '난 죽고 싶어.'" 도자기에 새겨져 영원히 꼼짝달싹 못 하고 살아야 하는 시빌의 소원은 죽음이었던 것이다. 시인은 그렇게 죽음의 관대함을 묘사한다.

라몬 삼페드로(하비에르 바뎀)는 다이빙 사고를 당해 전신 마비가 왔다. 목 위로만 감각이 있고 나머지 몸으로는 느낄 수도 움직일 수도 없는 존재가 되고 말았다. 그 상태로 28년을 살아오면서 그는 오직 한 가지 목표에 매달린다. 바로 자살을 하는 것이다. 그러나 스스로의 힘으로는 자살을 할 수 없으니 누군가 도와주어야 하고 이게 가능하려면 법원의 허락이 있어야 한다. 전통적 가톨릭 국가인 스페인에서 자살은 분명한 죄악, 곧 죽음이든 삶이든 생명은 신의 영역이니 인간이 결정할 수 없다는 원칙 때문이다. 아메나바르 감독이 인간의 권리를 어디까지 찾을 수 있는가라는 주제로 영화를 만든 영화 <씨 인사이드>(Mar adentro, 2004년)의 설정이다.

자신의 운명을 순순히 받아들이고 하루하루 살아가던 라몬이 죽음을 결심하자 많은 일이 벌어진다. 우선 긴 시간 동안 그를 정성으로 돌보아주었던 아버지, 형, 형수는 적극적으로 그의 결정을 반대한다. 아버지에게 라몬은 비록 반신불수로 누워있더라도 여전히 어린 아기 때부터 사랑을 쏟아부었던 아들이다. 그리고 라몬과 마찬가지로 바다를 몹시 사랑했던 형은 동생 수발을 드느라 어부 생활마저 포기하고 말았다. 그렇다면 형수는 어떤가?

영화 중간쯤 라몬의 맘을 돌리려 예수회의 프란치스코 신부가 찾아온다. 그 역시 목 아래로 마비가 온 장애인이라 젊은 수도자들이 휠체어째 옮겨야 하는 처지다. 라몬과 대화에서 벽에 부딪힌 신부는 형수에게 '시동생을 사랑으로 돌봐주라'는 짐짓 점잖은 충고를 한다. 그러자 형수는 눈을 똑바로 뜨고 자신 있게 답한다. "딴소리 마세요. 28년 동안 정성을 다해 시동생을 돌봐온 사람이 바로 나입니다."

라몬은 그를 적극적으로 지지해주는 친구들과 더불어 존엄사 문제를 법정투쟁까지 가져갔지만 자기 생각을 한마디도 입 밖에 내지 못한 채 재판에 지고 만다. 그러고 나서 라몬에게 남은 유일한 길은 자신을 사랑하는 로사의 힘을 빌려 독약을 마시는 것이었다. 그에게 죽음은 육신의 노예생활에서 풀어주는 자비의 손길이었다.

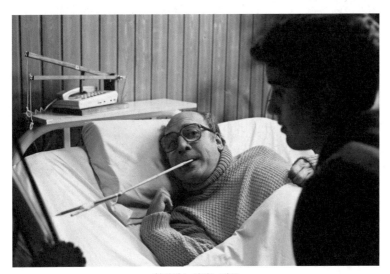

침대에 누워있는 라몬

2) 바다까지 날아가 풍덩!

바다는 밖에 있다. 그래서 여름이면 가족과 함께 광활한 바다로 찾아가 좁은 세상살이에서 낀 먼지들을 걷어낼 수 있다. 그러나 목 위에만 감각이 있고 나머지 몸으로는 느낄 수도 움직일 수도 없는 사람에게 바다란 무엇일까? 더욱이 바다를 유난히 사랑했던 사람이 그 꼴을 당했다면 그처럼 잔인한 형벌이 없지 않겠는가? 그에게 바다란 오직 상상 속에서만 허락된 공간(Sea Inside)일 뿐이다.

라몬에게 특별한 관심을 가진 두 여인이 눈에 띈다. 유능한 변호사이지만 알츠하이머 증세로 점점 기억을 잃어가는 줄리아(벨렌 루에다)는 라몬의 자살에 정당한 이유를 뒷받침해 준다. 그리고 시골 여인으로 라몬에게 애정을 느끼는 로자(롤라 두에나스)는 라몬이 진정으로 원하는 게 무엇인지 알아차린다. 라몬의 삶이 그래도 의미가 있다면 바로 이 두 여인에게 찾을 수 있을 것이다. 자신들의 지루했던 삶에 전기를 마련해주었기 때문이다.[4] 특히 로자 역의 롤라 두에나스는 때로는 한없는 존경심을, 때로는 질투 섞인 눈빛을 뿜어내는 다중적인 인물을 잘 소화해내 고야 영화제에서 여우주연상을 획득했다. 알레한드로 알모도바르 감독이 2006년에 만든 <귀향>에서 그녀의 인상 깊은 연기가 기억난다.

롤라 두나에스

<씨 인사이드>는 실화를 바탕으로 만든 영화다. 그래서 그런지 그야말로 있을 법한 상황들을 설득력 있게 연출했다. 자칫 지루해지고 계몽적인 내용이 될 법한 주제를 적절한 긴장과 유머를 통해 때로는 심각하게, 때로는 가볍게 진행해나갔다. 감독은 가능한 한 라몬의 정신세계에 깊이 들어가려는 노력을 했고 마치 지도를 보는 듯 그의 생각을 입체적으로 읽어낼 수 있었다. 죽음으로 떠나는 여행길에 배웅 나온 가족과 라몬이 헤어지는 장면은 감동적이었다. 손수건을 꼭

준비하시기 바란다. 감독은 영화를 아주 잘 만들었다.

라몬은 빨대가 꽂힌 물 잔에 머리 옆에 둔 채 유언을 비디오에 담는다. 물에는 청산가리가 녹아있다. 그는 자신이 왜 죽어야 하는지, 그리고 자기 죽음이 절대적으로 스스로의 의지임을 밝힌다. 스스로 죽음을 택할 수 있는 권리로서 존엄사에 대한 장엄한 선언이다. 그 장면을 보고 나서도 라몬의 죽음을 비난할 사람은 아마 없을 것이다. 석양을 보며 로사와 나누는 대화와 더불어 영화의 질을 한껏 높여주는 장면이다.

<씨 인사이드> 예고편

영화 첫 장면에서 라몬은 온전히 정신의 힘을 빌려 자신의 침대에서 바닷가까지 날아간다. 그러나 항상 바다가 코앞에 바라보이는 앞에서 추락을 했는데, 죽음을 맞이하는 순간 드디어 큰 소리를 내며 바닷속으로 빠져든다. 죽음과 함께 28년간이나 족쇄에 묶여있었던 그의 몸과 마음이 마침내 자유를 얻은 것이다.

<씨 인사이드>는 아카데미 영화제와 골든 글로브에서 최우수 외국어영화상을 받았고, 베니스 영화제, 고야 영화제 런던 비평가상, 유럽영화제 등등에서 큰 상들을 받았다. 아마 존엄사를 정당화했다는 이유보다는 그 너머에 있는 인간에 대한 깊은 이해가 돋보였기 때문일 것이다. 그리스도교에서는 어떤 이유라 하더라도 자살을 죄악이라 부른다. 그것이 비록 존엄사인 경우도 마찬가지이다. 이 영화에서 현실과 이상이 충돌하는 소리가 무척 크게 들렸다.

몇 년 전 라몬과 같은 처지에 놓여있던 공대 교수님 한 분이 언론을 탔던 적이 있었다. 그 교수님은 최첨단 장치가 장착된 휠체어를 타고 각종 시범을 보이며 자신이 여전히 왕성하게 학문적인 활동을 펼치고 있음을 온 국민에게 알렸다. 그분의 모습을 TV를 통해 보면서 한편으로 감동을 맛보았지만 다른 한편으로는 살짝 서글퍼졌다. 아마 <씨 인사이드>를 보고난 직후여서 그랬던 모양이다.

4. <아고라>: 누가 로마를 무너트렸는가?

1) 로마의 몰락

로마제국은 왜 무너졌을까? 이는 비단 역사학계뿐 아니라 서구역사에 조금이라도 관심이 있는 사람이라면 당연히 던질 수 있는 질문이다. 로마처럼 천년 제국을 이루어낸 적이 인류에게 일찍이 없었기

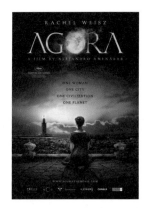

<아고라> 포스터

때문이다. 1964년에 만들어진 안소니 만 감독의 <로마제국의 멸망>에서는 게르만족의 침입을 원인으로 간주했다. 영화의 마지막은 의사들의 신 사바지오의 표상인, 손가락 세 개를 들어 올린 석상이 무너지는 장면이다. 석상에는 "로마는 절대 무너지지 않는다."는 비문이 새겨져 있었다. 이제 소개하려는 <아고라>(Agora, 2009년) 역시 로마제국이 멸망한 원인에 관심을 집중시킨다. 그러나 시각을 달리해 외부 침략이 아니라 내부에서부터 무너지는 소리를 들려준다.

로마는 도시를 건설할 때 으레 도서관, 목욕탕, 경기장 등 세 건물을 지었다. 그리고 신전 앞 광장인 아크로폴리스(Acropolis)와 공공건물들 앞 광장인 포럼(Forum)과 시장의 중심 광장인 아고라(Agora)에서 이루어지는 토론을 통해 민의를 수렴했다. 영화의 시작은 도서관이지만 영화의 끝은 아고라이다. 말하자면 지적이고 학문적인 탐구가 이루어졌던 곳에서 정치적 이해와 종교적 이해가 맞물린 대중토론의 장으로 옮겨간 것이다. 그리고 거기에서 맞닥뜨리게 된 진실은 로마의 몰락이다.

로마제국에는 50만 이상 인구의 도시로 로마와 안티오키아와 알렉산드리아 등 세 개가 있었다. 그들 중 하나였던 알렉산드리아에 히파티아(레이첼 와이즈)라는 철학자가 살았다. 당시 철학자란 그리스의 영향을 받아 철학, 수학, 천문학 등 모든 학문분야에 식견을 가진 이였고, 특히 여성이라는 점이 눈에 띈다. 로마 시민들에게 남녀차별이 없었던 것이다. 요즘 들어 그녀의 관심은 온통 지구의 공전에 쏠려 있다. 지구를 중심으로 우주가 돌아가는 게 아니라 우주의 일부로 지구가 움직인다는 생각에서이다. 하지만 히파티아가 학생들과 대화를 나누는 도서관과 달리 아고라에서는 종교적 토론이 점차 폭력적인 양상을 띠어가고 있다. 그리스도교 전도사들이 로마의 전통적 다신교에 과격한 도전을 시작했기 때문이다.

히파티아의 우수한 제자인 오레스테스(오스카 아이삭)는 권력을 택해 군인이 되고, 사려 깊은 시네시오스(루퍼트 에반스)는 키레네의 주교가 되고, 그녀의 몸종인 다보스(맥스 밍겔라)는 그리스도인이 되어 제국에 맞선다. 셋 다 히파티아가 아끼는 학생들이었던 까닭에 그녀는 큰 실망을 하고 그녀의 실망이 바로 로마제국의 화려한 지적 유산이 몰락하는 징조임을 암시한다. 이렇게 미쳐 돌아가는 세상에서 어느 누가 그녀의 신성한 호기심과 순수한 영혼을 알아주겠는가?

영화의 배경이 되는 4세기 후반은 380~392년 사이에 그리스도교가 로마제국의 국교로 승격되던 때였다. 그즈음에 교회는 제국의 4대도시에 '총대주교좌'를 두어 각자 맡은 지역을 관할했다. 그러나 총대주교들 사이에 힘겨루기가 그치지 않았고 심각한 신학 문제로 회의가 소집될 때마다 논쟁과 파문이 줄을 이었다. 알렉산드리아의 주교 키릴루스는 그리스도교의 앞날을 방해하는 세속학문을 종식시키려 도서관을 파괴하고 히파티아를 처단하기 위해 온갖 음모를 꾸민다. 키릴루스의 공격 도구는 성경이다.

"여자들은 얌전하고 정숙하게 단정한 옷차림으로 단장하기를 바랍니다. 머리를 치장하거나 금이나 진주로 장식하거나 값비싼 옷을 입을 게 아니라 하느님을 공경한다고 고백하는 여자답게 선행으로 치장하시오. 여자는 조용히 또 온전히 순종하는 자세로 배워야 합니다. 하느님을 공경한다고 고백하는 여자답게 선행으로 치장하시오. 나(사도 바울)는 여자가 남을 가르치거나 남자를 다스리는 것을 허락하지 않습니다. 여자는 조용해야 합니다."[5] 313년 콘스탄티누스 대제의 밀라노 칙령으로 종교의 자유가 주어진 후 승승장구의 길을 걷고 있던 그리스도교의 위세를 감안하면 히파티아의 운명은 정해져 있는 셈이다.

감독은 히파티아에게 방점을 두면서 말한다. "이 영화는 천문학에 대해 끊임없이 언급하고 있다. 나는 학교에서 배웠던 과학과 수학 등의 과목이 얼마나 매력적인 것이었는지 미처 깨닫지 못하고 있었다. 영화를 통해 인간의 상상력이 어떻게 (과학적) 지식을 좇아가는지 해석하여 보여주고 싶었다. 이 영화에서 진정한 영웅은 바로 천문학자들이다."[6]

총대주교좌

sedes patriarchalis

로마는 이탈리아를, 카르타고는 북 아프리카를, 안티오키아는 시리아(동방)를, 그리고 알렉산드리아는 이집트에서 감독권을 행사했다.

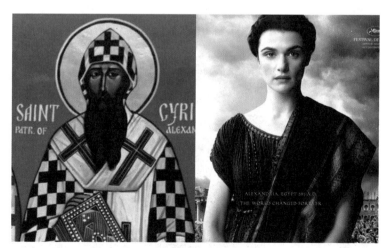

키릴루스와 히파티아

2) 그리스도교의 민낯

영화가 보여주는 그리스도인들은 무식하다. 그들은 천년 로마제국의 아름다운 문화유산을 송두리째 거부한다. 여성이 나대는 꼴을 인정하지 않음은 물론 아폴로나 제우스 신상을 모독하고 도서관을 접수해 교회 건물로 사용한다. 그러니 알렉산드리아의 지식인들은 이제 갈 곳을 잃은 셈이다. 마침내 그리스도인들은 알렉산드리아 총독인 오레스테스까지 움직이려 한다. 정치적 의도에서 그리스도교를 선택한 총독이 키릴루스 주교의 압력을 견뎌내기는 어려운 노릇이었다. 히파티아의 아버지 테온(미셸 몬데일)이 예견했듯 진즉에 '(로마신들에 대한) 모욕은 반드시 대가를 치렀어야 했다.' 여기서 감독은 단언한다. 로마제국의 멸망을 가져온 원인은 바로 그리스도교라고.

교회사의 입장에서 보면 4세기 후반은 로마의 멸망이 아니라 그리스도교의 승리로 읽힌다. 갖가지 생명 없는 우상들에 사로잡혀 진정한 믿음을 갖지 못해 결국 패망의 길로 향하다 교회를 통해 극적으로 구원을 받은 것이다. 따라서 구원의 손길을 가로막은 자들은 철학자든, 이방신을 섬기는 제관이든, 로마시민이든, 정치 관료든 모조리 제거해 마땅하다. 수 세기 동안 박해의 시절을 감내해왔던 그리스도인들에게 이제 맘껏 복수가 허용되는 새로운 세상이 도래한 셈이다. 그래서 장차 하느님의 뜻을 앞장세워 인간의 창의성을 억누르고 자연의 아름다움을 조롱하는 풍조가 자리 잡게 되리라. 그리고 히파티아가 탐구했던 (과학적) 원리 따위엔 아무도 관심을 두지 않으리라. 아니, 그런 마녀는 사냥을 해서라도 반드시 처형시켜야 한다. 암울했던 시절, 중세 천년이 막 시작하려던 참이었다.

끌려가는 히파티아, 곧 죽는다.

문자 기록이 전달해준 역사에는 이곳저곳 구멍이 많다. 과거에 어떤 일이 있었는지에 대해 제한된 정보만 주기 때문인데, 그 덕분에 역사를 접하는 후손들은 혼란에 빠지기 십상이다. 이런 때는 온갖 상상력을 동원해 구멍을 메워 넣어 혼란을 최소화해야 한다. 아메나바르 감독은 고대 로마제국 멸망의 역사를 매우 그럴듯한 이야기로 재탄생시켰다. 양쪽 이야기를 다 들어보아야 한다는 뜻에서였을 것이다.

<아고라> 예고편

영화에서 그려진 알렉산드리아는 정말 아름다웠다. 잘 정돈된 도시 너머 저 멀리 세계 7대 불가사의의 하나인 파로스 등대의 위용이 눈에 들어오고 아고라에서 치열한 설전, 도서관에서 이루어지는 교육, 원형극장에서 펼쳐지는 비극공연, 목욕탕에서 주고받는 귀족들의 잡담, 노천극장의 연설, 이집트 전통 신들인 세라피스와 아누비스 신전, 아트리움을 갖춘 귀족들의 화려한 저택까지 볼거리가 차고 넘쳤다. 수많은 고증을 거쳐 완성된 작품이라는 생각이 절로 들었다. 로마제국에 대한 감독의 식견이 느껴지는 대목이다.

역사는 절대 친절하지 않다. 그러므로 시대에 맞는 다양한 해석을 필요로 한다. 만일 누군가 힘을 써서 한 가지 해석만 허용한다면 역사의 숨을 끊어놓는 잔인한 조치일 것이다. 해석의 다양성은 역사에 생명을 부여한다. <아고라>는 그래서 추천할 만한 작품이다.

영화 마지막에 다음과 같은 말이 나온다. "히파티아의 시신은 절단되어 거리에 끌려다니다가 불에 태워졌고 키릴로스는 가톨릭교회의 성인으로 추앙받는다. 그녀의 저작은 전해지지 않지만 탁월한 천문학자이자 원추곡선 연구로 유명하다. 1200년 뒤 요한네스 케플러가 행성의 궤도가 타원임을 밝혀냈다." 그러니까 히파티아는 실존했던 인물이다.

<리그레션> 포스터

5. <리그레션>: 악마는 없다, 오직 거짓만 있을 뿐.

1) 사탄을 숭배하는 사람들

그리스도교회는 지난 2천 년 동안 끊임없이 이단들과 싸워왔다. 이단에는 물론 다양한 형태가 있지만 그 판단의 기준은 의외로 간단하다. 바로 '삼위일체' 교리를 인정하는가에 달려있다. 다시 말해 예수 그리스도의 신성교리를 글자 그대로 받아들이는지 아닌지가 이단 판정의 제 1기준인 셈이다. 그런 까닭에 스스로 하느님이라 선언

삼위일체(三位一體) 교리

성부, 성자, 성령은 위격(位格)은 셋이지만 본질은 하나라는 그리스도교의 교리. 니케아(325)-콘스탄티노플 공의회(381)의 결정에 따라 선포되었음.

한 교주가 이끄는 그리스도교 분파는 이단으로 낙인찍혀 교회에서 파문되는 절차에 들어간다. 사탄 숭배를 주제로 삼아 다루는 영화 <리그레션>(Regression, 2015년)에서 아메나바르 감독은 그리스도교의 본질적인 문제에 접근한다.

1995년 미국 미네소타 주에서 사건이 발생했다. 중년 남자 존이 그의 17살 난 딸 안젤라(엠마 왓슨)를 성폭행했다는 것이었다. 미성년자 성폭행은 대단히 중요한 범죄라 민완형사 부르스(에단 호크)에게 맡겨진다. 그러나 안젤라와 존의 증언만 있을 뿐 확실한 증거가 없어 사건은 미궁에 빠져들고 심리전문가인 케네스 교수(데이빗 튤리스)가 투입된다. 그랬더니 사건 뒤에 엄청난 이야기가 숨어있는 게 아닌가.

케네스 교수는 안젤라와 존뿐 아니라 그 할머니 로즈와 안젤라의 오빠 로이까지 이른바 퇴행regression 재생 최면술을 걸어 과거를 끄집어낸다. 그렇게 살려낸 기억에 따르면 사탄 숭배자들이 집단적으로 안젤라의 방에 침입해 그녀를 강간한 후 헛간으로 데려갔고 거기서는 정말 끔찍한 의식이 치러졌다. 집단 강간, 잔혹한 고문에 이어 의식의 정점에는 아기를 데려와 각각 칼로 찌른 후 시신을 같이 나눠 먹었다는 것이다. 그리고 남은 사체를 불태워 헛간 옆 마당에 묻었다. 사탄숭배 집단을 이끄는 여인이 있어 피를 돌려가며 마시게 했으며 다들 얼굴을 희게 칠하고 머리부터 내려오는 검은 색 망토를 걸치고 있었다. 사탄숭배 의식의 실상이 낱낱이 밝혀진 것이다.

헛간 근처에서 아기 시신을 찾는 작업이 대대로 이루어졌고 부르스는 확신에 차 이 사건을 해결하려 든다. 사탄숭배 관련자들을 모두 색출해 이런 못된 종교를 뿌리째 뽑아내겠다는 의지에서였다. 그런데 여전히 물증은 안 나오고 기댈 데라고는 오직 안젤라의 증언과 케네스 교수의 최면술에서 얻은 기억들뿐이었다. 도대체 어디에서부터 잘못된 것일까? 혹시 수사 중에 미처 점검하지 못한 부분은 없는가? 사건은 오리무중으로 치닫고 하나하나 단서가 발견될 때마다 다양한 추측이 가능해진다. 그처럼 <리그레션>은 스릴러의 문법을 충실히 따르고 있다. 특히, 무엇인가 신비한 분위기를 풍기는 엠마 왓슨에 집중하게 되었고 그녀가 본디 깜찍한 헤르미온느였다는 생각은 점점 옅어졌다. 그녀는 2015년 작인 <콜로니아>와 2017년 <더 써클>에서도 스릴러 연기를 보여주었는데 의외로 제격이었다.

영화 마지막에 올라오는 자막을 보니 이는 실화를 바탕으로 만들었고 실제로 90년대에는 사탄숭배가 만연해있다는 공포감이 미국을 사로잡았다고 한다. 과작寡作으로 유명한 아메나바르 감독이 왜 이런 주제를 선택했는지 깊이 있게 알아볼 필요가 있다.

2) 진실은 어디쯤 있을까?

고대 그리스에서는 데미우르고스라는 창조신이 세계를 다층으로 구성했다고 여겼다. 세상에 모순이 가득하니까 선善을 창조한 신이 있다면 그 반대쪽에 악惡을 만든 신이 있어야 했던 것이다. 이는 그리스도교의 창조신과 완전히 다른 존재로 그리스도교가 히브리 세계에서 출발해 그리스 세계로 진출하면서 자연스럽게 접한 세계관이었다. 그처럼 선신과 악신, 하늘과 땅, 빛과 어둠 등등으로 삼라만상을 구분하는 사고를 이원론二元論이라 하며, 이원론은 교회 깊숙이 침입해 들어왔다. 그 이후 악의 세력을 몰아내려는 진지한 싸움이 교회를 지배했다. 말하자면 그리스도교는 선한 하느님의 뜻에 따라 세상에 넘쳐나는 악을 퇴출시키려는, 뚜렷한 목표를 가진 종교가 된 것이다. 세상은 본디 모순에 가득하다는 사실을 인정한 채 개인적인 깨달음을 통해 구원의 길로 나가려는 불교와 무척 다른 접근이다.

중세에 횡행했던 마녀사냥에도 같은 맥락에서 읽을 수 있고 실제로 중세 천 년 동안 많은 수의 마녀들이 사탄을 숭배했다고 하여 처형당했다. 오래 동안 교회에서 경계한 사탄숭배의 양상은 <리그레션>에 나오는 상황과 비슷하다. 중세에 유명한 설교가였던 프란치스코 수도회의 시에나의 베르나르도 Bernardino of Siena(1380~1444)에 따르면 "그녀(마녀)는 30명의 어린이를 피를 흘리게 하여 죽였고, 재차 다그쳐 신문했더니 심지어 자기 아들까지 죽였다고 했다."[7]

사전에서 영화 제목인 regression의 뜻을 찾아보았더니 정신분석 분야에서 다음과 같은 뜻을 갖고 있다. "보다 미성숙한 정신 기능의 단계로 되돌아가는 것. 퇴행은 일반적으로 정신 조직이 실질적으로 붕괴할 때 일어나는 것으로서, 방어 기제의 하나이다."[8] 케네스 교수의 심리분석 방법은 바로 regression 최면술을 통해 진실을 알아내는 것이고 영화에는 심리분석 방법에 대한 확신이 어떤 결과를 불러오는지, 비판적인 시각이 들어있다.

감독은 <리그레션>에서 사탄숭배와 정신분석이 갖는 함정을 동시에 고발한다. 사탄숭배란 그저 나이 어린 소녀의 상상력에서 만들어진 허상에 불과하며, 정신분석은 있지도 않은 사실을 그럴듯하게 포장해 더욱더 혼란에 빠지게 만드는 역할을 한다. 그리고 또 한 가지

데미우르고스
(dēmiurgos)

그리스어로 '제작자'(製作者)라는 뜻의 창조신. 표준과 재료가 주어진 상태에서 세계를 만들었음. 무(無)로부터(ex nihilo) 창조했다는 그리스도교의 신과 구별됨. 플라톤의 『티마이오스』에도 나옴. (네이버 지식백과)

중요한 사실, 안젤라의 말을 전적으로 믿은 머레이 목사를 놓치면 안
된다. 그는 사탄숭배와 맞서 싸우는 전사로, 또한 그 희생자인 안젤라
의 보호자로 교회의 입장을 대변한다. 이를테면 사탄숭배 의식을 기
정사실로 여겨 악의 세력을 섬멸하기 위해 최선을 다하는 인물이다.
진실을 투명하게 보려 하지 않는 것이다.

안젤라와 머레이 목사

가톨릭교회는 2003년에 중세의 마녀사냥에서 교회가 저지른 과
오에 대해 공식 사과했다. 이를 통해 마녀사냥이나 그 근거로 제시되
었던 사탄숭배가 과장된 것이었음을 인정한 셈이다. 이성이 지배하
는 세상에서 사탄은 더 이상 그 설 곳을 찾지 못하는 까닭에서이다.
우리나라에서 <리그레션>은 범죄 영화로 분류되었고 흥행에서도 참
패하고 말았다. 다분히 계몽적인 성격을 내포하고 있어 범죄영화 그
자체를 즐기는 사람에게는 큰 관심을 끌지 못해서였던 것 같다. 그러
나 영화에 담겨있는 메시지까지 무시해서는 곤란하다. 훌륭한 고발
성이 내포되어 있다는 뜻이다.

악마는 없다. 오직 거짓만 있을 뿐이다.

6. 장르영화의 대가

가톨릭교회에서 668년에 내붙인 경고문에 다음과 같은 것이 있
다. "어머니가 자기 딸을 데리고 지붕으로 올라가거나, 딸의 열병을
치유한다는 명목으로 딸을 빵 굽는 화덕으로 데리고 갈 때는 5년간

속죄형에 처한다, 누군가가 죽은 곳에서 살아 있는 자의 건강을 기원한다면 날곡식을 태우면 5년간 속죄형에 처한다, 점을 친다거나 마술을 부리면 죄의 경중에 따라 각각 1년, 120일, 40일간 속죄형에 처한다." 아연실색할 일이다. 그러나 '사탄'이라는 존재를 굳건히 믿고 있는 사람이라면 비록 같은 경고문을 반복하진 않더라도 내심 공감하는 바가 있을지 모르겠다.

나아가 교황 이노센치오 3세(1198~1216) 때쯤에는 교회소송법에 이단 심문 절차가 포함되었다. 그 적용으로 이단 혐의자를 추적하는 교황청 이단 심문관을 임명했고 "이노센치오 4세는 1252년에 이단 심문관들에게 필요한 경우 고문으로 자백을 강요할 권리를 부여했다. 그리하여 교회사에서 가장 슬픈 장이 시작되었다. 이러한 무서운 제도가 후에 명백히 망상인 무의미한 마녀신앙에까지 실행되었을 때, 그것은 최하점에 도달했다."[9] <리그레션>과 <아고라>를 보면서 떠올린 교회사의 한 부분이다.

서구에서 그리스도교를 빼놓고 역사를 거론하는 것은 불가능하다. 아메나바르 감독은 자신이 연출한 영화들에서 그리스도교에 대한 비판을 서슴지 않는다. 반가톨릭주의 감독이라는 별명 그대로이다. 위에서 살펴본 네 편의 영화에 고루 들어 있는 생각이다, 모름지기 아메나바르는 반교회적인 서구 그리스도인들에게 인상 깊은 감독으로 꼽힐 것이다. 하지만 아메나바르의 본 모습은 장르영화의 대가라는 데 있다. 그 점이 중요하다.

영화를 만들 때 그 첫 작업은 아마 적당한 소재를 찾는 일일 것이다. 사랑 영화라면 애절한 로맨스를, 공상과학영화라면 최근의 과학적 발견 중에 흥미를 끌 만한 내용을, 인권영화라면 인간의 존엄성을 해치는 이야기를 찾아내면 제격이다. 만일 공포영화를 만든다면 어떤 소재를 찾으면 될까? 사실 공포영화는 다른 장르와 약간 구별되는 것이, 장르의 독특성이 강하게 부각되는 측면이 있어서이다. 그래서 다른 장르보다 공포영화 마니아가 유독 많은지 모르겠다. 관객이 공포와 전율을 느끼려는 뚜렷한 목적으로 극장을 찾기 때문이다. 따라서 공포영화라 하면 역시 예측을 불허하는 신선한 소재가 관건이다. <디 아더스>가 여느 공포영화들과 뚜렷이 구별되는 이유다.

<씨 인사이드>를 보고 나서 받은 일차적인 느낌은 라몬에 대한 연민의 정이었다. 저런 처지에 놓인 사람 같으면 죽음을 결심할 수도 있겠구나! 라몬은 '죽음 이후에는 어떻게 될까?'라는 로사의 물음에 "마치 태어나기 전에 아무것도 없었듯이 죽고 난 후에도 아무 일 없

을 것이다."라고 자신 있게 답한다. 죽음과 함께 인간의 존재가 완전히 소멸하리라는 뜻일 것이다. 라몬의 신념은 특히 그를 설득하러 찾아온 프란치스코 신부와의 대화에서 잘 드러난다. 라몬은 자기 의지와 무관하게 세상에 왔지만 언제 떠날지는 스스로 결정하겠다며 항변하고 결국 "나를 가만히 내버려 두시오!"라는 말로 못을 박는다. 종교에 대해 감독이 가진 생각을 잘 알려주는 대사들이다.

그리스도교 역사를 다루는 영화들은 천편일률적으로 그리스도교를 옹호하고 로마제국의 박해에도 신앙을 지켜낸 인물들을 전면에 내세웠다.[10] 그런데 <아고라>는 전혀 다른 빛깔이다. 어찌 보면 오히려 당시의 상황을 보다 객관적으로 묘사하려는 의도마저 엿보인다. 원로원 의회에서 히파티아는 키릴루스가 결국 알렉산드리아를 멸절시킬 것이라고 항변한다. 그러자 그리스도인 원로 한 사람이 나서서 '믿음'이 있는지 물어보고 히파티아는 자신 있게 답한다. "나는 철학을 믿습니다." 감동적인 대사였다.

앞서 쿠엘다 감독을 거론한 바 있다. 스페인의 이 거장 감독은 아메나바르의 경력에 큰 힘이 되었고, 단편영화 시절부터 친분을 쌓았을 뿐 아니라 <떼시스>의 제작을 맡기도 했다. 아메나바르가 쿠엘다 감독의 2003년 작 <마리포사>의 음악을 담당했다는 것은 널리 알려진 사실이다. 평생 친구이자 스승이기도 한 쿠엘다 감독은 그의 선각자이자 영화제작의 나침반이 되었다는 뜻이다. 엄밀한 의미에서 아메나바르는 쿠엘다과 같은 **작가주의 감독**의 대열에 서 있는 것이다.

<마리포사> 포스터

작가주의 감독

영화의 중심은 감독으로 작가와 같은 역할을 한다는 개념의 이론. 1954년 프랑수아 트뤼포가 'politique des auteurs'라는 용어를 사용한 것이 처음.
(네이버 지식백과)

아메나바르 감독과 하비에르 바뎀

아메나바르 감독은 영화에 대해 다음과 같이 말한 바 있다.

"나는 <아라비아의 로렌스> 라든가 <벤 허> 같은 영화를 보고 또 보았습니다. 왜냐하면 거장들이 어떻게 영화를 만드는지 보고 싶어서입니다. 영화를 만들 때 어려운 점은 그럴듯하게 보이게 만드는 것이지만 또한 당신이 그 자리에 있다는 가정을 할 때 실제로 그럴듯해야 한다는 것입니다. 자기가 원하는 바대로 영화를 만들어서는 곤란하다는 뜻입니다. 영화가 설혹 멋져 보일 수 있을지라도 '친밀감'을 놓칠 수 있습니다."[11] 관객의 요구를 절대 놓치지 않겠다는 뜻이다.

아메나바르 감독은 이미 세계적 명성을 쌓았지만 앞으로 더욱 큰 감독이 될 것이다. 장담한다.

| 주   석 |

1) 브라이언 그린, 『우주의 구조』, 박병철 역, 승산, 2004, 49쪽.

2) https://www.rogerebert.com/reviews/the-others-2001

3) https://wasteland.windingway.org/epigraph/nam-sibyllam-quidem

4) https://en.wikipedia.org/wiki/The_Sea_Inside

5) 『신약성서』 디모테오 전서 2장 9~12절.

6) "Agora" in Wikipedia (https://en.wikipedia.org/wiki/Agora_film)

7) Franco Mormando, The Preacher's Demons: Bernardino of Siena and the Social Underworld of Early Renaissance Italy, Chicago: University of Chicago Press, 1999, Chapter 2.

8) https://terms.naver.com/entry.nhn?docId=656029&cid=48639&categoryId=48639

9) A. 프란츤, 『세계교회사』, 최석우역, 분도출판사, 2001년, 235쪽.

10) <벤허>(1959), <쿼바디스>(1951), <성의>(1953)는 물론 최근 들어 할리우드에서 집중적으로 만들어지는 종교물들인 <부활>(2016), <바울>(2018), <막달라 마리아>(2018) 등등이 있다.

11) "Q&A: Alejandro Amenabar". The Hollywood Reporter. 5/17/2009. (https://www.hollywoodreporter.com/news/qampa-alejandro-amenabar-84123)

6장 페드로 알모도바르
악동(惡童)에서 거장(巨匠)으로

정동섭

1. 페드로 알모도바르의 작품 세계

1) 라만차의 알모도바르

스페인 출신의 영화감독인 페드로 알모도바르(Pedro Almodóvar: 1949~)는 세계문학의 최고봉에 위치한 『돈키호테』의 주인공과 동향(同鄕)이다. 그는 스페인 수도 마드리드에서 남쪽으로 약 230km 떨어진 라만차(La Mancha) 지방의 칼사다 데 칼라트라바(Calzada de Calatrava) 출신. 포도주를 운반하는 노새몰이꾼의 장남으로 태어난 그는 중하류층 가정에서 유년기를 보냈다. 8세 때에는 중서부 지방에 위치한 카세레스(Cáceres)로 온 가족이 이주해 그곳에서 학교에 다녔다. 가톨릭 교단이 운영하는 학교생활은 행복하지 않았다. 그는 학교에서 신부들에게 성추행을 당했는데, 이는 <욕망의 법칙>의 '티나'라는 인물의 이야기로 변용되었다. 또한 이 시기에 그는 영화에 매료되었는데, 학창시절의 이러한 기억들은 훗날 <나쁜 교육>(La mala educación, 2004)에 드러나 있다.

이렇듯, 알모도바르는 유럽의 변방인 스페인에서도 낙후된 지방의 열악한 환경에서 태어나 세계적인 감독으로 성장했다. 이에 대해 그 자신은 "내가 영화를 만들고 있다는 것은 일종의 경이로움이다.

페드로 알모도바르의 2017년 모습

왜냐하면 내 경우 그런 꿈을 꾸는 것도 거의 불가능했기 때문이다. 나는 영화를 만들기에 적당하지 않은 곳, 적당하지 않은 가정, 적당하지 않은 마을, 적당하지 않은 시기에 태어났으며 사용하는 언어도 적당하지 않았기 때문이다. 내가 영화감독이 되는 건 일본이나 영국에서 태어나 투우사가 되는 것과 같은 것"[1]이라고 표현하였다. 아무튼 지방 도시에서 보낸 학창 시절 동안에 그는 적지 않은 영화를 보았는데 이때 본 영화들은 그의 작품 활동에 큰 영향을 주게 된다.[2]

고교 졸업 후인 1967년, 고향인 라만차 지방을 떠나 수도인 마드리드로 간 알모도바르는 **카를로스 사우라**(Carlos Saura: 1932~)나 **구티에레스 아라곤**(Gutiérrez Aragón: 1942~) 등의 유명 감독들이 수학했던 영화학교(Escuela de Cine)에 다니려 했다. 그러나 이 학교는 그 직전 프랑코 정부에 의해 폐교되었다. 당시 교육부 장관의 말에 의하면 그곳이 "빨갱이와 공산주의자들의 요람이었기 때문"[3]이었다. 그래서 알모도바르는 국립 영상자료원(Filmoteca Nacional)에서 2년간 수백 편의 영화를 보면서 영화를 독학하게 된다. 영화감독들 대부분의 작품에서도 그렇듯이, 이론이 아닌 작품을 통해 영화를 배운 감독들의 작품세계에는 그들이 보았던 영화들의 흔적이 더욱 명징하게 존재하기 마련이다. 이 시기에 국립 영상자료원을 통해 자신의 영화 미학을 언더그라운드에서 벼릴 수밖에 없었던 알모도바르는 스페인과 미국의 언더그라운드 영화[4] 감독들의 영향을 많이 받게 되었다. 특히, 그는 1920년대의 전위영화와 1960년대의 뉴 아메리칸 시네마 특히, 앤디 워홀(Andy Warhol)과 폴 모리세이(Paul Morrisey), 존 워터스(John Waters) 등의 세례를 받았다. 상업적이지도 관습적이지도 않고 주류 영화의 패러다임을 존중하지도 않는 언더그라운드 영화의 영향은 알모도바르의 초기 작품들, 즉 1974년에서 1978년 사이에 만들어진 단편 영화들과 초기의 장편상업영화인 <페피, 루시, 봄 그리고 다른 많은 아가씨들>(Pepi, Luci, Bom y otras chicas de montón, 1980), 그리고 <정열의 미로>(Laberinto de pasiones, 1982)로 이어진다.

한편, 생계를 위해 온갖 종류의 일을 해야만 했던 알모도바르는 결국 스페인 전화국인 텔레포니카(Telefónica)의 정규직원이 되어 12년간 근무하게 된다. 오후 3시까지만 근무하는 직장생활은 그에게 여유로움을 선사했다. 그래서 이 기간에 그는 '로스 골리아르도스(Los Goliardos)'라는 연극그룹의 일원이 되어 이후 자기 영화들에 주인공으로 활약할 스타 카르멘 마우라(Carmen Maura)를 알게 되었고, 파비오 맥나마라(Fabio McNamara)와 함께 '알모도바르와 맥나마라'라는 이 인조 펑크-글램 록의 멤버로 활약하기도 했다. 이렇게 그는 '마드리드 모비다' 문화의 주축으로 활약하였다. 이 당시의 스페인은 '모비다'와 함께 앤디 워홀의 팝 아트도 유행을 했는데, 이로 인해 알모도바르는 '스페인의 앤디 워홀'로 불리기도 했다. 그의 초기 영화였던 <페피, 루시, 봄 그리고 다른 많은 아가씨들>과 <정열의 미로>는 마드리드 모비다의 가장 중요한 영화적 유물이다.

2) 거장으로의 변신

알모도바르는 자기 방식의 영화를 모색하는 젊은이에서 언더그라운드 예술가로 성장한 후, 몇 차례 변신 또는 변화의 과정을 거쳤다. 그리고 결국, 그의 길은 거장을 향해 가는 길이 되었다. '모비다'를 반영한 초창기의 작품들 이후, 그는 멜로드라마의 세계로 들어갔다. <어둠 속에서>(Entre tinieblas, 1983)는 멜로드라마로의 진입을 알리는 작품이었다. 감상적인 작품들을 연출하던 이 시기는 '모비다'의 쇠퇴기와도 일치하는데, 그의 작품들은 코미디와 멜로드라마 사이에 위치하였다. <어둠 속에서>와 <내가 뭘 했다고 이런 대접을 받아야 하나?>(¿Qué he hecho yo para merecer esto?, 1984) 같은 작품들은 코미디와 멜로드라마 사이에서 최고의 균형을 이룬 작품으로 평가된다. 스페인 정부가 제작비의 50%를 지원한 <마타도르>(Matador, 1986)는 알모도바르가 더 이상 언더그라운드 작가가 아님을 알리는 작품이 되었다.

한편, 그는 1986년에 동생인 아구스틴 알모도바르(Agustín Almodóvar)와 함께 영화제작사인 '엘 데세오(El Deseo)'[5]를 설립해 또 다른 멜로드라마인 <욕망의 법칙>(La ley del deseo, 1987)을 제작·연출한다. 이후 <신경쇠약 직전의 여자들>(Mujeres al borde de un ataque de nervios, 1988)과 <나를 묶어줘>(Átame, 1990), <하이힐>(Tacones lejanos, 1991), <키카>(Kika, 1993), <내 비밀의 꽃>(La flor de mi secreto, 1995), <라이브 플래쉬>(Carne trémula, 1997), <내 어머니의 모든 것>(Todo sobre mi madre, 1999), <그녀에게>(Hable con ella, 2002), <나쁜 교육>(La mala educación, 2004), <귀향>(Volver, 2006), <브로큰 임브레이스>(Los abrazos rotos, 2009), <내가 사는 피부>(La piel que habito, 2011) 등의 멜로드라마를 연출한 그는 코미디인 <아임 소 익

아구스틴 알모도바르

글램 록(Glam rock)

록의 일종. 글램 록 밴드의 뮤지션들은 아주 별나게 옷을 입고 화장을 하며, 머리 모양을 꾸민다. 이들의 화려한 의상과 스타일은 동성애적이거나 양성애적이며, 때로 젠더 역할을 새롭게 보는 시각과 연결된다.

마드리드 모비다 (Movida madrileña)

스페인 마드리드를 중심으로 일어난 포스트모더니즘적 성격의 문화 운동. '모비다'는 정치적 환멸, 펑크의 공격성, 개인적 자유, 쾌락주의, '모든 것이 가능하다'는 철학의 실천을 골자로 한다. 프랑코 사후인 1979년에 마드리드에서 시작된 반(反)문화 운동으로 1980년대 중반까지 지속되었다. 이는 마드리드를 중심으로 한 영화, 팝, 패션, 디자인, 회화에서의 새로운 경향인데, 마약 하위문화(subcultura de las drogas)라는 별칭으로 불릴 정도로 마약에 대해 유연한 태도를 보인다. 이즈음 마드리드에는 디스코텍과 클럽 등이 많이 생겨났는데, 이런 장소에서는 동성애와 트라베스티에 대한 태도가 훨씬 자유로웠다. 모비다 운동의 두 가지 기본 성격은 스페인 예술문화 전통과의 단절 그리고 미국 팝 문화 및 반(反)문화가 지향하는 미학의 수용으로 정리된다.

사이티드>(Los amantes pasajeros, 2013)를 발표한 뒤, 다시 <훌리에타>(Julieta, 2016)를 통해 멜로드라마의 세계로 복귀했다.

<페피, 루시, 봄 그리고
다른 많은 아가씨들> 포스터

2. <페피, 루시, 봄 그리고 다른 많은 아가씨들>: 전통과의 단절

1) 파격적인 내러티브

"나는 여자가 자기 여자 친구와 함께 남편을 속이는 이야기를 좋아한다. (⋯) 나는 여성과 그들의 세계에 흥미를 느낀다."[6]

알모도바르의 첫 번째 장편 상업영화인 <페피, 루시, 봄 그리고 다른 많은 아가씨들>(이하 <페피, 루시, 봄>)이 1980년 산 세바스티안 영화제의 신인 감독 세션에 상영됐을 때부터, 비평가들은 알모도바르의 미학에 대해 두 가지 입장으로 나뉘었다. 그러나 이 작품을 비난하는 이들이나 옹호하는 이들은 모두 이 작품을 독특하고, 흥미로우며, 변별적이고 재미있는 영화라는 데 동의했다.

<페피, 루시, 봄>은 알모도바르 영화 세계에 있어 대단히 상징적인 제목을 가지고 있다. 제목에 등장하는 세 이름 모두 여성의 이름이며 또 '다른 많은 아가씨들'도 포함하여 이후 여성의 세계, 여성 인물들을 겨냥하는 알모도바르 영화의 성격을 예고하고 있기 때문이다. 한편 이는 정치적이고 역사적인 시각에서 시대를 반영하는 알모도바르 영화 예술의 특징을 보여주기도 한다.

이 작품의 줄거리는 대략 다음과 같다: 스페인 수도 마드리드에서 혼자 사는 페피는 아파트 베란다에서 대마를 재배한다. 이런 사실을 알게 된 그녀의 이웃인 경찰은 대마 재배를 무마해 주겠다면서 그녀를 강간한다. 그 경찰에게 처녀성을 잃은 페피는 원래 돈을 두둑이 받고 처녀성을 팔려고 했던 자신의 계획이 무산되자, 친구들을 동원해 경찰에게 린치를 가함으로써 복수한다. 그러나 친구들이 복수의 대상으로 삼은 건 그 경찰의 쌍둥이 형제였다. 그러던 중 페피는 경찰의 마조히스트 아내인 루시를 알게 되고 그녀에게 접근해 뜨개질을 가르친다. 루시는 페피에게서 뜨개질을 배우다가 페피의 친구이자 여성 펑크 가수인 봄을 알게 된다. 사디스트인 봄은 루시의 피학 성향을 파악하게 되는데, 루시는 이런 봄을 사랑하게 돼 남편을 버린

<페피, 루시, 봄>:
페피가 성폭행 당하는 장면

<페피, 루시, 봄>: 페피의 복수

다. 이들은 여러 부류의 사람들을 만나는데, 그러는 사이에 모비다 열기가 충만한 마드리드의 콘서트와 콘서트에 이어진 '발기(勃起) 대회(Erecciones generales)'[7]의 관객이 되기도 한다. 그러나 이에 분노한 루시의 남편은 루시에게 폭력을 행사하고 남편의 가학성향이 마음에 든 루시는 페피와 봄을 버리고 남편을 선택한다.

<페피, 루시, 봄>: 발기대회

<페피, 루시, 봄>의 주인공들

헤수스 로드리게스는 <페피, 루시, 봄>의 탁월함을 비범한 주제와 예사롭지 않은 인물들에서 발견하고 있다.[8] 특히 극 중 인물인 수염 난 여자는 그 외모와 사고방식 모두에 있어 비범한 인물군에 포함된다. 마드리드의 모비다 문화를 직접 반영하는 이 영화는 주인공인 세 아가씨들을 중심으로 스토리가 전개되지만, 이들이 등장하지 않는 대단히 주목할 만한 시퀀스가 있다. 그것은 마드리드의 모비다 문화에 대한 일종의 반영이라고 할 수 있는 발기 대회(勃起 大會)가 진행되는 동안 아파트 베란다에서 이를 바라보는 부부의 시퀀스이다. 이 장면에서 3주 동안 면도를 하지 않아 수염이 두드러져 보이는 아내는 침대에서의 남편의 슬럼프에 대해 찢어지는 목소리로 불만을 토로한다. 이 수염 난 여인은 반(反)가부장적이고 여성의 자유로운 섹슈얼리티를 재현하는 이로서 "사람은 자기 몸으로 자기가 원하는 걸 하는 것에 있어 자유롭다."는 파격적인 생각을 표현한다. 그녀는 자신과의 섹스를 기피하고 있다고 남편을 다그치면서 남편이 자기와 결혼한 이유에 대해 언급한다. 자기 남편이 예전에 사귀던 남자친구가 게이로 커밍아웃한 후 다른 남자와 관계를 갖기 시작해 그 친구에 대한 복수심 때문에 자신과 결혼했다는 것이다. 그러면서 그녀는 자신을 '뜨거운 양철지붕 위의 고양이'로 표현하는데, 이는 리

<페피, 루시, 봄>: 남편에게 불만을 토로하는 수염 난 여인

상호텍스트성

'상호텍스트성'은 텍스트 간의 상호관련성을 의미한다. 이는 특정 텍스트의 의미와 해석이 어떤 한 작가의 독창성이나 특수성에 귀속된 것이 아니라, 기존의 개별적인 텍스트들 및 일반적인 문학적 규약과 관습들에 의존해 있다고 주장한다.

테네시 윌리엄스

미국 전후(戰後)를 대표하는 극작가. 알모도바르의 작품 세계에 큰 영향을 준 작가로서 <욕망이라는 이름의 전차>(1947)로 퓰리처상을 수상하기도 했다.

<페피, 루시, 봄>:
파격적인 팬티 광고

<페피, 루시, 봄>: 봄의 밴드가
연주하는 장면

차드 브룩스(Richard Brooks) 감독의 동명 영화와 **상호텍스트성**(Intertextuality)을 형성한다.

<뜨거운 양철지붕 위의 고양이>(1958)는 미국의 유명 극작가인 **테네시 윌리엄스**(Tennessee Williams: 1911~1983)의 동명 희곡을 영화화한 것이다. 테네시 윌리엄스는 미국 최초로 공개적 커밍아웃을 한 동성애 작가이기도 한데 알모도바르는 동일한 성적 취향 때문인지 이 작가에게 각별한 관심과 애정을 보인다. 알모도바르는 <페피, 루시, 봄>에서 <뜨거운 양철지붕 위의 고양이>를 상호텍스트로 사용하고 있는데, 알모도바르는 어렸을 때 이 작품을 영화로 보았다고 한다.[9] 그리고 그는 처음부터 여성은 때로 진한 감동과 통제할 수 없는 성(性)에 의해 지배받는 존재라는 테네시 윌리엄스의 생각을 받아들였다. 리차드 브룩스 감독의 할리우드 영화에서 미식축구 선수 브릭(폴 뉴먼)은 동성애적 관계였던 친구 스키퍼의 죽음에 충격을 받아 부부관계를 소홀히 한다. 이에 아내인 매기(엘리자베스 테일러)가 자신을 질타하자 아내에게 '뜨거운 양철지붕 위의 고양이'라는 표현을 사용한다. 그러나 알모도바르는 자신의 영화에서 이 표현의 수동성을 능동적으로 바꾸었다. 즉, 수염 난 여인이 자신을 '뜨거운 양철지붕 위의 고양이'로 표현함으로써 성적으로 더욱 능동적인 여성성을 두드러지게 한 것이다.

2) 금지된 모든 주제의 출현

"영화에 한 가지 단점이 있을 때 사람들은 그 영화가 잘못 만들어졌다고 말한다. 그러나 단점이 여러 개일 때, 그들은 그 영화가 새로운 스타일을 창조했다고 말한다."[10]

1975년 11월 20일 40여 년간 스페인을 통치하던 독재자 프랑코 장군이 사망했다. 그의 통치 기간은 문화적 검열과 블랙리스트의 시기이기도 했다. 프랑코 사망 직전 검열코드의 개정판은 금지된 주제들을 제시했는데, 거기에는 자살, 사회적·개인적 문제 해결 수단으로서의 폭력, 매춘, 성(性)적인 도착(倒錯), 간통, 불법적 성행위, 낙태, 결혼제도와 가족을 훼손하려는 모든 것, 마약과 알코올 등이 포함돼 있었다. 그러나 이제 자유화의 물결이 폭풍처럼 들이닥친 포스트 프랑코 시대에 타부는 존재하지 않았고, 그 최전방에 선 <페피, 루시, 봄>은 타부의 카탈로그 같은 작품이다.

<페피, 루시, 봄> 남편의 가학성
향을 마음에 들어하는 루시

<페피, 루시, 봄>의 관객들은 독립적으로 혼자 사는 페피와 그녀
의 친구, 지인 및 이웃들을 통해 '모비다'와 포스트모던의 세계에 빠
지게 된다. 이들은 이 파격적인 작품을 통해 감수성에 상처를 입지만,
알모도바르의 첫 번째 장편 상업영화에 불과 몇 년 전만 해도 금지되
었던 주제들이 등장하는 건 우연의 일치가 아니다.

작품의 처음에 등장하는 강간 장면은 이후 알모도바르의 필모그
래피에서 반복될 것이고, 루시를 중심으로 이뤄지는 페미니즘 담론
역시 감독의 작품세계에서 중요한 부분을 차지할 것이다. 경찰인 루
시의 남편은 파시스트 정권하의 폭력과 부패를 상징하는데, 그는 루
시가 바지를 입고 있다고 투덜대고, 저녁 식사를 준비해 놓지 않았다
고 그녀를 나무란다. 이에 루시가 "여자는 진정한 자아를 발견해야
한다고 생각해요."라고 대꾸하자, 남편은 "부엌에서 자신을 발견하
라"고, "여자가 있어야 할 곳은 주방"이라고 그녀를 윽박지른다.

한편, 페피가 재배하는 마약, 루시의 마조히즘, 봄의 사디즘은 이
후 알모도바르 영화 세계의 상수(常數)로 오랫동안 등장한다. 봄은
'키치'적인 예술가들과 함께 사는데, 이를 통해 <페피, 루시, 봄>은
'모비다'를 '키치'와 연결하기도 한다.

키치(Kitsch)

'키치'는 '저속한 예술작품'을 의
미하는데, 그로 인해 '키치적'이
라는 형용사는 '천박한, 야한, 대
중취미의'라는 의미를 갖는다.

<하이힐> 포스터

3. <하이힐>: 역전된 모성의 멜로드라마

1) 할리우드식 멜로드라마의 영향

"내가 어렸을 때 하이힐과 흡연, 바지는 여성 자유의 상징이었다."[11]

15년 만에 스페인으로 돌아오는 어머니를 맞이하기 위해 레베카
는 공항으로 나간다. 국제적인 명성의 유명 가수가 되어 돌아온 어머
니 베키. 레베카는 열두 살에 엄마와 헤어져 마드리드에 머물면서 그
동안 엄마가 그리울 때면 베키의 모창 가수인 레탈의 쇼를 보곤 했었
다. 그리고 한때 엄마의 연인이었던 마누엘과 결혼을 했다. 옛 애인
이 사위가 돼 있는 사실에 베키는 놀라지만 마누엘은 오히려 예전과
같은 연인관계로 돌아가자고 장모(베키)를 설득하려 한다. 베키도 레
베카도 모두 그 결혼이 파경으로 치닫고 있음을 알고 있다. 그러다가
마누엘은 별장에서 살해당하고, 여성 앵커인 레베카는 생방송 도중
자신이 남편을 살해했음을 고백한 뒤 체포된다. 살인 사건에 대한 조

<하이힐> 베키의 모창 가수인
레탈의 공연 장면

모성의 멜로드라마

모성(母性)에 기초한 멜로드라마를 지칭하는 장르. <슬픔은 그대 가슴에>나 <밀드레드 피어스> 같은 작품을 이 범주에 넣는다.

<하이힐> 베키의 마지막 공연 장면

<가을 소나타> 포스터

사과정에서 놀랍게도 베키와 마누엘이 다시 만남을 이어갔다는 사실과 레베카의 동료 방송인 이사벨 역시도 마누엘과 지속적인 관계를 맺어왔음이 드러난다. 사건 해결이 미궁처럼 빠져들어 갈 무렵, 베키는 협심증으로 쓰러지고 레베카의 살인죄를 자신이 뒤집어쓴 채 죽는다.

이상이 <하이힐>의 내용이다. <하이힐>의 관객에게 강렬하게 떠오르는 것은 <슬픔은 그대 가슴에>(Imitation of Life, 1959)와 <밀드레드 피어스>(Mildred Pierce, 1945)와 같은 **모성의 멜로드라마**. 이 작품은 이렇게 할리우드 전통 속에 있는 '모성(母性)의 멜로드라마'를 소환한다. <슬픔은 그대 가슴에>에서는 연예계에서의 성공을 위해 딸과 별거하는 어머니, 그리고 병으로 인해 죽는 어머니가 등장한다. 그 이외에도 어머니가 딸을 방치하고, 이후 모녀는 반목하며, 근친상간적인 경쟁 관계에 이른다는 설정이 모두 유사하다. 그리고 <밀드레드 피어스> 역시 모녀가 삼각관계를 형성하는 모델을 제시한다. <하이힐>의 베키가 할리우드 영화에 등장하는 어머니의 완전한 재현은 아니지만, 상당 부분 영향을 받은 캐릭터임에는 틀림이 없다.

2) <가을 소나타>의 모방

할리우드의 분명한 영향에도 불구하고, 이 작품에서 직접 인용된 유일한 영화는 스웨덴의 거장 잉마르 베리만의 <가을 소나타>(1978)이다. 어머니와 근친상간적인 심리상태를 유지하고 있는 레베카는 남편 살해 혐의로 구속된 후 에두아르도 판사의 배려로 베키를 만나게 되는데, 이때 그녀는 엄마에게 <가을 소나타>의 이야기를 해 준다. 그녀가 이야기하는 <가을 소나타>에서 유명 피아니스트인 샬롯의 딸 에바는 어머니를 자기 집으로 초대해 7년 만에 만나게 된다. 샬롯 역시 <하이힐>의 베키처럼 자신의 직업적인 성공을 위해 가족을 버리고 떠나가 버렸다가 남자친구이자 새 남편이었던 레오나르도가 죽자 비로소 딸의 간청에 응하게 된 것이다. 샬롯은 오랜만에 본 딸을 반가워하지만, 에바만큼의 감격은 없다. 성공한 피아니스트인 샬롯은 그동안 에바가 아들을 낳을 때도 바쁘다며 오지 못했고, 또 에바가 동생인 둘째 딸 헬레나를 자기 집으로 데려와 함께 산다는 소식을 전했을 때도 귀찮아서 딸의 편지를 보지 않았다. 일과 연인을 위해 딸과 가정을 버리고 떠난 어머니. 그 어머니는 장애인인 둘째 딸을 보호해 주기는커녕 요양원에 넣고는 생사도 모르고 있었다. 그녀는 마지못해 헬레나를 만나서는 "매일 네 생각을 했다"면서 거짓말을 하고, 에바 부부의 낡은 차를 보면서 처음에는 새 차를 사 줄 생각을 하다가, 자기가 새 차를 사고 자기가 타던 차를 에바에게 물려줄 것으로 생각을 바꾼다. 어머니는 딸을 위해 자신을 희생하거나 포기하기는커녕 기본적인 애정도 없어 보인다. 반면 에바는 어머니를 향해 역전된 모성애를 지니고 있다. 밤에 악몽을 꾸고 소리를 지르는 것도 딸(에바)이 아닌 어머니(샬롯)이고 그런 어머니를 달래주는 것도 에바이다. 이런 에바의 어머니 역할은 어렸을 때부터 시작되었다. 그 옛날 에바는 샬롯이 아버지와 자신을 버리고 다른 남자(마틴)와 8개월간 동거를 할 때도 "엄마는 아빠를 사랑한다"고, "엄마는 돌아온다"고 아버지를 위로해 주었었다. 보통의 어머니가 딸을 사랑하듯 그렇게 어머니를 사랑하는 이 딸은 어머니가 좋아하는 모든 것과 그 어머니 자신에 대해서도 잘 알고 있다. 또한 보통의 경우에 딸이 어머니를 속일 수 없듯, 어머니 샬롯은 딸 에바를 속일 수 없다. 샬롯은 가족을 위해 "일도 포기했었다"고 거짓말을 하지만, 에바는 그때 어머니가 등이 아파서 잠시 일을 놓은 것이었음을 알고 있다.

<가을 소나타>: 피아노 연주하는 에바

<가을 소나타> 에바의 피아노 연주, 그리고 그 이후 샬롯이 연주를 평가하는 장면

에바가 저녁 식사를 준비했을 때 샬롯은 딸에게 쇼팽의 전주곡을 연주해 달라고 요구한다. 연주가 끝난 후 에바는 자신의 연주에 대한 샬롯의 평가를 듣고 싶어 한다. 샬롯은 처음에는 연주가 훌륭했다고 말하지만 이어서 섬세한 평가에 들어간다. 샬롯의 말에 의하면, 에바는 쇼팽의 곡을 "고통을 억제"하며 연주했다. 그리고 같은 곡을 딸에게 시범을 보이기 위해 연주하는 샬롯은 "환심을 사는 것처럼이 아

닌” “전쟁을 하듯 치다가 승리로 이끌어가듯” 연주한다. 인고의 세
월을 견뎌냈던 딸은 조심스럽고 겸손하며, 무책임한 어머니에게서
는 뻔뻔함과 자신감이 보인다. [영상10]과 [사진8]은 이처럼 근거 없
이 '당당한' 어머니의 연주 앞에서, 이유 없이 주눅 들어 있는 딸 에바
의 모습을 잘 포착해 주고 있다. 이들이 입고 있는 옷의 색깔도 이러
한 인물 구성에 잘 맞춰져 있다. 샬롯은 그녀의 예술에 대한 열정과
화려함을 드러내는 붉은 옷을, 에바는 차분하고 평온한 느낌, 그리고
더 나아가서 보호(여기서는 모성애)를 상징하는 수수한 녹색 옷을 입
고 있기 때문이다.[12] <하이힐>의 레베카는 바로 이 부분에 초점을 맞
춘다. 그녀는 베키에서 다음과 같이 말한다.

<가을 소나타> 에바가 울면서
자신의 아픔을 토로하는 장면

<가을 소나타>: 어머니와 딸의 갈등

“그런데 그 딸에게 그런 조언을 듣는 것보다 더한 수치는 없어요. 왜
냐하면 그 엄마가 딸에게 하는 말이란 게 '넌 어쩔 수 없는 애야. 네가 어
떻게 그따위 손가락을 이 숭고한 건반 위에 올려놓을 수 있단 말이냐!
어떻게 너는 내 섬세함이 그런 것을 견뎌낼 수 있을 거로 생각할 수 있
단 말이냐! 너는 내가 피아노 앞에서 취하는 단 하나의 행동을 흉내 내
기에도 너무나 천박하단다. 너는 피아노에 재능이 없어. 수백만 년을 연
습한다 해도 내 그림자에도 미치지 못할 거다. 내가 볼 때 네 흉내 내기
는 오마쥬가 아닌 모독이야'라는 식의 메시지니까요.”

물론 이러한 평가는 에바의 것이 아닌 레베카의 것이다. 그러나 <
가을 소나타>에서 진행되던 어머니와 딸의 기본적인 갈등과 불화는
<하이힐>에서 그대로 반복된다. 두 작품 사이의 유사점은 다음과 같

<하이힐>: 베키와 레베카의 어색한 만남

다. 먼저, 어머니는 성공한 예술가로서 딸이나 가정보다는 직업적인 성공을 삶의 우선순위에 둔다. 이들은 모두 자식을 위해 희생하는 전통적인 어머니와는 거리를 둔 독립적이고 자아성취 지향적인 어머니들이다. 둘째, 각각의 어머니는 자신의 직업적 성취를 위해 딸을 포함한 가족을 버리고 타지에서 성공한다. 그러다가 오랜만에 모녀간의 상봉이 이루어진다. <가을 소나타>에서 에바와 샬롯은 7년 만에 만나고, <하이힐>에서 레베카와 베키는 15년 만에 마드리드에서 상봉한다. 셋째, 어머니의 남자와 딸 사이에 애정 관계가 형성된다. <가을 소나타>의 경우 에바의 동생인 둘째 딸 헬레나가 샬롯의 남자친구이자 남편이 되는 레오나르도와 잠깐이지만 석연치 않은 감정을 유지하고, <하이힐>의 경우 레베카는 어머니의 옛 애인인 마누엘과 결혼까지 한다. <가을 소나타>의 경우에도 샬롯의 큰 딸이자 작품의 주인공인 에바는 자신과 나이 차이가 꽤 나는 남자와 결혼함으로써 레베카-마누엘 커플과 유사한 커플을 형성한다. 넷째, <가을 소나타>나 <하이힐>의 경우 모두 어머니가 딸을 사랑하는 모성의 멜로드라마이기 보다는 딸이 어머니를 더 사랑하는 역전된 모성 관계를 형성한다. 즉, 어머니는 이기적이고 딸은 그런데도 불구하고 그런 어머니를 그리워한다. 이기적인 어머니의 모습은 이 두 작품의 마지막 장면을 구별케 한다. <가을 소나타>에서 샬롯은 끝까지 모성애를 부인하고 또다시 딸들을 외면함으로써 이기적이고 독특한 어머니를 연기한다. 더군다나 그녀는 장애인인 둘째 딸을 생각하며 "왜 빨리 죽지 않는 거지?"라는 냉혈적 자문을 하기도 한다. 그러나 <하이힐>의 베키는 비록 레베카 몰래 사위인 마누엘과의 관계를 다시 유지했음에도 불구하고, 나중에 이를 후회하고 딸의 살인을 뒤집어씀으로써 어

<하이힐> 앵커우먼인 레베카가 TV방송 도중 자신의 살인을 고백하는 장면

<하이힐> 베키와 맞서는 레베카

미장아빔

'미장아빔(Mise en Abyme)'이
란 보통 '소설 속의 소설', '그림
속의 그림' 또는 '영화 속의 영화'
등 '텍스트 A 속에 텍스트 a 넣기'
를 의미한다. 즉, 텍스트 A의 한
부분이 수사적 변형 없이 축소된
형태로 허구적 세계 내에 반복되
어 비치는 형식이다.

<내 어머니의 모든 것> 포스터

<내 어머니의 모든 것>
마누엘라가 터널을 지나
바르셀로나에 도착하는 장면

익스트림 롱 쇼트

아주 멀리서 넓은 지역을 묘사할
때 사용되는 쇼트. 클로즈업과 정
반대되는 쇼트이다.

버즈 아이 뷰 쇼트

새의 눈과 같이 아주 높은 곳에
서 확보된 각도와 높이에서 대상
을 바라보는 장면. 심리적으로 우
월감을 느끼게 한다.

느 정도 모성의 여지를 남긴다. 그러나 베키 역시 불치병에 걸려 잃을
게 없는 상황에서 딸 대신 누명을 씀으로써 작품 전체가 전형적인 모
성의 멜로드라마가 되기에는 부족하다. 잉마르 베리만 감독은 <가을
소나타>를 통해 할리우드식 모성의 멜로드라마를 전복했는데, 알모
도바르 역시 베리만의 작품을 통해 같은 방식의 작품을 만든 것이다.
결국 <하이힐> 속의 영화 속 영화인 <가을 소나타>는 거의 모범적인
미장아빔의 모델을 제시하고 있다.

4. <내 어머니의 모든 것>:
모성을 위한, 모성에 의한, 모성의 멜로드라마

1) 마드리드에서 바르셀로나로

페데리코 펠리니가 로마의 감독이고 우디 앨런이 뉴욕을 재현한
다면, 알모도바르는 마드리드의 감독이었다. 그런 그가 <내 어머니의
모든 것>에서는 이전 모든 영화의 무대였던 마드리드를 떠나 바르셀
로나를 주 무대로 삼았다. 알모도바르가 바르셀로나를 선택한 것에
는 두 가지 정도의 이유가 있을 수 있다. 먼저, 이 작품이 강조하는 모
성의 무대가 되기에 마드리드는 너무 권위적이고 아버지적이다. 둘
째, 바르셀로나에는 안토니 가우디가 건축한 성가족성당(La familia
sagrada)이 있기 때문이다.

스페인의 정치와 행정의 중심인 마드리드는 마누엘라의 모성이
발현되기에는 너무 근엄하고 지나치게 권위적이다. 반면, **카탈루냐**
의 중심도시 바르셀로나는 그러한 마드리드의 이미지에 맞섬으로써
어느 정도의 모성을 확보한다. 그리고 그 중심에 바르셀로나의 랜드
마크인 성가족성당이 있다.

아들을 잃은 마누엘라가 바르셀로나로 오는 과정은 아이러니하
게도 이 작품의 가장 아름다운 장면이다(영상13 참고). **익스트림 롱
쇼트**(Extreme Long Shot)로 바르셀로나의 밤 풍경을 포착하고 **버
즈 아이 뷰 쇼트**(Bird's Eye View Shot)를 사용해 서서히 내려오
는 카메라의 움직임. 마누엘라는 타락한 밤의 도시 바르셀로나에 마
치 천사처럼 하강(下降)하는 느낌을 준다. 이때 나오는 음악은 '세
네갈의 밥 딜런'이라고 불리는 이스마엘 로(Ismael Lô)의 '타자본
(Tajabone)'. '타자본'은 아이들에 대한 사랑을 다룬 이슬람 축제를

노래한 것으로 모성애 주제와 연결된다. 그러나 알모도바르는 여기서 멈추지 않는다. 어느덧 카메라는 택시를 타고 '성가족성당'을 지나는 마누엘라를 포착한다. 잘 알려져 있듯, 성가족성당에는 세 개의 파사드가 있다. 탄생의 파사드와 고난의 파사드, 그리고 영광의 파사드가 그것이다. 그리고 마누엘라가 탄 택시 차창에 탄생의 파사드가 비칠 때, 차창이 내려진다. 탄생의 파사드는 마누엘라의 모습으로 대체된다. 탄생과 어머니(마누엘라)를 연결시키는 감독의 탁월한 연출이 아닐 수 없다. 관객들은 가톨릭 성당을 바라보면서, 이슬람 축제를 노래하는 곡을 듣게 된다. 이렇게 종교적 화해는 마누엘라 개인 차원의 화해, 용서와 병치된다. 바로 이 장면을 연출하기 위해 알모도바르가 바르셀로나를 선택했다고 하면 지나친 해석일까?

2) 모성에 기초한 새로운 가족의 탄생

바르셀로나를 상징하는 건축물인 성가족성당은 '새로운 가족'이라는 주제를 다루는 <내 어머니의 모든 것>에 또 다른 의미를 부여한다. 성 가족은 요셉과 마리아, 아기 예수로 구성된 가족인데, 이들은 혈연에 기초하지 않았다. 그리고 혈연을 초월한 가족은 두 번째 에스테반에 이어 세 번째 에스테반에게까지 확장되는 어머니 마누엘라의 모성애와 연결된다.

<내 어머니의 모든 것>이라는 제목은 조셉 맨키비츠 감독의 <이브의 모든 것>(All About Eve, 1950)에 대한 오마쥬이다. <이브의 모든 것>의 영향을 받아 에스테반은 극장 밖에서 우마를 기다릴 생각을 했고, 마누엘라가 우마의 연극과 관련을 맺는 것도 조셉 맨키비츠 감독의 작품에 빚지고 있다. 그러나 알모도바르는 한 걸음 더 나아갔다. 자신의 출세를 위해 위선과 거짓말로 시작하는 이브와는 달리 마누엘라는 처음부터 사실을 말하고 그 진실 또한 스타가 되기 위한 수단이 아니었다. 마누엘라가 우마에게 접근한 것은 그녀가 죽은 아들이 그토록 좋아했던 배우였기 때문이다. 알모도바르는 이기적이고 교활한 '이브'와의 대비를 통해 희생과 헌신의 아이콘인 '어머니'를 더욱 빛나게 했다.

성가족성당

<이브의 모든 것> 포스터

마누엘라의 모성은 아들 에스테반의 죽음 이후에 또 다른 에스테반에게로 향한다. 그런데 그 세 번째 에스테반은 남편의 또 다른 아이, 즉 두 번째 에스테반의 이복동생격이다. 하지만 마누엘라의 모성애는 이 모든 것을 포용한다. 그녀는 남편의 또 다른 여자인 로사의 에이즈를 간호하며 그녀의 마지막 길을 동행해 주는 역할도 마다하지 않았다. 이제 완전한 어머니[13]로서 마누엘라는 또다시 새로운 가정을 이룬다. 아버지가 삭제된 그녀의 가정에는 그녀가 어린 에스테반을 뱃속에 넣고 도망쳐야 했던 가부장적 세계는 흔적조차 찾아볼 수 없다.

아버지의 부재는 마누엘라의 포용 속에서 자연스럽게 이루어진다. 마누엘라는 로사 어머니의 우려에도 불구하고 세 번째 에스테반을 에이즈 환자인 롤라에게 보여주며 어머니로서의 자신의 관용을 전남편에게까지 확대시킨다. 이러한 관용은 두 번째 에스테반의 장기기증에서 이미 그녀의 특징으로 자리 잡기 시작한 것이기도 하다. 이러한 내러티브를 통해 마누엘라가 보여주는 모성애는 전통적인 할리우드 멜로드라마에 등장하는 모성애에 대한 외연 확대뿐 아니라, 새로운 가족의 탄생을 암시하는 것이기도 하다. 알모도바르는 21세기에 등장할 수 있는 가족의 새로운 패러다임을 20세기의 마지막 해에 이렇게 제시했다.

3) 모성의 멜로드라마

알모도바르는 <내 어머니의 모든 것>을 제작하기 전에 영감을 받은 에피소드에 대해 말한 적이 있다. 그것은 자기는 비키니를 입고 다니면서 아내는 미니스커트도 입지 못하게 하는 어느 **트라베스티**(travesti)에 대한 이야기였다.[14] <내 어머니의 모든 것>의 롤라의 모델이 되는 이 실존 인물의 이야기는 감독을 힘들게 했다고 한다. 왜냐하면 그것은 남성우월주의(machismo)의 비이성적인 면을 전적으로 보여주는 예이기 때문이다.

마누엘라 역시 남성우월주의가 지배하는 전통적인 스페인의 사회적 관습에서 벗어나려는 인물이다. 사회적 관습과 그 희생자로서의 여성으로 인해 이 작품은 일견 전형적인 멜로드라마처럼 보인다. 그러나 어머니로서의 마누엘라는 전형적인 멜로드라마의 주인공처럼 희생자의 영역에 머물지 않는다. 그녀는 여리기도 하지만 모든 역경을 극복해내는 강인한 어머니로 묘사되고 있기 때문이다. 여성의 정

트라베스티

이성(異性)의 옷을 입은 사람. 여장(女裝) 남자나 남장(男裝) 여자가 여기에 해당한다.

<내 어머니의 모든 것> 마누엘라와 에스테반의 약속 장면

체성 회복 또는 강인한 어머니로서의 마누엘라의 정체성은 알모도바르가 강조하려고 했던 것이기도 하다.

알모도바르는 이 작품의 스토리 전개에 중요한 역할을 하는 작품으로 <욕망이라는 이름의 전차>를 선택한 것에 대해 다음과 같이 말한다.

<욕망이라는 이름의 전차>를 고른 건 이 작품이 마리사 파레데스(Marisa Paredes)의 재능을 두드러지게 해주는 좋은 작품일 뿐 아니라 스텔라(Stella)가 했던 "다시는 이 집에 돌아오지 않겠어요.(No volveré nunca a esta casa)"란 대사 때문이다.[15]

<내 어머니의 모든 것>
에스테반의 죽음

바로 이것이 알모도바르가 <욕망이라는 이름의 전차>의 내용을 모성애로 승화시키는 지점이다. 사실 알모도바르는 이 작품에서 모성애를 부각시키기 위해 원작을 의도적으로 변형시켰다. 즉, 테네시 윌리엄스의 원작 희곡이나 엘리아 카잔(Elia Kazan) 감독의 영화에서 이웃 여인 유니스는 스탠리가 언니인 블랑쉬를 성폭행한 것을 알게 된 스텔라에게 블랑쉬의 말을 절대로 믿지 말고 아무 일 없던 것처럼 살라고 조언한다. 그러나 알모도바르의 작품에서 유니스는 스텔라와 아이의 안녕이 그 무엇보다도 중요하다고 스텔라를 설득한다. 이는 마누엘라로 하여금 테네시 윌리엄스의 작품에 더욱 감정 이입하도록 도와준다. 아이를 위해 남편을 떠나는 것은 마누엘라와 스텔라의 공통적인 선택이기 때문이다. 따라서 연극의 이 장면을 바라보며 마누엘라가 눈물을 흘리는 것은 의미심장하다.

<내 어머니의 모든 것> 로사가
아버지와 작별하는 장면

<내 어머니의 모든 것>이 많은 이들에 의해 알모도바르 최고의 영화로 평가받는 데에는 여러 가지 이유가 있는 것이다.

<내 어머니의 모든 것> 우마의
로르카 연극 리허설 장면

5. <그녀에게>: 미장아빔의 세계

"한 사람의 의사소통으로도 충분하다. <그녀에게>에서 내가 말하고자 했던 것은 그 사람의 능력이다."[16]

1) 피나 바우쉬의 공연

베니그노는 자신의 집 발코니를 통해 발레 학원에 다니는 알리시아를 알게 되었다. 그리고 그러한 시선이 거듭될수록 아름다운 그녀를 사랑하게 되고, 이윽고 그녀가 지갑을 떨어뜨린 걸 빌미로 그녀에

<그녀에게> 포스터

게 접근하는 데 성공한다. 그는 알리시아가 발레나 무성영화 관람, 그리고 여행을 좋아한다는 사실을 알아낸다. 그리고 교통사고로 뇌사 상태에 빠진 그녀를 간호하며, 그녀를 위해 보고 온 발레나 무성영화의 스토리를 이야기해 주었다.

그러던 중 그는 **피나 바우쉬**(Pina Bausch: 1940~2009)의 <카페 뮐러>를 보게 된다. 피나 바우쉬와 말루 에이로도(Malou Airaudo)가 연기하는 몽유병에 빠진 두 여인은 뇌사상태에 빠진 알리시아와 리디아처럼 흰 슬립을 입고, 두 눈을 감은 채 헤맨다. 그리고 보잘것 없어 보이는 한 남자가 그중 한 여인을 위해 그녀의 진로를 방해하는 의자와 탁자를 치워준다. 아마도 다음 날, 상처 입지 않은 멀쩡한 몸으로 잠에서 깨어날 그 여인은 간밤에 어느 누구의 헌신이 있었는지 모를 것이다. 마치 부활한 알리시아가 베니그노의 존재를 까마득히 모르듯.

세계적인 무용수 피나 바우쉬는 알모도바르 감독의 친구이기도 했다. 그래서 <그녀에게>의 미장아빔으로 자신의 작품이 필요하다는 사실을 알고 알모도바르의 카메라 앞에서 이 영화만을 위한 공연을 했다. 그녀의 작품은 마지막 장면에서도 사용된다. 베니그노가 죽고, 그의 집에 살던 마르코는 또다시 피나 바우쉬의 공연을 보러 간다.

그리고 그곳에서 부활한 알리시아를 만난다. 이때 보는 공연이 <마수르카 포고>. 마르코는 죽은 리디아를 회상케 하는 장면을 보고 눈물을 흘리지만, 인터미션 이후의 공연은 알리시아와의 묘한 미래를 암시한다.

<그녀에게> 카페 뮐러 공연 장면

<그녀에게>: 알리시아에게 피나 바우쉬의 사인을 보여주는 베니그노

2) 극 중 예술작품들

극 중 알리시아의 발레 선생님인 카테리나(제랄딘 채플린)는 발레 공연을 준비한다. 그녀는 자신이 준비하는 '참호(塹壕)'라는 제목의 공연 내용을 다음과 같이 설명한다.

<그녀에게>: 카테리나와 알리시아

그 발레에서 한 병사가 죽으면 그의 시체에서 그의 영혼, 그의 환영(幻影)이 나오는데 그것은 발레리나가 되지요. 그 발레는 아름다워요. 왜냐하면 죽음에서 생명이 탄생하기 때문이지요. 남성적인 것에서 여성적인 것이, 지상(地上)의 것에서 천상(天上)의 것이 탄생하기 때문이지요.

죽음에서 생명이 탄생하고, 남성적인 것에서 여성적인 것이 나오며, 지상(地上)의 것에서 천상(天上)의 것이 탄생하는 예술. 그것은 바로 베니그노가 이끌어 가는 죽음의 변주에 다름 아니다. 그가 죽어 알리시아로 부활하는 희생의 순애보는 <그녀에게>의 한가운데를 가로지르는 위대한 플롯이다.

알모도바르의 또 다른 친구인 브라질 국민가수 카에타누 벨로주(Caetano Veloso)는 멕시코 민요 스타일의 '쿠쿠루쿠쿠 팔로마'를 가슴 아프게 열창했다. 한 여인을 사랑하던 남자가 그 열정과 상심으로 인해 죽지만, 하늘은 그의 사랑에 감동한다. 그래서 애달픈 영혼이 된 남자는 죽어서도 사랑을 노래한다는 내용.

영화 속 영화인 <애인이 줄었어요> 역시 미장아빔의 한 부분을 차지한다. 이 흑백 무성영화는 원래 독립적인 작품으로 구상되었으나, 어찌하다가 <그녀에게>의 스토리 내에 삽입되었다. 남자의 희생,

그리고 죽음을 초월한 영원한 사랑을 다룬다는 의미에서 이 영화는 또 다른 미장아빔이며, 베니그노의 운명을 결정하는 중요한 작품이 되기도 한다. 베니그노가 자기처럼 "좀 뚱뚱하지만 마음씨 좋은" 사람으로 묘사한 이 영화의 주인공 알프레도는 또 다른 모습의 베니그노일 뿐이다.

3) 소품들

영화의 소품은 인물들에 대해, 그들이 좋아하는 것, 싫어하는 것, 두려워하는 것에 대해 말해준다. 또한 인물에 대한 것에서 더 나아가 작품 전체에 대한 의미와 연결되기도 한다. 특히, 멜로드라마 장르에서 소품은 여러 가지 함의를 지니는데, 멜로드라마에 기반한 알모도바르의 작품들은 이런 면에서 소품에 충실했고 <그녀에게>도 예외는 아니었다.

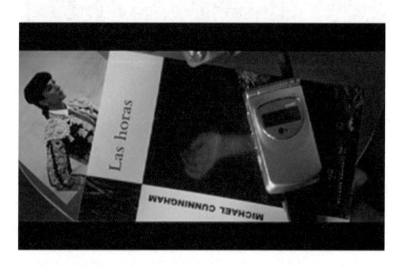

<그녀에게>: 마이클 커닝햄의 『세월』 위에 놓여있는 마르코의 휴대전화

마이클 커닝햄(Michael Cunningham: 1952~)의 소설 『세월 The Hours』은 베니그노의 집에 살던 마르코가 휴대 전화를 놓던 침대 곁 테이블에 놓여 있던 책. 눈썰미가 좋은 사람이 아니라면 그냥 흘려보낼 수 있는 그 짧은 쇼트에도 알모도바르는 정성을 다했다. 1920년대의 버지니아 울프와 50년대 LA에 사는 로라 브라운, 그리고 2001년의 클라리사 보한의 이야기로 구축된 커닝햄의 작품은 **버지니아 울프**(Virginia Woolf: 1882~1941)의 『댈러웨이 부인 Mrs. Dalloway』을 그 중심에 위치시켰다. 그래서 자연스럽게

<그녀에게> 카에타누 벨로주 공연 장면

마이클 커닝햄

미국 소설가. 『세상 끝의 사랑』으로 명성을 얻었고, 버지니아 울프의 소설 『세월 The Years』과 『댈러웨이 부인』을 섬세하게 변주한 『세월』로 퓰리처상과 펜 포크너상을 받았다.

버지니아 울프

영국 소설가이자 비평가. 모더니즘 작가로 인물들의 의식과 주관적인 시간의 사용 등 독창적이고 새로운 소설 형식을 개척했으나, 예민한 신경을 극복하지 못하고 투신자살했다.

버지니아 울프의 소설은 <그녀에게>의 무대 위에 올려진다. 여기서 중요한 것은 울프의 자살이 아닌, 소설 속 인물 셉티무스의 죽음. 소설 속 주인공인 댈러웨이 부인이 잘 모르는 청년 셉티무스는 1차 세계대전 참전 용사로 전쟁 후유증을 겪고 있다. 참호전으로 유명했던 1차 세계대전은 이렇게 카테리나의 발레 작품과 연결된다. 그 모르는 청년의 죽음이 묘하게도 무기력했던 댈러웨이 부인으로 하여금 삶의 의욕을 되찾게 해주는 인생의 아이러니. 이렇게 셉티무스는 또다시 베니그노가 되고, 댈러웨이 부인은 알리시아로 치환된다. 베니그노를 위한 진혼곡으로 마르코의 테이블에는 다른 책이 놓여 질 수 없었다.

6. 알모도바르의 미학

1) 할리우드 멜로드라마의 영향

"나탈리 우드나 엘리자베스 테일러의 영화, 특히 테네시 윌리엄스의 작품에 기초한 영화들은 내 두 번째 교육이었다."[17]

대부분의 알모도바르 작품들은 할리우드 영화 특히 1950년대 멜로드라마에서 나온 텍스트들에 대한 언급으로 가득 차 있다. 할리우드는 알모도바르의 참고틀이며 영화를 말하는 중요한 방식의 하나였다.

<뜨거운 양철지붕 위의 고양이>와 <초원의 빛>, <백주의 결투>, <자니 기타>, <이브의 모든 것> 등이 그의 작품에서 직접 인용되었고, 간접적으로 인용된 것들은 직접 인용된 작품들보다 훨씬 더 많다. 할리우드 영화의 인용은 그의 영화 미학의 가장 두드러진 부분 중 하나인데, 그 토대 또는 중심이 멜로드라마이다. 알모도바르의 멜로드라마적 감수성은 <내 어머니의 모든 것>과 <그녀에게>에서 절정에 이른 것으로 평가된다. 그러나 알모도바르의 작품들은 멜로드라마의 관습을 그대로 추종하지는 않는다. 작품의 근원은 할리우드이지만, 그의 작품은 할리우드의 텍스트와는 변별된다. 그래서 비센테 몰리나 포익스(Vicente Molina Foix)는 그의 멜로드라마들을 '알모드라마(Almodrama)'라는 이름으로 명명하며 다음과 같이 말했다.

"그것은 드라마도 아니고, TV연속극도 아니며, 멜로드라마도 아닌,

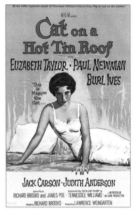

<뜨거운 양철 지붕 위의 고양이>
포스터

<초원의 빛> 포스터

<백주의 결투> 포스터

자체 내에서 탄생해서 사멸하는 그 무엇이다."[18]

결국, 알모드라마는 할리우드 멜로드라마의 알모도바르식 버전인데, 여전히 금기 없는 성(性)과 키치적 하부문화 정서를 통해 할리우드 모델과 변별됨으로써 새로운 영화적 패러다임을 형성한다.

보통, 멜로드라마는 순수한 개인(보통 여자)이나 커플(보통 연인)이 결혼, 직업, 핵가족 문제들과 관련된 억압적이고 불평등한 사회 환경에 의해 희생되는 대중적인 연애 이야기를 다룬다. 이렇듯, 멜로드라마의 주인공들은 궁극적으로 사회적, 가족적 전통의 구속에 투항한다. 멜로드라마의 특징을 "강렬한 주정주의에의 탐닉, 도덕적 양극화와 도식화, 존재와 상황, 행위의 극단적 상태, 공공연한 악행, 선한 사람들에 대한 박해, 덕행에 대한 최후의 보상, 야단스럽고 과장된 표현, 모호한 플롯 구성, 서스펜스, 숨 막히는 반전"[19]으로 규정하고 있는 피터 브룩스(Peter Brooks)에 의하면 멜로드라마는 과장법과 선정성에 기초한다고 볼 수 있다. 이는 멜로드라마가 "행동보다는 감정 상태를 생산하는 예술"[20]이라는 서크(Sirk)의 견해와 일맥상통하는 것이다. 서구의 재현과 미메시스에 기반한 사실주의 전통의 관점에서 볼 때 멜로드라마는 저급한 장르로 평가받을 수 있다. 그러나 알모도바르는 멜로드라마를 자기 작품 세계를 이루는 주요 토대 중 하나로 사용해왔다. 그는 키치적인 것과 타부 없는 성에 대한 접근으로 스페인 사회와 전통을 패러디하며 그 가치들을 전복해 온 것이다.

2) 여성들의 감독

"여성은 극적 주체로서 더 스펙터클하며, 더 많은 이야깃거리를 가지고 있다."[21]

<키카> 포스터

게이라는 성 정체성 때문일까. 알모도바르의 작품 세계의 주인공은 처음부터 여성이었다. <페피, 루시, 봄>과 <키카>, <훌리에타> 등 여성의 이름을 내건 제목의 작품들이 많은 것은 결코 우연이 아닌 것이다. 그의 영화 세계의 아버지는 나쁘거나 억압적이며 가부장적이다. 혹은 부재(不在)한다. 반면, 어머니는 다양한 형태로 모습을 드러냈다. <마타도르>나 <하이힐>에서의 어머니는 역전된 모성을 보이지만, <내 어머니의 모든 것>이나 <귀향>, <훌리에타>의 어머니는 애절하다. 이 작품들은 모성의 멜로드라마라고 할 수 있는 것들로 집

약된다.

알모도바르의 많은 영화는 성(性)의 이분법을 문제화하며 남성중심주의를 전복한다. 그의 작품들은 때로 남성보다 더 전문적인 여성의 모습을 포함하는데, 이때 여인들은 강하고 긍정적인 반면, 남성은 불안하고 열등하다.

<홀리에타>의 한 장면

한편, 그의 여인들은 우정으로 결속된다. 알모도바르는 특히 여자들 사이의 우정을 강조하는데, 이 우정은 가족관계가 파괴되고 존재하지 않는 곳에서 더욱 강렬하며 때로 <내 어머니의 모든 것>에서처럼 가족을 대체하기도 한다.

앤 카플란(Ann Kaplan)은 할리우드의 가족멜로드라마를 여성멜로드라마와 여성영화로 구분한다. 그리고 여성이 희생되고 그러한 희생의 상태에서 체념을 양산하는 것을 여성 멜로드라마로, 그러한 숙명을 극복하고 정체성을 회복하는 것을 여성영화로 명명한다.[22] 카플란의 용어를 받아들인다면, 알모도바르의 작품들은 여성영화로 분류될 것이다. 그의 모든 영화에 등장한 그 많은 여성 중 패배하는 여인은 없었다. 알모도바르의 여인들은 언제나 현실을 딛고 일어섰고, 슬픔에서 희망을 길어 올렸다.

그것은 아마도 알모도바르가 예술이 삶을 모방한다고 생각하지 않기 때문인지도 모른다. 알모도바르는 예술에 현실을 반영하는 대신, 예술을 현실화했다. 그는 <하이힐> 개봉에 맞춰 홍보수단으로 극중 인물인 가수 베키의 포스터를 마드리드 전역에 붙었고, <내 비밀의 꽃>을 위해서는 극 중 작가인 아만다 그리스(Amanda Gris)의 소설집 포스터를 마드리드 서점에 배포했다. 어쩌면 그에게 현실은 너무 지루하고 따분한 것인지 모른다. 그래서 그의 작품에 등장하는 독특한 사건들은 현실을 반영하는 것으로 받아들이기 어렵다. 예술로 현실을 대체하는 알모도바르. 그는 거장(巨匠)이다.

| 주 석 |

1) Willoquet-Maricondi, Paula, 『Pedro Almodóvar: Interview』, Univ. Press of Mississippi, 2004, 124-125쪽.

2) 알모도바르는 훗날 다음과 같이 고백하였다: "내가 본 영화는 나를 교육시켰다. 사제들의 교육은 어둡고 끔찍했다. 특히 테네시 윌리엄스(Tennessee Williams)의 작품은 제2의 교육이었다. [...] 12, 13세 즈음에 <뜨거운 양철 지붕 위의 고양이>를 보고 내가 사제의 세계가 아닌 죄인의 세계에 속했음을 깨달았다.", 위의 책, 64쪽.

3) Brasó, Enrique, 『Carlos Saura』, Taller de Ediciones Josefina Betancor, 1974, 100쪽.

4) 언더그라운드 영화와 주류 영화 사이의 차이의 핵심 중 하나는 주류 영화가 19세기 소설가에 의해 확립된 서사의 관습을 따른 데 비해 언더그라운드 영화는 그렇지 않다는 것이다.

5) '욕망'이라는 의미인데, 이는 알모도바르 작품 세계에서 욕망이 차지하고 있는 위치를 고려할 때 의미심장한 작명(作名)이 아닐 수 없다.

6) Smith, Paul Julian, 『Desire Unlimited』, 1994, 9쪽

7) 원래 알모도바르 감독은 이 작품의 제목을 <발기대회>로 하려 했다.

8) Rodríguez, Jesús, 『Almodóvar y el melodrama de Hollywood』, Maxtor, 2004, 9쪽.

9) Lemon, Brendan, 「A Man Fascinated by Women, as Actresses」, 『The New York Times』, 1999년 9월, 18쪽. 참조: Allinson, Mark, 『Un laberinto español』, Ocho y Medio, 2003, 17쪽.

10) Smith, Paul Julian, 앞의 책, 14쪽.

11) Willoquiet-Maricondi, Paula, 앞의 책, 57쪽.

12) <하이힐>에서 레베카는 샤넬을, 베키는 아르마니 의상을 입은 것으로 유명한데, 여기서 레베카의 의상은 흰색에서 붉은 계통으로 변화하고, 베키의 의상은 붉은색 옷에서 흰색으로 변화한다. 이는 마치 생명이 베키에게서 레베카에게로 전도되는 것과 같은 느낌인데, 이러한 의상의 변화를 놓고 볼 때도 <가을 소나타>와의 대비 점은 분명해진다.

13) <내 어머니에 대한 모든 것>이라는 영화 제목은 "모든"이라는 표현이 주는 뉘앙스로 인해 묘하게도 완전한 어머니, 이상적인 어머니를 연상시킨다.

14) Strauss, Frédéric, 『Conversación con Pedro Almodóvar』, Akal, 2001, 158쪽.

15) 위의 책, 164-165쪽.

16) Willoquiet-Maricondi, Paula, 앞의 책, 157쪽.

17) Rodríguez, Jesús, 앞의 책, 53쪽.

18) Molina Foix, Vicente, 『El cine estilográfico』, Anagrama, 1993, 110쪽.

19) 리타 펠스키, 『근대성과 페미니즘』, 거름, 1998년, 193쪽.

20) 유지나 외, 『멜로드라마란 무엇인가』, 민음사, 1999년, 14쪽.

21) Allinson, Mark, 앞의 책, 93쪽.

22) Kaplan, E. Ann, 『Motherhood and Representation: The Mother in Popular Culture and Melodrama』, Routledge, 1992년, 49쪽.

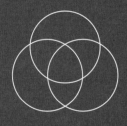

제3부

불안한 영혼과 이방인의 노래

7장 라스 폰 트리에

영화 속에 육화(Incarnation)된 종교적 이미지

지승학

1. 라스 폰 트리에의 도전

1) 그에게서 주목해야 하는 것

라스 폰 트리에(Lars Von Trier, 1956.4.30) 감독은 영화를 통하여 무모한 도발을 묵묵히 추구하는 사람이다. 그것이 종교적 차원이라면 더욱 그러하다. 그래서 그에게서 주목해야 할 부분은 항상 눈에 띄는 민감한 주제와 모방차원의 복합적인 변주이다. 그런 차원에서 보면 그는 우리 사회의 편견에 도전하고, 전에 없던 전혀 다른 공간 속에 자신이 구축한 인물들을 배치해 놓고는 좀처럼 받아들이기 힘든 메시지 속으로 우리를 초대한다. 그렇게 우리는 그가 창조해내는 영화 공간 속에 자의든 타의든 내몰리듯 거주하게 되고 그 속에서 판에 박힌 의식을 박탈당한 채 그의 영화 공간에서 서서히 물들 듯 침잠한다.

라스 폰 트리에의 모습

폭넓은 논의가 필요할 이 감독, 라스 폰 트리에를 위해 나는 몇 가지 특징적 해석이 가능한 '여성'의 이미지를 한정 지어 다루고자 한다. 물론 이는 라스 폰 트리에의 복잡한 세계관을 일괄할 수 있는 독특한 관점이라고 할 수 없다. 라스 폰 트리에 영화를 보게 되면 자연스럽게 여성 등장인물에게 눈이 갈 수밖에 없기 때문이다. 직설적으로 말해서, 라스 폰 트리에 감독은 여성의 이미지를 위해 직접적으로 종교적 순교 이미지를 차용한다. 특히 그가 바라보는 여성의 이미지는 종교적 의미에서 희생[1]의 위치에 놓인 순교자로서 마치 그리스도의 그것을 상기시킨다. 그런 인물은 대체로 순교자로서의 예수처럼 상처받기 쉽고 삶을 희생하더라도 주위 사람들에게 결국 박해를 받는 우울한 인간이 된다. <브레이킹 더 웨이브>(1996), <어둠 속의 댄서>(2000), <안티크라이스트>(2009), <멜랑콜리아>(2011)에서 다루는 여성 캐릭터가 모두 유대 기독교적 인물들로 비치면서 동시에 우울 그 자체의 모습으로 보이는 이유는 바로 그래서이다. 그렇게 라스 폰 트리에 감독이 그려내는 대부분의 여성 캐릭터는 할리우드적 남성 시선의 희생물이라는 견해를 넘어서서, 여성 캐릭터의 진화를 이끌면서 여성 캐릭터가 지닌 이중적 지위, 소위 주인과 노예, 희생자와 집행자의 이중 역할이 어떻게 중복되어 작동하는지를 보여준다. 또한 라스 폰 트리에는 여성 이미지의 바로 이 이중적 속성(주인/노예/사형집행인)이 활동하는 공간마저도 또 다른 이중적 속성의 공간(천국 / 지옥) 속에 교차배치, 나열함으로써 인물과 공간이 서로서로 교접되는 과정을 희생이라는 이름으로 집요하게 그려낸다.

라스 폰 트리에는 자신의 영화 속 여성 캐릭터를 이러한 혼융적인 관점을 통해 낙원과 지옥, 삶과 죽음, 그리고 물질적인 것과 육체적인 것과의 관계를 통해 부각시키고 있는 것이다. 라스 폰 트리에 영화에서 즐거움과 쾌락 그리고 고통이 우리를 매혹하는 이유는 여성 인물을 이러한 혼융적 관계로 상정하여 추상적이면서 가상의 상태인 천국과 지옥을 실제 오가도록 만들기 때문이다. 이러한 특징 탓에 그가 그려내는 인물을 단순한 관계만으로는 정의하는 작업은 매번 어려움에 봉착하게 된다. 그에 의해 창조된 여성은 항상 두 개의 우주, 두 개의 시간, 두 개의 의미로 중첩되고 합리적인 형식과 상상적인 형식 사이를 떠돌아다니기 때문이다.

2) 신과 여성, 그 하나 된 몸

라스 폰 트리에가 그려내는 여성은 마치 죽음의 공포가 판타지로 돌변하길 고대하는 순교 직전의 노예 혹은 순교자인 것처럼 보인다. 라스 폰 트리에가 집착하는 이러한 묘사는 자연스럽게 신성과 신성모독 사이에 이상한 공간 하나를 만들어 놓는다. 그런데 이 공간은 인간 본성의 문제로 가득 차 있다. 그래서 언뜻 보기에 여성은 맹목적인 사랑과 순진한 희생 탓에 죽음에 이른 것처럼 보이지만 이를 잘 살펴보면 곧 "히스테릭한 몸"으로 연결된 강렬한 리비도에 휘감겨 있는 주체임을 확인할 수 있다. 라스 폰 트리에 감독은 이로써 '희생'이라는 주제적 실험을 인간의 본성 문제와도 연결지음으로써 여러 해석의 의도적인 오독을 제안한다.

　"희생"이라는 단어는 "sacrum facere"에서 유래한다. 이 말 뜻은 '성스럽게 만든다'는 의미다. 특히 희생에 대한 이 말은 항상 정신분석학적 차원과 사회심리학적 차원에서 부계 이미지의 폭력을 정당화하여 희생양으로 전락한 아들에게서 죄책감을 쥐어짜낸다. 더 나아가 희생은 그 의미를 사용하는 사람에 따라 억압을 강화하고 죽음을 환상으로 승화시키는데 적지 않은 영향을 주기도 한다. 희생을 의도적으로 불편하게 사용하는 이런 행태는 아버지로 대표되는 권력의 폭력과 죽음을 옹호하고자 할 때 제 역할을 다한다. 그리하여 이 기능은 고대 자행되던 일족의 몰살을 새로운 피의 정화로 상정하듯 새로운 부자(父子)동맹의 출범을 상징하기도 한다. 이러한 과정 끝에 결국 희생만이 아버지의 권위적 폭력을 '새로움'으로 정화할 수 있게 된다. 매혹적인 라스 폰 트리에의 비극 서사는 이러한 희생의 의미를 권력의 상징인 아버지를 통해서가 아닌 희생양으로서의 여성 인물들에게서 쥐어 짜낸다.

　이러한 의미를 걸쳐 입은 희생은 비로소 순교를 숭고한 죽음이라는 환상으로 돌변시키고 궁극에는 축복으로 위장시켜서 모든 책임을 자신에게 투사하도록 한다. 따라서 어떤 식으로든 '순교자'는 역사성을 뛰어넘은 권력적 역학관계를 담지한 캐릭터로서 소위 **상호 텍스트**적 인물로 그려질 수 있게 된다. 다시 말해 '순교자'라는 이 이미지는 죽음과 희생 그리고 축복이라는 모순된 성격을 한 몸에 지니게 되는 주체로서, 성경적 담론에 철학적 관점을 더함으로써 새롭게 해석될 수 있는 이미지가 된다. 라스 폰 트리에는 이러한 희생과 순교의 의미를 이중적으로 차용하여 '여성'을 이야기하고자 하는데 여기에는 또다시 그의 독특한 정신분석적 세계관이 자리한다.

상호 텍스트(성)

상호 텍스트성은 포스트모더니즘이 가진 유일성을 한 차원 높게 해석한 것으로서, 서로 영향력을 미치는 관계 속성을 의미한다. 쉽게 말해 직조물과 같은 유기적 조직처럼 여러 형태의 작품은 또 다른 작품과의 연관성 속에 놓여 있다는 것을 말한다.

<브레이킹 더 웨이브> 포스터

<브레이킹더 웨이브> 예고편

2. <브레이킹 더 웨이브>: 베스의 신

1) 라스 폰 트리에의 희생, 순교 공간

영화 <브레이킹 더 웨이브>(1996)에서 베스(Bess)는 하나님과 연결되어있는 여성으로 등장한다. 이 영화에서 주목해볼 만한 것은 마치 정신착란을 겪는 것처럼 보이는 베스가 처한 하나님과의 관계이다. 특히 이 영화는 베스가 십자가의 길을 걷고자 할 때, 다시 말해 사랑하는 남편을 위해 자신을 희생하기로 결심하게 된 그때부터 그녀와 세상을 단절시킨다. 그런 세상 속에서 그녀의 희생은 점점 더 다가설 수 없는 것이 된다. 그렇게 라스 폰 트리에가 그리는 베스의 몸은 남편 얀을 살리기 위한 희생의 몸이 되자마자 타락과 신성을 조화시키는 몸이 된다. 결국 베스의 몸은 남편을 위한 헌신 때문에 자발적으로 희생된 몸으로서, 모진 고문을 당하다 죽음을 맞이하는 순교자의 이미지를 그대로 본 따 낸다.

여기에서 언급하는 '순교'는 많은 학자들에게 다뤄진 비교적 난해한 개념이기도 하다. 그러나 대체로 "순교자"라는 단어의 기원은 예수 그리스도의 죽음과 부활을 목격한 그리스도인에서 시작하였으며, 후에 교황 베네딕토 14세가 믿음을 위해 죽고 세상을 구하기 위해 죽음을 받아들이는 신자로 규정했다. 이와 비슷한 관점으로 라스 폰 트리에 역시 베네딕토 14세의 정의와 같이 베스를 자기의 믿음을 통해 죽음에 처한 인물로 그려낸다. 베스는 맹목적인 믿음에 의해 자기를 희생시키고자 했고 그래서 순교자로서 성스럽다고 말할 수 있다는 것이다.

라스 폰 트리에는 <브레이킹 더 웨이브>를 비롯한 모든 여성 인물들을 십자가에 못 박히심과 부활에 대한 성서적 증인의 입장에 두고자 한다. 이때 목격된 부활의 몸은 대체로 여성의 신체가 대신한다. 영화 <브레이킹 더 웨이브>는 그리스도를 향한 믿음에 대한 이야기를 인용하여 여자의 순교를 통해 희생을 깨닫게 만든다는 데에서 그 가치가 있다고 할 수 있다는 것이다.

그렇게 생성된 희생은 시간과 공간과 엮이면서 여성 이미지를 신성한 존재로 실현시키려는 목적을 드러낸다. 정화되고 다시 태어나는 길. 이 불가능한 과정을 라스 폰 트리에는 자신의 영화에서 죽음과 삶, 희생과 정화로 대체되는 상징적인 희생으로 준비한다. 그것은 아름답지만 고통스러운 이미지를 재현하는 문제와 연결된다. 그렇게

기도하는 베스 <브레이킹 더 웨이브>   상처입은 베스 <브레이킹 더 웨이브>

이미지 속의 아름다움과 영적 경험은 서로를 '대리보충'한다.

라스 폰 트리에는 그런 식으로 여성을 스스로를 부정한 채 십자가를 지고 희생의 길을 택하는 존재로 설정한다. 그래서 대부분 무고한 그들은 희생에 집착하지만 무력하다. 어떤 경우에는 지옥과도 같은 끔찍한 고통 속에 자신을 밀어 넣기도 하지만 결국 진정한 자신을 발견해 내기도 한다. 이때 재현되는 공간이야말로 곧 희생의 공간이라 말할 수 있다. 라스 폰 트리에 작품에서 발견되는 희생의 공간은 주인/노예, 낙원/지옥, 물질적/정신적인 것 사이의 혼용적 관계만이 있을 뿐이며 그 공간 속에서 우리는 라스 폰 트리에가 그려내고자 하는 여성의 이미지를 목격할 뿐이다. 라스 폰 트리에가 바라보는 여성은 남성의 반대항이기 이전에 그리스도의 형상이 되려고 노력하는 인간인 것이다.

라스 폰 트리에의 거의 모든 영화에서는 바로 이런 여성이 현실 세계를 거부하기 위해 자신의 몸을 거부한다. 하지만 반대로 이런 여성들은 집요하게 공간과 합일을 이루려고도 한다. 그런 복합적인 이유로 라스 폰 트리에가 집요하게 바라보는 숲과 방은 항상 어떤 희생과 순교를 암시한다. 그런데 이 공간은 초현실적인 공간이 되어 대체로 꿈과 같이 언제 시작됐는지 알 수 없지만 확실한 종말만은 끊임없이 암시하는 공간이 된다.

이를테면 '숲'은 대체로 사람이 희생적 공간의 건설을 지속하는 데 도움이 될 수 있는 이미지와 교차시키는 반면, 빈 방은 자연과의 관계를 역전시키거나, 현실 세계의 어려움, 갈등과 극적인 고통을 느끼도록 고안해내야 할 때 등장한다. 간단히 말해서, 라스 폰 트리에 영화는 숲의 의미를 종교적 배경으로 활용하고 빈 방은 현실적 고통과 연결하고 있는 것이다. 그 속에서 일어나는 인물의 변용은 그가 만들어내는 영상을 신화의 세계로 번역될 수 있게 한다.

2) 베스의 남자, 남편 그리고 신

실제로 영화 <브레이킹 더 웨이브>에서 베스는 남편을 위해 자신의 몸을 희생시킬 명분을 발견한다. 그 희생의 명분은 '쾌락'이다. 베스가 남편 얀에게 헌신하고자 하는 명분은 곧 남편으로부터 얻게 된 쾌락이었던 것이다. 여기서의 쾌락은 새로운 신체의 가치를 깨닫게 된 것으로서, 베스는 남편을 위해 헌납한 자신의 몸이 겪게 되는 고통을 '쾌락'과 기꺼이 맞바꾸려 하고, 이를 희생으로 치환한다. 이는 결정적이다. 왜냐하면 이로써 결국 베스는 베스의 가족, 남편, 그리고 마을 사람들에게 하나님과의 연합이 무엇인지를 보여줄 수 있게 되기 때문이다. 특히 베스에게 고통이 가해질 때 남편 얀의 몸은 기적적으로 치유된다.

바다 위에 울려퍼지는 종소리 <브레이킹 더 웨이브>

그러나 베스는 예수처럼 장례를 거부당한 채 바닷속으로 수장되게 되는데, 바로 그 순간, 얀과 그의 동료들은 하늘에서 종소리를 듣는다. 라스 폰 트리에는 이 마지막 장면에서 베스를 통해 낡은 가치의 종교적 희생을 뛰어넘어 새로운 의미의 희생이 발견되길 원한다.

따라서 라스 폰 트리에의 영화에서는 종교적 의미가 어떻게 변용되고 상징적 차원에서 어떻게 인간의 신체가 변주되는지를 목격할 수 있어야 한다. 특히 이러한 모든 이미지에 질서를 부여하는 주체는 누구, 혹은 무엇인지를 통찰할 수 있어야 한다. 라스 폰 트리에의 영화는 새로운 상징적 차원을 육화의 실천으로 끌고 올라가서 여성의 이미지를 창조적인 작업의 결과물로 끌고 오고는 그의 실험적인 치료에 동참하길 독려하면서 자기 영화의 주제, 장면, 챕터에 그 길목의 이정표를 세워 우리에게 주목할 것을 요청한다. 이에 응하게 되면 우리는 그의 영화 속에서 영화적 상호 텍스트의 유희를 목격할 수 있게 될 것이다. 그러므로 라스 폰 트리에 영화는 종교적 상징의 공간

뿐만 아니라 새로우면서도 전형적인 훈육의 공간이 될 수도 있고 상징의 질서를 혼돈의 질서라는 새로운 패러다임으로 뒤바꾸고 허무주의의 허무를 리비도의 강렬한 '없음'으로 뒤바꿀 수 있는 마법을 보여주기도 한다. 그러나 이 모든 의미는 우리가 그의 모방과 육화, 희생과 순교의 메타포를 열린 마음으로 바라볼 수 있게 될 때, 그리고 혼란에 빠져들면 들수록 그 질서를 깨닫게 된다는 역설을 이해할 수 있게 될 때 비로소 가까이 다가설 수 있는 것이다. 영화 <브레이킹 더 웨이브>는 바로 베스의 모습을 통해 그런 영화적 상징의 속성이 무엇인지를 잘 보여준다.

3. <어둠 속의 댄서>: 순교자로서의 셀마

1) 셀마가 저항하는 것들

영화 <어둠 속의 댄서>(Dancer in the Dark)에서 우리는 <브레이킹 더 웨이브>와 같은 순교자의 희생 이야기를 또다시 발견할 수 있다. 셀마는 소위 눈이 멀게 된 자신은 아랑곳하지 않고 오로지 자신의 아이를 위해서 자신을 희생하기로 결심하는 전형적인 어머니로 등장하는데 사실 이것은 우리가 어머니의 이미지로 쉽게 이해할 수 있는 부분에 대한 비판의 목소리이기도 하다.

라스 폰 트리에가 이 영화에서 다루는 어머니의 이미지는 한낱 우리의 관습 탓일 뿐 셀마는 어머니라기보다 비밀을 위해 자신을 희생하고자 하는 의지를 더 강하게 띠고 있는 사람이다. 물론 셀마는 결국 아이의 장애를 전부 자신의 탓으로 돌리고 만다. 하지만 셀마가 아들 진에게 눈 수술을 시키고자 죽음을 택하는 지점에 이르러서는 오히려 어머니의 모습을 찾기 어렵다. 물론 이 영화에서는 다소 억지스럽더라도 셀마의 희생을 어머니의 희생으로 보려는 관성이 강하게 발동하게 될 수밖에 없지만 라스 폰 트리에가 이야기하고자 하는 것은 바로 그곳에서 중첩되는 어머니와 순교자의 의미 중에서 단연 순교자의 이미지이다. 이런 의미를 가졌는데도 과연 자식을 향한 희생의 노력은 어머니만이 가능하다고 할 수 있는 것인가? 라스 폰 트리에가 말하고자 하는 희생은 아들의 눈을 성공적으로 수술시키는 어머니의 희생이기도 하지만 이를 뛰어넘어 이웃에 사는 경찰관 빌의 비밀을 지키려는 의지의 인간이기도 하다. 자신을 죽여 달라고 애원하는 빌

<어둠 속의 댄서> 포스터

<어둠 속의 댄서> 예고편

사형 직전의 셀마 <어둠 속의 댄서>

을 위해 그 소원을 들어주고 나서 그와 관련된 모든 비밀을 지키려고 어이없게도 사형수가 돼버린 그녀는 그저 정치권력의 판결에 맡겨진 희생양이 아니라 자기 스스로를 어딘가에 던져버리려는 의지적 순교자의 모습을 하고 있었던 것이다. 그래서 셀마에게 집행된 사형은 라스 폰 트리에를 통해 종교에서 인간 희생 제물의 영속성을 실현하고 증언하는 현대적 제의로 돌변하게 된다. 그래서 이런 희생의 형태인 죽음은 사법권의 정의와는 전혀 상관없거나, 아니면 암묵적인 대립항이 되어 궁극적으로는 강렬한 숭고미로 승화되기도 한다.

셀마는 편견 가득한 관습적 형태의 법으로 충만한 미국 사회 속에 덩그러니 내던져 있는 무력한 인간이었다. 그런 그녀가 취할 수 있는 현실에 적응하는 방법은 그 현실을 거부하도록 강력하게 이끌어 주는 음악, 노래, 춤, 영화에 빠져드는 열정뿐이었다. <어둠 속의 댄서>가 뮤지컬 드라마인 이유가 흥미로운 것은 라스 폰 트리에가 이 장르를 다루는 방식을 통해 희생의 가치를 다각도로 더욱 풍성하게 만들고 있다는 점 때문이다. 음악의 리듬과 댄스는 셀마가 처한 지상의 세계를 탈출할 수 있는 유일한 출구라는 사실을 매우 강력하게 우리에게 호소하고 있으며 희생의 당위성을 강력하게 표출할 수 있게 만드는 상징적 방법이었던 것이다. <어둠 속의 댄서>의 셀마와 <브레이킹 더 웨이브>의 베스가 처한 일련의 사건들은 그녀들의 주변 사람들 앞에서는 유죄이지만 희생의 유일한 증인인 "관중" 앞에서는 무죄이다. 관객에게 죄가 없는 존재의 죽음을 지켜보게 만드는 라스 폰 트리에는 이런 방식으로 모순된 형태의 '희생'을 선보이고 있는 것이다. 그 세계는 바로 희생과 순교의 현대적 가치의 재발견이라 할만하다.

셀마가 사형에 처해지기 직전, 그녀의 유일한 친구인 캐시는 더이상 필요 없어진 아들 진(Gene)의 안경을 전하면서 성공적인 수술 사실을 알린다. 그 이후 셀마의 입에서 나오는 노래는 사형이 집행된 직후에 갑작스레 끊긴다. 갑작스러운 중단. 이 '중단'은 세속적인 공간과 구별되는 신성한 공간을 부각시키고 희생 제물로서의 그녀가 '부활하는 순간'을 그려낸다. 그렇게 <브레이킹 더 웨이브>와 <어둠속의 댄서>의 주인공들은 모두 영화 마지막에 이르러 부활을 암시하며 우리에게 되돌아온다.

2) 여성의 희생적인 공간: 성스러운 것과 신성한 것

정신적인 것과 물질적인 것의 비유적 대립은 우리가 라스 폰 트리에의 영화에서 양극성이라고 부르는 것으로 나타나서는, 천국과 지옥의 또 다른 비유로 연결된다. 비유적 대립 사이에서 일어나는 상호작용은 삶과 죽음의 관계와 깊이 연관된다. 삶과 죽음에는 희생이 넘쳐난다. 라스 폰 트리에는 평범한 인간들과 성스러운 사람 사이의 간극 속에 이러한 희생의 문제를 가득 채워둔다.

신성한 인간이 존재하기 위해서는 그 존재 자체를 구별할 수 있는 무언가를 발견해야 하며, 결과적으로 이는 질적으로 다른 대상을 상정해야 함을 의미하기도 한다. 실제로, 모든 것이 신성하다면 신성하다는 의미는 어느 누구도 알아차릴 수 없는 것은 물론, 그 누구도 깨닫지 못하게 될 것이다. 그러니 바로 이러한 신성함의 의미를 생성하기 위해 존재해야 하는 것은 세속적인 존재로서, 평범한 인물이다. 라스 폰 트리에는 마치 범인(凡人)이란 신성함을 구분할 수 있는 주체로서, 신성한 존재를 알아차릴 수 있도록 해야 하는 운명을 지닌 존재로 그려내고자 한다. 이런 생각은 현실에 찌든 여성의 이미지가 신화 혹은 종교적 세계에 도착하면 신성함은 곧바로 발견될 것이라는 기대감으로 뒤바뀐다. 다시 말해 라스 폰 트리에는 순교자로서의 여성 캐릭터를 그려내기 위해서는 현실에 적응하지 못하는 무능한 모습을 평범한 범인으로 그려내어야만 종교적 세계, 혹은 신화적 세계에 자연스럽게 녹아들 것이라는 사실을 잘 알고 있었다는 것이다. 그래서 평범한 존재였던 그녀들의 죽음은 우리에게 정확히 재현되지 않더라도 종교적 부활의 이미지로 강력하게 재현될 수 있었으며 동시에 무능에 대한 연민, 종교적 신성모독의 경계에서 희생의 가치를 진심으로 체득하게 한다. 또한 <어둠 속의 댄서>와 <브레이킹 더 웨이브>

에서 등장하는 순교자가 되는 과정에서 그녀들이 부각될 수 있는 이유는 한 편으로 주변의 세속화된 사람들로 인해서이다. 이는 무능력과 무기력을 부각시키는 동시에 신성을 강화하며 이로써 그녀들의 거룩함은 강렬하게 경험될 수 있게 된다.

라스 폰 트리에의 모든 영화에서 발견되는 이런 유형은 평범한 인간과 신성한 인간을 이해하는 데 가장 결정적으로 작동하게 되고 라스 폰 트리에 영화를 보는 관객이 처하게 될 딜레마를 매우 직관적으로 설명하게 된다.

그러므로 관객은 라스 폰 트리에의 의도가 여성 이미지를 신성한 순교자와 그리스도의 이미지에 더 가깝게 만들려는 것인지 아니면 그리스도를 인간 또는 여성에 더 가깝게 만들려는 것인지를 알 수 없게 되는 지점에 위치하게 될 때 비로소 라스 폰 트리에의 의도에 훨씬 더 가깝게 다가설 수 있게 되는 것이다.

<안티크라이스트> 포스터

<안티크라이스트> 예고편

키클롭스²⁾

4. <안티크라이스트>: 여성 희생의 여정

1) 무엇에 저항하는가?

라스 폰 트리에는 선과 악의 결정불가능성을 통해 희생자이면서 사형집행인이라 할 수 있는 현실의 두 캐릭터를 하나의 형태로 관찰할 수 있는 **키클롭스**의 눈을 작동시키기도 한다. 더불어 그가 그려내는 여성 이미지는 사디스트와 마조히스트의 비유적 대립을 통해 관객들에게 윤리적인 반성의 순간을 제공하기도 한다.

생물학적 측면에서 죽음은 분열과 분해로써 신체를 파괴한다. 죽음은 살아있는 '생'을 물질의 관성으로, 어떠한 편차도 없이 동질성으로만 축소시킨다. 그렇게 죽음은 개인의 유일성을 철저하게 파기한다. 라스 폰 트리에의 <안티크라이스트>(2009)와 <멜랑콜리아>(2011)는 죽음과 죽은 몸이 갖는 희생과 파괴의 의미를 전면에 내세운다. 그렇게 라스 폰 트리에는 이 두 영화에서 히스테리 몸을 만들어 낸다. 광기와 죽음에 의해 희생되는 욕망, 소외되는 여성 이미지, 자해로 인한 육체 이미지, 애도의 신체와 죽은 몸의 이미지는 죽음에 의한 희생을 '충동'으로 이어간다.

죽음을 충동으로 지명하는 것은 생물학적 죽음을 심리적 죽음으로 전복시키는 일이다. 죽음이 가진 절대 권력은 항상 외부에서 비롯된 것이고 이는 <안티크라이스트>(2009)에 이르러 다음과 같은 형식으로 반영된다.

먼저 <안티크라이스트>(2009)는 미학적 관점에서 영화 초반 정교하고 세밀한 슬로우 장면으로 인해 이미지의 미적인 외양과 그로 인해 감지할 수밖에 없는 비극적 장면을 분명하게 보여준다. 이 영화의 시작부터 배치된 비탄과 흑백 이미지의 아름다움은 오페라 아리아로 휘감겨 시작된다. 헨델의 "울게 하소서"가 휘감겨 울리는 검은 공간 안에서 하늘에서 내리는 눈을 환희에 찬 모습으로 바라보고 있는 아이의 모습과 성적 희열에 찬 두 얼굴들이 교차되면서 어떤 대립적 의미의 강렬함을 보충한다. 하얀색 옷을 세탁하는 세탁기는 죽은 아이의 순결로 직결되고 남성의 이미지는 성욕의 강도를 반영한다. 여성의 오르가슴은 여성 희생의 첫 번째 표현으로 작동한다. 이후 이 부부는 서로 간의 격렬한 증오를 불러일으키며, 사디즘적 마조히즘적 관계를 제안하기에 이른다. 실제로 <안티크라이스트>의 오프닝 씬에서 보게 되는 그들의 관계는 마치 치열한 싸움인 것처럼 보이고 그 싸움은 항상 어느 한쪽이 승리해야 함을 암시한다. 영화 초반 눈을 감은 샬럿의 클로즈업은 아들이 죽는 순간마저 자신에게는 희열의 순간이 될 수 있다는 것을 보여주는 자책의 상흔, 무관심에 대한 죗값이 된다. 이는 남성과 여성 사이의 투쟁의 모순적 형태를 암시한다. 라스 폰 트리에는 이 모순적 형태를 두 사람의 몸을 분리하는 신체적 정신적 의미를 위해 사용한다. 그리고 그는 이것을 다른 사람의 신체를 지배하려는 것처럼 육체, 영혼, 남녀의 충돌로 발전시킨다. 이 충돌은 곧 쾌락과 고통 사이에 배열되어있는 그 미묘한 감각들을 하나로 병합할 수 있는 오르가슴의 바로 그 역할에 주목하게 하고 오르가슴에 도달한 후 밀려오는 만족감, 실망, 지루함, 압도적인 피로감, 혐오감, 반발심 또는 무관심의 이유를 동시에 설명해준다. <안티크라이스트> 속 부부간의 증오는 이 영화에서 구축되는 여성 희생 공간의 시금석이 된다.

2) 히스테리적 몸

히스테리는 잘 알려져 있다시피 라틴어 hysterica와 그리스어 husterikos에서 공통적으로 발견할 수 있는 자궁의 의미, 즉 hustera에서 유래했다. 이후 히스테리는 초기 기독교 이론가들에 의해 변화를 겪게 되는데 성자와 악마에 대한 어떤 초자연적인 개입으로 자궁에 장애가 온 것으로 이를 규정하기 시작했기 때문이다. 당시 히스테리는 분명 미신적 요인이 깊이 관여했다. 또한 히스테리가 신체(자궁뿐만 아니라)에 서식하며 사회적 금기를 표출하는 원동력으로 여기게 된 것도 이후 변화에 큰 몫을 차지한다. 따라서 히스테리는 엄격한 제약에 고통받는 여성들의 해방적 열망을 소거시키려는 죄목을 병적 증상으로 바꾼 것이라고 정의될 수 있을 것이다. 히스테리는 반란의 원인이 아니라 오히려 반란의 억압을 위한 하나의 효과였던 셈이다.

그렇게 히스테리는 여성의 삶에 영향을 미치기 시작한다. <안티크라이스트>에서 샬럿은 영화 전반에 걸쳐 수동적인 희생자의 역할을 자처한다. 그녀는 이 상태에서 남편을 제거할 목적으로 그녀를 지배할 수 있는 주인을 찾아 헤매는 노예가 된다. <안티크라이스트>에서 샬럿은 바로 이 히스테리가 자신의 몸을 새롭게 할 수 있는 힘이라고 여긴다. 그렇게 샬럿은 남이 가하는 고통을 쾌락으로 바꿔 놓기에 이른다. 샬럿은 자신이 영원한 죄를 지었으며 자신이 악마로 보인다고 인정하면서 수동적인 "노예" 상태에 머물기를 원하고 있었던 것이다. 자발적인 노예 상태로의 열망. 이는 야생 동물들에 둘러싸인 공간에서, 육체와 정신 공간 사이에서 끊임없이 현실과 죄책감을 오가는 여성 희생의 시작을 알린다. 샬럿은 이 과정에서 여자의 본성, 더 나아가 "인간"의 본성이 악의 기원임을 발견한다. 이후 그녀는 현실을 향한 거부감 자체를 즐기고 성적 관계를 새로이 고안해 내어 자신의 악마적 본능을 타자(남편)에게 투사하기 시작한다. <안티크라이스트>에서 여성의 이미지는 활동적인 히스테리적 몸과 수동적인 몸 사이에서 활발한 진자운동을 편다. 이렇게 라스 폰 트리에는 희생의 진리를 비틀어 자연과 인간의 대표자로서 여성의 기원을 포착한다.

숲 속의 샬럿 <안티크라이스트>

한편 <안티크라이스트>의 라스 폰 트리에는 자연(숲) 속에 또 다른 자연을 여성으로 상정하여 각각 서로가 서로를 은유하도록 배치한다. 이것은 마치 하나가 다른 하나를 먹어치우는 것과 같은 이치로 발동된다. 그렇게 숲이라는 공간은 도시 공간과는 거리를 둔 채 삶의 법칙, 사회적 규범에서 자유롭게 하여 여성의 희생적 숭고를 드높일 수 있는 가장 이상적인 공간으로 변모한다. <안티크라이스트>에서 숲은 자신을 죄인으로 만들려는 욕망을 만족스럽게 지지해주는 공간이 된다. 어쩌면 모든 것의 전복을 충동하는 이 숲의 원리는 곤충에 의해 먹히고 있는 조류의 몸, 자신의 창자를 뜯어 먹는 여우 등의 이미지로 승화하여 자기 파괴의 의미를 희생의 의미로 치환한다. 라스 폰 트리에가 숲에 던져둔 두 인물은 하나님이 아담과 이브를 에덴동산에 두었던 성경 이야기를 직접적으로 상기시키지만 여기에 라스 폰 트리에는 이브가 취한 선악과를 마침내 천상의 조화로써 인간들을 어지럽히고 현실 세계에 혼란을 야기하는 소위 '진리의 진리'를 충실하게 수행하는 것으로 뒤바꿔 놓는다. 라스 폰 트리에는 성경에서 예시된 악의 문제를 이 영화에 담아 천국과 지옥 사이의 공간에 존재하는 인물들을 신화적이고 비유적으로 그렇게 묘사한다. 이때 여성 캐릭터는 마녀의 전설에 사로잡힌 것으로 묘사되고 그렇게 <안티크라이스트>는 죄와 구속에 관한 기독교 이야기와는 정반대, 아니면 그 그림자 격으로 그 세상을 구현한다. 그런 세계관 속에서 <안티크라이스트>에서의 여성은 악마적 속성을 재현하고 있는 것이다. 이때 그녀는 <어둠 속의 댄서>의 셀마와 <브레이킹 더 웨이브>의 베스와 달리 광기의 마지막을 향해 완전하게 나아간다. 샬럿은 "자연은 사탄의 교회다"라고 말하면서, 그녀가 에덴에 가까워진 느낌을 가지면 가질수록 악의 기원, 지옥의 존재 그리고 인간의 본성을 믿게 된다.

<멜랑콜리아> 포스터

5. <멜랑콜리아>: 애도와 우울

1) 대상의 상실

라스 폰 트리에의 프로이트 연구서 격으로 개발된 두 영화는 <안티크라이스트>와 <멜랑콜리아>라고 할 수 있다. 여기에서 라스 폰 트리에는 두 가지 심리학적 개념을 실험한다. 그것은 "애도와 우울"이다. 이 두 개념은 마치 평행선처럼 함께 연구되곤 했다. 먼저 "애도와 우울"을 위해 프로이트는 사랑의 대상 또는 상실감에 대한 사람

<멜랑콜리아> 예고편

의 반응을 분석한다. 프로이드는 "애도란 심각한 고통과 우울의 기간을 포함하는 일시적인 상실감"이라고 정의하여 곧 치유되어야 할 것으로 여긴다. 어떤 사람들에게는 애도의 반응이 우울한 상태의 시작이 될 수 있다. 이 개념을 통해 프로이트는 사랑하는 대상을 잃어버린 상실의 중요성을 강조한다. 게다가 상실은 사랑하는 대상과 그 대상과의 동일시라는 두 가지 메커니즘의 문제를 분명히 드러낸다. 애도하는 마음은 잃어버린 물건을 마음으로부터 조금씩 조금씩 꼼꼼하게 떼어내어 궁극적으로는 세밀하게 분리해 내는 것이다. 현실은 사랑하는 대상이 더 이상 존재하지 않는다는 것을 보여주고 그 물건에 붙어있는 리비도에서 물러서길 요구한다. 이때 현실은 애도를 통하여 에너지의 강렬하고 격렬한 자아의 중지를 강제한다.

다시 <안티크라이스트>로 돌아가면, 샬럿의 애도 과정은 의학적으로 잘 잡히지 않는 이상한 과정을 거친다. 샬럿을 돌보는 책임 있는 정신과 의사가 남편이라는 사실 덕에 샬럿의 의식이 현실과 종교적 태도 사이에서 회전하고 있기 때문이다. 그런 이유로 그녀의 애도는 샬럿이 죽음으로 떠나보내야 했던 아들 닉을 애도하기 위해 현실을 부인하려 하면 할수록 종교적 상태로 빠져들기 시작 했던 것이다.

그러므로 샬럿의 애도 상태는 자신이 처한 현실을 제대로 받아들이지 않는 것이 아니라 오히려 자신이 설정해 놓은 죄책감의 종교적 판단극단을 현실 그 자체로 받아들임으로써 수행될 수 있는 것이 된다. 그렇게 샬럿은 스스로의 죄책감 속에서 나오게 하려는 소위 치유라는 것 자체를 거부하고 그 안에 놓인 자신을 오히려 종교적 상태로 만들어 버리려 노력한다. 더욱이 그녀는 이미 종교적 상태의 고통을 쾌락의 수준으로 뒤바꿔버렸다. 이런 그녀의 애도는 현실 속 죽은 아들의 상실을 절대적으로 거부함으로써 가장 충실히 발휘될 수 있게 된다. 이 상태는 '죄책감의 쾌락'이라고 할 만한 것으로서 결국 자신의 삶과 배우자, 모든 것을 파괴해도 된다는 면죄부를 만들기에 충분해진다.

한편 애도의 병리학적 버전이 우울증이다. 그러나 애도와 우울의 차이점은 애도의 경우 잃어버린 대상을 명확히 알고 있는 것인 반면. 우울증은 잃어버린 대상을 전혀 모르고 있는 것에서 나타난다. 그래서 애도는 우울함을 의식하지 않고 우울함은 애도를 의식하지 못한다. 물론 우울증이 좀 더 병리학적인 형태를 취하고 있는데 그 이유는 우울함은 우울함에 의해 유발된 자기애적 회귀가 추가되기 때문이다. 영화 <멜랑콜리아>에서 라스 폰 트리에는 훨씬 더 광의의 개념에서 이를 실험한다. 이 영화를 장악하고 있는 우울은 큰 상실감 다시 말해 '지구의 상실'로부터 기인하기 때문이다.

2) 육화로서의 모방 에너지

웨딩드레스를 입은 채 정원을 가로지르는 클레어 <멜랑콜리아>

영화 <멜랑콜리아>는 두 개의 행성 충돌과 두 자매의 이야기를 배치한다. 라스 폰 트리에는 우울을 위해 지구와 우주 사이의 세계를 이끌어낸다. 우울한 얼굴의 여자, 죽은 새들, 비현실적인 장식정원, 이중 그림자, 골프 코스에서 뛰는 여자, 황야의 웨딩드레스를 입은 여성, 맑은 강가의 환상적인 밤 풍경, 하늘의 두 행성 등이 그것이다. 라스 폰 트리에는 영화의 시작 부분에 수수께끼 같은 이러한 세계의 이미지를 보여준다.

이 영화에서 라스 폰 트리에는 처음부터 언뜻 보기에 행복하고 조화로운 결혼식 풍경을 보여준다. 그러나 다른 라스 폰 트리에의 영화에서와 마찬가지로 <멜랑콜리아>에서도 결혼은 형벌에 불과하다. 더군다나 그런 결혼의 축하 속에서 더욱 극단화되는 저스틴의 우울 상태는 애도처럼 잃어버린 사랑하는 대상과 전적으로 상응하지 않는다. 오히려 저스틴은 자신의 욕구를 채우기 위한 물건을 거부하는 것도 모자라 급기야 그 거부 자체마저 머릿속에서 지우듯 무시해 버린다. 그런 저스틴의 행동은 세상에 관심을 잃어가고 있다는 허무를 강렬하게 설명한다. 지구로 돌진하고 있는 행성 '멜랑콜리아'는 바로 이런 허무주의의 한 형태를 강력하게 은유한다. 그런데 '허무주의'는 라틴어 "nihil"(아무것도 아님)에서 비롯된 것처럼 그것은 인간이 이해할 수 없고, 이해할 수 있다면 이해할 수 있는 진리 또는 가치 자체를 잃어버린 것에 다름 아닌 것이라고 할 수 있는 것이다. 니체와 사르트르에게 있어서 허무주의는 어떤 존재에 대한 부정 즉, 일반적으로 확립된 가치의 부정을 말하는 것이다. 허무주의는 진리가 결코 확실하게 결정되지 않는다는 정교한 회의론이고 그래서 니체와 사르트르는 여러 가지 범주의 허무주의를 묘사한다. 이런 관점 중에서 <멜랑콜리아>가 취한 허무주의는 '아무것도 아님'을 인간이 절대로 거부할 수 없다는 극단의 허무주의에 가깝다.

이 허무에 대해서는 저스틴의 행동이 그 자체로 답을 한다. 저스틴은 적극적이고 공격적인 우울함으로 허무주의를 표현하고 있는 것이다. '아무것도 아님'의 적극적인 부정. 저스틴은 이로써 자신의 마음을 분석하고, 지구상의 생명체를 해석하며, 자신의 공간과, 자신의 몸을 연결하면서 세계로부터의 독립을 공표한다. 저스틴의 우울함은 자신의 지성을 무력화하기 위해 자기 주변의 것을 의도적으로 관찰하여 철저히 부정하는 능력으로 뒤바뀐다. 그런 과정 속에서 재발견된 지구는 저스틴에게 있어서는 '부정할 수 없는 무가치함'의 지옥이 될 뿐이다.

라스 폰 트리에는 이를 친절하게 설명하기 위해 <멜랑콜리아>에서 두 쌍을 병치한다. 하나는 행성 '멜랑콜리아'와 '저스틴'을 비교선상에 놓고 다른 하나는 행성 지구와 클레어를 동일선상에 올려놓는다. 그렇게 두 개의 행성 사이와 두 개의 인물 사이에 놓인 관객은 두 여인의 '허무' 논리 싸움을 목격하게 된다. <안티크라이스트>에서 관찰된 투쟁의 본질과 종교, 진리와 상상력이 영화<멜랑콜리아>에서도 다른 모습으로 편재하고 있는 것이다. 라스 폰 트리에는 두 명의 여성 인물을 통해 자연과 문화, 직관과 과학, 합리적이고 비합리적인 것의 무가치함을 다루고자 한다. 두 자매, 과학자, 어린이와 말은 무가치에 둘러싸여 있는 채로 또 다른 유형의 무를 기대하게 만든다. 그런 무질서함 속에서 수호자인 라스 폰 트리에는 모든 것이 망가질 때까지 여기 머물러야 한다고 명령하는 것과 같은 방식으로, 등장인물 모두를 지옥이 돼버린 이 공간에 투옥시킨다. 그래서 라스 폰 트리에는 그들이 있는 장소의 지리 정보를 제공하지 않는다. 그저 지구는 악하다는 메시지만 전달한다. 그렇게 두 자매는 아름다운 지옥의 성전에 감금된다. 그러던 와중에 행성 '멜랑콜리아'는 곧 지구를 파괴한다.

그러니, 이 지점에서 영화 <멜랑콜리아>가 죽음에 관해 말하고 있는 것이라고 말하는 것은 명백한 오류이다. <멜랑콜리아>는 죽음이 아니라 새로운 탄생, 새로운 땅, 새로운 세상, 새로운 사람들이 갖는 무가치함을 적극적으로 보여주고 있는 것이다. 무가치함의 강렬함. 그렇게 라스 폰 트리에는 행성 '멜랑콜리아'를 '우울증'(멜랑콜리아)에 빠진 저스틴과 일치시킴으로써 그녀 스스로도 이 무가치한 행성에 속해 있는 무가치한 존재임을 강력하게 나타냄으로써 무가치함, 아무것도 없음의 무가치함을 '없음의 리비도'로 강조한다. 그래서 결국, 지구의 소멸로써, 우리는 우리들이 무가치하다는 것인지, 아니면 무가치함이 새롭게 무가치함을 얻게 되는 것인지 규정할 수 없는 소위 '영원회귀의 소용돌이'에 갇혀 버리고 만다.

이로써 라스 폰 트리에는 <안티크라이스트>와 <멜랑콜리아>에서 두 가지 히스테리컬하고 우울한 몸을 무가치함의 힘이라는 사실을 발견하여 무가치한 규범과 무가치한 규칙에서 벗어나려는 노력은 '가치 있는 일'인지, '가치 없는 일'인지를 선택하게 한다.

라스 폰 트리에의 여성 등장인물은 자신의 인간적 무가치함을 드러내면서 빅토리아 시대의 마녀에 대한 부정적인 인식에 저항하고 합의된 규칙의 무가치함, 무용함을 옹호한다. 라스 폰 트리에가 그려내는 여성의 이미지는 이런 무가치의 이중적 형태로 이브의 캐릭터를 재차 호출한다. <안티크라이스트>의 샬럿은 이브와 이브의 원죄와 관련이 있었다. 자기 죄책감은 비록 그 주변과의 상관관계를 통해 무가치한 것이 된다고 하더라도 결국 그것은 '아무것도 없음'의 강렬함을 증명한다. 라스 폰 트리에는, <안티크라이스트>에서, 샬럿을 생명나무에서 얻은 무가치한 권력을 지닌 이브로 그려낸 후, <멜랑콜리아>에서, 저스틴을 무가치한 지옥인 지구를 파괴하기로 결정한 이브로 재탄생시켰다. 어쩌면 라스 폰 트리에는 <안티크라이스트>를 에덴 속 아담과 이브의 세계가 창조되기 전의 '아무것도 없음'을 보여주고자 기획한 것이라면 <멜랑콜리아>는 이브에 의해 파괴될 '아무것도 없음'의 허무지옥, 바로 그 지구를 파괴하기 위해 기획했던 것이다.

6. 라스 폰 트리에의 육화와 모방

1) 육화의 모순 이미지

라스 폰 트리에의 영화에서 희생적인 여성은 앞서 언급한 네 편의 영화 이외의 다른 영화에서도 주로 목격된다. 이로써 우리는 그의 영화를 통해 희생이라는 키워드를 등에 업고 여성 인물이 한 영화에서 다른 영화로 점점 더 발전하고 서로 연쇄적 고리를 이루고 있다는 사실을 확인할 수 있었다. 여기에서 살펴본 여성 캐릭터들은 대체로 순교자로서의 이미지를 우리에게 제공한다. 이런 여성의 이미지는 마치 그리스도의 고난과 삶을 모방하는 것처럼 보이기도 한다. 라스 폰 트리에는 성경의 해석학적 읽기를 통해 예수 그리스도와 여성의 이미지를 미메시스에 기초한 육화적 개념으로 확장하고 있었던 것이다. 그래서인지 라스 폰 트리에가 그리는 여성의 이미지는 상징적인 그리스도의 형상을 생각하게 하다가 허무의 파괴로 연결되는 극단의 궤적을 그리는 레비아탄의 특성과 꼭 닮아 있다. 결국 현실을 거부하고 희생을 받아들이는 여성의 끊임없는 열망은 그렇게 괴물처럼 폭로된다. 그런데 이런 열망은 영성이 아닌 광기 혹은 히스테리로 연결되기에 더욱 극렬해진다. 이런 이유로 라스 폰 트리에의 궁극적인 여성 존재는 자기 죄책감을 체화한 종교의 희생 이미지가 되는 듯 보여도 기존의 관습적 희생양의 모습을 그대로 답습하는 우에서는 철저하게 벗어날 수 있게 된다.

지금까지 다룬 네 편의 영화로 이러한 희생을 작위적으로 나열하는 것은 무리가 뒤따를 수 있지만, 한 가지 확실한 사실은 허무주의적 희생이 강렬한 의미로 재탄생할 수 있다는 것이다. 어쩌면 인간의 죽음 충동은 희생의 보편적 정의를 설명할 수도, 설명할 수도 없을 수 있다. 하지만 라스 폰 트리에는 바로 이점을 파고들어 궁극적으로는 기독교 형식의 인물과 서사구조 속에 녹아있는 희생의 키워드와 죽음, 허무주의적 리비도를 자신만의 방식으로 모방한다. 그래서 그가 하는 이 모든 모방적 노력은 종교적 교리에 따르려는 것처럼 보이다가도 그 노력 안에서 의미를 스스로 붕괴시키거나 다른 확장로를 개척하려는 시도로 보이기도 한다. 허무주의 및 히스테리라는 특성을 리비도적 에너지로 뒤바꿔버리는 동시에 정신소외를 하나의 역동성으로 재해석하려는 그의 시도는 그래서 독창적이다. 어쩌면 라스 폰 트리에가 천착하는 여성의 몸은 희생을 순교로서 신체가 다른 신체로 육화되기 위해서 남기는 침범의 징후로써 재현해 내려고 했을지 모른다. 실제로 이러한 과정을 순교의 과정이라고 할 수 있을 때 그가 종종 그려내는 대상의 훼손, 가해, 손상은 또 다른 형태의 변형 혹은 모방, 또는 위장이 아닐까. 한 종교적 인물의 살이 훼손되고 찢겨 부서질 때 비로소 드러나는 신과의 "닮음"이라는 관계가 일종의 육화(incarnation)로써 신성한 의미가 되는 것처럼 말이다.

이런 의미에서, 육화는 창조자의 "이미지"를 뛰어넘어 자신의 이미지를 재현하는 초월적 방법론일지 모른다. 그렇게 육화는 이미지의 근원적인 해체와 겹친다. 왜냐하면 세계는 모방을 통해 독창적인 것을 만들어내기 때문이다. 결국 육화는 창조주의 자기 모방(mimesis)에 다름 아니다. 그러니 육화는 모델이나 기원 없이는 다다를 수 없는 것이 된다. 육화는 자기 해체를 통해서 새로운 자기를 발견해야 하는 모순적 이미지인 것이고, 라스 폰 트리에는 바로 이 의미에 천착하여 여성을 그려냈던 것이다.

장 뤽 랑시에르는 '육화된 신'을 창조자와 사람을 평등의 관계에 놓는다고 말한다. 그래서 육화는 두 개체의 양극 사이에 놓여 있는 힘의 균형을 유지한다. 접근하기 어려운 그리스도의 모습을 모방 한 라스 폰 트리에의 여성 인물들은 종교의 이미지를 그러한 육화의 방식으로 여성에게 덧입혀 동일화에 성공한다. 그렇게 라스 폰 트리에는 순교와 희생의 형상을 여성화한다.

이 과정에서 육화된 여성의 이미지는 히스테리와 우울증의 증상을 일으키고, 신체를 파괴하여 '변태(變態)'를 일으킨다. 기존의 껍데기를 뚫고 나비가 되는 곤충의 이 변태는 기존의 살을 찢고 밖으로 나오는 새로운 몸을 인간에게 부여하는 용어로써 재해석되어 소위 창조주로부터의 소외를 표시하는 동시에 희생적 존재의 강렬한 허무를 실현한다. 이는 두 가지 형태로 라스 폰 트리에 영화에 반영된다.

첫 번째로 라스 폰 트리에는 자기 자신을 파괴하는 히스테리적 몸의 육화를 유혈 사태와 같이 피가 튄 웨딩드레스, 공중에서의 정지, 상처 입은 몸, 칼에 베인 얼굴, 땅속으로 파고드는 신체 등으로 형상화한다. 이는 육화의 이미지를 신성모독처럼 뿌리내리게 한다. 라스 폰 트리에는 이런 역할을 여성에게 부여한 후 철회하거나 재현하는 것을 반복한다. 그의 이러한 전략적 순환은 또 다른 모방을 항상 필요로 한다. 두 번째로 라스 폰 트리에는 자신의 영화 속에 두 세계, 즉 신화, 종교 그리 현실 사이의 경계를 긋고 성경에서의 그리스도를 모방하여 여성 캐릭터를 구축하고 그 경계 사이에 희생의 허무를 상정해 놓는다. 이 역시 희생을 전제로 한 육화의 이미지라는 점에서 신성을 강조하지만 현실 세계의 부적응, 혹은 무기력하고 무력한 모습을 반복함으로써 현실의 허무주의를 또 다른 에너지로 소비한다. 이는 라스 폰 트리에가 현실과 영화를 경계 짓는 가장 특징적인 방법이기도 하다. 라스 폰 트리에에게 여성은 무기력하고 무능력해질수록 강력한 리비도를 방출할 수밖에 없는 죽음 충동의 존재인 것이다.

이러한 라스 폰 트리에의 모방 혹은 인용은 표상의 혼합과 혼성화에 의해 증폭되어 결국 기존 문화의 풍부한 이미지적 가치를 발견하는 노력으로 이어진다. 앞서 언급했듯 라스 폰 트리에는 숲과 고립된 공간을 종교적 이미지, 상징적인 것, 예술이라 할 수 있는 것, 야생이라는 자연을 약화시키고 문화적 질서를 강화하는 것에 대적한다. 특히 이를 통해 닮음과 반복을 넘어 새로운 표현의 공간으로 인간의 신체, 즉 여성의 몸을 승화시킨다. 영화는 그에게 이러한 실천을 가능하게 해주는 실체적 공간이며 여성 이미지는 이러한 그의 전략에 최적화된 대상이다. 그래서 그의 영화를 단순히 정신분석학적 관점이나 페미니즘의 관점으로 몰입해 보려는 시도에서 머물거나 아니면 종교적 상징주의적 관점으로 이해하려 한다면 아마도 많은 것을 놓치게 될 수도 있을 것이다.

어쨌거나 여성이건 종교이건 문화건 허무주의건 그 모두는 우리를 향해 있다. 그렇게 라스 폰 트리에가 그려내는 여성의 이미지 속에는 희생의 이러한 중의적 개념이 장식되어 있다. 희생은 오늘날 이론가와 예술가들에게 가장 고무적인 주제 중 하나이지만 여전히 수수께끼와 같은 것으로 남아 있는 알 수 없는 주제이기도 하다. 그렇기 때문에 라스 폰 트리에가 바라보는 여성 이미지 속에서 희생의 의미는 새롭게 바라볼 필요가 있는 것이며, 이로써 라스 폰 트리에 영화는 새로운 가치를 늘 생산해낼 수 있게 된다. 어쩌면 라스 폰 트리에 영화가 우리에게 줄 수 있는 큰 가치 중 하나는 여러 논쟁적이고 무모함으로 보이는 종교적 도발에도 불구하고 우리의 관념을 늘 신비롭게 조망할 수 있게 해주는 영화를 만들려고 한다는 것이다. 그런 이유때문에 라스 폰 트리에는 영화를 찍고 또 찍는 것인지 모른다.

| 주 석 |

1) 상호텍스트성의 자세한 내용은 아래 문헌 참조
   롤랑 바르트, 『텍스트의 즐거움』(김희영 역), 동문선, 2002.
2) 키클롭스의 흥미로운 내용은 아래 문헌 참조
   호메로스, 『오딧세이아』(진형준 역), 살림, 2017.

8장 루카 구아다니노

감정을 착취하지 않는 감각

Luca Guadagnino

최재훈

루카 구아다니노

1. 루카 구아다니노

1) 편들지 않는 공정함

감정을 착취당하는 것 같은 순간이 있다. 웃으라고 만든 뻔한 장면에 실실 웃고 있을 때. 이래도 안 울어, 작정하고 만든 눈물 코드에 콧물까지 흘리며 울고 있는 내가 보일 때. 이건 감동적이지? 이러면 좋지? 이런 거 좋아하지? 이래도 안 웃어? 이런데도 안 울어? 뻔하게 이죽거리는 연출의 의도가 뻔히 보이는데도 그 감정에 휘둘리는 나 자신을 더 뻔하게 발견하는 순간. 우리는 감정이 착취당했다고 느낀다.

반면 마음 붙일 곳이 없어 생뚱맞고 어리둥절한 순간도 있다. 누군가의 편을 들고, 나와 동일시하면서 등장인물과 똑같은 마음으로 웃고, 울고, 화내고, 무서워하면서 공감하는 거로 마음을 다스리고 싶어하는 관객들을 자꾸 감정의 소동에서 밀어내는 것이다. 마음을 치며 동정해야 할 것 같은 순간인데 멀찍이서 바라보게 하고, 눈과 마음이 촉촉하게 젖어야 하는 순간 같은데 자꾸 건조한 모래바람을 날린다. 이런 순간, 관객들은 스스로 공감 능력이 떨어지는 건지, 지금 펼쳐지는 이야기를 나만 이해하지 못하는 건지 자꾸 되짚어 의심하게 된다.

앞서 설명한 두 문단은 관객의 입장에서 영화를 볼 때 느끼게 되는 흔한 감정들이다. 이탈리아의 영화감독 루카 구아다니노의 영화를 보고 있자면, 문득 어리둥절한 순간을 겪게 된다. 즉, 앞서 설명한 문단에서 후자(두 번째 문단)에 설명한 감정을 느끼게 된다는 말이다. 누구도 편들지 않는 감독이 만들어내는 인물들을 보자면 응원하고 싶은 선인도 미워할 만한 악인도 없다. 모두 적당히 이기적이고, 타인에 대한 배려보다는 모두 자신의 욕망을 더 우선시한다.

굳이 이해하자면 이해 못 할 사람도 없지만, 굳이 왜 저러나 싶은 순간들을 함께 겪는다. 그렇게 맘 붙일 곳 없는 등장인물들의 이야기를 보고 있자면 관객들은 누구 편을 들어 나의 영화 관람을 완성할지 고민하게 되는 것이다.

사실 루카 구아다니노 감독은 알려진 것처럼 늘 이야기가 불친절한 영화를 만들어왔다. 등장인물 자신만이 느끼는 '어떤 감정'의 순간에 몰입하지만, 관객들이 충분히 동감할 수 있는 서사를 직조해 놓지 않는다. 즉 감정을 이해시키기 위해 감정을 충분히 설명해주지 않는다는 말이다.

고쳐 말하자면, 루카 구아다니노 감독은 서사를 통해 관객들의 감정을 조작하지 않는다. 그래서 관객들은 종종 이야기에 깊이 빠지지 못하고 사념에 빠지게 된다. 그래서 이야기를 놓칠 수는 있지만, 주인공들이 겪는 감정의 격정에 함께 휩싸이는 순간을 함께 겪거나 캐릭터 그 자신이 되어 깊이 공감하는 일은 거의 없다.

관객들은 서사 대신 등장인물들이 겪는 내밀한 감정선을 멀찍이서 들여다보게 된다. 이렇게 큰 줄기의 서사 대신 인물들의 소소한 감정선을 따라가는 화면을 보다 보면 문득 깨닫게 되는 것이 있다. 등장인물의 감정이 오직 그들의 것이듯, 그들을 바라보는 내 감정도 오롯이 내 것이구나, 하는 그런 공정한 기분 말이다.

2) 감정(感情)의 감정(鑑定)

루카 구아다니노 감독의 시점을 굳이 글쓰기의 시점에서 이야기해 보자면 3인칭 글쓰기의 시점이라 할 수 있다. 앞서 말한 것처럼 그는 관객들이 캐릭터와 함께 감정의 격랑 속에 함께 휩쓸리지 않도록 계속 거리를 둔다. 그래서 관객들이 스스로 자신에게 와 닿은 감정(感情)을 감정(鑑定)하게 만든다.

이런 그의 영화적 태도, 혹은 표현방법은 얼핏 이탈리아의 새로운 영화 사조였던 네오리얼리즘에 맞닿아 있는 것처럼 보이는 것은 사실

3인칭 글쓰기

자신이 겪은 감정적 사건이나 심리적 외상을 1인칭으로 서술하지 않고 다른 누군가에게 일어난 일을 바라보듯 목격자가 되어서 3인칭으로 서술하는 글쓰기 기법[4]

네오리얼리즘

네오리얼리즘은 있는 그대로의 현실을 포착하고자 하는 영화 운동이다. 현실을 왜곡하는 할리우드 드라마의 조작 기법을 비판한다. 다큐멘터리 기법을 활용해 꾸밈없는 직접적 현실을 보여 준다.[5]

이다. 1940년대~1950년대에 이르러 세계 2차 대전을 겪은 유럽은 삶의 진실, 가장 고통받는 서민들의 삶을 있는 그대로 그려야 한다는 각성에 이른다. 이탈리아의 영화감독들은 할리우드 영화가 수많은 극적 장치와 과도한 스토리텔링을 통해 감정을 조작한다고 생각했다. 이탈리아 영화의 새로운 사조, 네오리얼리즘(neorealism)이 태동한 이유이다.

네오리얼리즘의 이데올로기 아래 만들어진 새로운 이탈리아의 영화는 사회의식을 담은 현실감(reality)과 인간 본연의 모습을 탐구하는 현실감을 동시에 품었다. 파시즘에 맞선 투쟁과 민중들의 일상을 담아내야 한다는 역사적 소명도 여기에 담겼다.

네오리얼리즘의 대표적인 감독으로 불리는 비스콘티와 로셀리니는 이전 영화들이 품어온 전통적 기법의 이야기 기법(narrative), 그리고 실제 현실을 왜곡하며 관객들에게 환상을 심어주는 기교를 거부했다.[1] 허구의 드라마에 앞서 일상생활 속의 참된 이야기를 보여줘야 한다는 것-natural 하면서도 real 하게 표현하는 것-이 바로 네오리얼리즘의 핵심이라 할 수 있다.

전통적 이야기 전개에서 벗어나, 오롯하게 인물의 감정에 집중하는 것. 과도한 감정의 조작 없이 인물의 내면의 흐름에 따라 이야기가 흘러가도록 두는 것. 일부 영화 학자들이 루카 구아다니노 감독의 영화들이 네오리얼리즘의 계보를 잇고 있다고 평가하는 것은 바로 이런 이유 때문이다.

최근 루카 구아다니노는 세계적으로 뜨거운 관심을 받는 이탈리아 감독이다. 그래서 이탈리아 영화계는 루카 구아다니노가 침체한 이탈리아 영화의 부흥을 선도하는 인물이 되길 바라는 것도 사실이다. 실제로 <콜 미 바이 유어 네임>(Call me by your name, 2017)의 세계적인 성공에 힘입어, 이탈리아 뉴웨이브(new wave)를 이끄는 인물로 평가받고 있다.

하지만 그는 앞선 몇몇 인터뷰를 통해 밝힌 것처럼 뉴웨이브를 선구하는 인물이나, 이탈리아 영화의 아이콘이 되고 싶어 하지 않는다. 2009년 <아이 엠 러브>(I am love, 2009)와 함께 부산국제영화제를 찾은 루카 구아다니노 감독은 기자 간담회를 통해 이런 말을 한 적이 있다.

"나는 이탈리안 시네마 속에 속하고 싶지 않다. 영화의 국적을 믿지 않는다."[2]

하지만 그에게 세계적인 명성을 안겨준 <아이 엠 러브>를 시작으로 <비거 스플래쉬>(A bigger splash, 2015), <콜 미 바이 유어 네임>, 다리오 아르젠토의 고전 호러를 리메이크한 <서스페리아>(Suspiria, 2018)에 이르기까지 그는 이탈리아의 풍경과 온도, 이탈리아인들의 정서가 하나로 어우러진, 이탈리아적 감성이 영화 전반을 견고하게 둘러싼 작품을 만들고 있다. 스스로는 거부한다고 하지만, 이미 그의 핏속에 흐르고 있는 이탈리아의 정서, 이탈리아의 날씨, 이탈리아의 역사가 영상 속에 켜켜이 쌓여 있다.

그렇듯 루카 구아다니노는 이탈리안 시네마를 거부하는 듯한 태도를 보이지만, 그의 작품들을 보고 있자면 네오리얼리즘은 물론, 미켈란젤로 안토니오니의 영화를 떠올리게 만든다. 이탈리아의 토양과 이탈리아의 태양과 이탈리아의 바람은 그를 만들어낸 자양분이다. 마치 규정할 수 없이 기묘하고 아름다운 무국적의 꽃을 피워 보여주지만, 그 뿌리는 이탈리아라는 토양에 깊이 뿌리 내리고 있다. 이런 루카 구아다니노의 아이러니는 그 자체로 매혹적이고, 그런 그의 작품을 만나는 것은 일종의 희열과도 같은 일이다.

[표] 루카 구아다니노 작품 리스트[3] (원제목으로 표기)

제작연도	제목	구분
1999	The Protagonists	극영화
2002	Tilda Swinton: The love factory	다큐멘터리
2003	Mundo civilizado	다큐멘터리
2003	The Making of Lotus	다큐멘터리
2004	Cuoco contadino	다큐멘터리
2005	Melissa P.	극영화
2008	The Love Factory No. 3 Pippo Delbono – Bisogna morire	다큐멘터리
2009	I Am Love	극영화
2011	Inconscio italiano	다큐멘터리
2013	Bertolucci on Bertolucci	다큐멘터리
2015	A Bigger Splash	극영화
2017	Call Me by Your Name	극영화
2018	Suspiria	극영화

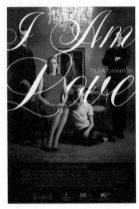

<아이 엠 러브>(2009)

2. 여름, 그 시작 <아이 엠 러브>

1) 욕망, 그 통속(通俗)의 이름

욕망, 관능, 불륜, 계급, 금기. 루카 구아다니노 영화의 키워드를 뽑아보면 지극히 원초적이고 고전적인 통속극(通俗劇), 즉 우리가 흔히 말하는 멜로드라마(melodrama)를 떠올리게 만든다. 심지어 영화의 줄거리만 요약해서 보면, 우리가 흔히 막장이라 부르는 드라마의 통속적 냄새가 아주 짙게 난다. 일종의 우아한 막장, 같은 느낌이랄까?

영화 제목	줄거리
아이 엠 러브	러시아에서 밀라노의 상류층 재벌가로 시집온 엠마는 모두가 부러워할 만한 대저택에서 화려한 삶을 살고 있다. 딱히 불만이 없어 보이는 그녀의 삶은 아들의 친구 안토니오를 만나면서 흔들린다. 엄마와 친구의 불륜을 눈치챈 아들은 엄마와 다투다 수영장에 빠져 죽지만 엠마는 모든 것을 버리고 달아난다.
비거 스플래쉬	전설적인 록스타 마리안은 영화감독인 남편 폴과 이탈리아의 작은 섬에서 살고 있다. 어느 날 마리안의 옛 연인인 음반 프로듀서 해리가 딸 페넬로페와 방문한다. 한때 연인이었던 마리안과 해리는 아슬아슬하고 농염하게 서로를 탐하고, 마리안과 해리의 관계가 거슬리는 폴은 질투심에 해리를 죽인다. 게다가 폴이 충동적으로 관계를 맺은 페넬로페는 알고 보니 미성년자였다.
콜 미 바이 유어 네임	열일곱 소년 엘리오는 가족 별장에서 지낸다. 어느 날 아버지의 보조연구원으로 올리버가 찾아오면서 소년은 사랑에 빠진다. 하지만 정체성에 혼돈을 느끼는 엘리오는 자신을 짝사랑하는 이웃 소녀와도 관계를 가진다. 뜨거운 여름을 보낸 후, 소년은 올리버가 결혼한다는 전화를 받는다.

그의 영화들의 줄거리를 이처럼 글로 풀어 써 보면 앞서 말한 철 지난, 뻔한, 통속적인 키워드로 가득 차 있는 것처럼 보인다. 게다가 <아이 엠 러브>가 이야기하는 개인의 욕망이 지켜야 할 도덕적 관습에 앞선다는 점에서, 이야기는 더 큰 파국을 향하는 것처럼 보인다.

하지만 모든 사람들의 감정은 어쩔 수 없이 통속적이라는 것이 루카 구다아니노 감독의 의중인 것은 분명하다. 주인공 엠마를 비롯해 <아이

엠 러브>에 등장하는 인물들은 모두 관계에 목마르고, 따뜻한 체온이 그리운 사람들이지만 타인에게 안아달라고 손을 내밀지 않는다.

러시아에서 온 엠마는 결혼을 통해 남편과 자신, 시부모님과 어우러진 유사가족 속에 들어와 있다. 거대하지만 잿빛같이 삭막한 대저택 속에서 엠마는 딱 자신의 위치에서, 자신의 역할만을 연기하며 살고 있다. 엠마의 남편과 자식들, 시아버지와 시어머니 등 적당히 거리를 둔 관계 속에서, 자신들이 어디에 서 있어야 하는지를 본능적으로 알고 있는 사람들이다.

그래서 대저택 속 사람들은 모두 속물처럼 보인다. 부를 권리처럼 누리고 싶어 하고, 그를 위해 아부하는 것도 서슴지 않는다. 사실 욕망을 격하게 드러내는 것보다 욕망을 세련되게 숨기는 것은 훨씬 어려운 일이다. 루카 구아다니노 감독은 등장인물들을 통해 애초에 욕망이라는 것은 세련된 것이 아니라고 말하는 것 같다.

<아이 엠 러브>는 차갑고 황량해 보이는 겨울 장면에서 시작한다. 삭막하고 냉기가 흐르는 계절은 엠마가 겪고 있는 차갑게 가라앉은 마음과 겹친다. 대저택의 조명은 늘 어둡고, 미세한 표정을 숨기기 적당한 곳이다. 저택은 사람이 숨 쉬고 사는 사람의 공간이 아닌, 권력과 계급을 벽돌처럼 쌓아 지어진 기형적 공간처럼 보인다.

단단하지만 그만큼 무거운 저택은 엠마의 발을 꼭꼭 묶어둔다. 안토니오의 산장은 하늘에 가까운 곳이다. 엠마는 지상에 단단하게 뿌리를 맺은 굳건한 저택에서 빠져나와, 비포장도로를 타고 올라, 누구도 쉽게 찾아오기 힘든 산장으로 들어간다. 또각또각 발소리를 내는 하이힐을 벗고, 비로소 맨발이 되고서야 자신의 마음을 들여다보는 시간을 가진다.

2) 나의 이름은, 키티쉬

짐짓 자신이 집 안에 갇힌 인형이었다는 사실을 깨닫고, 모든 것을 버리고 집을 나서는 여성의 이야기. 엠마의 이야기에서 헨릭 입센의 『인형의 집』을 어쩔 수 없이 떠올리게 된다. 헨릭 입센의 희곡은 새장에 갇힌 새, 혹은 인형으로 묘사되는 여성들이 주체가 되어 달아나는 아주 많은 이야기의 원형이다.

<아이 엠 러브>의 엠마 역시, 저택과 권력에 갇힌 채 가짜 미소를 지으면서 살아가는 인물이다. 요리사 안토니오를 만나, 숨겨진 욕정을 풀어가지만 굳이 <아이 엠 러브>를 정체성과 주체를 찾은 여성의 이

인형의 집

1879년 초연된 헨릭 입센의 희곡. 은행가의 아내였던 노라는 중병에 걸린 아버지를 돕기 위해 위조 사인을 했던 것을 남편에게 들킨다. 남편은 노라를 다그친다. 소동 끝에 노라는 자신이 결혼 전에는 아버지의 집에 결혼 후에는 남편의 집에 갇힌 인형이었다는 것을 깨닫는다. 그리고 이제 남편과 자신에 대한 의무 대신 자신에 대한 의무를 다하기 위해 집을 떠나겠다고 말한다.[6]

야기로 읽고 싶지는 않다. 이 영화가 다루는 것은 여성의 문제가 아니다. 욕망의 주체를 찾은 인간의 문제라고 보는 것이 맞다. 영화는 계급의 문제를 이야기하지만, 정치적 함의에 깊게 다가가지는 않는다. 오히려 지극히 개인적 욕망에 대해 이야기한다.

루카 구아다니노 감독의 영화에는 이방인이 자주 등장한다. 이방인은 부글부글 끓고 있지만, 인지하지 못하는 욕망을 숨긴 채 살아가는 사람들의 삶을 뒤흔드는 역할을 한다. 엠마의 삶에 끼어든 안토니오 역시 이방인이다. 무겁고 품위 있는 척 살아가는 사람들로 가득 찬 저택에 들어선 순간, 그는 이물질처럼 겉돈다. 엠마는 안토니오가 구부정한 모습으로 정원을 가로질러 사라지는 모습을 2층에서 내려다보며 묘한 표정을 만들어 낸다.

어쩌면 러시아에서 홀로 저택에 숨어든 자신이 느끼는 그 불편한 이물감을 안토니오를 통해 되짚어간 순간인지 모른다. 엠마가 자신의 이름은 키티쉬라고 흘려 이야기하는 순간, 마치 은밀한 비밀을 고백하는 소녀 같은 태도를 보이는 것도 같은 맥락이다. 안토니오는 이방인이라는 감각을 숨기기 위해 자신을 꼭꼭 숨기고 살아온 엠마에게 키티쉬라는 원래 이름을 되찾아준다.

엠마가 새우요리를 통해 감각을 깨우는 장면

동질감을 얻은 후에는 욕망을 느낀다. 엠마가 안토니오에게 감각적 욕망을 가지게 되는 순간을 감독은 음식을 통해 표현한다. 안토니오는 요리를 통해 엠마의 색(色), 그 낯선 감각을 일깨운다. 시어머니와 함께 안토니오의 식당에서 새우요리를 먹는 엠마가 탱탱한 살을 잘라 입에 넣는 순간 그녀의 귀에서는 종소리가 울린다. 혀와 이빨로 맛의 희열을 느끼는 순간 엠마를 환하게 밝히는 빛 속에서 그녀는 삶의, 감각의, 감춰진 욕망의 오르가슴을 느낀다. 엠마가 안토니오에게 사랑을 느끼는 순간이기도 하다.

무채색, 겨울 같은 대저택에서 야생의 생물들이 풀숲에 뒤엉켜 살아가는 산레모의 산으로 들어가면서 엠마의 욕망은 더욱 야생의 날것에 가까워진다. 숨겨진 욕망을 드러낸 붉은 옷을 벗고 알몸이 된 후, 엠마는 더 이상 붉은 옷을 입지 않는다. 숨겨진 욕망이 사라지는 순간, 엠마는 우아하게 목덜미를 덮는 긴 머리카락도 잘라 던진다.

모든 감각이 열리는 순간, 엠마는 이렇게 살아도 되나 하는 질문과 마주한다. 그 질문이 내 삶과 맞닿는 순간, 그렇게 살면 안 된다는 것을 동시에 깨닫는다. 나침반을 읽을 줄 모르는 길치처럼 화살표만 내려다보며 멈춰 서 있었지만, 이제 지도를 보는 법을 알게 된 것이다.

정체성을 (되)찾는 것은 선악과를 베어 무는 것과 비슷한 일이다.

'나'를 깊고 뚜렷하게 자각하는 순간, 나는 이전과 같은 모습으로 되돌아 살아갈 수 없게 된다.

그렇게 <아이 엠 러브>는 돌이킬 수 없는 순간에 관해 이야기한다. 이것은 마치 잘 길들어 왔지만, 피 맛을 본 맹수가 초식 동물로 다시 살아갈 수 없다는 이야기에 가깝다.

엄마와 친구가 불륜의 관계라는 것을 알게 된 충격으로 아들이 죽었다. 엠마는 엄마로서 마땅히 반성과 회한의 감정에 사로잡혀야 하겠지만, 감독은 이런 뻔한 기대를 저버린다. 모든 소동의 중심에 제각각의 감정들이 있지만, 이야기의 파국은 엠마의 감정이 이 모든 것에 앞서기 때문에 생긴다.

주인공 안나(틸다 스윈튼)는 재벌가의 맏며느리로, 내조 잘하는 아내, 인자하고 온화한 어머니의 역할을 충실히 해 왔다. 잘 정돈된 삶이지만 살얼음판 위처럼 아슬아슬해 보인다. 하지만 실제로 관객들은 안나가 자신의 삶에 회의와 권태를 느끼고 있는지는 알 수가 없다.

루카 구아다니노 감독은 앞서 말한 것처럼 이탈리아의 한 재벌가의 이야기를, 그리고 그 속에 담긴 엠마의 모습을 3인칭의 시점에서 관찰한다. 그러다 보니, 종종 헷갈리게 되는 순간과 궁금해지는 순간을 만난다. 대체 엠마는 언제 요리사 안토니오(에도아도 가브리엘리니)에게 마음을 홀렸을까? 안토니오는 엠마를 얼마나 사랑하고 있는 걸까?

관객의 마음이 누구를 향하고 있냐에 따라, <아이 엠 러브>의 결말은 다르게 읽힌다. 그래서 잘 읽어야 한다. 책. 타인의 생각. 행간의 의미. 상대의 표정. 활자의 감정. 말줄임표가 담은 말. 그리고 마지막 순간까지 절대 오독해서는 안 되는 것은 나 자신의 맘이다.

엠마처럼, 관객도 맘껏, 자신의 마음대로 느끼면 된다. <아이 엠 러브> 속 이야기는 누군가에겐 파국이지만, 누군가에게는 새로운 시작이다. 어쩌면 누군가의 이야기는 아직 시작도 하지 않은 건지도 모른다.

<비거 스플래쉬>, 2015

3. 그 여름의 손님, <비거 스플래쉬>

1) 방문객, 그 이물감

자연의 풍광과 계절은 루카 구아다니노의 영화의 분위기를 관통하는 매우 중요한 캐릭터이다. 모두지 그 속을 알 수 없는 등장인물들 사이에서, 계절은 가장 노골적으로 제 속셈을 드러내는 등장인물인 셈이다. 겨울을 거쳐 뜨거운 여름을 관통했던 <아이 엠 러브>와 달리 <비거 스플래쉬>는 뜨거운 여름 한복판으로 계절을 불러온다. 그리고 여름이라는 캐릭터를 중심으로 4명의 등장인물을 엮는다.

감정은 복잡하지만, 스토리는 단순하다. 이탈리아 남부, 판테레리아라는 섬에서 목소리를 잃은 로커 마리안과 다큐멘터리 감독 폴이 여름휴가를 보내고 있다. 지중해의 낭만적인 풍광, 개발되지 않는 섬의 풍경, 별장 한가운데 수영장은 야만적 아름다움을 품고 있다. 이들은 어떤 일도 하지 않고 권태에 가까운 휴식의 시간을 보낸다. 어느 날, 마리안의 옛 애인이자 프로듀서인 해리가 1년 전 찾았다는 딸 페넬로페와 방문하면서 평온한 일상은 뒤흔들린다.

평온한 삶 속에 들어온 이방인이라는 이물감은 <비거 스플래쉬>의 주요한 화두이다. 해리는 마리안에 대한 노골적인 호감을 숨기지 않고, 마리안보다 훨씬 젊고 예쁜 페넬로페는 자신의 젊은 육체와 폴에 대한 욕정을 드러내는 것을 꺼리지 않는다.

폴은 해리를 질투하지만, 질투를 드러내지 않으려 애쓴다. 오히려 마리안과 해리 사이에 오가는 묘한 기류를 모른 체하려 한다. 마리안 역시 확실한 태도를 보이지 않는다. 자신의 욕망에 가장 솔직한 인물은 페넬로페다. 해리와 부녀 사이라고는 하지만, 그 자체도 확실하지 않고 마리안과 폴과 어떤 인연도 가지고 있지 않다. 이 영화에서 그녀는 가장 완벽한 이방인인 셈이다.

<아이 엠 러브>에서 신흥 귀족이라 불리는 재벌의 이야기를 담은 것처럼 <비거 스플래쉬>에는 유유자적한 삶을 사는 예술가와 생존의 문제에 직면한 난민을 함께 배치한다. 귀족이 등장하지는 않지만, <비거 스플래쉬>는 신흥 귀족인 척하는 예술가들을 등장시켜, 그 여린 듯 저열한 속내를 들여다본다. 자신을 알아보는 사람들 앞에서 줄을 서지 않고 레스토랑에 들어간다거나, 특혜를 누리는 것을 당연시한다.

어쩌면 이를 통해 감독은 문화를 권력으로 삼는 신흥 귀족의 이야기를 덧붙인 것처럼 보인다. 목소리를 잃은 마리안은 휴양지에서 우아하게 귀족적인 풍모를 보이지만, 로커였던 시절 그녀는 거칠게 행동하고, 마약을 일삼으며 방탕한 생활을 누렸다. 조용히 속살거리면 말을 할 수 있지만, 마치 말을 할 수 없는 것처럼 속이는 마리안의 어떤 모습이 진짜인지 우리는 알 수가 없다.

알려진 것처럼 <비거 스플래쉬>는 자크 드레이 감독의 작품 <수영장>(La Piscine, 1969)을 리메이크한 작품이다. 알랭 들롱과 로미 슈나이더가 프랑스 남서부의 여름 휴양지에서 벌이는 은밀하고 위험한 관계를 드러내는 영화인데, 우아하고 귀족적인 스릴러 영화의 교과서로 불리는 작품이다. 부르주아의 숨겨진 욕망과 섹스를 탐구하는 감독으로 불리며 많은 후배에게 영감을 주었다.

<수영장>, 1969

프랑스와 오종 감독의 <스위밍 풀>(Swimming Pool, 2003)은 자크 드레이 감독에 대한 존경을 드러내는 작품이다. 명백히 <수영장>을 인용했음을 알 수 있는 오종의 작품을 리메이크라 부르지 않는 이유는, 원작의 이미지 이외에 대부분을 크게 바꿨기 때문이다. 반면 <비거 스플래쉬>는 등장인물은 물론, 이야기 전개의 큰 줄기를 그대로 가져간다.

<비거 스플래쉬>가 원작과 가장 큰 차이를 드러내는 것은 <수영장>의 주인공 마리안과 폴이 파국을 맞이하는 것과 달리 <비거 스플래쉬>의 마리안과 폴은 비극적 결말 속에 던져지지 않는다는 것이다. 그런데도 환하게 웃는 두 사람을 폭우 속에 두며, 해리의 죽음과 상관없이 이들의 삶이 이미 비극 속에 있었을지도 모른다는 뉘앙스를 남겨둔다.

<스위밍 풀>, 2003

2) 문화 권력의 허위

수영장은 <아이 엠 러브>에서도 숨겨진 욕망과 비밀이 드러나는 공간이었는데, <비거 스플래쉬>에서 인물들의 욕망은 수면 아래도 아니고, 수면 위로 노골적으로 둥둥 떠다닌다. 안온한 일상 속에서 유유자적 시간을 보내던 마리안과 폴, 그리고 그 속으로 파고든 침입자, 해리와 페넬로페는 수영장을 둘러싸고 기묘한 관계로 얽혀 있다.

일상이 뒤흔들린 후, 관계는 변화한다. 마리안과 해리는 이전에 프로듀서와 록스타로 맺어진 연인관계였다. 해리와 페넬로페는 부녀관계라고 말하지만, 이들이 진짜 부녀관계인지는 의심스럽다. 그들이 부녀가 아니라, 자꾸 연인의 관계처럼 보이기 때문이다. 해리가 죽은 후 이를 증명하기는 더욱 어렵게 된다.

등장인물 모두는 불편한 욕망을 지니고 살아간다. 말과 욕심이 일치하지 않고, 욕망과 행동이 겉돈다. 사건을 이끌고, 사건을 만들고, 사건을 마무리하는 인물은 해리다. 루카 구아다니노 감독은 뭔가 허세를 부리는 해리의 이미지와 그 허세가 만들어낸 웃음을 효과적으로

드러내기 위해 해리의 레스토랑 장면에 베르디의 오페라 <팔스타프>의 음악을 넣어둔다. 팔스타프는 자기가 잘난 줄 아는 허세 가득한 인물이다.

마리안은 그 속내를 알 수 없는 인물이다. 이 어떤 이유에서 목소리를 잃었는지 모르지만, 그녀를 다시 세계적인 록스타로 부활시키려는 해리의 허세는 폴을 불안하게 만든다. 폴에겐 마리안이 자신을 떠나지 않으리란 굳건한 믿음이 없다. 의심하는 순간, 감정은 지옥이 된다.

실제로 마리안은 폴의 몸에 난 흉터로 페넬로페와의 관계를 의심하지만 폴을 다그치지 않고 질문과 의심을 묻어둔다. 마리안은 과거 관객에게 침을 뱉을 정도로 과격한 성격의 마약중독자였지만 지금은 우아한 휴양객 같은 옷차림으로 살아간다. 실제로 별장에 나타난 뱀을 발견하는 것은 늘 마리안이다. 뱀은 소리소문없이 슬쩍 마리안의 별장으로 숨어들지만, 늘 마리안에게 들켜 쫓겨나고야 만다. 영화 속에서 뱀은 마리안의 욕망, 혹은 마리안을 향한 해리와 폴의 욕망을 상징하는 것처럼 보인다.

마리안은 귀족 같은 삶을 살고 있다. 노동하지 않는 그녀의 삶은 잉여처럼 보이지만, 늘 당당하다. 앞선 영화에서 권력과 계급의 이야기를 녹여내면서도 감독은 귀족들에 대해 비판적인 태도를 보이진 않는다. 그는 사람마다 신분의 차이는 있지만, 그것이 허영이건 값싼 욕망이건 그 사이의 차이는 없다고 생각하는 것 같다.

영화 속 주인공들은 수영장과 휴양지 사이를 오가면서 어떠한 노동도 하지 않는다. 매일 매일 시간이 남아돈다는 것이 그들의 현실이다. 파티와 식사, 그리고 섹스, 그리고 질투가 그들이 하는 일의 전부다. 하지만 영화는 라디오와 TV를 통해 계속해서, 난민의 이야기를 덧입힌다. 유유자적한 삶을 누리는 신흥 귀족의 휴양지는 난민들에겐 생존의 공간이다.

그래서 폴이 다큐멘터리 감독이라는 사실은 아이러니한 정서를 만들어 낸다. 그는 난민들이 생존의 위협을 받는 공간에 있지만, 그들을 기록하기 위해 카메라를 꺼내는 법이 없다. 그의 카메라는 늘 자신의 연인 마리안을 향한다. 마리안은 시종 난민 문제에 무관심한 척하다가, 살인사건 이후 난민들을 범죄자 집단으로 내모는 것에 적극적으로 변한다. 혐오를 감추고 있었지만, 자신의 이익 앞에서 혐오는 똬리를 풀고 이빨을 드러낸다.

살인을 은폐한 후, 마리안과 폴이 짓는 웃음은 그런 점에서 놀라운 일도 아니다. 그들은 자신의 감정 이외에 어떤 것도 관심이 없다. 타인의 아픔이나 고통은 상관이 없다. 이들은 어쩌면 아버지일지 모르는 해리를 잃은 페넬로페의 상실에도 관심이 없다. 내내 이들은 사랑한다고 말하지만, 정말 이들이 관심을 가지는 것은 자기 자신의 감정뿐이다.

파국처럼 보이지만, 사실 마리안과 폴은 안온한 자신들의 일상을 되찾았다. 침입자 해리를 죽음으로, 페넬로페는 해리의 죽음으로 쫓아내고 나서 마리안과 폴은 서로를 향해 환한 웃음을 보인다. 사실 사랑이야말로 지극히 개인적이고 이기적인 감정이라는 사실을 보여주는 장면이다.

인물들의 감정에 동화하지 않고, 3자화 하는 루카 구아다니노 감독의 이야기 전개는 이전 영화보다 친절한 편이지만, 등장인물의 마음에 가닿는 법을 모르는 카메라는 여전히 관객들의 마음을 모질고도 거칠게 밀어낸다.

<비거 스플래쉬>의 인물들은 결코 서로의 마음에 가닿지 않는다. 이를 통해 감독은 소통 불능의 시대의 대화법을 보여준다. 혼자만 떠들어대는 해리, 목소리를 잃은 마리안, 궁금한 것을 물어보지 않는 폴, 감춰진 비밀을 끝내 털어놓지 않는 페넬로페는 소통하지 않고, 오롯이 자신의 욕망만 들여다본다.

<비거 스플래쉬>는 알아도 모르겠고, 몰라서 더 모르는 것이 상대의 마음이라는 것을 이야기하는 영화다. 진심과 진실의 차이, 얕고도 어두운 사람의 맘은 그렇게 이해하기 어려운 것이다. 사실 마음은 깊을수록 투명해지고, 많이 이해할수록 언어는 쉬워지는 법이다. 하지만 <비거 스플래쉬> 속 인물들의 마음은 수영장 표면처럼 일렁거리지만 바닥이 훤히 들여다보일 정도로 얕고, 이들의 언어는 깊이가 없이 자신의 이야기만 내뱉는다. 그래서 불투명하고 난잡하다.

4. 그 여름의 혼돈 <콜 미 바이 유어 네임>

1) 이방인의 온도

뜨겁다고 생각하겠지만, 온기가 없는 차가운 물 속에 갇힌 것 같은 시절이 있었다. 그렇게 시린 시절을 나도 보냈다고, 한 때라고, 성장기는 그렇게 차갑고 시린 것이라고 대부분 흘깃, 무심히 바라볼 것

<콜 미 바이 유어 네임>, 2017

이다. 루카 구아다니노 감독의 <콜 미 바이 유어 네임>은 그해 여름, 뜨거웠지만 또한 차가웠던 성장의 기억 속으로 관객들을 이끄는 영화다.

<아이 엠 러브>와 <비거 스플래쉬>와 엮어 여름 3부작, 혹은 욕망 3부작으로 불리는 영화다.

17세 사춘기 소년에게 찾아온 사랑이 중심축이다 보니, 욕망에 사로잡힌 중년 남녀의 모습을 보여준 전작들에 비해 풋풋한 느낌이 든다. 하지만 더럽혀져 본 적이 없었던 소년 시절의 감각과 욕망은 더 날이 서 있다.

영화의 배경은 앞선 영화들 보다 훨씬 더 이전인, 1980년대로 돌아가 있다. 어쩌면 디지털로 소통 가능한 현재와 그 온도가 달라 투박하고 거칠지만, 그 까슬까슬한 감각 속에 오롯하게 아련한 기억을 새기기에 좋은 시간이다.

이야기는 또 이방인의 등장으로 시작한다. 17살 엘리오의 집에 아버지 펄먼 교수의 보조연구원 올리버가 찾아온다. 미국에서 온 올리버는 6주간 엘리오의 집에 머물면서 아버지를 돕고, 자유로운 일상을 가족들과 나눈다.

"찬탈자가 왔네."

2층 창문에서 올리버를 내려다보면서, 자기 방을 내어준 엘리오는 그렇게 속살거린다. 그리고 이내 올리버가 뺏어간 것은 자신의 방만이 아니라는 것을 알게 된다. 이방인은 그의 육체와 그의 마음 전체를 찬탈하고야 만다.

앞선 영화에 등장한 이방인이 주인공의 삶을 송두리째 뒤흔들어 파국에 이르게 하는 것과 달리, <콜 미 바이 유어 네임>의 이방인 올리버는 어린 만큼 투명하고 지루한 소년의 삶을 깨치게 만드는 인물로 그려진다.

엘리오는 음악에 재능이 있는, 무심한 듯 거칠면서도 다정한 매력을 가진 소년이다. 그에겐 이탈리아 부르주아적 가정 속에서 안온한 삶을 살아가는 것이 당연하다. 문학과 예술에 관해 이야기하는 것이 자연스러운 가정이다. 안온한 일상을 자꾸 뒤흔드는 올리버를 바라보는 엘리오의 감정은 파도처럼 그 기복이 심하다. 불쑥 다가갔다가 적의를 드러내며 물러서기도 한다. 온전히 버텨야 할 정체성의 혼란 속에, 여자 친구와의 관계도 고민하지만 엘리오의 마음에는 올리버만이 가득하다.

성인과 소년의 경계에 선 엘리오의 날 선 감정과 낯선 떨림, 그리고 관능적 욕망이 구체적이었던 원작에 비해 구아다니노 감독은 인물들이 품는 내밀하고 섬세한 감정 변화를 온전히 티모시 샬라메와 아미 해머의 표정과 몸짓, 긴 한숨과 쉼표가 많은 관계 속에 녹여내면서 훨씬 더 많은 여백과 그로 인한 향기를 남겨둔다.

2) 큐어와 퀴어 사이의 어딘가

앞선 두 편의 영화에 비해, <콜 미 바이 유어 네임>의 사랑은 첫 경험처럼 비리고, 아프고, 시큰하다. 여러 사람의 욕정이 뒤얽혀 복잡했던 앞선 영화와 달리 올리버와 엘리오, 두 남자의 관계에 초점을 맞춘 데다 엘리오의 감정의 변화에 따라 이야기가 흘러가도록 두어 앞선 영화들에 비해 가장 쉽고, 가장 대중적인 흐름을 가지고 있다. 극적인 흥분을 일으킬만한 사건이 없이 엘리오의 감정 기복에 따라 이야기의 결이 달라지는 것으로 극적 재미를 만들어 간다.

엘리오의 감정선에 동화된 많은 관객이 엘리오의 사랑을 응원하게 되지만, 여전히 루카 구아다니노 감독은 3인칭 시점을 취하고 있다. 원작인 안드레 애치먼의 소설 『그해, 여름 손님』은 성인이 된 엘리오가 17살 무렵의 여름을 회상하는 1인칭 시점의 소설이다. 원작을 보면 엘리오가 겪는 마음의 소동과 절절한 감정의 변화가 아주 상세히 그려져 있다.

하지만 각색자로 참여한 제임스 아이보리는 모든 시점은 3인칭으로 바꿔, 관객들이 엘리오를 관찰하게 만든다. 이를 통해 감정의 소동은 객관화되고 두 남자 사이에 오가는 감정의 교류가 사랑이었는지 단순한 호기심이었는지 관객들이 계속 상상하게 만든다.

더불어 두 사람의 사랑을 선정적으로 그리지 않고, 올리버의 개인적인 이야기를 최대한 배제하면서 엘리오의 감정에 더욱 집중하게 만든다. 깡마른 소년의 몸으로 혼란을 고스란히 맞이하는 티모시 샬라메의 순수한 듯 자유분방한 연기는 성인과 소년 사이의 사랑이라는 격앙될 수 있는 소재를 첫사랑에 달뜬 소년의 이야기로 정화한다.

<콜 미 바이 유어 네임>은 소년의 성장을 다룬 여타 퀴어 영화와 그 결이 다르다. 성 정체성의 혼란을 겪는 소년이 결핍과 비밀이라는 그늘에 가려 시들해져 버리지 않는다. 정체성의 혼돈 속에서 무르익지 않아 떠도는 퀴어적 공기를 전반에 깔지만, 소년을 열패감에 빠지

게 만들지는 않는다.

오히려 주인공의 곁에 속 깊은 여자 친구와 더할 나위 없이 든든한 부모를 배치하며, 공격적인 적을 만들어 두지 않는다. 팽팽하게 당겨진 끈에 묶여 그 구심점으로 되돌아올 수밖에 없는 날 선 현실 대신, 아들의 미래를 위해 따뜻한 온기를 전하는 부모의 조언은 낯선 판타지처럼 느껴지지만 꿈꿔보고 싶은 든든한 응원이기도 하다.

뭉클 피어오르는 첫사랑의 아름다운 순간과 놓친 사랑의 아련함을 담아내는 이탈리아의 햇살이 아름답다. 혼자 있는 순간에도 따뜻한 햇볕은 인물을 화사하게 비추고, 밤의 외로움에도 비치는 은은한 달빛은 혼자 남겨질 소년의 마음을 다독인다. 적절한 순간에 흘러나오는 음악과 낭만적 정서도 따뜻하다.

<콜 미 바이 유어 네임>은 지옥의 혼란을 겪는 소년의 감정을 따뜻하게 그리며, 상처 입기 쉬운 나이를 혀로 핥으며, 미숙한 사랑을 단죄하지도, 떠난 사랑을 미워하지도 않고, 그냥 그 나이에는 어떤 것도 규정되지 않은 미지의 상태여도 된다고 토닥거린다. 그리고 그 속에서 자신의 진심이 무엇인지 들여다볼 충분한 시간이 주어지는 건 축복에 가깝다.

5. 그 겨울의 환각 <서스페리아>

1) 나, 이방인

<서스페리아>, 1977

<서스페리아>, 2018

<그레이의 50가지 그림자>(Fifty Shades of Grey, 2015)의 그림자가 여전히 남아있는 상태에서 <비거 스플래쉬>에 등장한 다코다 존슨의 이미지는 오히려 훨씬 더 어리고 소녀 같아 보였다. 아직 세상을 충분히 모르지만, 이미 세상을 다 아는 것 같은 치기 어린 태도. 생각보다 욕망을 앞서 드러내는 페넬로페의 모습은 <그레이의 50가지 그림자> 속 다코다 존슨의 농염하고 치명적인 관능을 지우는 데 큰 역할을 한다.

루카 구아다니노 감독은 <비거 스플래쉬>에 이어, 다코다 존슨에게서 관능적 여인에 앞서, 깡마른 소녀에 가까운 모습이 있다는 것을 발견하고, 이를 믿는 것처럼 보인다. 그래서 다코다 존슨이 주인공인 <서스페리아>는 어수선한 어린 시간을 거친 소녀가, 악몽 같은 욕망을 더 깊이, 더 적극적으로 받아들이는 순간을 포착해 낸다.

알려진 것처럼 루카 구아다니노의 <서스페리아>는 다리오 아르젠토의 원작 <서스페리아>(Suspiria, 1977)를 리메이크한 작품이다. 마녀 집단이 운영하는 베를린의 댄스 아카데미에 도착한 미국 소녀, 등장인물과 배경, 마녀와 흑마술이라는 콘셉트를 빌려오지만 영화의 이야기와 끝은 원작과 아주 다르다. 아르젠토 영화 속 수지와 달리, 2018년의 수지는 달아나지 않았다는 설정으로 이끌고 가는 <서스페리아>는 1977년 <서스페리아>의 하드 고어 확장판처럼 보인다.

자연의 풍광이 또 다른 주인공의 역할을 하는 감독의 전작들처럼, 눅눅하고 축축하고 추운 베를린의 풍광은 <서스페리아>를 더욱더 서늘하게 만드는 제3의 주인공 역할을 한다. 비가 퍼붓는 공항에 수지가 도착하는 것으로 시작한 원작과 달리, 루카 구아다니노의 <서스페리아>는 패트리샤(클로이 모레츠)가 하얗게 질린 모습으로 정신과 의사를 찾아오는 것으로 시작한다. 전쟁의 상흔이 채 가시지 않은, 회색빛으로 죽어버린 도시 속, 댄스 아카데미의 미스터리를 더욱 강화하는 장면이다.

원작과 달라진 점은 수지가 계속해서 자신이 달아난 고향의 꿈을 꾼다는 것이다. 수지의 고향 오하이오 시골집의 풍경을 수지의 꿈과 현실 속에 배치해서 보여준다. 수지는 계속 엄마의 환영에 시달린다. 엄마는 그녀의 숨통을 죄는 보수적인 권력자였다. 죽음을 앞둔 그녀의 엄마는 수지에게 죄의식을 덧입히고, 수지에게 엄마는 죄의식 그 자체가 된다. 이방인의 이물감을 입고 있지만, 수지가 고향을 그리워하지 않는 이유이기도 하다.

댄스 필름과 연극 협업으로 잘 알려진 안무가 다미앙 잘레(Damien Jalet)에 의해 만들어진 <서스페리아> 속 춤은 독일 표현주의의 전통에 맞닿아 있다. 독일 표현주의 춤은 가볍게 날아오르는 발레와 달리, 무용수들의 몸을 땅에 가깝게 끌어내린다. 무용과 극이 결합된 형태의 탄츠 테아터는 제2차 세계 대전의 상황에서 불안, 공포, 정신적 좌절과 공허함 등 인간의 어두운 내면을 담는다. 이런 전통을 잘 담아내면서 흑마술의 힘을 가지고 있는 것처럼 보이는 영화 속 춤은 선정적이고, 무섭다. 춤이 소품처럼 쓰인 전작과 달리, 루카 구아다니노 감독의 <서스페리아> 속 춤은 그 자체로 하나의 이야기가 된다. 군무는 영화 속에서 가장 무서운 장면이기도 하다.

전작들과 달리, 이번 작품은 정치적 함의를 노골적으로 드러낸다. 베를린 장벽은 물론이고, 전쟁과 그 상흔에 대해서 더 깊이 파고든다. 마녀들이 지배하는 예술학교라는 원작의 의미에 정치적 함의를 더 해

설득력을 가지려는 것처럼 보인다. 라디오헤드의 톰 요크가 음악을 맡았는데, 영화 속에서 톰 요크의 음악은 공포가 스멀스멀 관객들의 몸을 기어 다니는 것 같이 음악을 체험하게 만든다.

2) 마녀, 엄마, 여성

원작의 수지가 춤에 별다른 의지가 없어 보이는 데 반해, 루카 구아다니노 감독의 2018년 <서스페리아> 속 수지는 댄스 아카데미를 목표로 미국을 떠나온 적극적인 소녀로 그려진다. 춤 장면이 적었던 원작과 달리, 춤은 2018년 <서스페리아>의 정서를 이루는 아주 중요한 메타포이다.

수지의 적극적인 태도는 소녀들이 단순히 희생되는 원작의 이야기와 결을 다르게 만든다. 수지가 난장의 끝에서 달아나는 원작의 끝과 달리, 수지의 적극적인 태도는 흑마술의 중심으로 들어가 피의 페스티벌을 벌이며 스스로 마녀가 되는 설정과도 맞닿아 그 의미를 강화한다.

루카 구아다니노 감독의 앞선 영화들이 주인공의 삶 속으로 파고든 이방인으로 인한 혼돈을 그려냈다면, <서스페리아>는 주인공 자신을 이방인이 되게 만들어 그 결을 완전히 다르게 표현한다. 마치 앞선 욕망 3부작의 종지부를 찍고, 완전히 새로운 이야기를 만들어내겠다는 욕심을 보인다. 그래서 극의 배경도 이탈리아가 아닌, 독일로 옮겨졌다.

낯선 땅에서 겪게 되는 이방인으로서의 이물감, 신입생에 대한 적대심, 주인공과 조연이 극명하게 갈라질 수밖에 없는 무용 공연의 현실 등. 미국인 수지가 독일에서 겪을 수밖에 없는 날 선 이물감과 두려움은 <서스페리아>를 관통하는 정서이다.

결말을 덧붙여 이야기하자면 수지는 이방인이지만, 결국 댄스 아카데미와 마녀들의 세상을 장악하는 주체가 된다. 오히려 <서스페리아> 속 마녀들의 처지에서 보면 이 호기심도, 욕심도 많지만, 겁은 없는 수지라는 학생 때문에 평온한 마녀의 일상을 빼앗기게 되는 셈이다.

이방인 수지가 찾아든 비밀스러운 아카데미는 원작과 달리 더욱 황량한 정서를 담은 곳으로 변했다. 원작 속 댄스 아카데미는 핫 핑크, 기하학적 무늬로 가득한 화려한 곳이다. 살인이 벌어질 때, 피는 검붉은 색이 아니라 선명한 붉은 색에 가깝게 과장되게 묘사된다. 반면 2018년의 <서스페리아>는 눈 덮인 황량한 베를린만큼이나 무채색에 가깝다. 그 때문에 영화의 말미, 무시무시한 피의 살육 장면이 더욱 돋보인다.

<서스페리아>는 여성이 중심인 이야기다. 댄스 아카데미는 전쟁 중에 마녀들이 일궈내고, 마녀들이 지켜낸 공간이다. 이 공간에서 여성들은 예술을 만들어 낸다. 마녀라 불리지만, 남자들이 전쟁을 일으키는 잔혹한 세상 속에서 누군가의 엄마이자 여성으로 살아가면서 마녀가 되지 않고 살 수 있었을까, 되짚는 장치처럼 보인다. 그래서 영화 속에 등장하는 다양한 여성들은 현존하는 모든 여성성을 대변하는 인물처럼 보인다.

영화 속 남성들은 세상을 망치고 있는 군인, 무기력한 형사, 사라진 아내를 그리워하는 클렘 페러 박사 등 대부분 늙은이거나 무력한 사람들이다. 클렘 페러 박사는 영화의 시작과 끝을 관통하는 정서와 이야기를 이끌어간다는 점에서 무척 중요한 인물이지만, 실제로 박사를 연기한 인물은 틸다 스윈튼이다. 이를 통해 감독은 모든 주요 배역에서 남성을 배제시킨 셈이다.

<서스페리아>의 세계에서 남성들은 아무런 역할도 해내지 못한다. 실제로 댄스 아카데미를 찾아온 형사들은 옷이 벗겨진 채 희롱당하는 대상으로 그려진다. 그들은 지옥 같은 혼란 속을 찾아올 수는 있지만, 구원자의 자격을 가지지 못하는 인물들이다. 그래서 아카데미 역시 철저히 여성들의 공간으로 그려진다. 원작에서는 남성 발레리노와 집사 등 남성 캐릭터가 있지만 루카 구아다니노가 묘사하는 마녀들의 세상에는 남성 캐릭터가 등장하지 않는다.

이는 마치 남성들이 일으킨 전쟁의 상흔과 그 속에서 마녀가 되어 예술학교를 지켜온 여성들을 이야기하는 것처럼 보인다. 남자들이 일으킨 전쟁, 그리고 그 소동을 피해 들어온 안전한 공간에서는 오직 여성들만 살아가고 있다. 온전한 폭압도, 그 폭압을 온전한 것으로 변화시키는 것도 다 여성의 힘에 달려있다는 선언처럼 보인다. 문제는 그 선언을 지켜보기 위해 감당해야 하는 하드고어 장면이 이 영화를 대중과 아주 멀어지게 만든다는 것이다. 그런데도 이 영화는 감독이 세상과 사람을 바라보는 방식을 바꾸는 전환점처럼 보인다.

앞선 영화들에서 루카 구아다니노 감독은 인물들을 계속 3인칭화하면서 관객들이 그들과 동일시되지 않도록, 거리를 두면서 감정의 과잉을 스스로 막아내면서 감정의 격정에 관객들이 휩쓸려 소진되지 않도록 만들었다. 하지만 <서스페리아>는 관객들을 끊임없이 지치게

하드고어

영화를 보는 사람이 공포감을 느끼도록 만드는 호러(Horror)영화의 일종으로, 호러 영화들 중에서도 그 잔인함의 정도가 진한 영화를 말한다. 전기톱이나 잔디깎는 기계로 사람을 절단한다거나, 피가 사방팔방으로 튀고, 배에서 창자와 온갖 알 수 없는 것들이 튀어나오는 장면들이 나오는 영화를 말한다. [8]

만든다.

<서스페리아>가 그의 변화인지 진화인지, 과장된 이 영화가 그의 결핍에 의한 것인지 과잉에 의한 것인지에 대한 평가는 그의 차기작을 위해 남겨둬야겠다.

6. 이방인의 길, 루카 구아다니노

루카 구아다니노 감독 영화 속 인물들은 각자의 욕망이 가리키는 이정표를 따라 지그재그로 걸어간다. 그 길 위에 선혈처럼 남겨진 발자국은 충돌한다. 처음에는 비포장도로 같던 거친 길을 욕망으로 꾹꾹 밟아 다진 뒤, 그 길은 인물들이 나아가야 하는 자신의 앞길이 된다.

그의 영화는 주로 불쑥 찾아온 이방인이 뒤흔들어 놓는 일상을 다룬다. 설핏 평온한 것처럼 보이지만 그의 영화 속 인물들은 모두 하나같이 결핍 속에 빠져 있다. 온건한 것처럼 보이지만 불완전한 가족, 튼튼한 울타리를 치고 있는 것처럼 보이지만 정체성의 혼란까지 책임질 수 없는 가정이 중심에 있다.

루카 구아다니노 감독은 자신의 감정을 중심으로 휘몰아치는 이야기 속에 욕망의 시녀가 되어, 결국 타인에겐 방관자가 되어버리고 마는 이기심을 들여다본다. 하지만 늘 관조적 시점에서 누구도 탓하지 않는다. 더불어 누구의 편도 들지 않는다.

관계를 희망한다는 의미에서 주인공들은 타인에게 상처를 주지만, 자신의 욕망에 더욱더 단단하게 종속된다. 그래서인지 지독한 우울함에 빠져 허우적거려도, 영화 속 인물들은 조금도 성장하는 법이 없다. 이야기의 본질은 주어진 삶을 견뎌내기 위해 그 어떠한 것도 하리라 하는 생존에 가깝기 때문이다.

<아이 엠 러브>의 엠마처럼 주인공들은 유연하지 못하다. 눈앞에 보이는 것, 내 옆의 사람을 끌어안고 무작정 앞길을 향해 내달리기만 한다. 그렇게 나아가야 생존할 수 있다는 마음으로 뒤도, 곁도 돌아보지 않고 직진만 거듭한다.

루카 구아다니노 감독의 영화 속 인물들은 늘 무언가로부터 달아나지만 해방된 자유로운 감각을 드러내지 않는다. 어쩌면 숨 막히는 현실을 보여주기보다 숨이 막혀, 턱 멈춰 선 순간에 집중하기 때문이다. 그런 먹먹함은 갈증이 되고, 그들의 욕망은 결국 갈증이 된다.

그는 세상에는 결코 노력하지 않아서도 비겁해서도 아닌, 그럴 수밖에 없는 일들이 엄연히 존재한다고 말한다. 감정의 들숨과 날숨으로 묵묵히 들여다보는 것. 강한 어조로 훈계를 하거나, 누군가를 편들기보다는 낮게 읊조리는 목소리에 귀를 기울이는 것. 루카 구아다니노 영화 속 인물들이 생존을 위해 욕망을 뒤쫓는다는 사실은 불친절한 이야기 전개에도 불구하고 관객들의 보편적 정서에 가닿는 방법도 놓치지 않는다.

그래서 관객들은 영화를 보는 동안이 아니라, 영화가 끝나 일어나는 순간, 더 많은 이야기를 듣게 된다. 종착역에 도착했다고 안내를 받는 순간, 그 길 끝에 선 순간, 여행이 시작되는 것처럼 엔딩 크레디트가 끝난 후, 커피 한 잔을 마시면서 문득 궁금해지는 것이다. 엠마는 안토니오에게 갔을까? 올리버는 왜 여자와 결혼을 하는 걸까? 제 아비를 잃은 페넬로페는 어떤 삶을 살게 될까?

이들은 영화 속 캐릭터일 뿐이지만, 이들의 삶이 아직 끝나지 않고 어딘가에서 계속 이어질 것 같은 생각이 든다. 모두에게 익명의 삶처럼 보이지만, 하루하루가 힘겨운 나 자신의 삶처럼 꾸역꾸역, 근근이 말이다.

| 주 석 |

1) https://en.wikipedia.org/wiki/Neorealism_(international_relations) 발췌
2) http://www.cine21.com/news/view/?mag_id=58247 '부산국제영화제' 인터
   뷰, (글 김도훈 기자) 중 발췌
3) imdb.com_Luca Guadagnino_filmography 참조
4) https://terms.naver.com/entry.nhn?docId=5677620&cid=62841&category
   Id=62841
5) https://terms.naver.com/entry.nhn?docId=1625058&cid=42219&category
   Id=42228
6) https://terms.naver.com/entry.nhn?docId=893187&cid=60619&category
   Id=60619
7) https://terms.naver.com/entry.nhn?docId=3573642&cid=59000&category
   Id=59000
8) https://terms.naver.com/entry.nhn?docId=74195&cid=43667&category
   Id=43667

9장 빔 벤더스

분열과 좌초 너머에서 발굴한 존재의 서사

안치용

1. 빔 벤더스의 작품 세계

빔 벤더스는 제2차 세계대전의 포화가 막 멈춘 1945년 8월 독일의 뒤셀도르프에서 태어났다. 벤더스가 폐허에서 새 생명으로 태어났다는 사실은 여러모로 상징적이다. 독일 전후 세대를 대표하는 감독으로서, 그가 아버지 세대에 대한 부정(否定)과 극복을 특징으로 하는 '뉴 저먼 시네마'의 기수가 된 것은 불가피했을까.

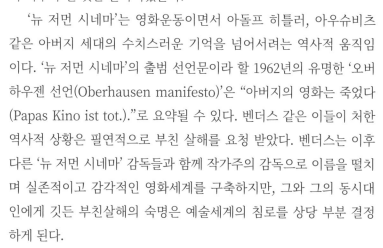

빔 벤더스

'뉴 저먼 시네마'는 영화운동이면서 아돌프 히틀러, 아우슈비츠 같은 아버지 세대의 수치스러운 기억을 넘어서려는 역사적 움직임이다. '뉴 저먼 시네마'의 출범 선언문이라 할 1962년의 유명한 '오버하우젠 선언(Oberhausen manifesto)'은 "아버지의 영화는 죽었다(Papas Kino ist tot.)."로 요약될 수 있다. 벤더스 같은 이들이 처한 역사적 상황은 필연적으로 부친 살해를 요청 받았다. 벤더스는 이후 다른 '뉴 저먼 시네마' 감독들과 함께 작가주의 감독으로 이름을 떨치며 실존적이고 감각적인 영화세계를 구축하지만, 그와 그의 동시대인에게 깃든 부친살해의 숙명은 예술세계의 침로를 상당 부분 결정하게 된다.

뮌헨 영화학교 1기생으로 영화를 정규적으로 공부한 벤더스는

1960년대 말에서 1970년대에 걸쳐 '뉴 저먼 시네마' 감독의 일원으로 두각을 나타내며 세계 영화계에 이름을 알리기 시작한다. 벤더스 같은 이들은 폐허가 된 조국에서 어린 시절을 보내면서 무엇보다 이 폐허 상태에서 고통을 받았지만, 동시에 나치의 야만성이 남긴 상흔으로 고통이 배가되는 것을 느꼈다. 가해자의 후예라는 자각은 눈앞에 펼쳐진 물리적인 황폐함과 함께 내면의 끔찍한 유산으로부터도 자유로울 수 없다는 정신적 황폐함을 깨닫게 하였다. 유럽을 석기시대로 돌린 야만과 광기는 나의 죄가 아니지만, 나의 아버지의 죄이기에 내가 죄의식으로부터 자유로울 수는 없었다.

그러한 죄의식이 동시에 조국에 대한 애착과 결부될 수밖에 없었기에 독일인 벤더스와 그의 세대는 중층적인 분열을 겪게 된다. 영화적으로는 프랑스의 누벨바그(Nouvelle Vague)의 영향과, 정신적으로는 특히 68혁명의 세례까지 더해지면서 상상력의 해방과 반자본주의적인 비판정신을 체화한다. '뉴 저먼 시네마'는 여기에 동조하는 일군의 감독들의 일사불란한 특정 사조를 지칭한다기보다는 비슷한 문제의식을 가졌지만 각자 다양한 주제와 스타일을 개척한 1970년대 독일의 젊고 재능 있는 감독들과 그들의 영화를 지칭한다는 것이 중론이다. 따라서 벤더스를 이해하기 위해선 '뉴 저먼 시네마'를 알아야 하지만, 그것만으로는 아무것도 해명되지 않는다는 한계를 동시에 갖는다.

벤더스를 이해하려면, '뉴 저먼 시네마' 감독인 그의 정신세계에 아메리카니즘이 자리하고 있음을 기억하여야 한다. 그는 자신만의 아메리카니즘을 형성하였는데, 이것은 그의 영화세계에 적지 않은 영향을 끼치게 된다. 미국의 라디오 방송과 록 음악, B급 영화를 정신의 또 다른 자양분으로 섭취하며 자란 것은 빔 벤더스 같은 영화감독에만 국한되지 않고 독일 전후 세대 젊은이들에게 일반적이었다.

독일에 점령군으로 온 미군과 접촉하며 미국을 받아들인 이들에게 미국은 이중적인 존재였다. 수치스런 파시즘으로 기억되는 아버지 세대에 대한 안티테제로서 미국과 미국문화는 고통스런 현실의 돌파구였다. 벤더스는 "구명대로서 미국 영화와 미국의 록 음악이 없었더라면 미치지 않고 유년기를 견뎌내지 못했을 것"이라고 말했다. 미루어 짐작건대 전쟁 직후에 유년기를 맞은 벤더스 세대의 곤고함은 상당한 것이었으리라. 배드가이 '아버지'를 '굿가이' 아메리카가 혼내주고 정의를 확립한 상황에서 그들은 아메리카에 열광하였다. 그 열광은 당연했지만, 동시에 부끄러운 것이기도 하였다.

<시간의 흐름 속으로>

왜냐하면, 반복되는 문제로, 벤더스를 포함한 전후 세대가 결정적으로 '아버지'의 아들이란 사실이 망각될 수 없었다. 그들은 부끄럽고 수치스런 아버지를 싫어도 계승해야 할 처지였다. 그러므로 '아버지'에 대한 이중적인 태도는 회피되지 않는다. 그러므로 아메리카에 대한 이중적인 태도도 필연적인 귀결이다. 정의의 사도는 '아버지'의 살해자였으며, 아메리카에 대한 열광은 그들을 부친살해의 공모자로 만들었다. 원죄는 죄를 지은 아버지 세대가 아니라 무죄한 아들 세대가 짊어지게 된다. 벤더스에 관한 평론에서 반드시 인용되는 말은, 그의 영화 <시간의 흐름 속으로(Kings of the Road)>(1976)에서 누군가 "양키는 우리의 잠재의식을 식민화한다."고 말했다는 것이다. 이것을 벤더스 자신의 상황을 설명한 말로 보아도 틀리지는 않았지 싶다.

이러한 매우 복잡한 이중적인 태도 때문이었을까, 벤더스의 아메리카니즘은 늘 긴장을 드러낸다. 아마도 '뉴 저먼 시네마' 감독 모두가 직면한 사태일 텐데, 독일 영화인으로서 벤더스와 동료들은 할리우드 영화에서 자극을 받고 자양분을 섭취했지만 동시에 독일 영화를 잠식하는 상업적이고 자본주의적인 미국 영화를 극복해야 한다는 소명감을 느꼈다. 분열은 벤더스에게 운명이었다고 할 수 있다.

할리우드와 벤더스 간의 불화를 보여주는, 널리 회자되는 일화. 프란시스 포드 코폴라 감독의 초청으로 벤더스는 미국에서 영화 <하메트(Hammett)>(1982)를 제작하는데, 그 과정에서 그는 할리우드 시스템에 경악한 것으로 전해진다. 벤더스 같은 유형의 영화인이 할리우드에 적응하기란 태생적으로 불가능했을 터이다.

또한 태생적으로 아메리카를 벗어날 수는 없었기에 벤더스는 <미국인 친구(The American Friend)>(1977), <사물의 상태(The State of Things)>(1981), <파리 텍사스(Paris, Texas)>(1984) 등의 '미국식' 영화를 만들었지만, '미국식 영화' 안에서 미국과 유럽 사이의 대치와 불화가 끊임없이 노정된다.

벤더스의 영화에서 여행이 중요한 모티브가 된 것은 자연스럽다. 분열되고 부유하는 감독의 정신세계가 로드무비로 이어진 건 본능이었을 수도 있다. '로드무비의 왕'이란 별칭을 듣게 된 데는 전후 세대로서 '뉴 저먼 시네마' 감독인 그의 DNA에 내재된 이 같은 본능이 작용했기 때문이라고 해석한다고 하여도 과하지는 않아 보인다. <도시의 앨리스(Alice in the Cities)>(1974), <잘못된 움직임(The Wrong Move)>(1975) 등에서 이어진 <파리 텍사스(Paris, Texas)>(1984)는 벤더스 류 로드무비의 완성본이라 할 만하다.

로드무비 <파리 텍사스>는 초반에 보여주는 광활한 사막만큼이나 광범위하고 탁월한 성취를 보여준다. 전후 세대로서 부친살해의 숙명 앞에 선 벤더스는 <파리 텍사스>의 주인공 트래비스처럼 현실도피의 여행을 떠나, 그 이중성과 분열의 미로에서 어렵사리 갈피를 잡고 복원의 새로운 가능성을 시사하며 미래를 모색하는 열린 결말의 여행을 다시 떠난다. 그러나 그 복원의 가능성은 트래비스로 상징되는 벤더스 세대에겐 주어지지 않는다. 트래비스의 극 중 대사처럼 과거의 상흔이 너무 클 때는 복원이 불가능하기 때문이다. 부친살해 세대는, 아들과 모성에게 가능성을 제시하고는, 자신은 그 화해의 자리에 동참하지 못한 채 결말을 알 수 없는 여행을 새롭게 시작한다.

영화감독으로서 그의 새로운 여행은 나름의 합당한 목적지를 찾아가는 느낌이다. 아메리카니즘과 로드무비에 이은 벤더스 영화의 또 다른 키워드는 다큐멘터리일 것이다. 젊은 날 68혁명을 경험한 '뉴 저먼 시네마' 감독으로서 다큐멘터리에서 자신의 독자적인 작품세계를 연 건 필연적으로 보인다. 벤더스의 다큐멘터리는 극영화 못지않은 감수성으로 평론가들과 관객들로부터 좋은 평가를 받았다. 20세기 말에 발표한 <부에나 비스타 소셜 클럽>(1999)은 다큐적인 엄밀성과 극영화적인 서정을 잘 버무려낸다.

벤더스는 한 인터뷰에서 "나는 이미지 생산자에서 이야기 전달자로 돌아서겠다. 오직 이야기만이 이미지에 의미와 도덕을 던져줄 수 있다."고 말했다. 부친살해의 운명을 극복한, 혹은 극복하진 못했지만 극복하려고 부단히 노력한, 그리하여 어느새 원숙한 나이에 접어든 '저먼 시네마' 감독의 포부가 느껴지는 말이다. 벤더스는 여러 가지 표현방식으로 이미 많은 이야기를 우리에게 들려주었다. 아마도 그에겐 아직도 해야 할 이야기가 남아있지 싶다. 또는 남아있기를 기대한다.

이 글에선, 벤더스의 영화 세계를 대표한다고 할 <파리 텍사스>, <베를린 천사의 시>, <부에나 비스타 소셜 클럽>, <밀리언 달러 호텔>을 각각 살펴보고 결어로 마무리 짓고자 한다.

2. <파리 텍사스>:
'로드무비의 왕'이 만든 길과 존재의 영상미학

<파리 텍사스>

영화 <파리 텍사스(Paris, Texas)>는 빔 벤더스 감독에게 왜 '로드무비의 왕'이라는 별칭이 따라다니는지 수긍하게 만드는 그의 대표적 로드무비이다. 1984년에 개봉된 이 영화는 그해 칸영화제에서 만장일치로 황금종려상을 수상하였다. 영화제 직전까지 편집을 마치지 못한 상황에서 3일 만에 편집과 자막 작업까지 겨우 끝내고 영화제 상영 1시간 전에 아슬아슬하게 프랑스 칸에 도착했다는 후일담이 전한다.

1) 길 위에 길이 있을까

'로드무비'답게 <파리 텍사스>는 텍사스의 광활한 사막을 걸어가는 한 남자의 모습에서 시작한다. 갈증에 시달리며 힘겹게 걸어가던

이 남자는 사막의 어느 외진 가게에 들어가 기절하여 쓰러진다. 신분증을 통해 이 남자가 트래비스(해리 딘 스탠튼 분)라는 사실을 확인한 병원은 LA에 사는 그의 동생 월트(딘 스톡웰 분)에게 연락한다. 형제는 4년 만에 조우한다. 말하자면 트래비스는 4년을 길 위에 있었던 셈이다.

영화는 여행으로 점철된다. 4년에 걸친 트래비스의 홀로 여행은 그 여행이 끝나면서 혹은 중단되면서 영화 도입부에 살짝 소개되고, 곧바로 사막에서 LA 월트의 집까지 형제의 여행이 전개된다. 처음에 말문을 닫은 채 본래 자신의 사막여행으로 되돌아가려던 트래비스는 하는 수 없이 형제의 여행을 받아들이고 이 여행의 끝에서 형제는 화해한다.

여행은 부모로부터 버려져 삼촌, 즉 트래비스의 동생 월트의 집에 살던 헌터와 트래비스가 다시 만나 화해할 때까지 잠시 휴지기를 갖는다. 화해한 부자는 그들의 아내이자 어머니인 잃어버린 제인(나스타샤 킨스키 분)을 찾으러 곧바로 댈러스로 여행을 떠난다. 제인을 찾아 모자의 화해를 주선한 트래비스는 두 사람을 남겨두고 다시 홀로 여행을 떠난다. 수미상관(首尾相關)으로 주인공이 여행을 떠나는 구조이고, 두 여행 모두 트래비스가 가족으로부터(from) 벗어나는 형태이지만 두 여행의 의미는 판이하다. 후자의 여행은 아들과 아내에게로(to) 도달하는 과정이며, 전자의 여행이 무작정한 도피 했다면 후자는 화해 후 새로운 자신에게로(to) 가는 여정이다.

전형적인 해피엔딩은 아니지만, 그렇다고 해피엔딩이 아닌 것도 아니다. 길 위에서 시작하여 길로 되돌아가는 것이 본래 인생이라고 한다면, 의미를 상실한 혹은 의미를 탈출한 여정에서 돌아와 의미를 추구하는 여정을 새롭게 떠나는 주인공 트래비스의 모습은 다소 양가적이다. 가족과 화해하였고 아내와 아들을 재결합하게 해주었지만 그 결합에 자신이 빠져있다는 측면에서 보면 극복할 수 없는 본원적 슬픔을 엿보게 된다. 반면 그럼에도 불구하고 가족과 화해하고 분리된 상태인 아들과 아내를 연결 짓는 역할을 성공적으로 수행한 이후에 내쳐 자신의 찾으러 나서는 모습은 실존적 희망을 상징한다.

<파리 텍사스>는 간단한 스토리로 구성돼 있지만 묵직한 울림을 담았다. 로드무비이지만 로드무비 이상의 심오한 울림을 전하기에 로드무비다운 로드무비도 될 수 있지 않았을까. 그것은 길 위에서 길을 찾기 마련이지만 길 위엔 찾는 길이 없는 사정과 흡사하다. 아무튼 인간이 길을 나서지 않을 수는 없지 않은가.

2) 실패한 공존 속에서 어긋난 대화걸기

<파리 텍사스>

<파리 텍사스>에 많은 얘깃거리가 있지만, 후반부에 등장하는 트래비스와 제인의 재회 장면이야말로 압권이다. 남편·아들에게서 떠나온 제인은 관음증(觀淫症)적 유흥업소에서 일하며 생계를 해결하고 가끔 아들이 모르게 아들을 돌보는 월트의 아내에게 돈을 보낸다. 영화 속 관음(觀淫)적 유흥의 공간은 두 개의 방으로 구성된다. 각기 다른 방에 여성 접대부와 손님이 들어가는데, 두 방 사이엔 커다란 통유리가 존재한다. 여성은 손님을 볼 수 없지만 손님은 여성을 볼 수 있다. 한 사람은 상대를 보고 다른 한 사람은 상대를 보지 못하는 가운데 전화기로 서로 대화를 주고받는다.

인지의 불균형은 들여다보이는 쪽의 여성을 발가벗겨놓은 것과 같은 효과를 거둔다. 반대쪽은 터럭 하나 노출되지 않는다. 들여다보는 쪽의 비가시성과 익명성은 매매춘의 핵심역량인 구매력과 결부되어 들여다보이는 쪽을 지배한다. 전화기로 진행되는 대화는 따라서 결코 소통이 될 수 없다. 불통은 한쪽만이 아니라 양쪽에 다 해당한다. 들여다보이는 쪽이 들여다보는 쪽을 본원적 대화파트너로 삼을 수 없기에, 이 기이한 딜레마 게임의 구조는 관음적인 허위의 판타지만 극대화할 뿐이다.

그러므로 트래비스가 제인을 두 번째로 찾아갔을 때 유리창 건너편을 보지 않고 등지고 대화를 시도하는 장면은 비록 실패한 공존의 구조이지만 대화를 걸고자 하는 분명한 의지의 표명이다. 또한 원래 설정과는 반대로 트래비스 방의 불을 켜고 제인 방의 불을 끔으로써 두 사람은 불통을 극복하려 하지만, 완전히 극복되지는 않는다. 이 구조에서 두 사람은 대면하여 만날 수 없을뿐더러 유리창을 통해서도 동시에 서로를 볼 수 없다. 이 공간의 구조야말로 이 영화의 메시지 그 자체라고 할 수 있다. 우리가 어렵게 기도하는 공존에는 항상 일방적 인식과 오해가 따라다니지만, 그럼에도 우리는 공존을 위한 대화를 기도하지 않을 수 없다고.

이러한 불통의 대화나 어긋남의 공존은, '파리 텍사스'라는 제목 자체에 내재되어 있다. 극 중에서 그 유리창의 공간에서 제인과 재회한 뒤 트래비스는 아들 헌터에게 말한다. "내 아버지는 어머니를 파리의 여자라고 사람들에게 소개하셨지." 그런데 이 파리는, 프랑인들이 "파리"라고 발음하는 프랑스의 수도 파리가 아니라 미국 텍사스주 동북쪽의 "패리스"를 말한다. 영화 속 전개를 따라가면, 농담을 반복하다 보니 트래비스의 아버지가 자신의 아내, 즉 트래비스의 어머니를 파리여자라고 믿게 된 데서 문제가 생긴다.

트래비스 어머니의 '파리(패리스) 여자'라는 정체성은 기표와 기의의 분리 없이 확고한 것이었지만, 남편에 의해 기표와 기의의 분열이 일어나고, 그 분열을 상호 공유하는 순간적인 유쾌함이 지나고 분열이 남편의 의식에 의해 강제적으로 또는 폭력적으로 그리고 공식적으로 봉합되면서 분열은 그녀에게만 남게 된다. 농담은 생각하기에 따라 심각한 오해를 산출한다. 우선 그녀는 패리스 출신이지 파리 출신이 아니다. 그렇지만 남편과 주변에서 그녀를 파리 출신으로 간주한다. 그녀의 본래 출생은 무화한다. 그녀는 자신이 파리 출신으로 간주되는 것을 알지만 스스로는 패리스 출신임을 알고 있고 더군다나 잊지 않았다. 그녀의 의식의 분열과 그녀의 정체성에 관한 남편을 비롯한 주변의 실질적인 분열은 늘 공존한다.

트래비스의 부모가 텍사스주 패리스에서 사랑을 나눠 그의 어머니가 트래비스를 임신하였다는 설정 또한 함축적이다.

이 영화는 인간 의식과 존재에 관한 심오한 메타포를 구현한 것 외에 시각과 청각 측면에서도 적잖은 얘깃거리를 전한다. 특히 영화를 주도하는 색은 빨간색인데, 파란색과 종종 대비를 일으키며 다층적인 색감의 미장센을 구현한다. 트래비스가 아들에게 "나중에 텍사스주 패리스에서 살 것"이라고 말하는데, 아들이 "거기가 어디냐"고 묻자 "레드 리버 근처"라고 말한 것까지 붉은색은 영화를 주도한다. 붉은색의 의미는 어머니의 자궁까지 다양한 해석이 존재하는데, 의미 말고 색감을 염두에 두고 보는 게 더 나은 감상법이지 싶다.

영화 속의 매혹적인 기타 소리는 기타리스트 라이 쿠더가 연주했다.

3. <베를린 천사의 시>:
천사의 사랑 이면에 펼쳐진 세상사의 그늘

<베를린 천사의 시>

국내에는 1993년에 개봉된 <베를린 천사의 시(Der Himmel über Berlin)>의 원제는 <Der Himmel über Berlin>으로 1987년 작품이다. 빔 벤더스에게 칸영화제 감독상을 비롯하여 많은 상을 안겨주었다. 독일어 원제는 '베를린의 하늘' 정도의 뜻인데, 국내 개봉작엔 '천사'와 '시(詩)'가 추가되고 '하늘'이 사라졌다. 독일어의 "über"(위)가 갖고 있는 뉘앙스를 살리는 번역이 쉽지 않았기에 상투적이자 보기에 따라선 창의적인 제목으로 돌아섰지 싶다. 영어 제목 <Wings Of Desire>보다는 한국어 제목이 훨씬 나아 보인다.

1) 포스트모던한 영상 에세이

국내 개봉작 제목에 '천사'가 들어간 것에서 짐작할 수 있듯이 영화의 주인공은 베를린에 '주재'하는 천사 다미엘이다. 다미엘은 홀로 또는 다른 천사 카시엘과 함께 베를린 거리를 돌아다니며 인간사를 지켜보고 가끔 슬픔에 빠진 사람들을 위로한다. 천사는 영원히 사는 존재이지만, 영원에 비하면 순간에 불과한 '현재'를 사는 인간이 느끼는 감각을 느끼지는 못하는 것으로 그려진다. 어느 날 다미엘은 공중 그네를 타는 서커스단의 곡예사 마리온을 보고 사랑에 빠진다. 인간인 마리온을 동일한 인간으로 사랑하기 위해, 다미엘은 카시엘의 반대에도 불구하고 천사의 삶을 포기하고 인간이 된다.

이상이 주요 스토리이지만 여기에 또 다른 스토리가 결합된다. 형사 콜롬보로 유명한 미국 배우 피터 포크가 영화촬영을 위해 베를린에 도착하여 영화를 찍는 별개의 스토리가 '액자 영화'처럼 삽입된다. 영화 속 영화는, 2차 대전 직후 독일 출신 미국인의 의뢰를 받은 사설 탐정 피터 포크가 베를린에서 의뢰인 동생의 자식을 찾는다는 내용이다.

이 영화는 '액자 영화'까지 등장시키지만 사실 문학적인 관점에서 플롯이라고 할 만한 것을 찾아내기는 쉽지 않다. 없다고 할 수는 없지만 정교하지도 않다. 역량 부족이라기보다는 의도한 부주의이다. 뚜렷한 경계선 없이 느릿느릿 이야기가 전개되는데 서사적이라고 하기도 힘들고 서정적이라고 힘든 방법이 채택된다. 인간과 천사 사이의 사랑도, 경계를 드러내지 않으며 흐릿하게 그려진다. 또한 '영화 속 영화'의 주인공 역에 현실의 배우를 현실의 이름으로 캐스팅한 넘나듦이 목격된다. 예컨대 다미엘 역을 브루노 간츠가, 마리온역을 솔베이그 도마르틴이, 카시엘 역을 오토 샌더가 연기하는데, 극 중 피터 포크 역은 피터 포크가 연기한다. 어떤 캐릭터는 그 역을 맡은 사람이 연기하고, 어떤 사람은 그냥 그 캐릭터가 된다.

그러나 그 피터 포크조차 순전한 인간 피터 포크는 아니다. 배역이자 인간인 피터 포크가 배역/인간으로서 이 영화에 출연한다. <베를린 천사의 시>에 본명으로 출연하는 피터 포크가 동시에 그의 연기 경력을 대표하는 콜롬보로도 불리도록 한 것은 이러한 의도에서다. 픽션과 논픽션이 용융되는 현상은 나중에 피터 포크가 전직 천사임이 밝혀지며 더 고조된다. 피터 포크의 정체성은 나선형으로 꼬인다.

이 영화의 주인공은 당연히 천사/인간 다미엘이지만 조연임에도 핵심적인 역할을 수행하는 건 피터 포크이다. 벤더스 영화의 특징으로 아메리카니즘이 흔히 거론되는데, 말하자면 <베를린 천사의 시>에서 아메리카니즘의 핵심은 피터 포크인 셈이다.

이 영화의 색 사용이 화젯거리였다. 색감을 감각적으로 연출하는 미시적 접근이 아니라, 흑백과 컬러라는 큰 프레임으로 영상을 구분하는 통 큰 접근법을 사용했다. 영화적 설정에서 천사는 세상을 흑백으로 인식한다. 다미엘에게 처음 컬러가 주어진 때는 그가 마리온에게 사랑에 빠진 순간이었다. 속옷 차림 마리온의 뒷모습이 잠깐 컬러로 등장한 이후 한참이 지나서야, 즉 다미엘이 인간이 되고 난 다음에서야 화면은 컬러로 바뀌어 그 색조가 유지되다가 카시엘과 호메로스(커트 보이스 분)의 모습을 보여주는 종결 시점에 흑백으로 바뀐다.

종결 부분의 시선은 천사인 카시엘의 것이며, 그의 시선이 호메로스의 뒷모습을 따라가기에 자연스럽게 대미를 흑백으로 장식했다고 볼 수 있다. 여기서 관객의 시선은 이중적으로 구현된다. 즉 마리온의 뒷모습을 초점으로 화면이 흑백에서 컬러로 변경되는 첫 번째 전환에서는 카메라 앵글과 다미엘의 시선이 하나가 되면서 관객도 그 일치를 수용하게 된다. 관객 · 카메라 앵글 · 천사의 시선의 일치. 그러나 두 번째 전환 이후에는 '흑백 천사' 다미엘이 '컬러 인간'으로 바뀐 모습을 비롯하여 그가 지나가는 사람에게 이런저런 색을 묻는 모습 등을 컬러로 보여주면서 다미엘의 시선과 관객의 시선이 분리된다.

극 중 등장인물의 시선과 관객 시선의 분리가 '컬러' · '흑백'과 무관하게 대체로 일관되게 적용되는 가운데 천사가 인간을 사랑하게 되는 극적인 컬러 화면에서는 극 중 캐릭터(천사)와 관객의 시선이 일치한다. 전반적인 거리의 유지와 특별한 순간의 몰입을 겨냥했다. 아직 인간으로 바뀌기 전이라 다미엘이 천사일 때 느닷없이 출현한 컬러 장면은 극 중 천사에게도 기적임이 분명하다. 천사의 기적에 관객이 참여한다. 의미화의 모호성이 영화 전편을 안개처럼 덮지만 의미화의 영역에서 모호성을 탈피하여 유일하고 확고하게 발화하는 것은 사랑이다.

2) 아이가 아이였을 때

<베를린 천사의 시>

<베를린 천사의 시>는 만년필로 시를 쓰는 장면으로 시작한다. 처음에 그 시를 낭송한 다미엘 역의 브루노 간츠는 영화가 끝날 때까지 반복해서 "아이가 아이였을 때(Als das Kind Kind war)"를 읊조리는데 독일 작가 페터 한트케의 'Lied Vom Kindsein(어린아이를 노래함)'이란 시의 한 구절이다. 벤더스는 <베를린 천사의 시>의

시나리오를 한트케와 공동으로 집필했다. 벤더스는 한트케의 동명소설 <페널티 킥을 맞은 골키퍼의 불안(Die Angst Des Tormannes Beim Elfmeter), 1972>을 영화화하는 등 한트케와 공동작업을 많이 하였다.

<베를린 천사의 시>를 단순히 천사와 인간의 사랑으로 해석하는 것이야말로 대표적인 몰이해이다. 동서냉전으로 생긴 베를린장벽의 압도적인 음울함과 그 원인격인 홀로코스트의 대한 반성과 성찰, 그 시대 및 시대를 초월한 인간 존재의 고통을 서술하지 않고 보여준다. 사랑은, 그럼에도 불구하고 그것이 우리에게 남겨진 유일한 인간다움의 징표이기 때문에 찬미된다.

사물의 이름표로서 언어의 종속적 역할을 극복하여, 즉 언어를 통해서 서술하는 것이 아니라 언어를 서술하고자 한 한트케의 시론은 벤더스의 <베를린 천사의 시> 연출에서 제대로 구현된다. 다미엘이 "아이가 아이였을 때"를 반복할 때 아이는 아이인 것이지 아이는 다른 무엇이 아닌 것이다. 아이는 다른 무엇으로 정의되지 않고, 아이임으로서 아이인 아이가 무엇을 한다고 표현된다. 아이가 아이였을 때, 즉 어른 입장에서 "옛날에는 천국이 확실하게 보였지만 지금은 상상만 한다." 영화 속에서 아이들은 어른들과 달리 대체로 다미엘을 알아본다. 아이와 천사는 극 중 문법으로 동격이 된다.

한트케의 시구는 이어진다. "옛날에는 허무 따위는 생각하지 않았지만 지금은 허무에 눌려있다. 아이가 아이였을 때 아이는 놀이에 열중했다. 하지만 지금에 와서는 일에 쫓길 뿐이다."

'베를린 천사'는 그럼에도 왜 인간이 되고자 하였을까. 영원을 버리고 유한을 선택하였을까. 그 답은 아마도 다미엘의 마지막 독백(또는 필기)에서 발견되지 싶다. "나는 이제 안다. 어떤 천사도 모르던 사실을." 유한한 존재가 알고 느낄 수 있는 삶의 기쁨 혹은 삶의 비의가 무한한 존재에겐 주어지지 않는다는 점은 역설 중에 가장 큰 역설이다. 그러한 역설 속에서도 인간을 무한을 동경한다.

지금은 첨단 도시로 개발된 베를린의 포츠담 광장이 2차 세계 대전 이후 버려져 황폐한 모습 그대로 화면에 담겨있다. 그 사이로 서구 문명을 대표하는 시인인 호메로스가 걸어가며 영화는 끝난다. 언어는 언어로서 서술될 수도 있지만 무한은 유한을 통해서만 서술될 수 있다는 역설의 대미이다.

4. <부에나 비스타 소셜 클럽>:
극영화 이상의 감동을 주는 음악다큐

<부에나 비스타 소셜 클럽>

  1927년 쿠바 산티아고의 산루이스란 마을에서 태어난 이 남자는 12살 때 어머니를 여윈다. 그 전에 아버지가 돌아가셨고 형제자매마저 없어 말 그대로 천애고아 신세가 되었다. 이때부터 먹고 살기 위해 노래를 부르기 시작하여, 60살을 훌쩍 넘길 때까지 대중가요 가수로 살았다. 흘러간 옛 노래를 부르는 늙은 가수의 삶을 중단한 뒤에는 아바나 구시가지의 낡은 아파트에 살며 적은 연금과 구두닦이로 번 돈으로 생계를 유지하였다. 평생 노래를 불렀지만 명성을 얻지도 돈을 벌지도 못한 그의 삶은, 운명의 호출이 없었다면 그렇게 아무도 모르게 잦아들었을 것이다.

  1990년대 중반 완연한 노인이 된 이 남자에게 우연찮게 로또 같은 행운이 찾아온다. 옛 노래를 다시 불러 새 음반을 만들고 세계 전역에서 공연하였으며, 모든 가수에게 꿈의 무대인 미국 뉴욕의 카네기홀에도 섰다. 영화에도 출연하였고 70살을 넘긴 나이로 '라틴 그래미상 최우수 신인 예술가상'까지 받는 이른바 노익장을 발휘하였다. 모두 노년에 생긴 일이다. 꿈같은 노년을 즐기다 2005년 여든 살을 얼마 앞두고 영면한 이 남자는 쿠바의 전통음악 가수 이브라힘 페레르이다.

  영화와 음악을 사랑하는 세계인에게 <부에나 비스타 소셜 클럽(Buena Vista Social Club)>(1999)을 통해 널리 알려진 인물이다. 이 영화는 빔 벤더스가 만든 다큐멘터리이지만, 장르만 다큐멘터리일 뿐 나머지 모든 것은 극영화보다 더 극적이다.

이 스토리는 세계적인 음반사 월드서킷의 프로듀서이자 기타리스트인 라이 쿠더와 벤더스의 만남에서 시작한다. 쿠더는 벤더스의 <파리 텍사스>(1984)의 영화 사운드 트랙의 기타리스트로 참여하였다. 쿠더는 월드서킷의 또 다른 프로듀서 닉 골드의 제안을 받아들여 서아프리카 음악인들과 음반을 만들기 위해 쿠바에 갔다. 그러나 오기로 한 아프리카 음악인들이 비자 문제로 프랑스에 발이 묶여 쿠바로 건너오지 못하게 됐다는 소식을 듣는다. 쿠더는 궁여지책으로 서아프리카 음악인 대신에 쿠바 현지 음악인들을 발굴하여 음반 작업을 진행하였다. 이때 급조된 공연팀이 '부에나 비스타 소셜 클럽'이다. 페레르는 쿠바 시내를 걷다가 이 공연팀에 합류하여 음반 녹음에 참여한 것으로 전해진다.

벤더스는 쿠더에게서 쿠바에서 만난 늙은 음악인들에 관한 이야기를 듣고 '부에나 비스타 소셜 클럽'의 음악 녹음테이프를 건네받는다. 차 안에서 음악을 튼 벤더스는 음악을 듣자마자 차를 멈춰 세웠다고 한다. 음악에 매료된 벤더스는 그날 밤부터 다음 날 아침까지 반복해서 '부에나 비스타 소셜 클럽'의 음악을 들었고 마침내 직접 쿠바에 가서 그들을 만나기로 결심한다. 벤더스는 나중에 이 이야기를 영화화하면서 "이 놀라운 쿠바 예술가들을 같은 비중으로 담되, 음악이 스스로 이야기할 수 있게 만들자."는 제작방침을 세웠다.

1) 스스로 풀어내는 드라마

이 영화는 음악 영화이자 다큐멘터리 영화이다. 페레르를 비롯한 쿠바 전통음악 거장들의 인생과 음악을 담았다. 다큐멘터리이다 보니 꾸밈없이 담는 방법을 택했다. 꼼빠이 세군도, 엘리아데스 오초아, 루벤 곤잘레스, 쿠더, 페레르 등 모든 등장인물이 그저 자신의 삶을 보여줄 뿐이다.

꾸밈없이 보여주는 방법은 다큐멘터리 정신에 가장 부합하지만 자칫 지루해질 소지가 있다. 벤더스는 공연과 녹음, 인생과 음악을 대칭으로 연결하여 재미와 감동을 동시에 잡아내었다. 관객은 자신이 듣는 한 곡 안에서 공간을 이동한다. 공간이동은 상대적으로 소박하고 자연스러운 녹음장면과 공식적이고 치장한 상태인 공연장면 사이의 대조를 보여준다. 이러한 공시성(共時性)의 선명한 대조는 그들에게 찾아온 사건이 세계 대중음악사의 전무후무한 기적이었음을 제3자에 의한 별도의 내레이션 없이 드러낸다. 가장 정확한 접면을 찾아내어 이어붙이는 데엔 감독의 재능이 필수적이다. 최적의 접면이 아닌 곳에서 두 공간을 이어 붙이게 되면 논리적이고 시각적인 대조를 창출할 수 없다. 이러한 실패가 예상되거나 실패를 두려워하게 되면 감독은 결국 내레이션 같은 외부 개입의 도움을 받을 수밖에 없다. 물론 다큐멘터리에서 모든 내레이션이 실패를 모면하기 위한 수단으로 동원되는 것은 아니다. 다만 다큐멘터리에서 내레이션은 자체 문법에 의거해 사용되어야지, 문법의 부재를 감추기 위해 동원되어서는 안 된다는 뜻이다.

쿠바의 아바나를 중심에 두고 여러 공간을 연결 지으며 생기는 횡단면을, 음악을 타고 관통하는 그들의 인생들이란 종단면이 만난다. 이 영화에서 종단면은 음악과 인생이 얼기설기 엮이면서 만들어진다. 다름 아닌 세월의 힘이다. 만일 10~20대의 아이돌을 대상으로 하였다면 벤더스의 재능에도 불구하고 종단면을 잡아내지는 못하였으리라.

늙어버려 몸도 동작도 옹색한 그들. 얼굴의 주름엔 좌절과 기쁨의 구별 없이 삶이 뒤섞여 모종의 초월처럼 보이는 흔적이 완연하고, 노래로 세월과 음악을 풀어내다 보면 저절로 눈가에 눈물이 고인다.

벤더스는 이 영화에서 소수의 등장인물에 초점을 맞추지 않고, 모두의 인생을 포괄하며 큰 조망을 취한다. 많은 사람을 등장시켰지만 정보를 절제한 덕에 산만하지 않다. 그들의 삶의 정보는 전체로서 하나의 종단면을 형성하며, 20세기 쿠바의 음악적 연대기를 기술하는 데 성공한다.

2) 종횡으로 엮어낸 쿠바 음악의 감동

횡축을 통해 기적의 양상을 구체적으로 표현한다면, 종축에서는 미시사로 쿠바 전통음악의 연대기를 일별한다. 영화 대부분의 공간적 배경은 1998년의 아바나와 네덜란드 암스테르담이다. 2년 전인 1996년 아바나의 허름한 스튜디오에서 '부에나 비스타 소셜 클럽' 음반 녹음을 6일 만에 라이브로 끝내고, 예상치 않은 공전의 히트를 친 쿠더. 그는 2년 만에 새로운 음반을 제작하기 위해 자기 아들과 함께 다시 쿠바를 찾았다. 벤더스의 영화에서는 아바나의 1998년 녹음 장면과 암스테르담 공연 장면이 이어지거나 오버랩된다.

'부에나 비스타 소셜 클럽'은 벤더스가 연출한 이 영화의 제목이자, 이 영화가 다룬 쿠바 음악인들의 공연팀 이름이다. 동시에 이것은 쿠바 음악의 전성기로 불리는 1930~40년대 아바나 동부에 있던 고급 사교클럽의 이름이기도 하였다. '환영받는 사교클럽'이란 뜻이다. 당시 아바나에는 카바레·클럽 같은 사교장이 번성하였는데, 많은 음악인이 이곳에서 음악 활동에 종사하였다.

<부에나 비스타 소셜 클럽>

쿠바혁명 이후에 '부에나 비스타 소셜 클럽' 류의 이른바 쿠바 전통음악은 다소 쇠퇴하고 사회주의 이념을 담은 포크송이 번성하였다. 쿠더의 음반과 벤더스의 영화는 잊힌 쿠바의 전통음악을 되살려냈다. 사실 음악적으로는 '부에나 비스타 소셜 클럽' 류의 음악이 쿠바 전통 음악인지, 혹은 쿠바의 주류 음악인지 등에 관한 여러 논란이 존재한다. 그럼에도 '부에나 비스타 소셜 클럽'이 영화나 음반 모두 엄청난 성공을 거두면서 세계인에겐 이것이 쿠바 전통음악으로 고착된 혹은 관점에 따라 오인된 측면이 존재한다. '부에나 비스타 소셜 클럽'을 통해 제안된 쿠바 전통 음악이 서구의 음악산업에 의해 프로듀싱됐다는 측면 또한 간과할 수 없어 보인다. 횡축과 종축 모두에서 성공의 그늘은 발견된다.

그러나 벤더스의 영화에다 그 그늘의 책임을 묻기는 힘들다. 영화는 음반의 기적에 후행하며 극적인 그 사건을 기록하는 역할에 충실하였기 때문이다. 더군다나 특정한 담론의 결정자를 자임하려는 '의도'는 영화에서 발견되지 않는다. 벤더스의 영화적 성취는 어떤 쿠바인의 입장에서 제기될 법한 정치적이고 사회적인 흠결, 혹은 단순한 아쉬움을 넘어선다.

말 그대로 심금을 울리는 페레르의 목소리와 우수에 찬 눈빛은 정치와 역사 이면의 인간 실존을 강렬하게 표명한다. '부에나 비스타 소셜 클럽'의 홍일점인 1930년생인 오마라 포르투온도의 노래가 이 영화에서 자아내는 감동 또한 적지 않다. 암스테르담 공연에서 청중의 환호에 답례하며 흘리는 그의 눈물과, 흘러넘치는 그 눈물을 닦아주는 페레르의 주름진 늙은 손. 이 장면 하나만으로도 이 영화를 볼만한 작품으로 평가받게 한다.

5. <밀리언 달러 호텔>: 확고한 분열과 미궁 속의 분열선

<밀리언 달러 호텔>

<밀리언 달러 호텔(The Million Dollar Hotel)>은 새 천 년이 시작된 지난 2000년에 개봉된 영화다. 내가 판단하기에 이 영화는 응당 빔 벤더스 감독의 작품목록의 상단에 위치해야 하지만 대중적인 열광을 얻어내기는 힘든 작품으로 보인다. '천사'의 사랑이 등장한다는 점에서 <베를린 천사의 시>의 어떤 장면을 연상시키지만, <베를린 천사의 시>와 마찬가지로 "사랑이 세상을 구원하리라."는 무책임한 메시지를 전한 것으로 뭉개지는 않는다. <밀리언 달러 호텔>에는 <베를린 천사의 시>와 달리, 명시적으로 천사가 등장하지 않기에 '천사의 사랑'이란 표현이 과하다고 반박할 사람이 있을 법하다. 그렇다면 '사랑의 천사', 혹은 '사랑이란 이름의 천사'가 나온다고 하여도 무방하다. <밀리언 달러 호텔>의 무게 중심이 상대적으로 사랑에 더 기운 것이 사실이니까.

1) 추락한 천사는 악마일까

천사의 족보에서 루시퍼 같은 이는 타락한 천사로 그려진다. 만일

<밀리언 달러 호텔>에 천사가 등장한다면 타락한 천사는 아니고 아마도 일그러진 천사일 것이다. 혹은 완악한 인간들이 복작대는 지상에서 버텨내기엔 너무 여린 성정을 지녀 곧 도태되고 마는 존재일 수 있다.

이 영화는 얼핏 추리물로 보인다. 번화한 거대도시, 미국 서부의 심장이자 번영의 상징인 로스앤젤레스의 뒷골목에 자리한 '밀리언 달러 호텔'이 영화의 무대이다. 영화는 이 호텔 옥상 장면에서 시작해 옥상 장면으로 끝난다. 한때 그 이름에 부합할 정도의 명성을 누린 호텔이지만 지금은 쇠락하여 부랑아나 다름없는 사회의 부적응자나 주변인이 투숙객으로 호텔에서 생활한다.

허름하지만 평화로운 일상이 이어지던 '밀리언 달러 호텔'에 어느날 투숙객인 이지가 옥상에서 떨어져 죽는 사건이 발생하며 영화의 스토리가 가동된다. 이지 같은 일개 마약 중독자의 추락사는 세간의 관심을 끌지 못하고 곧 잊히기 마련이지만 사망자가 유대계 언론 재벌의 아들임이 밝혀지면서 사건은 전혀 다른 방향으로 흘러간다. 스키너(멜 깁슨 분)라는 FBI 요원이 등장하고 언론의 취재가 이어지면서 '밀리언 달러 호텔'은 일약 핫플레이스로 부상한다. 처음에 이 사건을 살인사건으로 간주한 스키너는 투숙객 중에 살인범이 있을 것으로 보고 수사를 진행한다.

추락사의 전모를 드러내고 범인을 찾는 과정을 드러내기에 분명 추리물이라고 할 수 있지만, 이 영화를 제대로 끝까지 본 사람에겐 전혀 다른 유형의 영화라는 인상이 자리할 것이라고 예상할 수 있다. 살인이지만 살인이 아니고, 자살이지만 자살이 아니라는 사건의 성격과, 무고하게 죄를 뒤집어쓴 주인공이 무고하지 않다는 사실이 마지막에 밝혀지지만 그렇다고 죄인은 아니라는, 의미의 모호화와 존재의 중층성이 이 영화를 지배하기 때문이다.

별다른 근거는 없지만 만일 이 영화에서 굳이 천사를 찾아야 한다면 당연히 주인공인 톰톰(제레미 데이비스 분)이 유력한 후보이다. 극 중 톰톰은 이 호텔에서 '거지의 집사'로 불린다. 시인이자 마약중독자인 이지의 친구인데, 톰톰의 캐릭터를 단적으로 표현하면 저능아이다. 저능아란 말은 여러 가지로 해석될 수 있다. 인지능력이 떨어지기 때문에 세상사를 제대로 이해하지 못하여 경쟁에서 뒤처지고 따라서 패배자가 될 확률이 높다. 더불어 인지능력이라는 것에는 이해(利害)의 파악이 포함되는데 톰톰은 사건과 상황에서 자신에게 해가 되는지 이익이 되는지를 판단할 능력을 갖추지 못했다.

그리하여 영화에서 톰톰은 패배자들끼리 꾸미는 음모에서 희생자가 되어달라는 요청을 받았을 때 거부하지 못한다. 아니 오히려 기꺼이 받아들인다.

그러나 톰톰의 요청 수용이 꼭 이해파악 능력의 결여에서 비롯하였다고 단정하기는 힘들다. 재벌의 아들(이지)이 사망한 사건을 계기로 한탕을 노리는 호텔 투숙객들의 계획이 좌초할 위기에 처하자, 우선 그들의 계획을 돕고 싶었을 것이고, 다음으론 자신이 이지의 죽음에 책임이 있다는 생각에서 희생양을 자처하였을 수 있다. 톰톰에게 이해파악 능력이 없었다기보다는 이해에 연연하지 않았다고 보는 게 더 정확하리라.

맨 마지막에 밝혀지듯, 이지의 죽음에 개입한 까닭 또한 절반은, 자기살해에 도움을 요청하는 이지에 대한 동감, 나머지 절반은 사랑하는 여인 엘로이즈(밀라 요보비치 분)에 대한 공감 때문이었다고 한다면, 살인인지 자살방조인지 구분되지 않는 톰톰의 행위는 결론적으로 무구한 것이라고 할 수 있다. 그의 행위가 자신의 이익을 구하여 행해진 것이 아니기 때문이다.

무구(無垢)야말로 천사의 속성이다. 그런 연유로 타락한 천사가 아니라면 세상에 그의 집을 찾기는 힘들다. 무구하지는 않지만 무해한 인간들이 모여 사는 '밀리언 달러 호텔' 같은 곳이 그나마 지상에서 찾을 수 있는, 타락하지 않는 천사의 집이 아닐까. 그러나 이지의 죽음을 계기로 세상의 풍진이 이곳에 몰려오면서 천사의 집은 파괴되고, 세상에서 자기 집을 잃은 천사는 본래 자기 집이 있던 곳으로 떠나가야 할 운명에 처한다. 사랑하는 여인에게 가장 아름다운 미소로 손을 흔들고, 삶을 떠나는 순간에 삶이 가장 완벽한 아름다움임을 깨달으며 추락하는 톰톰에겐, 종교적 관점과 상관없이 하늘 자리가 예비 되어 있을 것이라고 상상할 수 있다.

2) 허위의 세상에서 꿈 꿀 수 있는 진실

벤더스는 어느 인터뷰에서인가 이 영화에 대해 다음과 같이 말했다. "새 천 년의 도래를 맞이하여 새로운 세대가 동감할 수 있는 러브 스토리를 만들고 싶었다. 나는 이 영화를 통해서 새로운 시대를 그대로 드러내면서도 또한 아주 고전적인 정서를 이끌어낼 생각이었다. 그러니까 우리의 현실을 민감하게 끌어안으면서도 동화적이고 우화적인 이야기를 놓치지 않도록 하는 데 많은 신경을 썼다."

모두에 밝혔듯 사랑 이야기이지만 사랑 이야기로 끝낼 마음은 없었다는 뜻이다. 그러므로 한국영화명을 기준으로 이 영화의 제목을 새롭게 상상해 보면 <로스앤젤레스 천사의 시>라고 불러도 좋지 않을까. 크게 문제는 없었을 것 같다. 물론 방향이 반대임은 염두에 두어야 한다. <베를린 천사의 시>에서는 천사가 인간이 되어 지상으로 내려오지만, <밀리언 달러 호텔>에선 인간이 천사가 되어 하늘로 올라간다. 주제의식의 경향에서도 차이가 난다. <베를린 천사의 시>에서는 독일 전후세대가 느끼는 민족의식, 혹은 시대에 대한 부채감, 그 연장선상에 위치한 모종의 엄숙주의 같은 것이 전편을 적신다면, <밀리언 달러 호텔>에선 세계시민적인 방만함, 비판정신을 온전히 하는 가운데 부가된 신좌파적 인식영역의 확대, 존재의 포스트모던한 해석 혹은 전시 같은 것이 뒤섞여 있다.

따라서 등장인물이 판이해진 건 불가피했다. 천사를 논외로 하더라도 <베를린 천사의 시>에서는 곡예사와 형사 콜롬보에 이어 호메로스까지, 고전적 캐릭터가 등장한다. 반면 <밀리언 달러 호텔>에서는 당장 '베를린 천사'들과는 격이 다른 바보 톰톰이 등장한다. 톰톰이 '천사'가 될 운명이긴 하지만, 우아한 웃음과 그야말로 천사다운 몸짓을 보여주는 '베를린 천사'와는 분명 다른 차원에 속한다. 전직 천사인 피터 포크의 형사 콜롬보에 대비되는, 종국에 톰톰과 같은 부류로 판명 나는 멜 깁슨의 FBI 수사관. 그나마 여기까진 비교라도 가능하지 나머지 <밀리언 달러 호텔>의 캐릭터들은 비교조차 할 수 없다.

"신은 백인이다."고 외치는 인디언 제로니모(지미 스미츠 분), 비틀스의 다섯 번째 멤버이자 해라고 주장하는 록 가수 딕시(피터 스토메어 분), 죽은 이지가 자신과 결혼하려 했다는 허위 주장을 고집하는 비비안(아만다 플러머 분) 등 모두가 잡다한 주변부 인생이다. 심지어 엘로이즈는 존재하지 않는 사람이고, 아무것도 아닌 것으로 간주된다. 지상에서는 이들 모두 톰톰과 같은 사회적 계급·계층에 속한다. 이들과, 로봇 같기도 하고 백치 같기도 한 FBI 요원이 재벌가 아들의 추락사를 둘러싸고 그려내는 삶의 요지경은 아이러니로 점철된다.

영화가 그리는 세상은 이분법적 세상이고 분열은 확고하지만 분열선은 미궁으로 그려진다. '밀레니엄 달러 호텔'과 같은 주변부 삶과 이지가 떠나온, 그의 아버지로 대변되는 주류의 삶이 대조를 보인다. 억압자로 등장한 FBI 요원과 그를 적대시하는 '밀레니엄 달러 호텔'

사람들. 소동의 중심이 되는 타르 그림은 제로니모가 그린 것이지만 시장에서는 이지의 작품이 된다. 게다가 그 타르화마저 그 이면에는 다른 진본 그림이 깔려 있다. TV는 이 영화에서 다루는 중요 소재다. 같은 사건이 TV와 현실에서 반복해서 등장하면서 사건의 의미는 변색된다. 자살과 타살, 현실과 상상, TV가 그린 세상과 TV 밖의 날 것의 세상. 수없이 많은 이분법이 모호한 분열선을 그리며, 때로 그 분열선이 뒤섞이며 영화를 끌어간다.

<밀리언 달러 호텔>

초반부에 FBI 요원과 대화하며 이지의 아버지는 자신 아들의 죽음이 자살일 수가 없다고 단언한다. 그 이유로 아들이 유대인인데 유대인은 자살할 수 없기 때문이라고 말한다. 그는 모든 것은 믿고 안 믿고의 문제인데 믿으면 현실이 된다고 말한다. 믿는 사람의 수가 많아지면 실재가 된다고도 말한다. 다른 맥락에서 '밀레니엄 달러 호텔' 사람들도 "우리는 믿을 준비가 됐어."라고 말한다. 여기서 말한 믿음은 부조리하다. 그러나 부조리하지 않은 믿음도 있지 않을까.

문득 이 영화가 끝내 사랑 영화일 수밖에 없다는 생각이 든다. 벤더스가 톰톰을 통해서 영상화한 것은, 믿고 안 믿고의 문제가 아니고, 믿을 준비가 되고 안 되고의 문제도 아니며, 그저 믿는 것이며 그것도 전존재를 걸고 의혹 없이 믿는 것인데, 우리는 그러한 상태를 가장 온전한 의미로서 사랑이라고 부르기 때문이다.

6. 이미지 너머에서 서사가 발견될까

영화 <밀리온 달러 호텔>에서 FBI 요원은 수사를 진행할수록 호텔 추락사가 자살이라는 심증을 갖게 된다. 그러나 추락사한 사람의 아버지인 유대계 재벌은 자살이어서는 안 된다는 확고한 입장을 갖고 있다. 여기서 FBI 요원이 파악한 문제의 핵심은 자살·타살이 아니다. 아버지의 커다란 에고에 짓눌려 아들이 죽음을 선택했다는 것이 그의 주장이다. 어떻게 보면 타살이고 어떻게 보면 자살이지만, 거대한 에고에 깔려서 유리알 같은 에고가 산산이 부서졌다는 게 팩트인 셈이다.

이 영화에서 에고 이야기는 여기서 끝나지 않고 순환한다. 주인공 톰톰은 자신이 범인인데도 눈앞에 있는 범인을 알아보지 못하고 잡지도 못하는 FBI 요원 스키너의 무능력을 스키너의 에고 때문이라고 설명한다. 아집에 사로잡혀 남에게 위해를 가하는가 하면, 에고에 사로잡혀 뻔한 진실을 보지 못하게 되었다는 것이다.

이 영화에서 유일하게 에고가 없는 인물은 톰톰이다. 엘로이즈는 에고가 없는 사람처럼 보이나 에고를 비워낼 정도로 에고가 강하다는 역설의 존재일 가능성이 농후하다. 유일하게 에고가 없는 인물로 표상된 톰톰은 마지막 투신 즈음에 이르러 자신의 에고를 찾아낸다. 엘로이즈를 통해서 자신에게도 에고가 있음을 알게 되었다고 고백(내레이션처럼 사용되니 연극 용어로는 방백)한다.

'아버지'란 거대에고에 억눌려 소멸한 아들의 에고(이지), 편견과 고정관념에 사로잡혀 실체적 진실을 똑바로 바라보지 못하는 관료의 에고(스키너), 현실의 고통을 외면함으로써 즉 에고를 비워냄으로써 에고를 지켜내고자 하는 강박적 에고(엘로이즈)까지 보여준 뒤에 벤더스가 제시한 유의미하고 건강한 에고는 톰톰이 죽기 직전에 찾아낸 것과 같은 종류의 에고다.

독일 전후 세대 영화감독으로서 벤더스가 살아낸 20세기와 21세기 그의 삶은 그의 영화는 저 '에고일람'으로 요약된다. 톰톰의 에고가 벤더스의 에고를 대변한다고 할 것이기에 '일람'의 결론은 나쁘지 않다. 최종적으로는 급진적 추락을 기도함으로써, 기존 삶의 성취에 사망을 선고함으로써, 새로운 지평을 열 수 있다는 자각에 도달하였다. 아버지의 영화가 죽었다고 선언한 지 반세기가 더 지났으니, 이제 아들의 영화를 아들의 인생을

<이브라힘 페레르>

시작해도 좋지 않겠는가.

벤더스의 영화작업에는 분명 역사현실에서 비롯한 피해의식과 열등감을 극복하는 분투가 개입한다. 패배감과 원죄의식을 탈피할 수 있을 만큼 먼 길을 숨 가쁘게 달려왔고 이제 누구도 부인할 수 없을 만한 빔 벤더스 자신의 독자적 영화적 세계를 구축하는 데에 성공했다. 분열된 이미지를 넘어서서 희망의 서사를 그릴 수 있을 만한 지점에 도달했다.

깨달음이 다른 일보를 위한 발판이기도 하지만 대부분 깨달음은 기존의 힘겨운 행군의 마침표이기도 하다. '부에나 비스타 소셜 클럽'의 이브라힘 페레르의 기적 같은 삶을 영상화한 벤더스가 자신의 삶에서도 페레르의 기적을 구현할 수 있을지 지켜보겠지만, 벤더스의 삶이 페레르의 삶보다 벌써 길어지긴 했다.

제4부

욕망의 현실과 환상의 매혹

10장 루이스 부뉴엘

초현실주의, 그리고 은밀한 욕망(欲望)

Luis Buñuel

정동섭

1. 루이스 부뉴엘의 작품 세계

1) 탁월한 친구들 속에서

스페인의 뜨거운 태양과 가식 없는 분위기 속에서 태어나 살아가는 이들은 자신들의 상상력을 마음껏 펼치고, 가지고 있는 생각들을 구속 없이 형상화했다. 예술 분야의 천재들이 잉태되기 좋은 공기와 토양 속에서 20세기 초 스페인은 상당수의 위대한 예술가들을 배출했다. 그 전당(殿堂)에 문학의 페데리코 가르시아 로르카(Federico García Lorca: 1898~1936)와 회화의 살바도르 달리(Salvador Dalí: 1904~1989), 영화의 루이스 부뉴엘(Luis Buñuel: 1900~1983) 등이 이름을 올렸다. 이들은 모두 부르주아 가정 출신이었다. 대다수 예술가의 영혼은 기본적으로 자유롭고 진보적인 법. 그래서인지 이들은 거의 필연적으로 당시 스페인의 근대 교육기관이었던 **'학생 레지던스(Residencia de Estudiantes)'**에서 만나게 된다. 자유주의적인 상류층 자녀인 이 천재들은 '학생 레지던스'에서 우정을 나누었고, 각자의 분야에서 세상의 환호에 응답할 준비를 했다. 로르카는 달리보다 여섯 살이나 많았지만, 나이는 문제 되지 않았다. 젊은 시절 이들의 모습은 후에 영화 <리틀 애쉬>(Little Ashes, 2008)의 소재가 되기도 하였다.

루이스 부뉴엘

학생 레지던스

스페인 문화와 과학의 발전·확산을 위해 교수, 학생의 교류 프로그램과 해외 장학금 프로그램에 중점을 두었던 '연구증진위원회'에 의해 1910년 마드리드에 설립된 기관. 대학의 보조 교육기관으로 자유주의적인 지도층 자녀들이 교육받았다.

가르시아 로르카

20세기 초 활동했던 스페인의 시인이자 극작가. 집시들로 대표되는 안달루시아의 정서를 노래하는 시작품들과 비극적 정서의 극작품들로 명성을 떨쳤으나, 내전의 발발과 더불어 의문사했다.

라몬 고메스 델라 세르나

라몬 고메스 델라 세르나

스페인 마드리드 출신의 시인이자 극작가. 마드리드 중심가에 위치한 카페 폼보에서의 문학예술 모임을 통해 유럽의 아방가르드를 스페인에 전파한 전위 운동가이기도 하다. 루이스 부뉴엘에게 강한 영향을 주었다.

98세대
(Generación del 98)

1898년 미국을 상대로 한 전쟁에서의 패전으로 스페인은 침체의 늪에 빠졌다. 이에 국가의 문제를 분석하고, 문학의 차원에서 새로운 활력을 불어넣으려 했던 일군의 문필가들을 98세대라 한다.

루이스 부뉴엘은 마드리드에서의 유학 생활 동안 문학과 연극에 관심을 갖게 되었다. 그는 자신보다 두 살 많은 친구 **가르시아 로르카**를 '우아한 안달루시아인'으로 묘사했는데, 누군들 이런 로르카와 함께하면서 문학과 연극에 관심을 두지 않을 수 있었겠는가! 그는 로르카와의 추억에 대해 다음과 같이 회고하였다.

우리는 밤에 '학생 레지던스' 뒤편에 있는 들판으로 나가곤 했다. 당시에 그 들판은 지평선에까지 펼쳐져 있었다. 우리는 풀밭에 앉았고, 로르카는 자기가 쓴 시를 읽어주곤 했다. 그의 낭독은 나무랄 데 없었다. 그로 인해 나는 그가 내게 날마다 드러내 주던 새로운 세계 앞에서 서서히 변화되어갔다.[1]

또한 그는 프로이트를 읽었고, '학생 레지던스'의 시네 클럽(Cine Club)활동과 전위 성향의 울트라이즘 문학모임에 참여했다. 1918년부터 1924년까지 당대 최고의 문필가 중 하나인 **라몬 고메스 델라 세르나**(Ramón Gómez de la Serna: 1888~1963)가 이끄는 카페 폼보(Café Pombo)의 문학모임에도 빠지지 않았다. 스페인을 뒤흔들었던 **98세대** 지성인들의 세례를 받으며, 20세기 문화계를 점령할 친구들을 만난 '학생 레지던스' 기간은 분명 그에게 축복이었다.

그러나 원래 그의 길은 예술이 아니었다. 1900년 스페인 동북부에 위치한 아라곤 지방에서 태어난 루이스 부뉴엘의 가정은 유복했다. 당시 스페인에는 아메리카에서 돈을 벌어 온 벼락부자들이 드물지 않았는데, 그의 아버지 역시 쿠바에서 금의환향한 사업가였던 것이다. 그의 아버지 레오나르도 부뉴엘은 귀국 후 서른 살 정도 어린 여인과 결혼해 3남 4녀를 두었는데, 첫째가 루이스였다. 아버지는 장남이 농학(農學)을 공부하기 원했고, 그 뜻을 받아들인 부뉴엘은 1917년 수도 마드리드로 유학을 떠났다.

짧지 않았던 마드리드 생활 후인 1925년, 그는 프랑스 파리로 건너가 하루 세 편의 영화를 보았다. 그리고 본격적으로 영화의 세계에 진입해, 장 엡스탱 감독 밑에서 영화를 배운 후 그의 조감독으로 활동했다. 그러나 장 엡스탱이 멘토로 생각하는 아벨 강스 감독에 대한 혹평 및 초현실주의적인 성향으로 인해 장 엡스탱과 결별했고, 이후 그는 영화 평론가로 활동하기도 하였다.

파리 도착 4년 뒤인 1929년 부뉴엘은 어머니가 준 자금으로 옛 친구인 달리와 함께 단편 영화 <안달루시아의 개>(Un chien andalou)를 제작한다. 원래 '안달루시아의 개'는 부뉴엘이 출간하려고 했던 초현실주의 시집의 제목이었는데, 시집을 출간하지는 못하고 첫 영화작품에 이 제목을 붙인 것이다. 마드리드 시절 읽었던 프로이트와 파리에서 어울렸던 초현실주의자들의 영향을 받았음이 틀림없는 이 16분짜리 걸작은 많은 논란을 불러일으켰다. 유명 영화 평론가인 로저 이버트(Roger Ebert)는 이 작품을 '역사상 가장 유명한 단편 영화'로 명명하였다.

페데리코 가르시아 로르카

이후 걸작들의 행진은 계속되었다. 프랑스에서는 <황금시대>(L'Age d'Or, 1930)를, 스페인에서는 <빵 없는 대지>(Las Hurdes, tierra sin pan, 1933)를 제작했다.

한편, 불안했던 스페인 정국은 1936년 내전으로 귀결되었다. 명민한 시인 가르시아 로르카는 내전 발발 직후, 석연치 않은 이유로 반란군에 체포되어 처형되었다. 세계적인 첼리스트인 파블로 카살스(Pablo Casals: 1876~1973)는 스페인에 자유가 찾아오기 전에는 돌아오지 않겠다고 맹세했고, 이후 프랑코 정권을 승인한 조국에서는 연주회조차 열지 않았다. 마찬가지로 공화파의 편에 선 화가 파블로 피카소(Pablo Picasso: 1881~1973)는 반란군의 요청으로 나치 독일이 조국 스페인의 작은 마을 '게르니카'를 폭격한 사실에 분노했다. 이후 그가 '아비뇽의 처녀들'과 함께 자신의 2대 걸작이라 불리는 '게르니카'를 스페인에 유치하려는 프랑코의 요구를 거부한 일화는 유명하다. 피카소는 스페인에 민주 정부가 들어서기 전에는 '게르니카'를 스페인이 소장하지 못한다면서 독재자에 맞섰다.

파블로 카살스

<게르니카>

공산당에 입당하기까지 했던 부뉴엘은 당연히 스페인 공화국 정부 편에 섰고, 프랑스와 미국 등에서 공화국을 위한 영화 관련 일을

하기도 했다. 내전이 파시스트의 승리로 끝나자, 부뉴엘이 스페인으로 돌아가는 것은 불가능해졌다. 내전 이후 스페인에 남은 지식인과 예술가는 찾아보기 힘들었다. 대부분의 진보적인 예술가들은 프랑코가 지배하는 조국을 등진 채, 타국을 떠돌아야 했다. 한 스페인 망명 시인은 문화예술인들이 떠나버린 조국의 황폐한 문화적 토양을 다음과 같이 에둘러 표현했다.

> 프랑코(Franco)[2]여, 농장은 그대의 것,
> 집도,
> 말(馬)도,
> 그리고 총도.
> 내 것은 대지의 오랜 목소리.
> 그대는 모든 것을 갖고 나를 벌거숭이 만들어 세상을 떠돌게 하였다.
>
> 그러나 그대에게 세상을 허락한다…. 침묵의 세상을!
> 그런데 내가 노래를 가지고 간다면
> 그대는 어떻게 밀을 수확할 것인가?
> 또 어떻게 불을 놓을 것인가?[3]

부뉴엘 역시 오랫동안 스페인에 돌아가지 않았다. 내전 발발 후 프랑스와 미국에서 머물던 그는 이후 멕시코로 활동무대를 옮긴 것이다. 주로 멕시코와 프랑스에서 활동하던 그가 멕시코에서 83세의 나이로 죽었을 때, 뉴욕 타임스는 그를 '젊은 시절에는 전위적인 초현실주의의 리더였던 혁명가이자, 우상파괴자, 도덕주의자였으며 이후 반세기 동안 두드러진 활동을 한 영화감독'이라고 평가하였다. 영국영화협회(BFI)가 발간하는 월간지 『사이트 & 사운드 Sight & Sound』는 2012년 조사한 역대 최고의 영화 250편에 루이스 부뉴엘의 영화 6편을 포함시켰고, 『They Shoot Pictures, Don't They?』 역시 역사상 최고의 영화 1000편에 그의 작품 15편을 추천하였다. 그의 영화에 주어진 마땅한 평가였다.

<안달루시아의 개> 포스터

2. <안달루시아의 개>: 역사상(歷史上) 가장 유명한 단편 영화

1) 아방가르드로서의 내러티브

1920년대의 프랑스는 루이 델뤽(Louis Delluc)이 주도하는 새로운 영화 운동이 한창이었다. 고유한 주제와 영상을 토대로 한 독특한 프랑스 영화를 원했던 델뤽 주변에 상업 영화와 구별되는 양식과 실험을 추구하는 이들이 모여들었다. 인상주의자들이라고 불리는 이들은 제르멘느 딜락(Germaine Dulac)과 마르셀 레르비에(Marcel L'Herbier), 장 엡스탱(Jean Epstein), 아벨 강스(Abel Gance) 등이었다.

<안달루시아의 개> 전체영상

장 엡스탱의 조감독으로 일한 경험이 있는 루이스 부뉴엘은 아방가르드 영화의 길을 걸어갔다. 아방가르드 감독들은 인상주의자들 이상으로 기술적이고 양식적인 실험을 수행했다. 보통 짧은 무성영화인 아방가르드 영화들은 소설이나 연극, 장편 영화들보다는 현대시나 추상적·초현실주의적 회화에 가까운 영상시, 익살이나 꿈 등과 유사하다.[4] 프로이트는 아방가르드 영화에 큰 영향을 주었고, 일부 영화인들은 그가 천착하는 꿈의 상태를 영화가 가장 잘 포착할 수 있다고 생각했다. <안달루시아의 개>(Un chien andalou, 1929)는 이러한 아방가르드 영화의 맥락에서 이해해야 한다. 그 내용은 다음과 같다.

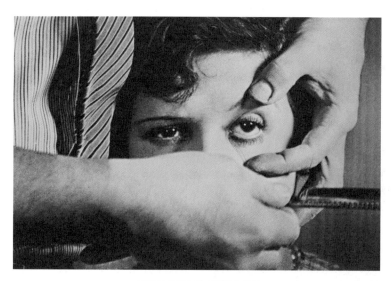

<안달루시아의 개>: 면도칼 장면

'옛날 옛적에'라는 자막으로 영화가 시작된다. 배우로 등장한 부뉴엘은 담배를 피우며 면도칼을 갈다가 발코니로 나가 달을 바라본다. 얇은 구름이 달을 가르며 지나간다. 그리고 누군가가 혹은 그가 한 여인의 눈을 칼로 베어낸다. '8년 후'라는 자막. 한 남자가 자전거를 타고 황량한 거리를 달린다. 그는 흰 식탁보와 수녀의 두건, 대각선 줄무늬 상자 등 엉뚱한 것들로 치장하고 있다. 이전에 눈을 칼에

네덜란드 화가
요하네스 페르메이르(Johannes Vermeer)의
'레이스 뜨는 여인'

베인 아가씨는 책을 읽고 있다가 이상한 낌새를 느낀 듯, 책을 바닥에 던지고 일어선다. 바닥에 떨어진 책에서 페르메이르(Vermeer)의 '레이스 뜨는 여인'이 있는 페이지가 펼쳐진다. 남자는 도보의 가장자리에 머리를 부딪치고 넘어진다. 여인은 아래로 달려 내려가 격렬하게 그를 애무하며 입 맞춘다.

다시 방으로 돌아온 그녀는 줄무늬 상자에서 넥타이를 꺼내 침대 위에 놓는다. 그녀 옆의 침대 위에는 마치 몸의 이미지를 재구성하듯, 자전거 탄 남자의 옷들이 늘어 놓여 있다. 문 앞에서 그 남자가 자기 손에 난 검은 구멍으로 개미들이 나오는 것을 바라보고 있다. 여인의 겨드랑이털이 보인다. 그리고 그 겨드랑이털이 성게로 변한다. 거리 한복판에서 한 사람이 잘린 손을 지팡이로 더듬고 있다. 그(녀)를 둘러싸고 사람들이 북적인다. 경찰 하나가 그 손을 줄무늬 상자에 넣어 그(녀)에게 건네준다. 건물 위에서 창을 통해 이전 남녀가 이 모습을 보고 있다. 그(녀)는 혼자 거리에 남아 있는데, 자동차 한 대가 그녀를 치고 지나간다. 그녀는 움직이지 않고 바닥에 누워있다. 남자와 여자

<안달루시아의 개>: 끌려가는 사제들

는 창문을 통해 그 광경을 보고 있었다. 탱고 음악이 나온다. 그리고 자동차 사고와 죽음이 남자에게 성적 충동을 느끼게 했는지, 그는 그녀의 가슴을 애무하려 한다. 그녀는 도망치고, 그는 탱고 리듬에 맞춰 그녀를 좇는다. 그녀는 뒷걸음질 치다가, 그의 손에 가슴을 맡긴다. 남자의 눈은 흰자위를 보이며 환희로 가득 차 있고, 입에서는 피가 섞인 침이 나온다. 그녀의 가슴이 엉덩이로 바뀌었다가 다시 옷 입은 가슴으로 바뀐다. 그녀가 다시 그를 뿌리치고 도망가다가, 자신을 보호하기 위해 벽에 걸린 라켓을 들고 그를 위협한다. 남자는 뭔가를 찾다가 바닥에서 두 개의 줄을 발견한다. 그리고 그 줄을 당겨 끌기 시작한다. 두 명의 살아있는 가톨릭 사제와 피아노 두 대가 끌려온다. 각각의 피아노 위에는 썩은 나귀가 있다. 여자는 도망치다 문을 닫고, 남자는 그녀를 뒤따라오다 닫힌 문에 손이 낀다. 그 손에서 또 개미들이 쏟아져 나

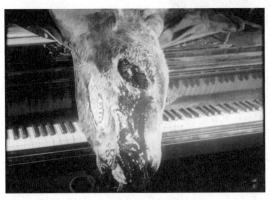

<안달루시아의 개>: 피아노 위에 끌려가는 나귀

온다.

'새벽 세 시쯤'이라는 자막. 한 남자가 벨을 누르고 여인은 그에게 문을 열어준다. 그는 침대로 와서 침대에 누워있는 남자에게 명령하며 야단치는 몸짓을 한다. 그리고 그를 일으켜 세운 후, 이상한 차림새를 벗겨내 창밖으로 던져 버린다. 처음의 남자는 넥타이를 맨 양복 차림. 권위적인 남자는 그에게 명령을 내리고, 그는 학교에서 벌을 받 듯, 뒷짐을 지고 벽을 향해 서 있다가, 남자의 명령에 따라 두 손을 중간 정도 든다.

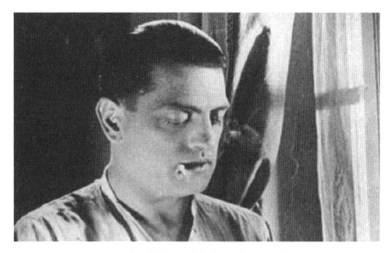

<안달루시아의 개>에 출연한 루이스 부뉴엘

'16년 전'이라는 자막. 명령하던 남자는 책상 위의 노트를 벌서던 남자에게 건네준다. 벌을 서던 남자는 팔을 내리는데, 노트는 총으로 변해있다. 남자가 총을 쏴 권위적인 남자를 죽인다. 총에 맞은 남자는 쓰러지는데, 공원에 있는 여인의 노출된 등에 쓰러진다. 이후 여인은 사라지고, 남자만 쓰러져 있다. 그곳을 산책하던 이들이 몰려온다. 이 들은 시체를 들고 사라진다.

한 여인이 방에 들어오고 탱고 음악이 흐른다. 그녀는 벽에서 등에 해골 모양이 있는 나방을 본다. 남자가 갑자기 입을 가렸다가 떼는데, 입이 막혀있다. 이를 본 여자는 입술에 루주를 칠한다. 남자의 입에서 털이 난다. 여자는 자기 겨드랑이털을 확인하는데, 겨드랑이털이 없다. 그 겨드랑이털이 남자의 입에 난 것이다. 여자는 혀를 빼 남자를 놀리고는 문밖으로 나간다. 문밖은 바로 해변이다. 해변에서 한 남자를 본 여인은 반가워한다. 남자는 늦었다는 듯 여자에게 시계를 보여주고 여자는 남자에게 애교를 부린다. 여자가 남자에게 키스하고 두 사람은 함께 해변을 걷는다. 그 해변에서 그들은 자전거 탄 남자의 더러워진 물건들을 발견하기도 한다.

'봄(春)'이라는 자막이 나타난다. 그리고 사막 풍경에 남자와 여자가 가슴까지 파묻혀 있다.

2) 초현실주의 미학

살바도르 달리

<안달루시아의 개>에서 루이스 부뉴엘은 시나리오를 쓰고 제작, 연출, 연기까지 했다. 그의 어머니는 25,000페세타의 예산을 지원했고, 친구인 살바도르 달리는 시나리오 작업을 공동 진행했다. 보름의 촬영 기간이 걸린 이 작품은 1929년 6월 6일 파리의 스튜디오 데 우르술린(Studio des Ursulines)에서 제한 상영된 후, 곧 유명해 져서 9개월 동안 지속 상영되었다.

프로이트 정신분석학의 영향을 받은 아방가르드 영화답게, 이 작품은 두 가지의 실제 꿈에 토대를 두고 있다. 그것은 부뉴엘 자신과 달리의 꿈이었는데, 달리는 자기 손에서 개미들이 번식하는 꿈을 꾸었고, 부뉴엘은 면도칼로 달을 두 동강 내는 꿈을 꾸었던 것이다.

<안달루시아의 개>:
손에서 개미들이 나오는 장면

<안달루시아의 개>는 초현실주의 영화 중 가장 중요하고 의미 있는 작품으로 평가된다. 이 작품은 내러티브의 규정을 위반하며 이미지의 공격성을 통해 관객들에게 윤리적 충격을 준다. 이미지뿐 아니라 시퀀스의 비선형적 시간 사용에서도 끊임없이 섬망과 꿈 상태를 지향한다. 이 작품에는 이성적 통제나 논리적·관습적 사고(思考)가 전혀 허용되지 않는다. 심지어 '개'도 등장하지 않는다. 그래서 그 어떤 표면적인 해석도 불허한다. 이는 물론 프로이트 정신분석학의 영향 때문인데 내부를 보기 위해 전통적·관습적 시선을 포기한 것이다. 이를테면, 소제목으로 등장하는 '옛날 옛적에'와 '8년 후', '새벽 세 시쯤', '16년 전', '봄'이라는 자막과 이후 진행되는 내러티브 사이의 연관성이 부재할뿐더러, 이 소제목들 사이의 시공간적 지속성도 단절돼 있다.

초현실주의와 <안달루시아의 개>의 연관성은 초현실주의 시인인 벤자민 페레(Benjamin Péret: 1899~1959)의 다음과 같은 시 구절을 보면 충분히 짐작할 수 있다.

기쁨이 존재한다면
그것은 사랑하는 기쁨과
줄에 묶인 육체, 그리고

면도칼에 감긴 두 눈.

'안달루시아의 개'라는 제목조차도 이 표현이 영화의 내용과 아무런 논리적 연관성이 없기 때문에 선정된 것이다. 로르카는 '안달루시아의 개'가 자기를 지칭하는 것으로 생각했지만, 부뉴엘은 이를 부인했다. 부뉴엘은 1927년 이후 써왔던 시집의 제목으로 생각하던 것을 영화 제목으로 가져온 것이다.

<안달루시아의 개>는 달리와 로르카, 부뉴엘이 함께 생활하던 '학생 레지던스'의 시절을 추억하는 작품이기도 하다. 내용 중 벽을 바라보고 벌을 서는 행위와 권위에 대한 반항, 가톨릭 사제들의 등장, 육체적 욕망의 표출 등이 이를 뒷받침한다.

3. <잊힌 사람들>: 멕시코 시대의 명작

<잊힌 사람들> 포스터

"내 영화에서는 아무도 완벽하게 악하거나 선하지 않다."[5]
"내가 원한 건 가난한 이들의 서글픈 상태를 가감 없이 고발하는 것이다. 나는 가난한 이들을 미화하는 걸 증오하기 때문이다."[6]

1) 리얼리즘 또는 네오리얼리즘적 접근

작품이 시작되면서 카메라는 뉴욕과 파리, 런던의 화려함을 제시한다. 그리고 멕시코시티의 중심가에서 시작해 가난한 변두리를 포착한다. 이러한 영상과 동시에 다음과 같은 내레이션이 진행된다.

뉴욕, 파리, 런던 같은 거의 모든 대도시의 풍요로움 이면에 가난에 찌든 가족들이 있다. 아이들은 굶주리며, 의료, 교육 혜택도 받지 못한다. 그리고 범죄의 길로 운명지어져 있다. (⋯) 거대한 근대 도시 멕시코시티 역시 예외는 아니다.

<잊힌 사람들>: 소년들이 범죄를 저지르는 장면

멕시코시티 변두리 지역 소년들의 비극적이고 사실주의적인 이야기는 이렇게 시작된다. 멕시코시티의 이야기를 하기 전에 미국과 유럽의 메트로폴리스를 언급하는 것은 이후 전개되는 멕시코의 불편한 현실이 다른 거대도시들이 안고 있는 문제이기도 하다는 메시지를 전달함으로써 멕시코를 부정적으로 묘사했다는 대중의 비난을 피해가기 위한 장치일 것이다. 그리고 그와 동시에 감독은 이후 전개될 상

<잊힌 사람들>: 하이보가 페드로의 엄마를 유혹하는 장면

황에 대해 관객들의 호기심을 불러일으키려 했을 것이다.

　스토리는 공터에서 하릴없이 빈둥대며 시간을 보내는 소년들로 시작된다. 그들은 각자의 사정이 있지만, 버림받았다는 공통점이 있다. 오히토스(Ojitos)는 아버지에게 버림받았고, 페드로는 어머니에게서 애정과 보살핌을 거부당했다. 부모가 모두 없는 고아 하이보는 거리에서 생존해야 했다. 심지어 그는 이름도 없다. '하이보'라는 이름은 '교활한, 간사한'이란 형용사일 뿐인데, 그 역시도 자기 이름을 모른다고 고백했다. 아버지가 부재한 것도 이 소년들의 공통점이다. 그래서 비록 알코올 중독에 가장의 역할을 하지 못하지만 훌리안에게 아버지가 존재하는 것은 유의미하다. 그는 다른 소년들과는 다른 영역에 속하는, 유일하게 긍정적인 건실한 소년이기 때문이다.

　가난하고 무지한 하층민들의 세계를 다룬 <잊힌 사람들>(Los olvidados, 1950)은 사실주의 소설 혹은 **이탈리아 네오리얼리즘** 영화의 관습 내에 위치한다. 페드로의 선한 의지가 언제나 하이보에 의해 방해되고 좌절되는 플롯은 정해진 조건 앞에서의 인간의 무능력을 제시한다. 그리고 이렇게 비극적이고 냉정한 세계관은 두 주인공 모두를 죽음으로 내몬다.

　한편, 내러티브 내에 존재하는 사악한 맹인과 그를 인도하는 안내자가 되는 오히토스[7]의 이야기는 **스페인 피카레스크 소설**의 전범(典範)인 『라사리요 데 토르메스』를 추억하게 한다. 이 작품과 피카레스크 소설과의 연관성은 맹인의 인색함과 폭력성, 소녀 메체(Meche)에 대한 성추행에서 보이는 호색, 그리고 그의 집에 걸려 있는 십자가 등을 통해서 확인된다. 맹인 역할을 맡은 미겔 인클란(Miguel Inclán)이 멕시코 영화에서 많은 악역을 해 왔던 유명배우라는 사실 역시 그를 캐스팅한 감독 부뉴엘의 의도를 가감 없이 표현해준다.

2) 초현실주의적 요소들

　<잊힌 사람들>은 그 사실주의적인 태도에도 불구하고, 부뉴엘이 데뷔 때부터 견지했던 무의식의 구현을 포기하지 않은 작품이기도 하다. 초현실주의적인 요소들은 무의식의 영향을 만들어내는데, 그 무의식 내에 아버지의 부재, 오이디푸스 콤플렉스, 고아성, 사악함과 죽음 등이 주제로서 존재한다. 그리고 이 모든 것은 꿈의 시퀀스와 계속되는 기이한 닭들의 존재, 여러 번 반복되는 잔인한 방식의 구타와

이탈리아 네오리얼리즘

2차 세계대전 직후 빈곤과 기아로 고통받는 이탈리아의 모습을 그대로 반영하려 했던 사실주의풍의 영화 경향.

스페인 피카레스크소설

16세기에서 17세기까지 유행했던 스페인 소설의 장르로서 악자(惡者) 소설이라고도 불린다. 보통, 지난날을 고백하는 1인칭 서술자 시점을 취하는데, 열악한 환경에서 태어난 주인공이 적대적인 세상에서 생존하기 위해 수단과 방법을 가리지 않는다는 내용을 공통으로 한다.

살인 등을 통해 강조된다. 아방가르드 풍의 음악 역시 중요한데, 이 음악은 불편한 분위기를 창조하며 감독의 초현실주의 시학으로 작품을 인도한다.

<잊힌 사람들>: 맹인과 오히토스

초현실주의적인 요소가 두드러지게 드러나는 장면들이 있다. 그 중 하나는 하이보가 훌리안을 살해하는 현장을 목격한 페드로의 트라우마가 극화되는 장면이다. 이 프로이트적 꿈의 시퀀스는 이전 장면들과는 달리 슬로우 모션과 이야기 외적인 사운드를 사용해 그 아방가르드적인 성격을 분명히 했다. 페드로의 꿈에서 그의 어머니는 그를 다정하게 껴안고, 그가 원하는 음식(고기)까지 준다. 프로이트 꿈 해석의 핵심인 '소망 충족'의 직접적인 표현이 아닐 수 없다. 그러나 이 장면에서도 하이보가 갑자기 등장해 그의 고기를 빼앗아 감으로써 페드로의 잠재의식 속에 자리 잡은 불길한 예감을 표현한다.

또 다른 것은 경찰의 총을 맞은 하이보가 죽어가는 장면이다. 그가 쓰러진 장면이 스크린을 채울 때 다음과 같은 이야기 외적 대화가 시작된다.

<잊힌 사람들> 메체를 유혹하는 맹인

하이보: "꼼짝 못하게 되었구나, 하이보. 머리에 정통으로 맞았어.".
하이보의 엄마: "조심해, 하이보. 사나운 개가 있어. 봐라, 녀석이 오고 있어."
하이보: "안돼, 안돼. 난 검은 구멍 속으로 떨어지고 있어. 난 혼자야. 혼자."
하이보의 엄마: "언제나처럼, 내 아들아. … 언제나처럼. 더 이상 생각 하지마. 그만 생각해. 잠을 자는 거야."

<잊힌 사람들>: 하이보의 최후

이 환상 속 대화에서는 어린 시절 죽었다는 하이보의 엄마가 등장한다. 모자(母子)간의 이 가상 대화는 지금까지 악인으로 활약하던 하이보를 시대와 환경의 피해자로 만든다. 그래서 <잊힌 사람들>의 진정한 악인은 하이보가 아닌 걸인 돈 카르멜로가 된다.

네오리얼리즘의 팬이 아니었던 부뉴엘은 페드로의 꿈과 하이보의 환영이 나오는 이 두 장면을 <잊힌 사람들>이 가지고 있는 가장 중요한 영화적 기여라고 했다.[8]

옥타비오 파스(Octavio Paz: 1914~1998)는 부뉴엘이 이 작품에서 초현실주의의 변천을 보여주었다고 기억했다. <잊힌 사람들>의 감독은 전통적인 형식 내에 비논리적이고 비이성적인 이미지들과 실험적 시퀀스들을 삽입함으로써 초현실주의를 포기하지 않았다는 것이다.

3) 저주받을 뻔한 수작(秀作)

멕시코에서 이 영화가 개봉됐을 때, 관객의 반응은 대단히 부정적이었다. 일부 관객들은 부뉴엘의 추방까지 요구했고, 감독은 상해 협박까지 받았다. 결국 영화는 개봉 나흘 만에 극장에서 내려졌다. 그러나 다행스럽게도 몇몇 지식인들이 이 영화의 옹호에 나섰고, 1951년 칸영화제에 초청되어 감독상까지 받았다. 부뉴엘의 친구인 시인 **옥타비오 파스**는 당시 멕시코 문화 담당관으로서 <잊힌 사람들>의 홍

<잊힌 사람들>:
페드로와 하이보의 싸움

옥타비오 파스

멕시코 시인이자 비평가. 외교관으로 세계 여러 곳에서 근무하며 시작(詩作)에 열중했고, 프랑스에서는 초현실주의에 참여했다. 1990년 노벨 문학상을 수상했다.

보에 큰 힘을 실어주었다. 프랑스 대표지격인 <르몽드>(Le Monde)의 호평이 있었지만, 공산당 기관지인 뤼마니테 (L'Humanité)는 이 작품을 혹평했다. 공산당은 남색자(男色者)를 좇아내는 경찰과 소년 교화소장(농장학교장)이 나온다는 이유로 이 작품을 부르주아 영화로 분류했다. 경찰을 긍정적이고 유용하게 묘사한 것을 수용하기 어려웠던 것이다. 그러나 몇 달 후 소비에트 감독인 **푸돕킨**(Pudovkin: 1893~1953)이 이 영화에 찬사를 보냈고, 이를 통해 프랑스 공산당의 태도도 바뀌었다.

유럽에서의 재발견이 멕시코에서의 이후 평가에 도움이 됐음이 틀림없다. 그 이듬해 멕시코시티의 훌륭한 개봉관에서 재개봉한 <잊힌 사람들>은 두 달 이상 상영됐다.

4. <비리디아나>: 신성모독 논쟁

1) 극적인 제작 과정

1942년에 부뉴엘은 미국 시민권을 신청했으나, 옛 친구인 살바도르 달리[9]가 같은 해 출간된 자신의 자서전에서 그를 무신론자이자 공산주의자라고 증언해, 그의 계획은 수포로 돌아갔다. 그리고 우여곡절 끝에 멕시코에서 영화 연출을 하게 된다. 1940년대 중후반의 멕시코는 영화의 황금시대를 구가하고 있었다. 그는 그곳에서 칸영화제 최우수 감독상을 수상한 <잊힌 사람들>(Los olvidados, 1950)과 <범죄 연습>(Ensayo de un crimen, 1955), <나사린>(Nazarín, 1958) 등의 명작들을 발표하며 거장의 길을 걸어갔다. 독재자의 권력이 미치지 못하는 곳에서 작업하는 스페인 감독이라는 사실이 그의 삶을 전설로 만들고 있었다.

내전 이후 조국을 찾지 않던 그는 1961년에 다시 스페인에서 영화를 연출하게 된다. 1960년 칸 영화제에서 젊은 감독 카를로스 사우라(Carlos Saura: 1932~)가 부뉴엘에게 다가와 스페인에서의 영화 제작을 제안했다는 얘기도 있고, 또 다른 스페인의 신세대 감독인 **후안 안토니오 바르뎀**(Juan Antonio Bardem: 1922~2002)이 멕시코 여행 중에 부뉴엘을 찾아와 그런 제안을 했다는 얘기도 있다.

한편, 그즈음 멕시코 여배우인 실비아 피날(Silvia Pinal: 1931~)은 자신이 존경하는 부뉴엘 감독의 작품에 출연하기를 간절히 원

프세볼로트 푸돕킨

소련의 영화감독. 에이젠슈타인과 더불어 소련 영화의 혁명적 전통을 개척한 영화인으로 평가받는다. '몽타주 이론'의 수립과 보급에 크게 공헌했다.

<비리디아나> 포스터

<범죄 연습> 포스터

후안 안토니오 바르뎀

스페인 영화감독으로 스페인 공산당의 당원이었다. 영화배우 하비에르 바르뎀(Javier Bardem: 1969~)의 삼촌이기도 하다.

해, 남편이자 제작자인 구스타보 알라트리스테(Gustavo Alatriste: 1922~2006)에게 부뉴엘이 연출하는 영화의 제작을 부추기고 있었다. 고민 끝에 부뉴엘은 작품 활동에 있어서의 '절대적인 자유'를 전제로 <비리디아나>를 연출하기로 결심하고 1960년 11월 멕시코를 떠나 스페인에 도착했다. 그를 아는 이들은 경악했고, 경박한 언론은 그가 이제 프랑코 정권에 비타협적인 태도를 포기했다고 예단했다. 부뉴엘은 '배신자'나 '돈에 팔려갔다.'는 주변의 비난을 감수해야 했다.

한편, 스페인 당국은 망명 갔던 부뉴엘이 돌아와 자국에서 작품을 만든다는 사실을 홍보해 마치 스페인에 언론의 자유, 창작의 자유가 있다는 인상을 주고 싶어 했다. 졸지에 부뉴엘은 '돌아온 탕자'로 선전되었다. 그리하여 중세 시대에 활동했지만, 그리 알려지지 않은 어느 성자의 이름을 주인공으로 한 영화는 많은 논란을 일으킨 문제작이 되었다. <비리디아나>(Viridiana, 1961)였다. 그리고 이 영화는 칸영화제 황금종려상을 받은 최초의 스페인 영화가 되었다.

2) 정신분석학 그리고 신성모독

<비리디아나> 다리에 대한 절편 음란증 등을 포함한 첫 장면

<안달루시아의 개>처럼 노골적이지는 않으나 <비리디아나>는 또 다른 방식으로 프로이트와 인연을 맺고 있다. 이 작품이 프로이트로 대변되는 정신분석학적인 요소들의 향연이라면 지나친 표현일까? 줄넘기하는 리타의 다리에서부터 비리디아나의 다리에 이르기까지, 돈 하이메가 절편 음란증 환자라는 사실을 충실하게 포착하는 카메라는 페티시즘을 형상화한다. 그는 신혼 첫날밤 죽은 아내의 모습을 잊지 못한다. 그의 세계는 그 시간에 고착화되어 있어, 한 발자국도 더 나가지 못했다. 그래서 그는 외출을 삼가고, 아마도 밤마다 죽은 아내가 마지막에 입었던 웨딩드레스를 꺼내보고, 아내의 구두를 신어 보면서 욕망을 다스렸을 것이다.

<비리디아나>: 속죄에 대한 강박관념의 표현으로서의 십자가와 쇠못, 돌멩이

비리디아나 역시 몽유병자가 되어 한밤중에 삼촌의 침실로 와서는 그의 침대에 재를 뿌린다. 속죄와 죽음이라는 재에 대한 해석은 이후 조카와 삼촌에 의해 구현된다. 조카는 속죄의 의미로 낮은 자리로 내려가 부랑자들을 거둬들이고, 삼촌은 자살을 선택하기 때문이다. 삼촌의 자살에도 남근(男根) 모양의 손잡이가 있는 줄넘기가 사용되었다는 것은 정신분석 요소들을 고전적으로 재배치

하는 순박함이 느껴지기도 한다.

한편, 버림받은 아들에서 상속자가 된 호르헤는 근대문명처럼 하루아침에 찾아온다. '빛'을 의미하는 애인 루시아와 함께 온 호르헤. 제대로 컸다면 어엿한 건축가가 되어있었을 거라는 그는 전에 건축 관계 일을 했었다. 비리디아나의 신앙과 대비되는 지점에 있는 그는 이렇게 이성(理性)을 장착한 근대를 표상한다. 그래서 비리디아나가 부랑자들을 모아 놓고 기도하는 장면과 호르헤의 지시로 작업하는 사람들이 교차 편집된 장면은 전근대와 근대를 대비시킨다. 스페인의 전통적인 가톨릭 신앙과 근대가 대립한다. 그리고 호르헤의 도착과 함께 저택의 권력구조가 개편된다. 비리디아나는 저택이 아닌 영내의 허름한 곳으로 숙소를 옮겼고, 하인 몬초는 저택을 떠났으며, 라모나는 고양이 앞의 쥐처럼 호르헤에게 굴복되었다. 마지막 장면에서는 신앙과 봉사, 헌신의 표상이던 비리디아나마저 결국 가장 굴종적이며 외설적인 형태로 호르헤에게 굴복한다. 근대의 분명한 승리다.

<비리디아나> 호르헤의 작업과
비리디아나의 기도

<비리디아나>: 웨딩드레스를 입은 비리디아나

이 작품을 둘러싼 '신성모독'에 대한 논쟁은 유명하다. 비리디아나가 거둬들인 부랑자들이 그녀의 부재를 틈 타 저택에서 벌이는 향연이 그 중심에 있다. 몰래 염소를 잡은 이들은 최고급 식탁보를 깔고 포도주를 마시며 고기를 뜯는다. 흥이 나자, 기타를 연주하며 노래도 부른다. 그리고 배고픔이 가려졌을 때 오는 또 다른 욕망들을 충족시키려 한다. 날 것 같은 욕망들의 향연 또는 전시. 이들은 사소한 일로 서로 다투고, 술에 취해 식탁을 아수라장으로 만든다. 그리고 단체 사진을 찍는다. 이 사진과 음악이 문제였다. 르네상스 시대 레오나르도 다빈치가 그린 '최후의 만찬'을 연상시키는 구도의 한가운데에는 가장 사악하면서도 본능에 충실한 장님 부랑자 아말리오가 자리 잡고

<비리디아나>
걸인들의 만찬 장면

<비리디아나>: 최후의 만찬에 대한 패러디

있었다. 다빈치의 그림에서 예수가 있던 위치. 예수의 자리가 막돼먹은 걸인에 의해 대체된 것이다. '어둠'을 의미하는 장님이 세상의 '빛'인 예수의 자리를 차지했다는 의미로 해석될 소지도 있었다. 그리고 그를 둘러싼 열두 명의 뻔뻔한 걸인들. 부뉴엘은 이 장면이 성서(聖書) 또는 다빈치 작품에 대한 패러디임을 분명히 한다. 베드로의 배신을 알리는 닭울음소리도 들린다. 그리고 사진을 찍는 여인은 자기

<비리디아나>: 웨딩드레스를 입은 부랑자

치마를 들어 보임으로써 다른 인물들의 웃음을 자아낸다. 가장 고통스럽고 엄숙했던 만찬은 난장판이 되었고, 천박한 여인들이 등장하는 에로티즘과 카니발리즘의 중심이 되어 버렸다. 음악도 헨델의 '할렐루야'를 사용했다. 신성한 그 음악이 울려 퍼지는 가운데 비열한 걸인 하나는 돈 하이메가 그토록 아끼던 죽은 아내의 면사포와 코르셋을 걸치고 춤을 추며 나타난다. 그 모습을 본 부랑자들은 깔깔대면서 춤판을

벌인다. 한쪽에서는 강간 또는 간음이 이루어진다. 예수의 자리에 있던 인물은 자기 여인의 간음을 눈치 채고 지팡이로 내리쳐 식탁은 아수라장이 된다.

이후 자신의 실패를 자인한 비리디아나는 고난과 수행의 세계, 신앙과 전통의 세계에서, 호르헤가 기다리고 있는 축제와 근대의 세계로 들어간다. 아무도 그녀에게 강요하지 않았으나, 그녀는 투항하듯 호르헤의 방으로 들어간다. 변화를 거부하는 스페인의 교조적 가톨릭과 전근대성에 대한 조롱으로 해석될 수 있는, 그리하여 신성모독 논

<비리디아나> 비리디아나가
호르헤의 방으로 들어가는
마지막 장면

쟁으로 확대될 소지가 있는 부분이었다.

3) 논란과 상영금지

1961년 봄에 촬영을 마친 <비리디아나>는 우여곡절 끝에 칸 영화
제의 공식 후보작이 되었다. 그리고 뒤늦게 이 작품을 본 심사위원들
은 이미 대상(大賞)인 황금종려상 수상작으로 결정해 놓은 앙리 콜피
(Henri Colpi) 감독의 <기나긴 부재>(Une aussi longue absence)
와 함께 <비리디아나>를 공동 수상할 것을 결정했다. 그러나 이 작
품을 신성모독적인 것으로 판단한 교황청은 발끈했고, 스페인 내전
을 성전(聖戰)으로 만들어 가톨릭교회의 도움을 받았던 프랑코 정부
는 상영금지 명령을 내렸다. 스페인 영화국 국장은 사임해야 했다[10].
사실, 영화를 두 번이나 본 프랑코 자신은 별문제가 없을 거로 생각했
으나, 수하의 장관이 내린 상영금지 명령을 번복하는 번거로움을 원
치는 않았다고 한다. 아무튼 스페인 정부는 다른 나라들에도 <비리디
아나>의 상영금지를 위해 다양한 압력을 행사했다. 당연히 그 여파는
옆 나라 프랑스에까지 도달했고, 파리에서 이 작품을 관람하는 것은
불가능했다. 스페인의 보수 권력은 필름을 파괴하기 위해 할 수 있는
모든 수단을 다 동원했으나, <비리디아나>는 곧 스페인 밖에서 예술
성을 인정받았고 상업성을 획득하였다. 이 영화가 지금까지 남아있
는 건 스페인과 멕시코 간의 합작규약 덕분이었다. <비리디아나>가
스페인에서 관객에게 소개된 건 프랑코 사후 2년이 지나 새로운 정부
가 들어선 1977년이었다.

<기나긴 부재> 포스터

5. <욕망의 모호한 대상>: 욕망의 탐구

1) 더블캐스팅이라는 묘수

부뉴엘은 이제 영화라는 정열의 세계에 이별을 고할 준비를 하
고 있었다. 필모그래피의 마지막을 장식할 작품은 프랑스 소설가
인 피에르 루이(Pierre Louÿs: 1870~1925)의 『여인과 꼭두각시
La femme et le pantin』(1898)를 원작으로 한 <욕망의 모호한
대상>(Cet obscur objet du décir, 1977). 이 작품은 <부르주아
의 은밀한 매력>(Le charme discret de la bourgeoisie, 1972),

<욕망의 모호한 대상> 포스터

2001년의 마리아 슈나이더

그리고 <자유의 환영>(Le fantôme de la liberté, 1974)과 더불어 '욕망의 3부작'이라고 불린다[11]. 이전에 이미 네 편의 영화가 원작 소설을 토대로 제작되었고, 그 중 조셉 폰 스턴버그(Josef von Sternberg)가 마를린 디트리히(Marlene Dietrich)를 주인공으로 연출한 <악마는 여자다>(The Devil Is a Woman, 1935)와 쥘리앵 뒤비비에(Julien Duvivier)가 브리지트 바르도(Brigitte Bardot)를 주인공으로 제작한 <인형과 꼭두각시>(La femme et le pantin, 1959)는 꽤 명성을 얻은 작품이었다.

캐스팅은 좀 복잡했다. 부뉴엘은 남자 주인공에 캐리 그랜트를 기용하려는 제작자의 제안을 거절했고, 우여곡절 끝에 자신의 페르소나인 페르난도 레이(Fernando Rey)와 마리아 슈나이더(Maria Schneider)를 섭외했다. 당시 마리아 슈나이더는 베르나르도 베르톨루치(Bernardo Bertolucci: 1940~2018) 감독의 문제작인 <파리에서의 마지막 탱고>(Last Tango in Paris, 1972)에서의 열연으로 세계 영화인들의 주목을 받고 있었다. 그러나 한 달 정도 그녀와 작업한 부뉴엘은 여주인공을 교체해야 했다. 마리아 슈나이더의 약물 중독이 문제가 된 것이다. 그는 여주인공인 콘치타 역할을 다른 두 명의 여배우로 대체했다. 캐롤 부케(Carole Bouquet)와 앙헬라 몰리나(Ángela Molina)의 더블 캐스팅을 시도한 것이다. 최고의 선택이었다.

캐롤 부케와 앙헬라 몰리나

2) 욕망의 주체와 객체

제목에서 가리키는 욕망의 대상은 무엇이고, 그것을 욕망하는 주체는 누구인가? 극 중 욕망의 주체가 주인공인 중년 사업가 마티유라는 것은 분명하다. 그리고 그 욕망의 주체는 다시 부르주아로 확대된다. 그런데 그가 원하는 대상은 모호하다. 왜냐하면 여주인공인 콘치타는 경우에 따라 각기 다른 두 배우에 의해 연기되고 있기 때문이다. 당시 열아홉 살이었던 캐롤 부케가 청순한 이미지로 무장하고 정신적인 면모를 부각했다면, 스물한 살의 앙헬라 몰리나는 보다 관능적이고 육체적인 면모를 담당했다고 할 수 있다. 이 두 배우는 한 여인(콘치타)이 지니고 있는 극단적인 두 얼굴을 연기하고 있었던 것이다.

관객은 콘치타 역할의 두 배우를 변별할 수 있지만, 정작 마티유는 그녀의 변신을 알아차리지 못한다. 그의 욕망 앞에서는 청순한 콘치타(캐롤 부케)나 관능적인 콘치타(앙헬라 몰리나)가 변별되지 않는

<욕망의 모호한 대상>: 페르난도 레이와 앙헬라 몰리나

다. 그것은 그가 욕망하는 것이 존재로서의 인간이 아니라 콘치타가 지니고 있는 성적인 매력이기 때문이다. 즉, 콘치타는 단순한 욕망의 대상 또는 욕정의 대상일 뿐이다. 그것은 도달되기 전까지 집요하게 추구되며, 욕망하는 부르주아의 맹목적성을 드러낸다. 쥐덫에 걸린 쥐와 술잔에 빠진 파리 모두 욕망의 늪에 빠져 벗어나지 못하는 부르주아에 대한 은유에 다름 아니다. 그리고 이 지점에서 <욕망의 모호한 대상>은 또다시 부르주아를 비판 또는 탐구하는 부뉴엘의 작품 세계에 안착한다.

3) 욕망의 법칙

<욕망의 모호한 대상>: 페르난도 레이와 캐롤 부케

마티유와 콘치타의 인연은 파리에 있는 마티유의 저택에서 시작한다. 그러다가 삼 개월 후 스위스로 출장을 간 마티유는 그곳에서 우

연히 콘치타를 다시 만나게 된다. 그러나 그녀는 또다시 말없이 사라지고, 마티유는 다시 파리에서 우연히 그녀를 만나게 된다. 파리 교외에 있는 마티유의 별장에서도, 파리에 있는 마티유의 집에서도, 그리고 세비야와 마드리드 등에서도 이들은 우연 또는 필연으로 만나게된다. 그녀는 이 작품의 가장 중요한 기표이다. 그녀는 잡힐 듯 잡히지 않는, 그러나 시공간을 초월해 존재하는 욕망 또는 그 대상을 연기(演技)하는 것이다. 그래서 그녀는 마티유가 있는 곳이라면 어디에고 나타난다. 그녀처럼 욕망은 어느 곳에나 존재하기 때문이다.

콘치타는 영화에 등장하는 인물이 아닌 욕망 그 자체 또는 그 대상에 대한 알레고리적 표현이다. 그녀는 마티유 이외의 다른 남자와는 손쉽게 애정 행각을 벌인다. 여러 남자 앞에서 나체로 춤을 추는 싸구려 무희이기도 하다. 그녀는 그렇게 욕망을 은유한다. 욕망은 모든 이들의 추구 대상이기 때문이다.

한편, 욕망의 대상인 콘치타는 욕망의 성취를 언제나 연기(延期)한다. 그것이 욕망의 속성이다. 파리에서 다시 만난 마티유가 그녀를 파리 근교의 별장으로 데려가고 싶다고 할 때, 그들의 대화는 다음과 같다.

콘치타: 그곳에서 당신의 연인이 되겠어요.
마티유: 언제? 오늘?
콘치타: 아뇨. 내일모레요.

<욕망의 모호한 대상>
연기되는 욕망

<욕망의 모호한 대상>: 마티유의 욕망이 좌절되는 장면 중 하나

욕망의 주체인 마티유는 자신의 욕망에 결코 도달하지 못한다. 그것은 늘 연기되고 도달 불가능한 것이기 때문이다. 그래서 세비야의

밤거리에서 마티유는 콘치타를 철창 너머에서 만나고, 그가 원하는 키스는 연기되며, 원치 않는 그녀의 머릿결만이 허용된다. 그가 힘으로 콘치타를 제압하려 했을 때도 그의 완력으로는 어쩔 수 없는 장애물이 있었다.

욕망의 대상은 주체에 의해 도달되는 순간 더 이상 욕망의 대상이 아니다. 욕망의 대상이라는 지위는 언제나 성취되기 이전의 대상에게 부여되는 것이기 때문이다. 그런 의미에서 콘치타가 "당신이 원하는 것을 주면, 당신은 더 이상 절 사랑하지 않을 거예요."라고 말한 것은 전적으로 옳다. 마티유를 포함한 그 누구도 욕망 그 자체에는 결코 온전히 도달할 수 없는 것이다.

<욕망의 모호한 대상>: 쇠창살 밖의 마티유

계속되는 콘치타의 조롱에 마티유는 지치고, 그녀를 포기하게 된다. 그래서 그녀를 폭행한 후, 환멸에 가득 찬 상태에서 세비야를 떠난다. 그러나 그가 욕망의 대상을 욕망하지 않게 되는 그 순간, 아이러니하게도 욕망의 대상이었던 콘치타는 그의 품에 들어온다. 그녀는 피를 흘리면서 "이제 당신이 나를 사랑한다는 걸 알았어요."라고 말한다. 그리고 아직도 자신은 처녀라면서 그를 유혹한다. 자기 집의 열쇠를 주며 언제든지 자기를 찾아오라고 그를 설득한다. 반면, 그 열쇠를 내동댕이치는 마티유의 행동은 단호해 보인다. 일시적이지만, 욕망이 사라졌기 때문이다. 그의 단호함은 그의 뒤를 따라 열차를 타려는 콘치타에게 양동이로 물을 부어 버리는 행동으로 표현된다. 그러나 욕망은 결코 버릴 수 없는 법. 사라졌는가 하면 또다시 스며드는 욕망의 법칙. 마드리드에 도착한 두 사람은 무슨 이유에서인지 다정하게 플랫폼을 빠져나간다.

<욕망의 모호한 대상>
세비야 역에서 마티유가
콘치타에게 물을 부어 버리는 장면

아마도 이들의 다정함은 마드리드에서 파리에 도착하기까지 지속된 듯하다. 내러티브 구조가 마티유가 과거를 고백하는 순환구조를 하고 있다는 것도 죽거나 파괴되기 전까지 멈추지 않는 욕망의 구도를 드러내 준다.

4) 넝마 자루 같은 욕망

욕망의 주체인 마티유가 그 대상인 콘치타를 추구하는 이야기, 욕망에 대한 알레고리인 이 작품에는 내러티브의 흐름과 어울리지 않는, 또는 어색한 몇 장면들이 포진해 있다. 그것도 비슷한 장면들이 반복되는데, 카메라는 그런 장면들에 포커스를 맞추며 관객들의 시선을 유도한다. 이렇게 내러티브의 흐름을 단절 또는 방해하는 듯한 장면들은 두 종류로 분류할 수 있다.

첫 번째 것은 한 남자가 넝마 자루를 등에 지고 가는 장면과 그에 대한 변용(變容)이다. 이러한 자루는 작품 전체에 걸쳐 다섯 번 등장한다. 처음 두 번의 주체는 낯선 남자이지만, 세 번째 장면에서는 콘치타와 데이트를 하던 마티유가 자신의 정장 차림과는 전혀 어울리지 않는 그 자루를 메고 간다. 그리고 네 번째 장면에서는 세비야에서 밤거리를 나서는 마티유에게 하인인 듯한 남자가 자루를 주려 하고, 마티유는 나중에 가져가겠다고 한다. 그리고 다섯 번째 장면은 영화의 끝부분, 파리의 쇼윈도에서 뜨개질하는 여인이 그 넝마 자루에서 여인의 흰 드레스를 꺼내는 것이다.

<욕망의 모호한 대상>: 넝마자루를 메고 가는 마티유

결국, 넝마 자루는 욕망을 의미한다. 허름한 옷을 입은 낯선 사람

이나, 마티유처럼 정장 차림의 말쑥한 부르주아나 모두 하나씩 메고
다니는 욕망 자루들. 마티유가 일시적으로 콘치타에게 환멸을 느껴
그녀를 욕망하지 않았던 세비야의 밤에 그가 욕망 자루를 거부했다
는 사실은 이러한 분석을 더욱 설득력 있게 해준다.

　　부뉴엘의 마지막 영화인 <욕망의 모호한 대상>의 마지막 장면은
파리의 파사쥬 주프루아(Passage Jouffroy)를 무대로 한다. 파사쥬
주프루아는 초현실주의의 성지(聖地) 중의 하나이자, 1924년 부뉴엘
이 파리에 처음 도착했을 때 묵었던 롱스레 호텔(Hotel Ronceray)
이 있는 곳이기도 하다. 그러나 그가 이곳을 촬영지로 선택한 주된 이
유는 다른 것일 수 있다. 그곳은 바로 그의 부모님이 신혼여행을 가서
머물렀던 곳이었던 것이다. 아마도 그는 그 호텔에서 잉태되었을 가
능성이 있었다. 파리의 파사쥬 주프루아에서 생명으로 시작한 그는
그곳을 자신의 마지막 영화, 마지막 쇼트의 촬영지로 선택했다. 거장
다운 선택이었다.

6. 루이스 부뉴엘의 미학

1) 초현실주의

　　부뉴엘은 자서전인 『내 마지막 숨결 Mi último suspiro』에서
자신은 심리학이나 정신분석을 좋아하지 않는다고 고백했다. 그러나
곧이어 뛰어난 정신분석학자 친구들이 있고, 그들 중 몇몇은 자기 영
화에 대한 해석을 하기도 했다고 덧붙여 말했다[12]. 또한 프로이트에
대한 독서와 무의식의 발견이 자신의 청춘에 큰 공헌을 했음은 말할
필요도 없다는 말도 했다[13]. 청소년기를 보냈던 마드리드와 프랑스
파리의 아방가르드적이 분위기가 그의 예술 세계에 결정적인 영향을
주었을 것이다.

　　어느 정도의 부침은 있으나, 데뷔작인 <안달루시아의 개>에서부
터 마지막 작품인 <욕망의 모호한 대상>에 이르기까지 루이스 부뉴
엘의 모든 작품에는 초현실주의적 요소들이 존재한다. 리얼리즘 계
열 작품인 <잊힌 사람들>에서 보이는 몽환적인 요소들은 이런 사실
을 지지해 준다. 부뉴엘은 무의식에 기초한 인간의 본능과 비이성을
강조했는데, 이는 프로이트와 융(Jung)에 대한 그의 지식이 광범위
하다는 사실을 방증해주기도 한다[14].

<부르주아의 은밀한 매력> 포스터

2) 부르주아와 욕망

프로이트가 천착했던 인간의 무의식과 본능, 비이성적인 면모들은 부뉴엘의 영화 세계에서 자연스럽게 욕망으로 연결되었다. 날 것 같은 욕망은 모든 부류의 인간들이 공통으로 가지고 있는 것이지만, 부뉴엘은 특히 이러한 욕망을 감추려 하는 부르주아의 위선적인 삶에 주목한다. 그래서 말년에 그가 천착했던 욕망은 부르주아의 세계를 무대로 하고 있다.

<부르주아의 은밀한 매력>에서는 만찬을 즐기려는 부르주아들의 욕망이 계속해서 연기되고 좌절되는 것을 통해, 그들의 욕망 또는 인간 본연의 욕망이 결코 도달할 수 없는 것임을 피력한다. 이러한 주제는 <욕망의 모호한 대상>에서 다시 반복되기도 한다.

결국 부뉴엘이 욕망과 부르주아를 통해 궁극적으로 말하려고 했던 것은 인간의 본능과 무의식, 욕망을 사회 제도와 규정, 문명이라는 틀로 다스리려는 시도가 얼마나 인위적이고 부질없으며 무의미한 일인가였다.

3) 가톨릭에 대한 입장

<비리디아나>의 칸영화제 진출과 그 이후에 벌어진 바티칸의 비난은 부뉴엘을 반(反) 가톨릭적 입장을 가진 불경한 감독으로 평가하게 만들었다. 이에 대해 그는 "나는 기독교의 자선을 무용한 것으로 하려는 의도가 없었다. 또 우연히 불경한 장면이 들어간 것이지 그럴 의도는 없었다."고 말했다[15]. 그러나 작품의 내용으로만 말을 한다면, 영성이 육욕에 굴복하고, 이성은 본능에 자리를 내어주며, 질서는 혼돈으로 대치된 것이 사실이다. 영화에서의 편집은 절대로 우연이 아닌데, 부뉴엘 같은 거장의 작품에서는 더욱 그러하다. 더욱이 걸인들의 수를 예수의 제자 숫자와 맞추기 위해 네 명의 엑스트라를 급조했다는 사실[16]은 그의 변명을 궁색하게 만든다.

가톨릭에 대해 부정적인 그의 입장은 사제가 산채로 줄에 끌려가는 <안달루시아의 개>에서부터 시종일관된 것이었다. <잊힌 사람들>의 리얼리즘적인 세계의 무대는 가톨릭이 지배하는 멕시코였다. <부르주아의 은밀한 매력>에 등장하는 주교는 빈부격차에 대해 믿기 힘들다고 말함으로써 현실 감각이 없는 가톨릭의 무지를 드러냈다. 그리고 이후 그는 살인까지 저질렀다. 이와 더불어 <자유의 환영>에 등

<자유의 환영> 포스터

장하는 가톨릭 사제는 부르주아의 연장선상에서 부뉴엘의 조롱과 비난의 대상이 됐다. 그리고 <욕망의 모호한 대상>에서 주인공에게 의미 있는 예언을 하는 것은 가톨릭 사제가 아닌 미지의 집시 여인. 가톨릭에 대한 그의 입장은 결국 자신의 자서전에서 "나는 무신론자이다. 하느님 덕분에."[17]라고 고백함으로써 분명히 드러났다. 초현실주의로 대변되는 아방가르드의 피를 끝내 지니고 있던 그가 가톨릭적 세계관을 토대로 한 세상을 구축하기는 불가능했을 것이다.

|주　석|

1) Buñuel, Luis, 『Mi último suspiro』, Debolsillo, 2003, 71쪽.

2) 스페인 내전에서 반란군 수장이었다가, 승전(勝戰) 이후에는 독재자로 변신한 프란시스코 프랑코를 의미한다.

3) 정동섭, 『20세기 스페인 시의 이해』, 전북대학교출판문화원, 2016, 263쪽.

4) 잭 씨 엘리스, 『세계 영화사』(변재란 옮김), 이론과실천, 1996, 144쪽.

5) Schroeder Rodríguez, Paul A., 『Latin American Cinema』, Univ. of California Press, 2016. 140쪽.

6) 위의 책, 141쪽.

7) '오히토스(Ojitos)'는 '작은 눈'이란 의미인데, 맹인의 길 안내자 역할을 하는 소년의 이름으로 적합한 이름이기도 하다.

8) Schroeder Rodríguez, Paul A., 앞의 책, 140쪽.

9) 달리(Dalí)는 당대의 문화예술계에서는 드물게 친(親) 프랑코적인 예술가로 변신하였다.

10) 장 클로드 스갱, 『스페인 영화사』, 동문선, 2002, 93쪽.

11) 임호준, 『스페인 영화』, 문학과지성, 2014, 41쪽.

12) 자크 라캉도 그의 친구들 중 하나였다. 참조: Fuentes, Víctor, 『La mirada de Buñuel』, Tabla Rasa, 2002년, 266쪽.

13) Buñuel, Luis, 『Mi último suspiro』, Debolsillo, 2003년, 268쪽.

14) William Evans, Peter, 『The Films of Luis Buñuel』, Clarendon, 1995년.

15) Besas, Peter, 『Behind the Spanish Lens』, Arden Press, 1985, 50쪽.

16) Stone, Rob, 『Spanish Cinema』, Pearson/Longman, 2002, 54쪽.

17) Buñuel, Luis, 앞의 책, 204쪽.

11장 미셸 공드리
현실과 환상의 경계 넘기

조한기

1. 미셸 공드리의 작품 세계

1) 영상 미학의 귀재, 초현실주의에 대한 취향

미셸 공드리(Michel Gondry, 1963~)는 어린 시절부터 음악과 미술에 특출한 재능을 보였다고 한다. 파리 예술학교에서 수학하던 공드리는 자신이 드러머로 활동하던 밴드 위위(OUI OUI)의 뮤직비디오 연출을 계기로 영상감독으로 데뷔했다. 그는 일찍부터 초현실적인 세계를 형상화하는 데 지대한 관심을 보였다. 실제로 공드리는 영화감독으로 전향하기 이전부터 독창적인 영상 미학으로 세계적인 명성을 얻었다. 특히 비욕(Björk)의 뮤직비디오 "Human Behavior"(1993)와 리바이스 광고 "DRUGSTORE"(1994)는 수많은 상을 휩쓸기도 했다.

공드리를 이야기할 때 가장 먼저 언급되는 작가적 특징은 그의 독특한 영상 연출 방식이다. 공드리는 CG 기술의 사용을 지양하고 아날로그 제작 방

미셸 공드리의 사진

<휴먼 비헤이버>
공드리의 영상 미학을
잘 보여주는 뮤직비디오

공드리의 수작업

스톱모션

영화에서 단일 프레임을 계속 반복 재생하여 마치 화면을 정지사진처럼 보이게 하는 정지 화면 효과. 스톱 프레임, 홀드 프레임, 프리즈 프레임이라고도 한다. 시간의 흐름 속에서 행위를 정지시켜 화면을 고정시키므로 특정 시간을 강조하거나 극적인 충격 효과를 주게 된다. 필름의 경우에는 한 프레임만을 촬영한 후 필요한 시간만큼 반복 인화하여 스톱 모션을 만들고 비디오의 경우 테이프를 물리적으로 정지시켜 스톱 모션을 만든다.[5]

초현실주의

초현실주의는 순수 정신의 자동성 또는 잠재의식을 표면으로 떠오르게 하는 자유 연상을 말하며 이성이나 미적·도덕적 선입견에 의한 통제가 부재한 상태에서 행해지는 내적 사상의 표현이다. 무의식 이론과 꿈에 대한 몰두, 성적 상징체계를 강조하는 프로이트(Freud) 사상은 당시 영화감독들에게 깊은 영향을 주었는데 그들은 인간의 외적 행동을 통제하고 있는 무의식의 원천에 들어감으로써 좀 더 진실된 현실을 드러낼 수 있다고 생각했다.[6]

내러티브

실제 혹은 허구적인 사건을 설명하는 것 또는 기술(writing)이라는 행위에 내재되어 있는 이야기적인 성격을 지칭하는 말. 시간과 공간에서 발생하는 인과관계로 엮어진 실제 혹은 허구적 사건들의 연결을 의미하며 문학이나 연극, 영화와 같은 예술 텍스트에서는 이야기를 조직하고 전개하기 위해 동원되는 다양한 전략, 관습, 코드, 형식 등을 포괄하는 개념으로 쓰인다.[7]

식을 선호한다.[1] 그는 몽환적인 미장센 구성과 각별한 이미지 창출을 위해 다양한 소품들을 제작했다. 더불어 렌즈의 왜곡, 스톱모션(stop motion), 이중 인화, 편집을 통한 시공간 재배치 등 카메라 기술의 활용을 통해 독특한 영화적 질감을 형성했다. 공드리 작품 세계에서 나타나는 몽환적인 이미지는 주로 초현실주의와 연관되어 평가[2]되곤 한다. 영화에서 초현실주의는 생소한 형식이 아니다. 루이스 부뉴엘(Luis Buñuel)은 이미 <안달루시아의 개>(Un Chien Andalou, 1929)를 통해 초현실주의 영화에서 중요한 성취를 이뤘다. 장 콕도(Jean Cocteau) 역시 <오르페의 유언>(Le Testament d'Orphée, 1960)을 통해 인간의 무의식을 자극하는 특수효과를 실험한 바 있다. 이들은 영화에서의 초현실주의 기법을 관습화하는 데 지대한 영향을 끼쳤다. 공드리가 구축한 아날로그적 초현실 세계는 이들의 영상 미학과 유의미한 접점을 이루기도 한다. 그러나 공드리는 이들과 비교해 유쾌하고 밝은 톤의 공상 세계를 형성하고 있다는 점에서 변별점을 보인다.

한편으로 공드리의 이 같은 작가적 특색은 평단의 엇갈린 평가를 받기도 했다. 화려한 영상미에 비해서 상대적으로 내러티브가 약하다는 평가를 받거나, 표현방식이 지나친 과잉으로 지적받는 경우도 있었다. 혹은 의미심장해 보이는 이미지의 남발로 심리적 피로를 호소하는 경우도 종종 보인다. 이러한 비난은 큰 틀에서 작품 해석의 난해함으로 귀결되곤 했다.

2) 미셸 공드리 작품 세계에 대한 접근

공드리의 영화는 여러모로 초현실주의 미학을 수렴한다. 이성과 합리를 벗어난 서사무대(diegesis), 꿈과 환상에 대한 천착, 선형적인 시공간의 파괴, 파편화된 이미지 등이 그렇다. 그는 초현실주의 기법을 활용해 평범한 오브제와 공간을 낯설게 표현하곤 한다. 그런데 공드리의 작품 세계를 차근차근 추적해보면 그가 즐겨 사용하는 이미지와 카메라 연출의 의미를 가늠할 수 있는 일관적인 상징체계가 발견되기도 한다. 예를 들어 기차와 계단은 그의 영화에서 반복 등장하는 공간 중 하나이다. 역재생, 스톱모션 등의 연출기법은 공드리가 애용하는 연출 형식이다. 작품에 따라 미묘한 변화를 보이지만, 이러한 반복 형식에 대한 의미 탐구는 공드리 감독의 초현실적인 작품 세계를 해석하는 데 유의미한 단초를 제공하기도 한다.

이를테면 공드리는 기차를 경유해 시간에 대한 사유를 담곤 한다. <이터널 선샤인>(Eternal Sunshine Of The Spotless Mind, 2004)에서 기차는 지나간 시간을 거슬러 헤어진 연인을 만나러 가는 중요한 길목이다. 서로를 기억에서 지운 그들은 기차에서 통성명하고 다시 사랑에 빠진다. <마음의 가시>(The Thorn In The Heart, L'epine Dans Le Coeur, 2009)는 수제트 공드리의 일생을 추적하는 길에 대한 표지로서 모형 기차를 이용한다. <마이크롭 앤 가솔린>(Microbe et Gasoil, Microbe & Gasoline, 2015)의 다니엘은 여행을 끝마치고 돌아오는 길에 기차가 시간을 거슬러 가고 있다고 생각한다.

<이터널 선샤인> 조엘과 클레멘타인의 첫 만남

계단의 경우 타인의 마음속으로 향하는 진입로를 상징한다. 카메라는 계단을 주로 로우 앵글 쇼트로 포착하며 긴장감을 조성한다. <이터널 선샤인>의 조엘과 클레멘타인은 계단에서 첫인사를 나눈다. 무의식의 세계에서도 클레멘타인은 계단을 가운데 두고 조엘에게 함께 머물기를 제안한다. 조엘은 계단을 바장이며 클레멘타인의 곁에 남을 것인지, 떠날 것인지를 고민한다. <수면의 과학>(La Science des reves, The Science Of Sleep, 2006)의 스테판과 스테파니는 원형계단을 가운데 두고 산다. 두 사람은 계단에서의 사고를 계기로 안면을 튼다. 원형계단은 돌고 도는 두 사람의 관계를 상징하기도 한다.

<이터널 선샤인> 무의식 속에서 클레멘타인과의 마지막 추억을 보는 조엘. 계단을 사이에 두고 긴장감을 형성하고 있다.

<무드 인디고> 계단을 무대로 자동차 경주를 벌이는 클로에

<무드 인디고>(L'ecume des jours, Mood Indigo, 2013)에선 콜랭이 클로에를 처음 만나러 가는 길에 원형계단이 등장한다. 클로

에 커플과 알리즈 커플은 결혼식을 올리기 위해 계단을 무대로 자동차 경주를 벌이기도 한다.

또한 공드리는 영상 이미지를 낯설게 표현하는 것을 즐긴다. 그중 지나간 영상을 되감으며 이뤄지는 역재생 연출은 서사무대 속에 각별한 인상을 남긴다. 이는 특히 추억을 재인하는 이정표로, 특정한 순간을 기억하고자 하는 인물의 간절한 바람을 시각화한다. <이터널 선샤인>은 마지막 쇼트에서 조엘과 클레멘타인이 서로에게 장난을 치는 행복한 순간을 여러 차례 되감는다. <수면의 과학>에서는 '1초 타임머신'을 통해 스테판과 스테파니의 즐거운 시간이 반복적으로 역재생된다. <무드 인디고>는 클로에의 사망 후 콜랭과 클로에의 첫 데이트 장면을 되감는다. <마이크롭 앤 가솔린>의 경우 비행기의 착륙 장면을 역재생하며 다시는 돌아갈 수 없는 유년 시절에 대해 아쉬움을 은유적으로 표현한다.

스톱모션은 서사무대의 동화적인 연출이나, 인물의 유아적인 내면 심리를 유난스럽게 표현할 때 이용되곤 한다. <수면의 과학>에서 스톱모션은 스테판의 공상 세계를 표현할 때 사용된다. <무드 인디고>는 콜랭이 불행에 빠지기 이전 동화적인 세계를 스톱모션으로 시각화한다. 콜랭이 불행한 현실에 진입하면서부터 스톱모션은 점차 사라진다.

<수면의 과학>
쥐의 옷을 입고 세레나데를
부르는 스테판

<휴먼 네이처> 포스터

<수면의 과학> 쥐의 모습을 한 스테판

이외에도 쥐는 공드리의 작품 세계에서 자주 호출되는 소환물 중 하나이다. 쥐는 왜소하고 연약하지만, 본연의 욕망에 충실하고자 하는 인간의 내면을 상징하곤 한다. <휴먼 네이처>(Human Nature, 2001)에서 온몸에 털이 자라는 병에 걸린 라일라는 자살을 감행하려다가 쥐와 마주하고 자신만의 인생을 살기로 한다. 여기서 쥐는 현

대 사회에 압착되지 않으려는 인간의 원초적 본능을 은유한다. <수면의 과학>의 경우 쥐의 이미지가 두 차례 나타난다. 첫 번째는 스테판이 스테파니를 위한 사랑의 세레나데를 제작할 때이다. 두 번째는 스테판이 멕시코로 돌아가기 전 스테파니에게 응석을 부리며 잠든 꿈에서이다. 쥐는 스테판이 유아적인 세계를 벗어나 스테파니에게 다가서려는 사랑을 상징한다. <무드 인디고>의 애완 쥐는 피폐해져 가는 서사무대를 회복시키려 노력한다. 쥐는 클로에가 유작으로 남긴 애니메이션을 세상에 전달한다. 여기서 쥐는 비극으로 점철되어버린 사랑의 아름다웠던 순간을 증언한다.

3) 인간의 무의식에 대한 탐구

<무드 인디고> 행복한 시간의 색감

<무드 인디고> 불행한 시간의 색감

공드리는 여러 작품에서 인간의 무의식을 그리는 데 큰 관심을 보였다. 그는 특히 사랑에 빠진 인간의 내면을 매우 심도 있게 다루곤 했다. 공드리가 연출한 장편 극영화를 중심으로 보면, 코미디 영화 <휴먼 네이처>는 네 사람의 얽히고설킨 애정 관계를 보여주며 이성과 야성을 넘나드는 인간의 욕망을 탐색한다. 로맨스 영화 <이터널 선샤인>은 권태기에 빠진 연인의 내면 심리를 추적한다. 두 사람의 애증 관계는 사랑의 양가적인 감정에 대해 각별한 인상을 남긴다. <수면의 과학>에선 남녀가 사랑을 얻는 과정에서 발생할 수 있는 불안 심리를 보여준다. 서로의 마음을 확신할 수 없는 인물들은 과잉된 **방어기제**를 표출하기도 한다. <무드 인디고>는 비극적인 사랑을 다룬다. 인물의 무의식은 영화의 색감을 통해 적극적으로 드러난다. 사랑이 시들수록 서사무대는 활력을 잃고 흑백으로 변해 간다. <마이크롭 앤 가솔린>은 사춘기 소년의 풋사랑을 다룬다. 작품은 다가설수록 멀어지고, 멀어지려 할수록 다가오는 사랑과 성장에 대한 복잡 미묘한 감정을 담는다.

방어기제

자아가 위협받는 상황에서, 무의식적으로 자신을 속이거나 상황을 다르게 해석하여, 감정적 상처로부터 자신을 보호하는 심리 의식이나 행위를 가리키는 정신분석 용어이다.8)

공드리는 현실/환상의 이미지를 중첩하며 인물의 내면 심리를 표현하곤 한다. 공드리는 디지털 기술을 이용한 매끄러운 이미지 봉합보다 아날로그의 거칠고 과잉된 표현 양식을 선호한다. 그는 투박한 환상 이미지와 현실 이미지의 극명한 대비를 통해 서사무대 속 환상성을 전경화시킨다. 이러한 공드리의 독특한 영상 미학을 이해하는 데 있어 초현실주의 시인 피에르 르베르디(Pierre Reverdy)의 말은 유의미한 성찰을 제공한다. "이미지는 정신의 순수한 창조물이다. … 병치된 두 현실의 관계가 멀고도 정확할수록, 이미지는 더 강력해질 것이며 정서적으로 더 강한 힘과 시적 현실성을 얻게 될 것이다."

스토리텔링의 관점에서 볼 때, 현실/환상의 대비는 인물의 성격을 입체적으로 조망하는 데 도움을 주기도 한다. 환상을 통해 인물이 현실에서 숨기고 있는 무의식을 선명하게 보여주는 것이다. 공드리는 특히 남성 인물의 무의식을 톺아보며 '날것' 그대로의 욕망을 표현하는 데 일가견을 보인다. 성적 욕망, 현시욕, 방어기제, 자기 비애, 유아적인 망상 등이 그에 속한다. 그러한 접근은 때론 나르시시즘에 예속된 자아를 날카롭게 노출하며 내면세계와 외부세계의 충돌을 조망하게 만들기도 한다.

미리 밝힐 것은, 이 글은 공드리 작품에서 나타나는 무의식의 세계를 살펴볼 때 정신분석학적인 관점으로까지 나아가지는 않을 것이라는 점이다. 그보다는 영화의 형식적인 측면과 내용적인 특성을 주요한 탐구의 대상으로 삼는다.

<이터널 선샤인> 포스터

찰리 카우프만

찰스 스튜어트 찰리 카우프만(1958년 11월 9일~)은 미국의 영화감독, 각본가이다. 90년대 시트콤 등에서 활동하다 1999년 <존 말코비치 되기>로 비평과 흥행 양면에서 성공한다. 이후 <어댑테이션>(2002), <이터널 선샤인(2004)의 각본을 담당한다. <시네도키, 뉴욕>(2008)으로 감독 데뷔하였다.[9]

2. <이터널 선샤인>: 잃어버린 시간을 찾아서

1) 기억과 망각 사이

<이터널 선샤인>(Eternal Sunshine Of The Spotless Mind, 2004)은 영화감독으로서 미셸 공드리의 이름을 널리 알린 작품이다. <존 말코비치 되기>(Being John Malkovich, 1999)의 작가 찰리 카우프만(Charlie Kaufman)과 두 번째 협업 작품이기도 하다. <이터널 선샤인>은 당대 최고의 코미디 배우로 손꼽히던 짐 캐리(Jim Carrey)의 새로운 일면을 보여준 작품으로도 유명하다. 국내에서는 입소문을 통해 유명해졌으며 2015년에 재개봉되기도 했다.

<이터널 선샤인>은 권태기의 연인이 서로에 대해 잃어버린 감정

과 기억을 추스르며 사랑을 되찾는 이야기이다. 여기에는 기억과 망각에 대한 탐색이 존재한다. 인간의 의식은 기억으로 이루어진다. 기억의 상실은 곧 나의 상실을 의미하기도 한다. 일상에서의 기억은 눈앞의 현실과 교접하며 끊임없이 기입과 삭제를 반복한다. 인간은 무엇을 기억하고 잊어버릴지 선택할 수 없다. 그렇다면 기억과 망각 사이, 잔여물은 어디로 향하는 걸까? <이터널 선샤인>은 기억을 조작적으로 선택할 수 있는 세계를 조망함으로써 이에 대한 성찰을 이끈다. 조엘이 경험하는 기억의 세계에 대한 모험은 무의식 세계를 탐험하는 일에 다름없다.

과묵하고 진중한 성격의 조엘은 출근길에 충동적으로 몬톡행 열차를 탄다. 그는 평소답지 않은 자신의 행동에 의아해하면서도 마음이 이끄는 대로 행동한다. 그는 해변을 거닐며 자신의 인생처럼 텅 빈일기를 본다. 조엘은 알 수 없는 공허함을 채워줄 무언가를 찾아 몬톡을 헤맨다. 그런 조엘의 뒤에 그와 마찬가지로 결핍된 무언가를 찾아 헤매는 여인이 있다.

<이터널 선샤인> 기차에서 재회하는 조엘과 클레멘타인

<이터널 선샤인>
조엘과 클레멘타인의
기차에서 재회 장면

두 사람은 짧은 여행길에 반복적으로 조우하며 서로를 의식하게 된다. 그렇게 조엘은 기분에 따라 머리카락 색을 바꾼다는 독특한 성격의 여인, 클레멘타인과 만난다. 첫 대화에서 그녀는 <클레멘타인>의 노래를 부르며 자신의 이름을 놀리지 말 것을 부탁한다. "내 사랑아 내 사랑아. 나의 사랑 클레멘타인. 너를 잃고 영영 슬프구나." 너무나 유명한 노래이지만, 조엘은 전혀 모르는 노래라고 이야기한다. 이 대화는 두 사람 사이에서 일어난 비극적인 사건을 함축한다.

두 사람은 서로에게 알 수 없는 이끌림을 느낀다. 그럴 수밖에 없다. 그들은 한때 서로를 열렬히 사랑한 사이였기 때문이다. 두 사람은

기억 소거로 완벽하게 지워졌을 터인 기억의 흔적을 더듬어 이곳에
왔다. 그렇다면 현재 클레멘타인의 머리카락 색(Blue Ruin)이 의미
하는 바는 명확해진다. 그녀는 깊은 상실감에 괴로워하고 있다. 그런
데 그 감정의 기원을 알 수 없다. 딜레마는 거기서부터 발생한다. 두
사람의 이야기는 기억과 망각 사이를 누비며, 말끔하게 해소되지 않
는 그 무엇, 무의식 세계의 오묘함을 전달한다.

<이터널 선샤인> 얇은 심도로 포착되는 클레멘타인의 모습

이를 조망하기 위해선 그들을 포착하는 공드리의 스토리텔링 전
략을 주의 깊게 살펴볼 필요가 있다. 이를테면 카메라는 의도적으로
클레멘타인의 모습을 후경화시킨다. 조엘이 해변의 별장을 둘러볼
때 들릴 듯 말듯 스쳐 지나가는 누군가의 목소리 역시 놓쳐선 안 된
다. 평범해 보이는 쇼트이지만 영화는 끊임없이 무의식 세계를 조망
하고 있다.

2) 애정과 증오 사이

<이터널 선샤인> 무의식 세계에 들어온 조엘

조엘과의 권태기에 괴로워하던 클레멘타인은 충동적으로 '라쿠나 (Lacuna, 잃어버린 조각)'사의 기억제거 시술을 받아 조엘에 대한 기억을 지운다. 그러한 사실에 충격받은 조엘은 자신 또한 클레멘타인의 기억을 지우기로 한다.

조엘이 기억 소거를 시작하면서부터 영화는 클레멘타인과 조엘 사이에 있던 사건들을 역순으로 보여준다. 조엘은 제삼자의 시각으로 자신의 기억을 되돌아본다. 그는 꿈속의 인물들에게 말을 걸며 자신의 처지를 즐기기도 한다.

시작은 두 사람이 마지막으로 다퉜던 최악의 밤에서부터이다. 조엘은 새벽까지 술을 마시고 음주운전을 한 클레멘타인을 비난한다. 그녀에 대한 비난은 정도를 넘어 인격모독으로까지 이어진다. 의식은 곧 무감해진 연인의 일상으로 간다. 조엘은 클레멘타인과의 끔찍한 기억을 본다. 이별은 어쩌면 예정된 수순으로도 보인다.

<이터널 선샤인> 찰스강에서 행복한 시간을 보내는 조엘과 클레멘타인

시간은 계속해서 거슬러 오른다. 클레멘타인이 오렌지색으로 머리를 물들인 날, 조엘은 그녀의 머리카락 색이 참으로 잘 어울린다고 생각한다. 기억은 곧 클레멘타인이 마음의 상처를 고백했던 때로 흐른다. 조엘은 클레멘타인을 품에 안고 그녀의 슬픔을 달래준다. 자신의 기억을 관망하던 조엘은 서서히 무언가 잘못되어가고 있음을 느낀다. 곧이어, 지금 이 순간 죽어도 좋으리라 느꼈던 찰스강의 추억이 사라져 갈 때, 수많은 인파 속으로 클레멘타인의 희미해져 갈 때, 조엘은 절규한다. "박사님 이 기억만은 지우지 말아주세요." 하지만 외침은 닿지 않는다. 조엘은 급기야 클레멘타인의 추억을 붙잡고 도망치기로 한다. 공드리는 사랑과 증오의 감정은 동전의 양면과 같다는 평범한 진리를 무의식 세계를 거슬러 오르며 낯설게 재현한다.

3) 새로이 되감기는 시간

<이터널 선샤인>
조엘에 대한 험담이 담긴
테이프를 듣는 두 사람

조엘은 자신의 진정한 마음을 깨우칠수록 그 마음을 잃어야만 하는 아이러니한 상황에 놓인다. 기억의 세계는 마치 지우개로 지워지듯 끊임없이 소거된다. 공드리는 추억과 망각의 순간을 빈번하게 대립시킨다. 추억이 닳아 없어질수록 절망은 깊어진다.

조엘은 클레멘타인에 대한 기억을 지키기 위해 내면의 심층으로 침잠한다. 조엘은 거기서 가장 수치스러웠던 기억과 가장 끔찍했던 기억을 마주한다. 그 기억에서 조엘을 구원하는 것은 클레멘타인이다. 조엘은 그녀에게 말한다. "너를 더 빨리 만났어야 했어." 하지만 그런 바람과 상관없이 결국 기억의 소거는 완벽하게 끝났다.

그러나 공드리는 기억이 사라진 저편 어딘가에 무언가 잔여물이 남아있다고 말한다. 영화는 다시 첫 장면으로 돌아간다. 조엘은 자신도 모르게 충동적으로 몬톡으로 향하고 클레멘타인과 재회한다. 설렘이 가득할 때, 무(無)에서부터 사랑이 다시 시작되려는 순간이다. 그러나 이번엔 오히려 과거의 기억이 그들의 발목을 잡는다. 두 사람은 기억을 지우기 직전 상대에 대해 험담을 늘어놓는 테이프를 듣는다. 그들은 서로에게 깊은 상처를 받는다.

<이터널 선샤인>
이터널 선샤인의 마지막 장면

클레멘타인이 떠나갈 때 조엘은 그녀를 붙잡는다. 클레멘타인은 우리는 다시 서로를 상처 입힐 것이라며 비관한다. 그러나 그것이 무슨 대수인가? 조엘은 웃는 것처럼, 혹은 우는 것처럼 대답한다. "알았어요." 두 사람은 또다시 서로에게 상처 입히는 일을 반복할 것이다. 하지만 이번에는 조금 다르다. 고통을 넘어 다시 사랑할 수 있다는 것을 알게 되었으니. 마지막 쇼트에서 두 사람은 하얗게 눈이 쌓인 몬톡 해변을 배경으로 서로에 대한 사랑을 확인한다.

<이터널 선샤인>에서 사랑은 모든 상처와 기억을 짊어졌을 때에서야 비로소 온전히 다시 시작된다. 몬톡 해변은 기억과 망각, 무의식과 이를 종합한 '지금'이 교차하는 장소이다. 조엘과 클레멘타인은 몬톡 해변에서 네 번에 걸쳐 조우한다. 그 만남은 각기 다른 의미를 가진다. 첫 번째는 두 사람이 처음 만난 기억의 장소이다. 두 번째는 기억 소거에 의해 이별이 시작된 망각의 장소이다. 세 번째는 무의식적인 이끌림으로 다시 찾은 재회의 장소이다. 마지막은 서로에게 행복과 상처를 준 기억과 무의식의 복잡한 행로를 거쳐 사랑의 진정성을 확인하는 장소이다.

공드리는 마지막 쇼트에서 두 사람의 행복한 모습을 반복적으로

되감는다. 이러한 역재생은 영상 이미지를 각별하게 만든다. 이 장면은 아름다운 순간에 대한 표지로도 보이며, 그들의 사랑이 언제든 다시 시작될 수 있으리라는 메시지로도 해석된다.

3. <수면의 과학>: 꿈, 현실과 환상의 교착지대

1) 꿈과 무의식에 대한 탐색

<수면의 과학> 포스터

<수면의 과학>(La Science des reves, 2006)은 공드리가 카우프만과 결별한 뒤 처음으로 각본과 감독을 동시에 맡아 제작한 장편 극영화이다. 공드리는 전작인 <이터널 선샤인>과 마찬가지로 로맨스의 장르 관습을 경유해 인간의 무의식을 고찰한다. 그러나 <수면의 과학>은 <이터널 선샤인>과 비교해 분명한 차별점을 보인다. <이터널 선샤인>의 경우 기억과 무의식의 세계를 다루지만, 사건의 배열과 인과율에 있어 매우 논리적인 구성을 갖추고 있다. 반면 <수면의 과학>은 때때로 인과율을 초과하는 논리적 비약이 나타난다. <수면의 과학>은 공드리가 천착했던 초현실주의 취향을 유감없이 드러낸 작품이다. 공드리는 이에 대해 다음과 같이 언급한다.

"이미지를 찍고 나면 나중에 현상소에서 결과를 받을 때까지 정확히 무엇이 나올지 알 수 없는 작업을 통해서 그런 것들을 얻었던 것 같습니다. … 이번 작품으로는 별로 제한을 받지 않고 내 머릿속을 탐험해보고 싶었습니다."[3]

<수면의 과학> 폐품을 재활용해서 만든 스테판의 꿈 세계

<수면의 과학> 스테판의 꿈에서 등장하는 휴지심 자동차

인터뷰에서도 드러나듯이 <수면의 과학>은 공드리의 자기 반영적인 성격이 강한, 여러모로 실험적인 영화라고 할 수 있다. 영상에서 드러나는 몽환적인 이미지는 공드리의 꿈을 재현하는 작업이기도 했다. <수면의 과학>의 미장센은 다소 거칠고 투박한 양식으로 구성되

어 있다. 서사무대와 소품은 대부분 아날로그 방식을 통해 만들어졌다. 공드리는 친숙한 물건을 낯설고 과잉되게 재구성하는 데 관심을 보였다. 영화에서 사용된 소재들을 살펴보면 털실, 펠트 천, 셀로판, 은박지, 단추, 휴지심과 같은 일상생활의 익숙한 소재들이 대부분이다. 주인공 스테판의 꿈속 세계는 공드리 가족이 4년간 모은 폐품을 재료로 만들어졌다고 한다. 일련의 과정을 거쳐 만들어진 재기발랄한 소품과 배경은 영화의 시각적 효과를 극대화했다.

2) 꿈과 유아적 세계

<수면의 과학> 꿈속에서 직장 상사를 혼내주는 스테판

<수면의 과학>은 예술가 기질이 다분한 청년 스테판이 스테파니의 사랑을 얻으려고 고군분투하는 이야기이다. 스테판은 아버지의 죽음을 계기로 어머니가 사는 프랑스로 이직을 하게 된다. 달력 회사에 취직한 스테판은 발명가였던 아버지처럼 창의적인 작업을 꿈꾸지만, 현실은 단순 반복 노동이 전부이다. 지루한 일상에 지쳐가던 찰나 스테판은 옆집에 이사 온 스테파니를 만난다. 스테판은 계단에서 사고를 당하고 얼떨결에 이사를 도와주러 온 인부로 오해받는다. 스테판은 자신을 치료해 준 스테파니의 친구 조이에게 호감을 느낀다. 스테판은 조이의 연락처를 알기 위해 스테파니에게 접근을 시도한다.

문제는 스테판의 과대망상증이다. 더 정확히 말하자면, 스테판은 현실과 꿈의 세계를 구별하지 못한다. 스테판의 꿈속 세계는 그의 무의식과 억눌린 욕망이 복잡하게 교착된 장소이다. 스테판은 현실을

외면하며, 현실과 유리된 꿈속의 세상 '스테판 TV'의 주인공으로 산다. 그는 그곳에서 직장 직원들을 두들겨 패거나 성적 대상화를 하는 등 억눌린 욕망을 해방한다. 이처럼 공드리는 스테판의 내면을 전시하며 도피적인 꿈속 세계가 사실은 현실의 연장선이며, 현실/환상의 교섭을 토대로 만들어진 공간임을 보여준다.

<수면의 과학> 스테판 TV

　스테판의 꿈속 세계는 본질적으로 자폐적이다. 그는 안온한 꿈속에서 TV를 보듯 현실을 관망한다. 스테판은 꿈속 세계에서 현실의 문제들을 자기 마음대로 해석하고 왜곡시킨다. 영화 초반부에 카메라의 시선은 그런 스테판을 밀착해서 관찰하듯 구성되어 있다. 카메라는 그의 좁은 현실 인식과 자폐적인 성격을 조망하게 한다.

　현실에서의 삶과 꿈속 세계의 괴리는 유아적인 스테판의 무의식을 가늠하게 한다. 아버지의 권위에 대한 집착, 현실 왜곡, 자기 현시욕, 방어기제 등 정신적으로 미성숙한 측면을 생소하게 노출하는 것이다. 공드리는 스테판이라는 몽상가를 통해 인간의 '날것' 그대로의 감정을 적나라하게 보여준다. 폐품과 과잉의 형식으로 구성된 꿈속 세계의 조야함은 그러한 측면을 직관적으로 조망하게 한다.

　스테판은 자신과 마찬가지로 예술가 기질을 가진 스테파니에게 호감을 느낀다. 조이와 스테파니 사이에서 사랑을 고민하던 스테판은 조금 더 외모가 뛰어난 조이를 선택한다. 스테판은 몽유병에 걸린 듯 자신의 꿈속에서 썼던 편지를 현실의 스테파니에게 전달한다. 스테파니에게는 친구 이상의 감정을 느끼지 못하며, 조이의 연락처를 달라는 노골적인 메시지이다. 잠에서 깬 그는 깜짝 놀라 편지를 회수한다. 그러나 스테파니는 이미 편지를 전달하는 스테판의 모습과 편지를 확인한 이후이다. 여기서 편지를 전달하는 스테판의 모습은 벌거벗은 알몸이다. 이는 무방비가 된 그의 내면 심리를 표현한다.

<수면의 과학> 스테파니의 마음속

　흥미로운 부분은 벌거벗은 스테판을 발견하기 전 스테파니가 꾼 꿈이다. 그녀는 꿈속에서 거북이와 사마귀의 싸움을 구경하다가 잠에서 깬다. 그녀는 스테판의 편지를 발견하고, 벌거벗은 몸으로 집으로 돌아가는 모습을 훔쳐본다. 스테판의 '날것' 그대로의 내면 심리를 파악하게 된 것이다. 공드리는 여기서 거북이를 스테판과 스테파니의 무의식 세계를 연결하는 중요한 키워드로 삼는다. 이를 살피기 위해선 논리보다 상징을 경유한 비약적인 접근이 필요하다. 거북이는 조이가 스테파니가 음악계 종사자라며 스테판을 속일 때 써먹었던 거짓말의 일부이다. 거북이는 스테파니를 상징한다. 스테판은 꿈속에서 스테파니에게 새로 쓴 편지를 전달하려 한다. 그렇게 스테판은 꿈속 세계를 헤매던 중 지붕에 거북이가 달려있고 바닥에는 LP판이 널린 폐허를 발견한다. 그리고 직감적으로 스테파니가 자신에게 거짓말을 했다는 사실을 깨닫는다. 폐허는 스테파니의 무의식 속마음의 벽을 상징한다. 그런데 이 같은 서사 전개 방식은 전혀 논리적이지 않다. 공드리는 이처럼 <수면의 과학>에서 현실과 꿈의 경계를 갑작스레 무너뜨리곤 한다. 꿈과 환상에 대한 경험이 현실의 사건에 직접 결부되는 것이다. <수면의 과학>은 현실과 꿈의 경계를 미묘하게 어그러뜨리며 이야기를 추동한다.

3) 현실과 환상의 중첩

<수면의 과학> 현실을 왜곡하는 스테판

공드리는 <수면의 과학>에서 환상을 자폐와 교류라는 이중적인 층위에서 재현한다. 여기서 자폐적인 환상은 '스테판 TV'로 대표되는 그의 유아적 내면세계를 의미한다. 교류적인 환상은 거북이를 매개물로 이루어지는 스테판과 스테파니의 미묘한 접점을 의미한다. 스테판이 겪는 환상의 이중적인 층위는 현실 세계의 논리를 뒤섞는다. 환상이 점증할수록 관객은 서사무대에서 현실과 환상의 경계를 분간하기 어려워진다. 이야기는 충분한 의미화를 거치지 않고 즉자적으로 표출된다. <수면의 과학>의 내러티브가 비논리적이고, 혼란스럽게 느껴지는 이유는 여기에서 기인한다.

<수면의 과학> 현실/환상의 중첩

유념할 점은 공드리가 만드는 현실/환상의 혼종적 이미지가 진실/거짓을 가늠할 수 없는 교묘한 뒤섞임으로 표현되지는 않는다는 점이다. 오히려 그는 아날로그로 제작된 투박한 환상 이미지를 뻔뻔스

럽게 현실로 침투시킨다. 서사무대에서 현실을 초월한 환상적 순간이 현실인 것처럼 위장될 때 우리는 기묘한 인지 부조화를 체험한다. 영화에서 자주 언급되는 뇌 인식의 불명확성은 이 같은 측면을 정당화하기 위한 초석처럼 보이기도 한다.

<수면의 과학> 비현실적인 스테판의 발명품

<수면의 과학>
스테판과 스테파니가 함께 만드는 '배' (현실과 환상의 중첩)

실제로 스테판과 스테파니의 교류는 환상/현실의 경계를 무너뜨리며 나타난다. 예컨대 '배'를 제작할 때 수돗물 대신 나오는 셀로판테이프와 피아노 소리에 맞춰 공중에 떠오르는 솜은 현실에 대한 환상의 틈입을 보여준다. 스테파니에게 선물하는 스테판의 발명품 역시 시간을 되돌리거나, 타인의 마음을 읽는 등 상식을 초월한다. 특히 '1초 타임머신'은 이들의 행복한 교감을 반복적으로 역재생한다. 현실의 논리를 초월하는 이들의 교류는 영화 속 현실과 환상의 경계를 찢는다. 이때 두 사람이 공유하는 환상은 서로의 내면세계까지 연결하는 것처럼 보인다.

감정적 교감을 통해 스테판은 스테파니의 매력에 빠지고 그녀에게 적극적인 구애를 시작한다. 그러나 스테판의 편지를 훔쳐봤던 스테파니는 그를 친구 이상으로 보지 않으려 한다. 이후 두 사람의 오해는 풀리지만, 스테판은 첫 데이트 직전 자폐적인 망상에 빠지고 그녀에게서 도망친다. 두 사람은 결별하고 스테판은 아버지의 고향인 멕시코로 돌아가기로 한다. 어머니의 잔소리에 못 이겨 스테파니의 집으로 향하는 스테판의 모습은 아직 유아적인 세계에서 벗어나지 못한 것으로 보인다.

스테판은 멕시코로 돌아가기 싫다며 어리광을 부린다. 스테파니는 난감해하며 그를 끌어내려 한다. 스테판은 막무가내로 스테파니의 침대에서 버티던 중 과거 두 사람이 공동 작업 한 '배'를 발견하게 된다. 앞서 살폈듯이 '배'는 두 사람이 교류적 환상을 공유하며 완성하려 했던 작품이다. 스테파니 역시 스테판에 대한 미련이 남았던 것이다. 스테판은 그녀의 침대에서 잠이 든다. 스테파니는 그의 머리를 쓰다듬어준다. 스테판은 다시 꿈속 세계로 빠져든다.

<수면의 과학> 스테판의 머리를 쓰다듬어주는 스테파니

이후 공드리는 <수면의 과학>에서 가장 인상적인 장면을 연출한다. 스테판은 스테파니의 무의식으로 향하는 꿈을 꾼다. 여기서 나타나는 다양한 상징물은 스테판의 환상이 자폐적인 세계를 넘어 교류의 세계로 나아간 것만 같은 암시를 준다. 스테판은 스테파니의 방어적인 무의식을 상징했던 거북이 지붕의 폐허에서 빠져나온다. 스테판은 그녀와 함께 말을 탄다. 여기서 말은 스테판이 과거 스테파니를 위해 모터를 달아준 바 있는 말 인형을 상징한다. 꿈속의 배경은 두 사람이 함께 헝겊으로 만든 숲이다. 스테판은 공드리 감독이 반복적으로 소환하는 상징물 중 하나인 쥐의 귀를 하고 있다. 미리 밝혔듯이 공드리에게 쥐는 왜소한 자신을 넘어 본연의 감정에 충실하고자 하는 인물의 의지를 표상하곤 한다. 여기서 스

<수면의 과학> 스테파니의 내면세계로 들어선 스테판

<수면의 과학> 스테파니와 함께 배를 타고 떠나는 스테판

테판의 욕망은 두말할 것도 없이 스테파니를 향한 사랑이다. 영화는 두 사람이 함께 제작한 배에 몸을 싣는 것으로 이야기를 마무리한다.

꿈을 경유한 공드리의 무의식에 대한 탐구는 몹시 불친절하게 느껴진다. 낭만적인 결말도 쉽게 수긍할 수 없다. 지나친 꿈과 현실의 중첩이 결말을 가늠하는 논리적인 추론을 방해하기 때문이다. 사실 스테판의 마지막 꿈은 해석하기에 따라 자폐적인 세계에서 벗어나지 못한 것으로도 생각된다. 공드리는 이러한 애매함을 즐기는 것처럼

<수면의 과학> 마지막 장면

보인다.

　공드리는 <수면의 과학>을 통해 이성과 합리를 넘어선 무의식과 초현실주의에 대한 취향을 확고히 드러냈다 큰 틀에서 볼 때 영화에서 드러나는 공드리의 질문은 동일하다. 인간은 주관적인 세계를 넘어서 타인과 온전히 교류할 수 있는가? 이에 대한 탐색은 다음 작품들에서도 이어진다.

4. <무드 인디고>: 사랑의 양가성

1) 과잉된 형식

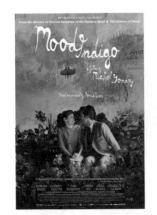

<무드 인디고> 포스터

<무드 인디고>(L'ecume des jours, 2013)는 공드리가 본향으로 돌아와 연출한 작품이다. 할리우드 시스템 안에서 제작된 공드리의 영화는 그가 이전까지 추구했던 작품 세계와 미묘한 변곡점을 보이기도 했었다. 그런 면에서 <무드 인디고>는 공드리의 초심을 보여주는 영화라고도 할 수 있겠다. <무드 인디고>는 보리스 비앙(Boris Vian)의 소설 『세월의 거품』(L'ecume des jours, 1947)을 원작으로 한다. 프랑스 초현실주의 문학의 걸작으로 손꼽히는 이 작품은 이전부터 공드리의 작품 세계에 많은 영향을 끼친 것으로 생각된다.

　<무드 인디고>는 공드리의 영화 중에서도 가장 다채로운 시각효과·오브제·미장센의 활용이 두드러진다. 그는 초현실주의 영상 미학에 대해 여전한 열정을 보인다. 이 같은 영화적 특색은 방법론적으로 **표현주의 양식**과 결부되어 설명되기도 한다.[4] <무드 인디고>는 등장인물의 무의식을 색채와 조명, 카메라의 초점 조절 등을 통해 적극적으로 표현하고 있다. 이 같은 표현 양식은 서사의 흐름에 조응하며 인물의 행복/불행의 낙차에 따라 극단적인 변화를 보여주기도 한다. <무드 인디고>는 특히 인물의 불행한 심리를 다룰 때 표현주의 양식을 선보인다.

　<무드 인디고>는 사랑의 양가성을 탐색한다. 등장인물들은 사랑의 기쁨과 슬픔을 차례로 마주한다. 빛나는 사랑은 삶의 감로이다. 반면, 빛바랜 사랑 앞에서 인간은 극도로 무력해진다. 공드리는 이를 표현하기 위해 <무드 인디고>의 서사무대에 과장된 이미지를 이용한다. 공드리는 행복한 시간과 불행한 시간의 차이를 미장센의 변화를 통해 명확하게 대비시킨다. 행복의 시간은 동화적인 이미지로 장식

표현주의

넓은 의미에서 표현주의는 리얼리즘에 반대하는 미학 일반을 가리킨다. 초현실주의, 형식주의, 모더니즘 등이 이에 속한다. 리얼리즘은 이미지보다 현실을 우위에 둔다. 그러나 표현주의는 영화의 다양한 형식과 실험을 우선한다. 그것은 객관적 현실보다 주관적 심리, 꿈과 환상의 표현 등에 치중한다. 특히 1920년대 독일 표현주의 영화는 왜곡과 과장의 미학을 통해 전후 독일의 사회적 불안을 잘 드러낸다. 독일 표현주의의 화려한 스타일은 할리우드 공포영화와 필름 누아르에 이식된다.[10]

된다. 반대로 불행의 시간은 양식적으로 **필름 누아르**에 가깝다. 보편적인 사랑의 비극을 담은 <무드 인디고>의 이야기를 특별하게 부각시키는 힘은 무엇보다 형식적인 측면에 있다고 할 수 있다.

행복/불행의 전환을 선명히 보여주는 서사 전략은 작품의 원작인 『세월의 거품』의 스토리텔링을 차용한 것으로 보인다. 『세월의 거품』의 초반부는 언어유희로 가득한 화려한 문체로 시작된다. 그러나 결말에 다가갈수록 **하드보일드** 문체로 변화하는 모습을 보여준다. 형식적인 변화를 통해 작품의 정조를 형성하는 것이다. 영화의 경우 색조의 변화가 서사무대의 정조를 좌우하며 원작의 스토리텔링 전략을 수렴한다. <무드 인디고>는 공드리의 다른 작품들과 마찬가지로 아날로그 방식을 통해 미장센을 구성하고 있다. 여기서 환상적인 이미지는 전면화된다.

<무드 인디고> 콜랭-클로에/시크-알리즈 커플

2) 행복의 시간

<무드 인디고>의 서사무대는 현실의 질서를 벗어난 기상천외한 세계이다. 영화는 두 커플의 사랑과 불행을 다룬다. 첫 번째 커플은 콜랭과 클로에 커플이다. 콜랭은 헌신적인 사랑으로 병에 걸린 클로에를 보살피지만, 그녀의 죽음을 막지 못한다. 두 번째 커플은 시크와 알리즈 커플이다. 시크는 우상에 대한 집착으로 알리즈와의 사랑에 실패한다.

먼저 콜랭은 뛰어난 발명가로서 풍족한 삶을 살았다. 그가 이루지 못한 것은 사랑에 대한 갈망뿐이다. 콜랭은 파티에서 클로에를 만나

고 첫눈에 반한다. 콜랭은 클로에에게 다가서려 할수록 실수를 거듭한다. 콜랭은 의기소침해하지만, 클로에는 그런 콜랭에게 용기를 준다. 결국 두 사람은 연인 사이가 되고 결혼에 성공한다.

행복의 시간에서 서사무대는 쾌활하게 그려진다. 여기서 이미지는 동화적으로 표현된다. 콜랭의 집은 화려한 색채와 기기묘묘한 오브제로 꾸며져 있다. 스톱모션 기법은 이러한 세계를 표현하는 데 주요한 전략으로 사용된다. 스톱모션은 영화의 모든 오브제에 생명력을 불어넣는다. 행복의 시간에선 음식과 자명종마저 기쁨으로 춤을 춘다.

<무드 인디고> 구름 자동차 데이트

<무드 인디고> 밝은 톤이 강조된 아이스 링크 데이트

콜랭과 클로에는 첫 데이트에서 함께 구름 자동차를 타고 하늘을 난다. 이 씬은 사랑으로 들뜬 두 사람의 마음을 단박에 표현한다. 연인이 된 두 사람의 세상은 화사한 색채로 꾸며진다. 그들이 행복한 시간을 보내는 장소는 밝은 톤으로 강조된다. 콜랭과 클로에는 서로의 이름을 딴 노래를 부르며 사랑을 속삭인다.

장 폴 사르트르

프랑스의 작가·사상가. 철학논문 『존재와 무』(1943)는 무신론적 실존주의의 입장에서 전개한 존재론으로, 제2차 세계대전 전후 시대 사조를 대표한다.[13]

한편 시크는 파르트르(프랑스 철학자 장 폴 사르트르의 패러디)의 강연에서 알리즈를 만나 연인이 된다. 시크는 파르트르의 열렬한 지지자이다. 시크는 알리즈와의 결혼을 생각하지만, 돈이 부족한 탓에 망설인다. 콜랭은 재산의 25%를 시크의 결혼자금으로 지원한다.

두 커플은 같은 날 결혼식을 올리려 계획한다. 그러나 목사는 자동차 경주에서 이기는 한 커플만 결혼할 수 있다고 선언한다. 경쟁 끝에 콜랭과 클로에 커플이 승리하고 두 사람은 많은 사람의 축복 속에서 결혼식을 올린다. 이처럼 행복한 시간의 세계는 엉뚱하고 유희적인 상상력으로 가득하다. 이들의 자동차 경주 장면은 스톱모션 기법으로 촬영되었으며, 영화에서 가장 호화로운 미장센으로 꾸며졌다.

두 사람은 든든한 조력자인 니콜라와 함께 신혼여행을 떠난다. 여

기서 신혼여행을 떠나는 길은 행복의
시간과 불행의 시간이 교차하는 지점
이다. 공드리는 몽환적인 미장센 구
성을 통해 이를 암시한다. 신혼여행
에 들뜬 콜랭은 찬연한 풍경을 상상
하지만, 현실은 황폐하고 메말랐다.
클로에는 콜랭의 눈을 가려주며 앞으
로의 행복한 미래를 속삭인다. 신혼
여행에서의 첫 식사 쇼트 역시 불행

<무드 인디고> 미래를 암시하는 신혼여행 장면

한 미래를 함축적으로 암시한다. 콜랭과 클로에는 프레임 안에서 대
칭 구도를 이룬다. 이들의 점유하는 공간은 조명, 색채, 오브제, 날씨
등에서 극명한 대비를 이룬다.

3) 불행의 시간

불행의 시간은 클로에의 폐 속에 수련이 자라는 병에 걸리면서부
터 시작된다. 콜랭은 클로에의 병을 고치기 위해 최선을 다한다. 클로
에의 병을 완화하기 위해선 매일 그녀의 곁에 꽃을 장식해야만 한다.
그러나 꽃은 순식간에 시들어 없어진다. 사치스런 삶을 살던 콜랭은
클로에를 위해 조롱과 수치를 감내하며 노동을 시작한다. 그러나 클
로에의 병은 차도를 보이지 않고 삶은 점점 궁핍해진다. 삶이 비참해
질수록 영화의 색채는 점차 어둡게 물들어가며, 종국에는 완전한 무
채색이 된다. 직장에서 쫓겨난 콜랭
은 모든 사람이 기피하는 직업인 사
고 소식 전달자가 된다. 콜랭이 클로
에의 사망 소식을 스스로 전달할 때
영화는 가장 비극적인 순간을 맞이한
다. 클로에의 비참한 장례식은 화려
했던 결혼식과 비극적인 대조를 이룬
다. 카메라는 안개가 내려앉은 강가
에 혼자 남은 콜랭을 익스트림 롱 숏
으로 포착하며 그의 지독한 상실감을
전달한다.

<무드 인디고> 파르트르의 인형에 집착하다 경주에서 패배한 시크

한편 시크의 파르트르를 향한 집착은 점점 더 커져만 간다. 그는
이해하지도 못하는 파르트르의 강연을 녹음하고, 그와 관계된 모든

상품을 광적으로 수집한다. 시크는 콜랭이 지원해 준 결혼 자금마저 탕진한다. 결국 시크와 알리즈는 결별하게 되고, 분노한 알리즈는 파르트르를 찾아가 그를 살해한다. 시크는 파르트르를 따라 죽는다.

<무드 인디고> 수술하는 클로에. 서사무대의 색채가 어둡게 변했다.

파르트르는 특정한 개인에 대한 풍자라기보다 여러 매체에 대한 은유에 가깝다. 시크의 비극은 타인에게 경도된 삶에 대한 비판적인 메시지를 담는다. 광란에 사로잡힌 파르트르의 강연 회장은 타락한 우상숭배를 연상시킨다. 알리즈가 파르트르의 물건으로 넘치는 시크의 서고를 불태우는 장면은, 타인에게 매몰된 자의 초라한 말로를 상징한다. 정작 시크의 서재에는 그가 제대로 기댈 자리조차 없었다.

<무드 인디고> 클로에의 죽음

불행의 시간에서 공드리는 등장인물의 무의식을 시각적으로 가늠케 하는 여러 인상적인 연출기법을 사용한다. 예컨대 콜랭은 클로에의 혼절 소식을 전화로 받는다. 이때 콜랭을 둘러싼 벽은 그를 압박해온다. 사랑하는 연인에 대한 걱정과 긴장감을 시각적으로 표현한 것

이다. 미장센 역시 선명한 변화를 보여준다. 클로에의 병이 진행될수록 콜랭의 집은 폐허로 변해간다. 바닥에는 시든 꽃잎이 쌓여있으며 거미줄이 가득한 방안에는 볕이 들지 않는다.

그렇다면 불운 속에는 비극만 있었을까. 공드리는 처연한 순간을 기리는 장면을 통해 삶의 부조리함을 위로한다. 병에 걸린 클로에는 조심스럽게 콜랭에게 결혼을 후회하지 않는지 묻는다. 결혼을 후회하지 않는다는 콜랭의 말에 클로에의 방은 둥글게 변화한다. 콜랭의 대답에 안심한 클로에의 마음을 가시적으로 표출한 것이다. 이후 두 사람이 사랑을 나누는 장면은 <무드 인디고>에서 가장 따스한 색감과 몽환적인 연출을 보여준다.

카타르시스

아리스토텔레스는 비극을 관람하는 것은 관람자가 배우의 정서들을 대리적으로 경험할 수 있기 때문에 카타르시스를 일으킬 수 있다고 생각하였다. 심층적이며 거대한 고통에 대한 예술가들의 모방은 청중의 가슴에 공포나 연민을 불러일으킴으로써 그러한 감정을 추방하고 더 나아가서는 관객의 영혼을 정화시킨다는 것이다.[14]

<무드 인디고> 역재생 되는 콜랭과 클로에의 첫 데이트 장면

클로에가 사망한 이후 공드리는 콜랭과 클로에의 첫 데이트 장면을 역재생한다. 영화는 두 연인의 행복했던 순간을 아련하게 재인한다. 또 하나 인상적인 연출은 클로에가 남긴 그림으로 제작된 애니메이션 장면이다. 애니메이션은 두 사람이 구름 자동차를 타던 순간을 재현한다. 행복한 결말의 애니메이션은 비참한 결말의 영화와 이미지 충돌을 일으키며 수용자에게 비극적인 카타르시스를 이끈다.

공드리는 <무드 인디고>에서 기상천외한 상상력이 가득한 서사 무대를 전면화시키며 초현실주의에 대한 취향을 유감없이 드러낸다. 영화는 내용뿐만 아니라, 형식적인 면에서도 극단적인 전환을 시도하며 관객에게 등장인물의 무의식을 조감하게 한다.

5. <마이크롭 앤 가솔린>: 성장에 대한 단상

1) 미셸 공드리의 자전적 이야기

<마이크롭 앤 가솔린> 포스터

<마이크롭 앤 가솔린>(Microbe et Gasoil, 2015)은 공드리 감독의 최근작이다. 작품은 공드리의 소년기를 반추하는 자전적인 성격을 지니고 있다. 인터뷰에 따르면 전반부는 실제 경험에 기반하며, 후반부는 허구적인 이야기에 가깝다고 한다. 초현실적인 묘사를 절제한 이야기 전개 방식은 공드리의 색다른 면모를 보여준다. 그러나 공드리의 초현실주의 취향이 완전히 사라졌다는 말은 아니다. <마이크롭 앤 가솔린>의 환상성은 갑작스레 돌출된다.

자전적인 성격 탓인지 <마이크롭 앤 가솔린>의 주인공 다니엘과 공드리의 꿈을 재현한 <수면의 과학>의 주인공 스테판은 유사한 일면을 보이기도 한다. 이를테면 예술·몽상가적인 기질과 소심한 성격, 사랑에 대한 욕구와 현실의 괴리 등 어설픈 '날것' 그대로의 욕망이 그렇다. 여기서 성장통은 그러한 자신과 결별하고픈 마음에서부터 시작된다. 스테판이 마지막까지 꿈속 세계에서 헤매던 것과 달리 다니엘은 전반부와 후반부 사이에 뚜렷한 성격 변화를 보여준다는 점에서 차별점을 보인다.

<마이크롭 앤 가솔린>에서 공드리는 역재생과 **점프 컷**이라는 기초적인 카메라 기법만으로 인상적인 환상성을 표현했다. 이전까지 그의 초현실주의 영상 미학이 과잉의 미학이었다면, 지금은 절제의 미학이라 칭해도 손색이 없다. 절제된 환상은 인물의 무의식을 예각적으로 표출한다.

점프 컷

'장면의 급전환'으로 연속성이 갖는 흐름을 깨뜨리는 편집을 말하는 영화용어이다. 일반적으로 액션과 액션 연결이 자연스러워 마치 연속적으로 이루어지는 한 동작처럼 보이게 하는 편집 방법인 매치컷(match cut)에 대비되는 용어로 쓰인다.[15]

2) 여행의 시작

<마이크롭 앤 가솔린> 다니엘의 첫사랑 로라

영화는 심약한 소년 다니엘의 성장기를 다룬다. 그는 작은 체구와 소심한 성격 탓에 마이크롭(Microbe)이라는 별명으로 불린다. 다니엘은 출중한 그림 실력과 섬세한 예술가적 기질을 지녔다. 다니엘은 같은 반 학생인 로라를 동경하며 그녀의 그림을 그리곤 한다.

다니엘은 현재의 삶에 심리적 압박감을 느끼고 있는 것으로 보인다. 강한 성적 호기심을 표출하지만,

<마이크롭 앤 가솔린>
트레일러

<마이크롭 앤 가솔린> 친구가 된 두 사람

<마이크롭 앤 가솔린>
자동차를 제작하는 두 사람

그것을 당당하게 말할 용기는 부족하다. 그는 늘 강박증과 불면증에 시달리고 있다. 다니엘은 내밀한 욕망을 그림을 통해 해소하곤 한다. 그런 다니엘에게 테오와의 만남은 더 넓은 세계로 나아갈 수 있는 계기가 된다. 테오는 독특하다. 그는 몸에 밴 기름 냄새 때문에 가솔린이라는 별명으로 불린다. 테오의 몸에 밴 냄새는 아버지의 일을 돕고 자신의 취미에 몰두한 결과이다. 그는 타인의 시선에 개의치 않고 자기의 길을 가는 뚝심 있는 친구이다. 남들과 조금 다른 두 사람은 곧 친구가 된다.

<마이크롭 앤 가솔린> 자동차를 만드는 두 친구

<마이크롭 앤 가솔린> 완성된 자동차

학교와 가정에서 소외되고 억압받던 두 사람은 기가 막힌 일탈을 꿈꾼다. 스스로 만든 자동차로 여행을 떠나는 계획이다. 두 사람은 남들에겐 고물인 폐품을 수집해 자신들만의 보물을 완성해 나간다. 하지만 둘은 곧 현실의 벽에 부딪힌다. 자동차 허가증이 발급되지 않은 것이다. 낙담하던 다니엘은 번뜩이는 아이디어를 낸다. 자동차를 집 모양으로 만들어 경찰을 속이자는 것이다. 공드리의 아날로그에 대한 취향은 여기서도 유감없이 발휘된다.

<마이크롭 앤 가솔린>
자동차를 집처럼 위장해
위기를 넘기는 두 사람

3) 성장의 이면

<마이크롭 앤 가솔린> 삭발한 다니엘

<마이크롭 앤 가솔린> 부서진 자동차

드림카(Dream Car)를 타고 가출을 한 두 사람은 여러 차례 위기를 겪는다. 가장 큰 갈등은 다니엘이 테오의 의견을 무시하고 로라의 별장으로 여행을 이끌었다는 사실이 밝혀질 때 일어난다. 그곳에서 차는 경찰에게 철거당하고, 다니엘이 로라에게 한 고백도 실패한다. 테오는 다니엘의 이기심에 격분하고 떠나버린다. 다니엘은 우유부단한 자신의 태도를 후회한다. 홀로 남겨진 다니엘은 머리를 삭발하고 흰 셔츠로 갈아입는다. 자주 여자아이로 오인 당하였던 다니엘은 그렇게 하루아침에 말쑥한 소년이 된다.

이후 다니엘은 여행길에서 자신을 부당하게 괴롭혔던 무리와 적극적으로 맞서 싸우게 된다. 어제까지 유약했던 그는 이미 사라져 버린 듯하다. 그 과정 중에 테오는 다니엘과 화해한다. 그러나 간신히 고쳤던 차는 강물에 빠지며 다신 만날 수 없게 된다. 이별은 자동차에만 그치지 않는다. 가출 중 테오의 어머니가 사망하고 테오는 전학을 떠나게 된다. 다니엘은 다시 홀로 남는다.

공드리는 <마이크롭 앤 가솔린>에서 절제된 환상을 통해 현실의 미세한 틈새를 헤집는다. 다니엘이 집으로 귀환할 때 겪었던 두 가지 환상은 그의 무의식을 예증한다. 먼저 착륙하는 비행기의 역재생 장면이다. 다니엘은 모두가 잠든 사이 비행기가 거꾸로 도착했다고 믿는다. 비행기 장면은 곧바로 기차 장면으로 점프 컷 된다. 다니엘은 테오에게 자신이 기차에 탄 과정이 기억나지 않는다고 뇌까린다. 다니엘은 기차에서의 시간이 거꾸로 흐르는 것처럼 느낀다. 두 장면은 갑작스러운 성장을 겪은 다니엘의 복잡한 내면 심리를 상징적으로 보여준다.

새 학기가 시작되고 다니엘과 테오를 괴롭히던 반 친구는 전학 간 테오를 힐뜯는다. 다니엘은 그런 그를 폭행하고 학교를 떠나게 된다. 로라는 떠나는 다니엘의 뒷모습을 바라보며 자신을 돌아보길 기대한다. 그러나 다니엘은 끝내 돌아보지 않는다. 다니엘과 로라의 입장이 뒤바뀌는 순간, 역설적으로 성장의 의미는 무언가를 얻는 것이 아니라, 무언가를 포기하는 과정처럼 보이게 된다.

6. 현실과 환상을 농락하는 영상 미학의 귀재

미셸 공드리는 영화감독으로 데뷔하기 이전부터 초현실주의에 큰 관심을 보여 왔다. 공드리는 독창적인 영상 미학을 통해 초현실주의 세계에 접근한다. 특히 미장센과 오브제를 구성하는 데 있어 아날로그적인 방식에 대한 천착은 그의 작가적 개성을 확립한다. 꿈과 환상성에 대한 창의적인 시각화는 공드리의 가장 큰 장점이다. 한편으로 공드리의 영상 미학은 관객의 접근을 난해하게 만들기도 했다. 그의 작품은 자주 평단에 엇갈린 평가를 받곤 한다.

실제로 공드리의 작품 세계는 초현실주의 취향에 따라 꿈·환상·무의식·현실이 복잡한 실타래처럼 얽혀있다. 그는 과잉과 비약의 방식을 통해 현실 세계를 농락한다. 그런 공드리의 작품 세계를 살펴보는 데 있어 전적으로 논리에 근거한 추적은 자칫 큰 오해를 불러일으킬 수 있다. 그의 작품은 '현실을 환상으로 소개하는 것'과 '환상을 현실로 소개하는 것'의 상호보완적인 성격을 상기시킨다.

작품에 따라 무의식과 환상에 대한 그의 탐색은 변곡점을 보이기도 한다. 첫째, <이터널 선샤인>은 사라져가는 기억을 종횡무진하며 무의식 세계를 탐색한다. 무의식에 대한 탐구는 연인의 퇴색한 사랑을 잇는다. 둘째, <수면의 과학>은 현실과 꿈의 교묘한 중첩을 통해 무의식 세계를 엿본다. 자폐와 교류를 넘나드는 환상성에 대한 천착은 현실과 허구 사이의 미묘한 경계를 살핀다. 셋째, <무드 인디고>는 환상성이 서사무대에 전면화되며 인물의 무의식을 직관적으로 표출한다. 여기서 환상성은 현실을 더 진실하게 표현하는 방식이다. 넷째, <마이크롭 앤 가솔린>은 환상에 대한 절제된 접근 방식으로 성장통을 겪는 소년의 복잡 미묘한 무의식을 함축적으로 드러낸다.

공드리의 작품에서 '날것'의 무의식은 유아적인 세계와 나르시시즘의 욕망을 적나라하게 드러낸다. 공드리는 그러한 등장인물의 복잡한 내면을 엿볼 수 있는 일관된 상징체계를 구축하기도 했다. 여기서 공드리의 궁극적인 주제의식은 공통된 질문으로 수렴될 수 있다. '인간은 주관적 세계에 발을 딛고 온전히 타자와 교감할 수 있는가?' 초현실주의적인 표현 방식은 이에 대한 중층적인 의미 접근을 가능케 한다. 미셸 공드리는 앞으로가 더 기대되는 감독으로서 독특한 작가적 개성을 확장해 나가고 있다.

| 주　석 |

1) 김현희, 「미셀 공드리의 초현실적 세계를 표현하는 수공예의 연출 기법에 관한
　　연구-미장센 요소 세트, 소품, 의상을 중심으로-」, 『기초조형학연구』, 16권,
　　2015, 203~216쪽
2) 김선형, 「미셀 공드리 영상에 나타난 초현실주의적 요소들」, 『인문콘텐츠』 제
　　17호, 2010. 305~326쪽.
3) 방윤경, 「<수면의 과학>에 나타난 시뮬라시옹 표현기법 연구」,『만화애니메이
　　션연구』, 2011, 135~154쪽.
4) 최현주, 「미셀 공드리 감독의 표현주의적 영상 미학 – 영화 <이터널 선샤인>과
　　<무드 인디고>를 중심으로」, 『애니메이션연구』, 12권, 2016, 183~198쪽.
5) 네이버 지식백과 - 스톱모션
6) 네이버 지식백과 - 초현실주의
7) 네이버 지식백과 - 내러티브
8) 네이버 지식백과 - 방어기제
9) 위키 백과 – 찰리 카우프만
10) 네이버 지식백과 - 표현주의
11) 네이버 지식백과 – 필름누아르
12) 네이버 지식백과 – 하드보일드
13) 네이버 지식백과 – 장 폴 사르트르
14) 네이버 지식백과 - 카타르시스
15) 네이버 지식백과 – 점프 컷

스탠리 큐브릭의
1964년 모습

<배리 린든> 포스터

1. 스탠리 큐브릭의 작품 세계

1) 가족, 폭력, 전쟁에 대한 비판

스탠리 큐브릭(Stanley Kubrick, 1928~1999)은 엇갈리는 평단의 평가, 제작 시스템의 모순, 검열과 종교단체의 압박에 구애받지 않고, 다양한 장르에 대한 도전, 새로운 스타일의 창출, 창작에 대한 자유를 추구한 감독이다. 그의 주요 작품은 크게 보아 세 가지 경향, 즉 가족의 파편화와 광기, 인간과 폭력에 대한 성찰, 전쟁의 허위에 대한 비판이다.

우선, 스탠리 큐브릭은 다양한 장르를 통해서 연령, 신분, 결혼이라는 규범에서 벗어난 욕망으로 인한 가장의 광기와 가족의 파편화를 그려내고 있다. 코미디영화 <로리타>(Lolita, 1962)는 중년 남자와 십 대 소녀의 비윤리적 사랑을 담고 있으며, 가장의 부재로 인한 성욕의 일탈, 의붓딸에 대한 가장의 성적 집착, 가족의 파편화를 보여준다. 역사영화 <배리 린든>(Barry Lyndon, 1975)은 평민 청년과 백작 부인의 신분을 뛰어넘은 사랑과 사회적 제약을 다루고 있으며, 가장의 불륜과 허영으로 인한 가족의 해체를 그리고 있다. 공포영화 <샤이닝>(The Shining, 1980)은 고립된 환경 속에 갇힌 가장이 악령과의 교류를 통해 가족에 대해 광기를 표출하는 내용이다. 멜로드라마 <아이즈 와이드 셧>(Eyes Wide Shut, 1999)은 상류층 의사가 아내와의 갈등으로 인해 성적 일탈을 하는 내용이다.

<아이즈 와이드 셧> 포스터

다음으로, 스탠리 큐브릭은 SF영화를 통해서 미래사회에서 펼쳐지는 인간과 폭력의 문제에 대해 성찰하고 있다. <2001 스페이스 오디세이>(2001: A Space Odyssey, 1968)는 인류의 과거, 현재, 미래를 다루면서, 인간과 인공지능의 갈등, 폭력과 문명의 문제 등을 제기한다. <시계태엽 오렌지>(A Clockwork Orange, 1971)는 문제적 개인의 폭력, 교화로 인한 인간성 상실을 보여줌으로써, 개인에 의한 폭력과 국가에 의한 폭력을 대비시키며 인간의 본성과 국가의 개조에 대해 성찰하고 있다.

<영광의 길> 포스터

마지막으로, 스탠리 큐브릭은 전쟁 영화 4부작을 통해서 권력 집단의 위선, 반공 이념의 풍자, 인간성의 말살에 대해 비판하며 반전이라는 주제 의식을 명확히 한다. 1차 세계대전을 그린 <영광의 길>은 자신의 영달을 위해 부하들을 희생양으로 삼는 장군의 위선을 비판한다. 로마 시대 노예 반란을 다룬 <스파르타쿠스>(Spartacus, 1960)는 노예군과 로마군의 전쟁을 통해서 자유와 질서의 대립을 보여준다. 미래 핵전쟁을 예고한 <닥터 스트레인지러브>(Dr. Strangelove or: How I Learned to Stop Worrying and Love the Bomb, 1964)는 '공포의 균형'이라는 미국과 소련의 핵 군비경쟁에 대한 우화를 통해 전쟁으로 인한 인류의 파멸을 경고하는 작품이다. 베트남 전쟁을 묘사한 <풀 메탈 자켓>(Full Metal Jacket, 1987)은 가혹한 훈련으로 인해 살인 병기로 변모하는 군인들을 통해 전쟁의 추악한 이면을 폭로하고 있다.

<스파르타쿠스> 포스터

<닥터 스트레인지러브> 포스터

2) 현실 사회의 위선 폭로와 장르 관습의 파괴

스탠리 큐브릭의 영화는 내러티브나 스타일 면에서 항상 사회적 쟁점이 되었다. 큐브릭 영화는 인물, 주제, 장르·스타일 면에서 크게 세 가지 특성, 즉 권력에 따라 달라지는 인물, 상층계급의 위선, 장르·스타일의 파괴를 보여준다.

우선, 인물 면에서 스탠리 큐브릭의 영화는 권력에 따라 달라지는 인물을 통해 관계 내에서의 대립, 모순을 드러내며, 시점 인물과 권선징악적 인물을 배제하여 선악 구분이 없는 잔인한 세상을 감정이입 없이 보여준다. 스탠리 큐브릭은 '권력의 균형추에 따라 미묘하

<풀 메탈 자켓> 포스터

게 달라지는 인물을 중요한 주제로 삼으면서, 관계 내에서의 힘의 우위, 대립과 거기에서 발생하는 모순, 비극에 관심을 집중시킨다.'[1] 또한 시점 인물이 부재하여 서사 인물과의 동일시, 감정이입을 힘들게 함으로써 주인공과 관객의 감정 연결을 차단한다. 그리고 '권선징악적 인물 유형을 거부하며, 폭력의 정당성을 가진 선이 존재하지 않는다는 것을 보여주기 위해 날 것 그대로의 잔인한 세상을 관객에게 제시한다.'[2]

다음으로, 주제 면에서 스탠리 큐브릭은 열렬한 사회비판자로서 상층계급에 대한 위선 폭로를 그의 핵심적 주제로 다룬다. 제럴러 마스트에 의하면, <영광의 길>에서는 프랑스 군대사회를 통해 군부를 비판하고, <로리타>에서는 교외에 사는 지식인들을 통해 지식사회를 비판하고, <닥터 스트레인지러브>에서는 백악관과 펜타곤으로 대표되는 정치사회를 통해 정계를 비판하고, <2001 스페이스 오디세이>에서는 원시 인류의 무기사용법을 통해 인간의 폭력성을 드러낸다.[3] 큐브릭은 '확실한 진리나 바람직한 대안을 제시하지 않음으로써 패권을 쥐고 있는 체계에 대해 비판하고, 비판을 거부하는 체계 옹호자들에 대한 반감을 드러낸다.'[4] 그는 현대사회 이면에 감추어진 권력의 파괴적인 성향에 대한 냉소적인 시각, 세상에 대한 비판적인 견해를 보여준다.

마지막으로, 장르와 스타일 면에서 스탠리 큐브릭은 다양한 장르의 관습을 파괴하고 독창적 스타일을 구현함으로써, '테크놀로지의 마술사'라는 별명을 얻게 된다. <2001 스페이스 오디세이>는 철학적 성찰과 첨단 SFX을 통해 SF영화의 고전으로 남는다. <시계태엽 오렌지>는 '장르의 규칙을 파괴하고 시대를 앞서가는 영화 스타일로 환호와 공격을 동시에 받은 작품'[5]이다. <배리 린든>은 순수 자연광만으로 촬영하는 획기적인 실험을 감행한다.[6] <샤이닝>은 큐브릭의 매체 실험을 보여주며, 장편영화 사상 처음으로 스테디 캠을 사용한다.[7]

2. <로리타>: 욕망의 일탈과 가족의 파편화

1) 실현될 수 없는 일방향적 욕망의 배출

<로리타>(Lolita, 1962)는 성적 매력이 있는 십 대 소녀 로리타(수 라이온)와 소아성애적 모습을 보이는 중년 남성 험버트 교수(제

<로리타> 포스터

임스 메이슨)의 비극을 담은 블랙코미디이다. 이러한 십 대 소녀에 대한 중년 남성의 비정상적인 애정과 집착은 '로리타 콤플렉스'로 명명된다.

로리타 콤플렉스

『로리타』(Lolita)는 러시아 출신의 미국 작가 블라디미르 나보코프의 소설로, 1955년 프랑스에서 발간되어 판매 금지되었다. 하지만, 1958년 미국에서 다시 발간되어 세계적인 센세이션을 일으켰다.
이 소설에서 묘사된 어린 소녀에 대한 중년남자의 성적 집착 혹은 성도착을 로리타 콤플렉스라고 한다.[26]

<로리타> 로리타가 험버트에게 굿나잇 키스를 하는 장면

<로리타>의 전반부에서는 험버트와 샬롯이 집착과 폐쇄성을 보여주는 반면, 퀼티와 로리타는 자유와 개방성을 보여준다. 험버트는 로리타를 뺏길까 봐 불안해하며 그녀를 데리고 도망 다닌다. 샬롯은 험버트와의 결혼생활에 방해가 되는 로리타를 집에서 내보내고자 한다. 퀼티는 예술과 자유에 대한 열정으로 로리타를 버린다. 로리타는 강압적인 엄마, 헌신적인 험버트, 자유로운 퀼티, 자상한 남편 딕 등 자신의 욕망을 충족시켜 주는 인물로 계속해서 옮겨 다닌다. 인물들의 애정 관계는 샬롯→험버트→로리타→퀼티 등 일방향으로 진행되어, 이들의 욕망은 실현될 수 없다.

<로리타> 험버트가 비키니를 입은 로리타를 처음 보고 반하는 장면

<로리타>에서 일기·편지, 화장실, 퀼티, 총, 그림·사진이 계속 반복되면서 복선 역할을 한다. 일기와 편지는 실현될 수 없는 욕망을 의미하며 상반된 역할을 수행한다. 우선, 일기는 욕망의 배출구/장애물의 아이러니를 드러낸다. 험버트는 일기를 통해 로리타에 대한 욕망을 배출하지만, 샬롯이 그 일기를 읽음으로써 로리타 옆에 있을 수 없게 된다. 다음으로, 편지는 결혼/실연, 만남/이별의 아이러니를 드러낸다. 샬롯은 사랑을 고백하는 편지를 보내 험버트와 결혼하게 되지만, 그 결혼은 로리타를 욕망하는 험버트의 계략의 결과물이다. 험버트는 로리타의 편지를 받고 그녀와 재회하지만, 그녀가 남편 딕과 계속 살 것이라는 비관적인 말을 듣게 된다.

<로리타> 험버트가 '여름 댄스'에서 로리타의 춤추는 모습을 지켜보는 장면

<로리타> 샬롯이 험버트의 일기를 읽고 로리타에 대한 험버트의 욕망에 충격을 받는 장면

<로리타> 호텔에서 험버트가 침대에서 자는 로리타 옆에 누우려는 장면

피터 셀러스

피터 셀러스(Peter Sellers)는 영국의 배우이다. <핑크 팬더> 영화 시리즈의 탐정 자크 클루조 역으로 세계적인 명성을 얻었다.[27]
피터 셀러스는 1인 다역을 많이 한 것으로 유명하다. <닥터 스트레인지러브>에서 대령, 대통령, 박사라는 1인 3역을 맡아 열연하였다. 또한 <소프트 베드, 하드 배틀즈>라는 영화에서는 1인 6역을 맡은 적도 있다.

<로리타>에서 화장실은 성적 혼란, 욕망의 배설, 현실 도피의 장소이다. 화장실은 가장이 사라진 시대에 나타난 낯선 이방인인 중년 남자로 인해 문란한 성적 관계가 벌어질 것을 암시한다. 험버트가 어린 소녀 로리타에 대한 연정을 일기장에 기록하고, 로리타가 어머니의 죽음으로 인한 슬픔에 통곡하는 장소가 바로 화장실이다. 화장실은 원형적 의미인 배설·해소와 현실도피를 위한 개인적 장소이다.

2) 십 대 소녀의 분열과 중년 남성의 집착

<로리타>의 중반부에서는 부모를 상실한 십 대 소녀의 혼란과 의붓아버지의 비정상적인 집착을 보여준다. '몽상적이고 외설적인 퀼티, 성적인 성숙함과 정신적 미숙함을 겸비한 로리타'[8] 등 인물들은 이중성을 보여준다. 전후 미국은 도시의 익명성, 성과 결혼관의 변화에 따른 인간 소외와 성적 혼란으로 십 대들이 분열되는 양상이 심해진다.

로리타 콤플렉스를 보여주는 중년 남성은 조롱의 주체에서 조롱의 대상으로 하락한다. 전반부에서는 험버트가 샬롯을 조롱한다. 샬롯은 험버트가 로리타에 대한 욕망 때문에 자신과 결혼했다는 사실에 무지하다. 하지만, 중반부에서는 퀼티가 험버트를 조롱한다. 험버트는 퀼티가 신분을 위장하여 자신으로부터 로리타를 빼돌렸다는 사실에 무지하다.

퀼티(피터 셀러스)는 숨겨진 암호이다. 퀼티는 샬롯이 칭찬하는 강사, 로리타 침대 위 사진, 샬롯의 댄스 파트너, 험버트를 의심하던 경찰, 가정방문 온 상담 심리학자, 험버트를 뒤쫓던 차의 운전자, 로리타를 데려간 삼촌으로 등장한다. 험버트는 로리타가 말해줄 때까지 자신의 속여 왔던 퀼티의 존재를 알아차리지 못해 조롱의 대상이 된다.

<로리타>의 카메라 움직임의 경우, 주인공인 험버트에 대한 클로즈업이 있지만 감정이입보다는 객관적이고 절제되고 차가운 시선으로 바라본다. 험버트가 로리타의 발톱에 매니큐어를 발라주는 장면에서, 다정한 험버트와 무심한 로리타의 모습을 클로즈업으로 대비시켜 보

<로리타> 로리타와 험버트가 함께 침대에 누워 있는 장면

<로리타> 퀼트가
상담 심리학자로 위장해
험버트와 이야기하는 장면

<로리타> 험버트가
로리타의 발톱에 매니
큐어를 발라주는 장면

<로리타> 모텔에서
험버트가 우는
로리타를 달래는 장면

여준다. 그래서 험버트의 헌신이 주는 생활의 편리함에 안주하지만, 동시에 집착하는 그에게서 벗어나고자 하는 로리타의 상반된 마음을 드러낸다. 오프닝에서도 반복되는 이 장면은 두 사람의 비극을 예고하는 복선의 역할을 수행한다.

3) 성적 혼란으로 인한 가족의 파편화

<로리타>의 후반부에서 험버트는 로리타를 빼앗아 간 퀼티에게 분노를 표출하며 사형을 선고한다. 이 장면은 처음과 끝에 두 번 반복된다. 프롤로그에서 살인과 죽음이라는 비극적 결말을 보여준 후, 인물들이 비극으로 서서히 침몰당하는 과정을 지켜보게 만든다. 험버트가 퀼티에게 읽게 하는 사형선고문에는 '약점과 불리한 처지를 악용했기 때문에 사형을 선고한다'고 적혀 있다. 퀼티에 대한 사형문은 험버트 자신에게도 동일하게 적용된다. 그래서 퀼티에 대한 육체적인 살인은 곧 험버트 자신에 대한 정신적인 자살이다.

이때 험버트/퀼티의 무거움/가벼움, 진지함/희화화를 대비시켜 보여준다. 퀼티가 험버트 앞에서 흰 천을 어깨에 두르고 술병과 술잔이 뒹구는 탁구대 위에서 '로마 핑퐁'을 하는 장면을 통해 큐브릭은 자신의 전작 영화 <**스파르타쿠스**>를 조롱한다. 험버트가 진지하게 사형선고 글을 주면서 읽으라고 하자, 퀼티는 술에 취해 같은 구절을 반복해 읽음으로써 험버트의 진지함을 조롱한다.

<로리타>에서 총은 처음부터 끝까지 계속해서 등장한다는 점에서 가장 중요한 상징이다. 총은 해럴드→샬롯→험버트에게로 차례대로 옮겨지면서, 사랑→집착→분노→복수로 의미가 변화한다. 총은 샬롯에 대한 남편 해럴드의 사랑, 험버트의 대한 샬롯의 집착, 샬롯에 대한 험버트의 분노, 퀼티에 대한 험버트의 복수 등 인물들의 욕망과 좌절을 나타낸다.

<로리타> 퀼티가
로마 핑퐁을 하는 장면

스파르타쿠스

<벤허>의 주인공 역을 탐내던 커크 더글러스가 캐스팅이 불발되자 또 다른 낭만적인 영웅의 이야기인 <스파르타쿠스>를 완성시켰다. 그는 제작 겸 주연을 맡아 영화에 사사건건 간섭했다. 젊은 감독 스탠리 큐브릭은 촬영 내내 제작진과 의견 차를 좁히지 못했다. 커크 더글러스는 로맨스가 어우러진 영웅의 일대기를 만들고 싶어 했고, 냉소적인 큐브릭은 멜로드라마적 감동을 자아내는 인위적인 설정들이 마음에 들지 않았다. 완벽주의자 큐브릭은 각본 수정과 일부 재촬영을 요구했지만, 스튜디오는 이를 거절했다.[28]

<스파르타쿠스>로 흥행에 대성공을 거두지만, 큐브릭은 예술적 통제권이 없는 할리우드 영화 제작 시스템에 회의를 느끼게 되어 영국으로 건너가게 된다.

<로리타>에서 그림·사진은 이루어질 수 없는 욕망, 현실도피와 수동성, 몰락과 죽음을 의미한다. 샬롯의 복제품 그림은 지적인 문학교수(험버트)와 유명한 극작가(퀼티)에 대한 그녀의 이루어질 수 없는 욕망을 드러낸다. 로리타의 침대 위에 있는 퀼티의 사진은 퀼티를 맹목적으로 쫓아다니는 그녀의 수동성을 암시한다. 퀼티의 집 바닥에 아무렇게나 방치된 진품 그림은 그의 몰락과 죽음을 암시한다. 소녀의 초상화에 뚫린 총알구멍은 퀼티의 죽음을 암시적으로 표현하며, 초상화의 소녀는 로리타의 이미지와 중첩되면서 퀼티 죽음의 원인을 나타낸다. 이 영화에서 그림·사진은 '인간의 결정을 유도하고 인간의 삶을 유사하게 만드는 거대한 폭력을 상징'[9]한다.

<로리타>의 플롯은 만남→재혼·죽음→동거→이별→살인이라는 5단계로 진행된다. 주요 인물은 '서로를 억압하고 소유하기 위해 타인을 배제하는 현대 서구의 이기주의를 보여준다.'[10] 이들의 비극에 대한 연민 어린 시선은 없다. 이 인물들은 선한 얼굴의 가면 뒤에 과오, 기벽, 괴물에 가까운 큰 욕망을 품고 있으며, 자신의 욕망을 위해 타인을 이용한다.

<로리타>는 '편모 가정, 의붓아버지, 편모 자살, 의붓아버지의 모순된 사랑 등 가족이 붕괴되면서 전통적 가족 제도에 대해 의문을 제기한다.'[11] 또 농락당하는 성의 관점에서 기성세대와 전쟁세대의 대립과 불편한 진실에 직면하게 만든다.[12] 그리고 한국전쟁으로 가장을 잃은 가정의 문제를 다룸으로써 반전의 메시지를 담고 있다. 이렇듯 <로리타>는 가장의 부재와 인간소외로 인한 성적 혼란과 십 대 소녀의 분열, 의붓딸에 대한 중년 남성의 비정상적인 집착으로 전통적 가족제도가 위협받고 가족이 파편화되는 과정을 보여주고 있다.

3. <2001 스페이스 오디세이> : 인류의 폭력적 광기와 기계문명

1) 과거: 인류의 여명과 폭력적 도구의 발견

<2001 스페이스 오디세이> 포스터

<2001 스페이스 오디세이>(2001: A Space Odyssey, 1968)는 인류의 기원과 우주 탐험에 관한 선구적인 전망을 제시한 SF영화이다. 인간의 새벽, 목성 임무, 목성 도착, 죽음과 탄생이라는 4개의 장으로 구성되어 원시시대부터 미래까지 인류 역사를 조망한다.[13]

<2001 스페이스 오디세이> 원시 인류들이 모노리스 주위로 몰려드는 장면

<2001 스페이스 오디세이>의 첫 번째 장 '인간의 새벽'에서는 4백만 년 전 원시 인류의 모습과 **모노리스**의 등장에 따른 원시 인류 집단들의 대립을 보여준다. 외계에서 지구로 보내진 의문의 물체인 모노리스가 처음 출현한 후, 원시 인류는 큰 뼈를 무기로 인식하게 되면서 폭력적인 싸움을 하게 된다. 모노리스의 출현으로 도구 사용, 고도의 문명 건설 등 인류 문명이 발전하게 되지만, 문명의 발전과 함께 대립과 폭력도 증대됨을 보여준다.

<2001 스페이스 오디세이> 모노리스가 나타난 후 원시 인류들이 폭력적 대립을 하는 장면

<2001 스페이스 오디세이>는 편집을 통해 과거와 현재의 연속성을 표현한다. 왈츠 리하르트 슈트라우스의 '차라투스트라는 이렇게 말했다'를 배경음악으로 사용하며 원시 인류의 큰 뼈와 미래 우주선의 비슷한 이미지를 결합함으로써, 4백만 년의 시간을 뛰어넘어 최초의 도구가 미래의 첨단 기계문명으로 이어졌음을 나타낸다.

<2001 스페이스 오디세이>는 모노리스라는 직사각형 이미지와 다양한 원형 이미지의 비교·대조를 통해 우주의 질서, 기계문명에 대한 경고, 시간·공간의 일탈 등을 보여주고 있다. 태양을 중심으로 지구, 행성, 우주선 등의 원형 이미지는 우주의 질서를 보여준다. 태양이 맨 뒤에서 서서히 떠오르는 것을 보여주는데, 이런 태양의 이미지는 영화에서 중요한 순간에 계속 나타난다. 우주 속에서 화면 위의 뜬 태양은 행성의 지평선 위의 태양으로 연결된다.

<2001 스페이스 오디세이> 원시 인류가 던진 큰 뼈가 4백만 년 후 우주선으로 바뀌는 장면

2) 현재: 기계문명의 발달과 인간/기계의 대립

<2001 스페이스 오디세이>의 두 번째 장 '목성 임무'에서는 2001년 현재 인간과 인공지능의 대립을 보여준다. 목성을 탐사할 목적으

로 떠난 우주선 디스커버리 1호의 숨겨진 목적은 외계 생명체에 대한 증거인 모노리스의 기원을 찾는 것이다. 하지만, 권력 집단의 은폐로 할9000과 우주비행사들 사이의 갈등이 촉발된다.

<2001 스페이스 오디세이>에서 인간과 기계의 대립은 기술적 진보의 순기능과 역기능에 대해 질문을 던진다. 불완전한 우주비행사와 완벽한 할9000의 관계는 창조자와 피조물의 우위 관계를 전도시킨다. 이는 프랑켄슈타인처럼 자신이 만든 피조물과 불확실한 미래 사회에 대한 두려움을 나타낸다.

<2001 스페이스 오디세이>에서 이미지의 유사성은 인간이 창조한 기계문명에 대한 경고를 나타낸다. 할9000이 조종하는 소형 우주선은 마치 인간처럼 팔을 쭉 뻗어 프랭크(게리 록우드)의 공기 연결줄을 잘라버린다. 데이브(케어 둘리)가 탄 소형우주선은 마치 인간처럼 프랭크를 안고 있다가 우주로 보낸다. 할이 조종하고 있는 거대한 디스커버리호와 데이브이 타고 있는 소형의 우주선이 서로 대치하는 장면은 두 원형 이미지의 크기 차이를 통해 통제력을 벗어난 기계문명과 나약한 인간의 대립을 보여준다.

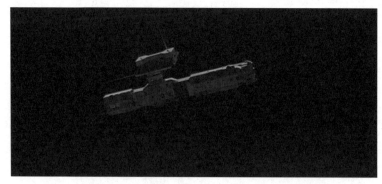

<2001 스페이스 오디세이> 우주선이 우주를 유영하는 장면

<2001 스페이스 오디세이>의 사운드는 모노리스, 과거/현재, 인간/기계에 대해 문제를 제기한다. 갑자기 나타나는 모노리스를 현대 음악가 죄르지 리게티의 '**아트모르스페르**'의 전자 음향으로 표현함으로써 불안한 미래를 예고한다. 요한 슈트라우스 2세의 '아름답고 푸른 도나우강' 왈츠와 우주선의 유영하는 장면의 결합은 과거의 문화와 미래사회의 기계문명을 연결함으로써 부조화의 아이러니를 보여준다. "기억이 사라지고 있어요. 두려워요."라는 할9000의 대사는 기억과 존재의 문제, 기계문명의 위협, 인간·인공지능의 모호한 경계에 대해 생각하게 만든다.

<2001 스페이스 오디세이>의 쇼트에서는 극과 극의 대비를 통

아트모르스페르

죄르지 리게티는 오스트리아의 작곡가이다. 20세기의 가장 위대한 고전음악 작곡가 중 하나로 꼽히며, 스탠리 큐브릭의 영화 <2001 스페이스 오디세이>와 <아이즈 와이드 셧>에 삽입된 음악으로 잘 알려져 있다. '아트모르스페르'는 큰 관현악단을 위한 곡인데, 선율, 박자, 화성 어느 것도 부각되어 있지 않지만 sound mass라는 기법을 써서 음색의 변화를 꾀하고 있다. 이 곡은 음악사상 가장 큰 음괴로 시작하는데, 반음계로 5옥타브가 넘는 음역에 해당하는 음을 동시에 연주한다. 그리고 화음과 음악의 질감이 천천히 바뀐다.[30]

해 인물의 심리 상태를 드러낸다. 소형우주선을 익스트림롱숏에서 클로즈업으로 잡음으로써 프랭크를 찾아나서는 데이브의 급박한 마음을 표현한다. 창문을 통해 점처럼 보이던 프랭크의 모습이 익스트림롱숏에서 롱숏으로 점점 뚜렷하게 나타남으로써 구출의 희망을 표현한다.

<2001 스페이스 오디세이>
할9000을 제거하려는 데이브와
프랭크의 대화를 할9000이
입술로 읽어내는 장면

<2001 스페이스 오디세이> 데이브가 할9000과 대치하는 장면

<2001 스페이스 오디세이>
데이브과 할9000이 대립하는 장면

<2001 스페이스 오디세이>는 교차편집을 통해 긴장감과 공포감을 표현한다. 할9000을 제거하자고 말하는 데이브와 프랭크의 입술 클로즈업과 할9000의 붉은 눈을 교차편집으로 보여줌으로써 긴장감을 고조시킨다. 할9000의 붉은 눈, 상황을 알리는 컴퓨터 화면, 생체 리듬 그래프, 동면 캡슐의 우주인을 교차편집으로 보여줌으로써, 할9000의 살인에 대해 공포를 느끼게 만다.

<2001 스페이스 오디세이>
우주선의 무중력을
보여주기 위한 원형세트

<2001 스페이스 오디세이> 우주비행사가 무중력 상태의 우주선에서 움직이는 장면

<2001 스페이스 오디세이>의 세트와 미장센은 우주선의 무중력 상태를 원형구조의 세트와 동선으로 표현한다. 우주비행사 데이브가 가운데 통로로 360도 조깅을 하는 장면은 무중력 공간을 표현한다.

나사(NASA)

미국항공우주국(National Aeronautics and Space Administration)을 의미한다. 지구 대기 안팎의 우주탐사 활동과 우주선에 관한 연구 및 개발을 위해 1958년 설립된 독자적인 정부기관이다.

NASA는 미국이 1960년대 말까지 인간을 달에 보내겠다고 계획한 케네디 행정부 초기에 조직되었다. 이 결과로 아폴로 계획이 구상되었고, 1969년 미국의 우주 비행사 닐 암스트롱이 최초로 달에 갔다. 31)

<2001 스페이스 오디세이> 데이브가 공간과 시간 이동을 하는 장면

<2001 스페이스 오디세이> 데이브가 노년의 자신을 마주하는 장면

나사(NASA) 연구원을 비롯하여 많은 과학자들이 제작에 참여한 이 영화는 원형의 세트를 지어 우주선 내부를 표현하였다.

3) 미래: 삶/죽음/탄생의 순환과 우주의 신비

<2001 스페이스 오디세이>의 세 번째와 네 번째 장에서는 데이브가 목성을 거쳐 토성에 도착하고 죽음을 맞이한다. 모노리스의 등장과 함께 데이브가 청년, 노인, 태아의 모습으로 차례로 변하면서 인간의 삶, 죽음, 탄생의 순환을 보여준다. 태아와 지구를 한 화면에서 같은 크기로 보여주는 장면은 인류의 탄생과 우주의 질서가 반복됨을 보여준다.

<2001 스페이스 오디세이> 태아가 된 데이브가 지구를 바라보는 장면

<2001 스페이스 오디세이>에서 유사한 원형 이미지 속에서 갑자기 나타난 직사각형의 모노리스는 우주의 질서에 파문을 일으킨다. 과거에서, 모노리스는 원형으로 둘러싼 원시 인류들, 떠오르는 둥근 태양의 평화로운 공존의 세계를 파괴한다. 현재에서, 모노리스는 나란히 정렬해 있는 원형의 목성과 디스커버리호의 유사성을 깨뜨린다. 미래에서, 모노리스로 인해 시간과 공간의 질서를 뛰어넘는다. 죽음을 앞둔 데이브가 자궁 속의 태아가 되면서 시간의 질서를 벗어난다. 태아 얼굴의 원형 이미지와 지구의 원형 이미지가 같은 크기로 나란히 배치되면서 공간의 질서를 벗어난다.

<2001 스페이스 오디세이>는 색채의 통일과 대비를 통해 인간/기계문명의 조화/대립 등을 보여준다. 우선, 원시 인류시대에는 검은색의 모노리스, 파란색의 지구, 붉은색의 태양을 대비시킨다. 다음으로, 2001년 현재에서는 붉은색을 중심으로 한 유사성과 차이를 통해 인간과 기계문명 사이의 질서와 대립을 표현한다. 할9000의 붉은 눈은 데이브의 붉은색 우주복과의 유사성을 통해 감정적 유대감을 표현하

는 반면에, 프랭크의 노란색 우주복과의 대비를 통해 그와의 갈등과 죽음을 암시한다. 나중에 데이브의 붉은색 우주복과 초록색 헬멧의 부조화된 모습은 할9000과의 대립을 보여준다. 할9000의 본체인 로직 메모리 센터는 온통 붉은색으로 되어 있어 마치 할9000의 육체인 것처럼 표현된다. 마지막으로, 2001년 현재에서 미래로 가는 장면에서 유채색의 변화와 **슬릿 스캔 방식**을 통해 신비로운 공간 이동과 시간여행을 표현한다.

<2001 스페이스 오디세이>는 '비언어적이고 신비롭기까지 한 전혀 새로운 종류의 영화로 인류의 여명과 미래에 대한 관념을 시각적 스타일로 표현하고 있다.'[14] 제작 기간 4년 넘게 제작된 이 영화는 SF영화의 걸작으로 경이로운 특수효과로 신선한 충격을 주었다. 우주공간을 유영하는 우주비행사가 헬멧 안에서 숨을 쉬는 음향효과, 생명유지 상태의 최적화를 위한 동면상태의 탑승, 인공지능 컴퓨터가 맡은 고도의 기술적인 통제와 작동, 슬릿 스캔 방식의 공간·시간 이동 표현은 이후 SF영화의 컨벤션이 된다.

<2001 스페이스 오디세이>에서 모노리스는 '검고 거대하고 단단한 형이상학적 존재'로서 인간의 본질에 대해 존재론적 질문을 던진다. 모노리스는 '근대적 과학과 기술 지식으로는 절대 이해하기 어려운 환상과 초현실의 영역을 보여준다.'[15] <2001 스페이스 오디세이>는 모노리스를 통해 지구/외계, 인류/외계인, 과거/현재/미래, 인간의 탄생/삶/죽음 등에 대한 철학적 성찰을 담아낸다.

4. <시계태엽 오렌지>
: 개인의 욕망과 국가의 억제 메커니즘

1) 개인의 광기와 자유의지가 있는 악행

<시계태엽 오렌지>(A Clockwork Orange, 1971)는 살인죄로 14년 형을 선고받은 알렉스(말콤 맥도웰)가 '루드비코 실험'에 자원하여 폭력을 혐오하게 된 결과 피해자가 되는 내용의 SF영화이다.

<시계태엽 오렌지>의 전반부에서는 알렉스의 악행을 통해서 인간의 폭력성을 비판한다. 알렉스가 보여주는 작은 악마 캐릭터는 지식인의 감성과 악행을 결합해 반성하지 않는 인물을 보여줌으로써 인간 내면의 본능적 악을 드러낸다.[16] 폭력과 성폭행을 마치 신나는

슬릿 스캔 방식

(slit scan VFX system)

가느다란 레이저 빔의 스캔 또는 슬릿에 의한 촬영 방식. 슬릿 스캔 방식의 촬영은 일반 카메라로는 촬영이 불가능한 원형 물체의 전체 표면을 촬영할 수 있다. 이 촬영을 완성시키려면 물체가 돌아가든지 아니면 상대적으로 카메라가 돌아가든지 해야만 한다.[32]

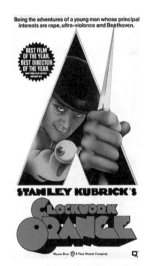

<시계태엽 오렌지> 포스터

<시계태엽 오렌지> 알렉스 일당이 밀크코로바에 앉아 마약을 탄 우유를 마시는 모습

놀이처럼 수행하는 알렉스의 경박한 태도를 통해 일탈적, 반사회적, 반인륜적인 인물의 잔인성을 부각한다.

<시계태엽 오렌지> 밀크코로바에 앉아 있는 알렉스의 클로즈업 장면

<시계태엽 오렌지> 알렉스 일당이 여자를 성폭행하려는 빌리 일당을 폭행하는 장면

<시계태엽 오렌지> 알렉스 일당이 'Singing in the rain'를 부르며 작가의 아내를 성폭행하는 장면

<시계태엽 오렌지>의 카메라 움직임은 체험적 시간 기법을 활용하여 폭력과 성행위를 색다른 시각으로 바라본다. 밀크코로바 장면에서는 광대 분장을 한 알렉스의 클로즈업에서 롱숏으로 후진하는 트래킹과 마약 탄 우유를 통해 잔악무도한 범행과 미성숙한 어리석음을 동시에 보여준다. 빌리보이 일당이 여자를 성폭행하는 장면에서는 익스트림롱숏으로 찍어 차가운 시선을 느끼게 만든다. 자신의 일당을 폭행하는 장면에서는 슬로우모션으로 알렉스의 잔인한 카리스마를 부각한다. 알렉스와 두 여자의 쓰리 썸 장면에서는 패스트모션으로 기계적인 육체관계를 표현해, '선정적인 성행위를 가볍고 코믹하게 만듦으로써 의미 없는 놀이로 희화화'[17]한다.

어트랙션 몽타주 기법

심리적 효과를 위해 계산된 숏과 강력한 의미 생성을 통해 정서적 충격을 강화한다.

지적 연결 몽타주 기법

내적 관계를 지적 연속성으로 사고하는 관계적인 편집을 보여준다.

<시계태엽 오렌지>의 편집은 알렉스의 적그리스도적 특성을 부각한다. 우선, **어트랙션 몽타주 기법**을 사용하는 알렉스의 자위 장면은 베토벤 9번 교향곡 '합창'을 들려주면서 음경을 드러낸 예수 조각상, 뱀, 흰옷의 여인, 드라큘라, 불지옥, 심판 등의 숏을 연결한다. 이를 통해 숭고함은 존재하지 않으며 인간의 악한 본성은 바꿀 수 없는 선천적인 것이라는 사실을 부각시킨다. 다음으로, **지적 연결 몽타주 기법**을 사용하는 캣 부인 살인 장면은 관능적인 회화 이미지와 가피학적 본능을 연결하

<시계태엽 오렌지> 캣부인의 남성 성기 모양의 조각상

는 정서적 연상을 통해 성적 타락을 살인과 결부시킨다.[18]

2) 억제 메커니즘과 시계태엽 오렌지

<시계태엽 오렌지>의 중반부에서는 감옥과 병원을 중심으로 종교와 약물·충격 요법을 통해 알렉스에 대한 교화과정이 이루어진다. 루드비코 실험으로 알렉스는 자신이 가장 좋아하는 베토벤 9번 교향곡을 들으면서 폭력적이고 성적인 영상이 나올 때마다 육체적 고통을 당한다. 이 영화는 전반부 개인의 광기와 중반부 국가의 폭력을 대비시켜, 선택권이 없는 선행보다 자유의지가 있는 악행을 지지한다.

<시계태엽 오렌지> 알렉스가 베토벤 9번 교향곡을 들으며 자위하는 장면

<시계태엽 오렌지> 알렉스가 루드비코 실험으로 고통스러워하는 장면

<시계태엽 오렌지> 알렉스가 캣 부인을 살해한 후 자신의 일당에게 배신당하는 장면

<시계태엽 오렌지>는 욕망을 상징하는 오렌지와 억제를 상징하는 시계태엽을 결합함으로써, 개성을 상실하고 로봇이 되어버린 인간을 보여준다. 이러한 억제의 메커니즘을 통해, 인간의 폭력성을 강제로 교화시키고자 하는 법과 제도를 비판한다. 루드비코 실험으로 범죄자인 알렉스를 교정하지 못한다는 점에서 법과 제도의 무용성을 비판한다. 또 선을 장려하기보다는 악을 억압한다는 점에서 인간의 본성을 억제시키려는 정치권력의 공격성을 비판한다.

<시계태엽 오렌지>는 대각선 구도와 수평 트래킹을 통해 감옥의 위계질서와 국가의 획일화를 강조한다. 그리고 극단적인 앵글을 통해 루드비코 실험의 비인간적인 행태를 비판한다. 루드비코 실험 무대에서 알렉스는 나체의 여성을 만지려는 순간 고통도 동시에 느껴 여성을 만질 수 없는 상태가 된다. 이때 여성을 올려다보는 알렉스의 시선과 알렉스를 내려다보는 여성의 시선을 로우 앵글과 하이앵글로 표현해 욕망과 좌절의 대비를 보여준다.

<시계태엽 오렌지> 알렉스가 감옥에 들어가기 위해 옷을 벗는 장면

<시계태엽 오렌지> 추락한 알렉스가 병원에서 회복하는 장면

3) 국가의 폭력과 선택권이 없는 선행

<시계태엽 오렌지>의 플롯은 전반부와 후반부의 더블링 구성을 통한 비교와 대조로 선악에 대해서 문제를 제기한다. 전반부에서 알렉스가 노숙자, 빌리보이 일당, 작가와 아내, 자신의 일당, 캣부인을 공격함으로써 가해자가 된다. 후반부에서는 교화된 알렉스가 노숙자들, 자신의 일당, 작가와 반정부 인사에게 공격과 학대를 당함으로써 도리어 피해자가 된다. 그래서 가해자와 피해자의 이중성, 폭행의 주체와 대상의 전도를 통해서 선악의 경계를 흐리게 한다.

<시계태엽 오렌지>의 앵글은 세 단계의 감정 변화를 표현한다. 반정부 인사의 집에 머무르는 알렉스가 'Singing in the rain'를 부르며 흥겹게 목욕을 할 때 아래층에서 작가가 분노하는 모습을 로우앵글로 보여준다. 왜냐하면 알렉스가 작가의 아내를 성폭행할 때 이 노래를 불렀기 때문이다. 그래서 작가가 복수심에 베토벤 9번 교향곡을 틀자, 위층에서 알렉스가 고통스러워하다가 투신자살을 시도하는 모습을 아이레벨과 로우앵글로 보여줌으로써 동일시와 위험을 표현한다.

<시계태엽 오렌지>는 반전 사운드 기법과 음악의 부조화로 인한 소격 효과로, 폭력과 성욕에서 고상함/저속함, 기쁨/고통의 경계를 허문다. 사운드에서는 반전 사운드 기법을 통한 소격 효과로 객관적 관찰을 하게 만든다. 집단 패싸움과 쓰리 썸 장면에서는 '세빌리아의 이발사'와 '윌리엄 텔'의 서곡을 사용한다. 성폭행 장면에서는 사랑의 기쁨을 노래하는 'Singing in the Rain'을 부른다. 베토벤 9번 교향곡이 알렉스의 자위행위 장면과 자살 시도 장면에서 사용된다. 이 영화는 '아름다운 선율과 상반된 폭력적 장면의 결합을 통해 폭력을 극적이고 아이러니하게 표현하여 객관적으로 관찰하게 함으로써 인간의 미성숙하고 악한 본능적 모습을 발견하게 만든다.'[19]

<시계태엽 오렌지>는 관습에서 벗어난 색채 표현으로 가해자와 피해자의 양면적 의미를 표현한다. 우선, 전도된 색채로 전반부와 후반부의 선악 개념을 뒤집는다. 전반부에서 폭행과 성폭행을 일삼는 알렉스의 의상이 순결·순수를 상징하는 흰색이지만, 폭행과 성폭행을 당하는 피해자인 작가, 작가 아내의 의상과 작가의 집이 욕망을 상징하는 붉은색이라는 점에서 색채의 관습에서 벗어난다. 다음으로, 무채색으로 개인과 국가의 폭력을 표현한다. 후반부에서 교화된 알렉스뿐만 아니라 알렉스를 폭행하는 노숙자들과 알렉스 일당 모두

무채색 의상을 입고 있다.

<시계태엽 오렌지>는 전반부와 후반부의 대비를 통해 자유의지가 있는 개인의 광기와 억제 메커니즘을 작동시키는 국가의 폭력을 대비시키고 있다. 이 영화의 '전반부는 배설의 상징들로 통제되지 않은 욕망을 보여주며, 후반부는 배설의 이미지를 제거하여 완벽히 조종되는 욕망을 보여준다.'[20] 그래서 한편으로는 국가의 권력으로 위시되는 전체주의적 진압이 개입함으로써, 사회의 안정과 평온을 유지할 수 있다는 시각을 보여준다. 다른 한편으로는 악에 물들어 있지만, 인간의 순수한 의지를 실현할 수 있다는 시각을 동시에 보여준다.

<시계태엽 오렌지>는 알렉스의 악행과 정부의 억제 메커니즘을 대비시킴으로써, 폭력, 도덕과 양심, 욕망, 선악의 경계에 대해서 문제를 제기한다. 이 영화는 극단적인 폭력과 선정성에 대해서 아이러니를 통한 이성적인 관찰로 현실사회의 모순을 드러내고, 사회 이면의 의미에 대해 무의식적으로 성찰하게 만든다. <시계태엽 오렌지>는 비범한 줄거리 전개, 독특한 위트, 부조리한 미래 사회의 암울한 모습을 통해 인간의 위선과 어리석음에 대한 풍자와 어두운 유머를 한없이 냉철하고 객관적인 시각으로 보여준다.

5. <샤이닝>: 폐쇄적 사회와 가장의 광기

1) 고립된 인간과 가족의 분열

<샤이닝>(The Shining, 1980)은 소설을 쓰기 위해 오버룩 호텔의 겨울 관리인을 맡게 된 잭(잭 니콜슨)이 폭설로 인한 고립과 유령과의 만남으로 점점 미쳐감으로써 아내 웬디(셜리 두발)와 아들 대니(대니 로이드)를 살해하려고 하는 내용의 공포영화이다.

<샤이닝>의 전반부는 세 가지 암시를 통해 끔찍한 사건을 예고한다. 첫째, 고독과 고립감으로 인해 가족을 살해한 1970년대 겨울 관리인 찰스 그래디의 이야기이다. 둘째, 호텔의 가까운 곳에서 일어난 옛날 사건, 즉 눈에 갇혀 고립되어 식인한 도너 그룹에 대한 이야기이다. 셋째, 샤이닝이라는 예지능력을 가진 대니와 할로렌은 과거와 미래의 살인사건을 느낀다.

<샤이닝>의 카메라 움직임은 공중촬영, 트래킹, 핸드헬드, 스테디 캠이 가장 많이 사용되고 있으며, 단계별로 다른 카메라 움직임을

<샤이닝> 포스터

<샤이닝>
잭이 오버룩 호텔을 가는 모습을
공중촬영으로 보여주는 장면

통해 긴장감을 고조시킨다. 전반부에서는 공중촬영을 통한 익스트림 롱숏으로 초현실적인 존재와 앞으로 일어날 끔찍한 사건을 암시한다. 호텔로 가는 자동차를 공중촬영으로 찍음으로써 알 수 없는 존재가 내려보는 느낌을 준다. 호텔 로비에 비치된 미로 정원 모형을 들여다보는 잭의 클로즈업 장면과 미로 정원을 걷는 웬디·대니의 공중촬영 장면을 연결함으로써, 마치 잭이 두 사람을 하늘에서 내려다보는 것 같은 섬뜩한 느낌을 들게 한다.

2) 가장의 무능력과 가족에 대한 분노

<샤이닝>의 중반부에서 가족에 대한 잭의 분노는 세 가지 이유에서 비롯된다. 즉 자신의 소설 쓰기에 대한 방해, 과거 대니 폭행에 대한 거론, 호텔 관리인의 의무 이행에 대한 방관이다. 자신의 무능력, 악행, 광기에 대한 은폐 욕구가 바로 가족에 대한 분노로 나타난다. 잭의 분노로 인해 오버룩 호텔의 유령들이 나타나면서 1920년대 미국의 보수적인 백인사회를 소환한다. 잭의 가족이 잭보다 더 강해서 말을 듣지 않으며 외부인 "검둥이"를 끌어들인다는 점을 거론하면서, 유령 그래디는 잭에게 그의 가족에게 잔소리해서 바로잡아야 한다고 충고한다.

<샤이닝>의 카메라 움직임에서는 스탠리 큐브릭의 트레이드마크인 트래킹이 많이 사용된다. 우선, 인물과 같이 움직이는 트래킹을 통해, 과거의 끔찍한 살인 사건을 암시한다. 가족들이 호텔을 둘러보는 장면에서 나오는 스노우캣, 미로 정원, 골드룸은 나중에 중요한 역할을 하게 된다. 대니가 호텔을 돌아다니는 장면에서 대니의 후면 모습과 정면 모습을 트래킹으로 보여줘 긴장감을 고조시킨다. 이후 유령이 있는 237호실에서 멈출 때 갑자기 핸드헬드로 바꾸면서 대니의 불안한 마음을 표현한다. 다음으로, 인물에게 점점 가까이 다가가는 트래킹을 통해, 살인자와 유령의 시선을 암시하면서 관객의 공포감을 고조시킨다. 가족의 눈싸움을 지켜보는 잭의 섬뜩한 표정, 할로렌의 뒤를 쫓는 잭의 시선, 과거 사진 속에서 웃고 있는 잭의 모습을 트래킹으로 보여줌으로써 과거 유령과 현재 살인자의 위협을 드러낸다.

<샤이닝>의 편집에 있어서 인물의 반응을 먼저 보여준 후 그 원인을 보여주는 '정보의 지연'을 통해 긴장감을 고조시킨다. 잭이 텅 빈 골드룸에 앉아서 "술만 준다면 뭐든 할 텐데. 맥주 한 잔을 먹을 수 있다면 영혼이라고 팔 텐데."라고 말하는 장면에서는, 갑자기 바

<샤이닝> 골드룸에서
유령 바텐더 로이드가 갑자기
나타나 잭에게 술을 주는 장면

뀐 잭의 표정을 클로즈업으로 보여준 후 잭 앞에 서 있는 유령 바텐더 로이드를 보여준다. 할로렌이 호텔에서 샤이닝을 감지하는 장면에서는, 그의 놀란 눈을 익스트림클로즈업으로 보여준 후 공포에 질린 대니의 영상을 보여준다. 잭이 237호에 들어가는 장면에서는, 잭의 놀란 표정 다음에 서서히 다가오는 나체의 젊은 여성을 보여준다. 잭과 나체의 젊은 여성의 키스 장면에서는, 잭의 공포에 질린 표정 이후에 젊은 여성이 몸이 썩어들어가는 나이든 여성으로 바뀐 것을 보여준다.

<샤이닝> 골드룸에서 열리는 유령들의 파티에 잭이 참석하는 장면

3) 가장의 광기와 가족의 붕괴

<샤이닝>의 후반부에서는 가장인 잭의 광기가 극에 달해 할로렌을 죽인 후 가족까지 살해하려고 하면서 스릴러영화에서 공포영화로 변화한다. 괴물은 가족을 살해하려는 욕망을 가진 가장이자 호텔의 겨울 관리인이라는 점에서 고립된 공간에서의 인간의 광기와 관련된다. 그래디와 잭은 백인/흑인, 내부인/외부인, 가장/가족을 이분화하여, 백인 남성을 위협하는 가족과 이방인을 제거하고자 한다.

<샤이닝> 잭이 237호실에서 나체의 젊은 여자를 보고 놀라는 장면

<샤이닝>은 교차편집과 **스테디 캠**을 통해 긴장감과 공포감을 단계별로 고조시킨다. 잭이 대니를 추격하는 장면에서, 도망가는 대니와 도끼를 들고 추격하는 잭을 스테디 캠으로 찍어 긴박감을 느끼게 만든다. 대니가 흔적을 없애고 따돌리는 장면에서, 조심스럽게 발을 디디는 대니와 찾아 헤매는 잭을 스테디 캠으로 보여줌으로써 공포감을 조성한다. 대니가 탈출하는 장면에서, 미로를 빠져나가는 대니, 미로에서 헤매는 잭, 아무도 없는 텅 빈 눈길을 스테디 캠으로 보여줌으로써 불안감을 느끼게 만든다.

스테디 캠

<샤이닝> 잭이 화장실 문을 부수고 그 사이로 들여다보는 장면

대각선의 꽉 짜인 구도와 로우 앵글을 통해서 초현실적 존재에 대한 공포, 충격적인 사실의 발견, 광기의 표출을 표현한다. 쌍둥이 유령이 나타나는 장면에서, 쌍둥이 유령이 복도에서 X형 대각선의 정중앙에 위치하여 중앙 하단부의 대니를 압박하는 느낌을 준다. 이때 익스트

스테디 캠

카메라를 삼각대에 고정시키지 않고 들고 찍기(handheld)로 촬영할 때 카메라가 흔들리는 것을 방지해 주는 신체 부착용 특수 받침대. 진동을 흡수하는 완충기, 수평 유지대가 부착되어 있다. 스테디 캠은 비정형 카메라 이동에 적합하게 설계되어 계단이나 골목, 군중 속 추적 장면 등에서 다른 카메라로는 촬영할 수 없는 유연한 카메라 움직임을 만들어 낸다.[33]

<샤이닝> 웬디가 같은 문장만을 반복해서 적은 잭의 글을 보고 경악하는 장면

<샤이닝> 웬디가 자신을 위협하는 잭에게 야구방망이를 휘두르는 장면

<샤이닝> 잭이 할로렌을 도끼로 죽이는 장면

<샤이닝> 잭이 아내와 아들이 있는 화장실 문을 도끼로 부수는 장면

림롱숏에서 미디엄숏으로 바꿈으로써, 쌍둥이 유령이 대니에게 갑자기 다가오는 느낌을 줘 공포감을 조성한다. 웬디는 "일만 하고 놀지 않으면 잭은 바보가 된다."라는 문구로 가득 차있는 잭의 원고를 들여다보게 된다. 이때 타자기 너머 나타나는 웬디가 경악하는 표정을 로우 앵글로 강조한다. 잭이 음식 창고에 갇히는 장면에서, 웬디·대니가 아무 데도 갈 수 없다고 위협하는 잭의 모습을 로우 앵글로 보여준다.

<샤이닝>은 색채의 변화로 광기의 정도를 표현한다. 잭의 광기가 심해질수록 호텔의 배경 색깔이 파스텔톤→황금색→주황색→붉은색 등 점점 강렬한 색으로 변화한다. 인터뷰 장면에서, 호텔은 부드러운 파스텔톤이다. 대니의 상처에 대한 웬디의 오해로 속상해하는 잭이 골드룸 복도를 걷는 백트래킹 장면에서, 복도의 색깔은 황금색이다. 호텔을 떠나고 싶어 하는 웬디 때문에 화가 난 잭이 골드룸을 찾는 장면에서, 골드룸은 황금색과 주황색이다. 유령 그래디가 골드룸 화장실로 잭을 데려가는 장면에서, 화장실은 강렬한 붉은색이다. 유령이 나타나는 장면에서, 엘리베이터 앞 복도는 붉은 피로 넘쳐난다.

<샤이닝>의 미장센에서 기호들, 캐릭터, 기표들은 서사적 의미를 나타내는 중요한 기호로 작용한다. 우선, 파티는 서열을 재정립하는 공간이고, 화장실은 소외된 이들의 도피처 공간이고, 거울은 심리적 상처를 치유하는 사물이고, 눈은 폭력적 광기를 의미한다. 특히 대니의 환상에서 계속 나타나는 'REDRUM(레드럼)'이라는 단어는 거울을 통해 'MURDER(살인)'가 된다. 특히 홉뜬 눈은 폭력적 광기의 크기를 상징함으로써 응시의 극적 효과를 고조시킨다.[21]

다음으로, 닫힌 공간이 줄 수 있는 공포를 극대화하여 닫힌 계층 구조와 사고방식의 무서움을 드러내고 있다. 계단은 계층 격차의 공간이고, 객실은 고립된 갇힌 공간이고, 로비는 가족을 분리하는 공간이고, 엘리베이터는 하층으로의 전락에 대한 두려움의 공간이다. 골드 룸은 유령들이 지배하는 공간이자 잭이 도피하는 공간이다. 미로 정원은 대니에게는 폐쇄된 공간으로부터의 탈출을 의미하지만, 잭에게는 순환되어 영원히 탈출할 수 없는 수렁의 공간이 된다.[22]

<샤이닝>은 가족과 유령의 대립에서 가족 내부의 대립으로 갈등 양상이 변화하면서, 가장의 광기로 인해 붕괴한 가족을 보여준다. 그 시대의 많은 영화가 비극의 원인을 돌연변이나 잔인한 외부인에게서 찾지만, <샤이닝>은 부조리하게 구성된 사회의 체제가 주는 공포에 관해 이야기한다. 이 영화는 평범한 시민인 잭의 가족이 과거의 망령

들의 상상 속 이미지에 억압당하는 위태로운 현실을 반영하여 미국인이 가장 지향하는 가치인 가족의 파괴를 보여주고 있다. <샤이닝>은 호화호텔 내부의 공간에서 하부계층 미국인 가족이 겪는 심리적 압박과 파행으로 인한 본능적인 잔인함을 냉철한 시선으로 담아내고 있다.

6. 현대문명에 대한 비판과 독창적인 작품세계

1) 통제받는 사회와 개인의 광기

스탠리 큐브릭의 영화 4편, 즉 <로리타>, <2001 스페이스 오디세이>, <시계태엽 오렌지>, <샤이닝>에서 공통으로 나타나는 내러티브적 특성은 인간의 광기 어린 욕망, 통제받는 사회에 대한 저항, 현실사회의 위선 폭로이다.

첫째, 스탠리 큐브릭 영화의 주제 의식은 시스템과 충돌하는 인간의 광기 어린 욕망이다. <로리타>, <시계태엽 오렌지>에서 인물들은 인간의 욕망을 옥죄는 시스템을 인식하고 그것을 파괴하려는 방안을 모색하고 일탈을 꿈꾼다. <2001 스페이스 오딧세이>, <샤이닝>에서는 사회에 누적된 부조리와 강압적 폭력이나 이기적 본성에 지속적으로 노출된 인간이 그것을 견디지 못하고 발산한다.

둘째, 스탠리 큐브릭의 영화는 단선적인 세계관, 선명한 흑백 논리, 권선징악의 사고를 거부함으로써 통제받는 사회에 대해 저항한다. 그의 영화들은 대다수 할리우드 영화들의 단선적 세계관과는 상당한 거리를 두고 서사를 진행한다. 그는 논란의 중심에 서는 영화 다수를 제작하여 통제받는 사회에 대해 저항하고 고발한다. <로리타>는 권선징악의 사고를 거부하고, <2001 스페이스 오디세이>는 단선적인 세계관을 거부하고, <시계태엽 오렌지>는 선명한 흑백논리를 거부하고, <샤이닝>에서는 선과 악의 대결 구도를 거부한다.

셋째, 스탠리 큐브릭의 영화는 시점 인물의 부재, 인간의 기계화 등을 통해 냉철한 시선으로 현실사회의 위선을 폭로하고 현대문명을 비판한다. <2001 스페이스 오디세이>에서 시점 인물의 부재를 통한 거리 두기로 감정이입보다는 냉철한 비판을 보여준다. <로리타>와 <2001 스페이스 오디세이>에서는 화자에 대한 동일시를 통한 감정적 호소를 거부한다. <2001 스페이스 오디세이>와 <시계태엽 오렌

지>에서는 인간의 기계화를 통해 현대문명을 통렬히 비판한다.

2) 장르에 대한 탁월한 연출력

스탠리 큐브릭 감독은 혁신적인 영상 문법과 테크닉을 통해 작가주의적 영상 스타일과 표현 양식을 구현한다. 그의 스타일적 특성은 크게 세 가지, 즉 장르에 대한 탁월한 연출력, 치명적인 일탈의 장소·기호, 폭력적 광기와 파국을 상징하는 홉뜬 눈이다.

첫째, 네 편의 영화에서 스탠리 큐브릭은 여러 장르에 대한 탁월한 연출력, 자신만의 독창적 세계, 유력한 테크놀로지 구사 등을 통해 넓고 다양한 작품 세계를 보여준다. 알프레드 히치콕이 스릴러라는 하나의 목표에만 에너지를 집중했던 것과 좋은 대조를 이룬다.[23] 가장 무서운 영화 중 하나라고 평가받는 <샤이닝>, 회화같이 정돈되고 아름다운 영상을 보여주는 <배리 린든>, 충격적이고 기괴한 화면 구성을 담고 있는 <시계태엽 오렌지> 등 큐브릭의 영화 세계는 넓고 다양하다. 스탠리 큐브릭은 다양한 장르에서 탁월한 연출력을 보여주고 유력한 테크놀로지를 구사하며 자신만의 독창적인 세계를 구축한다.

둘째, 네 편의 영화에서 파티·화장실·거울 등의 장소와 사물은 치명적인 일탈의 기호로서 양가적 특성을 갖는다. 치명적인 일탈의 계기가 특별한 환경에서만 촉발될 수 있는 극적 사건이 아니라, 흔한 일상 속에서 만들어진다. 파티는 권력을 증명하면서 동시에 좌절을 경험하게 하며, 화장실은 감정을 배설하고 생명의 근원인 동시에 도피처이며, 거울은 환상을 증폭하는 동시에 착오를 반성한다.[24] 모든 요소는 양면적 특성이 있고, 모호함, 기괴함, 예술적인 코드들과 풍부한 텍스트적 의미를 함축한다.

셋째, 네 편의 영화에서도 큐브릭 영화의 가장 널리 알려진 대표적인 기호는 '큐브릭 응시(Kubrick Stare)'라 불리는 '홉뜬 눈'이다. <로리타>에서 총알이 관통된 초상화 속 소녀의 눈동자는 그림 뒤편 인물의 죽음을 나타낸다. <2001 스페이스 오디세이>에서 할9000의 붉은 렌즈는 마치 살아있는 생물의 눈동자처럼 느껴지게 만든다. <시계태엽 오렌지>에서는 알렉스의 홉뜬 눈은 전체 서사를 암시한다. <샤이닝>에서 고개를 내리깔고 눈을 크게 떠서 눈동자 아래쪽의 흰자위를 내보이는 잭의 응시는 긴장감을 고조시킨다.[25] 점점 커지는 눈은 인물의 마음을 사로잡은 폭력적 광기의 크기를 상징하며, 정면을 향하던 눈동자가 위로 올라갈수록 파국이 다가온다. 스탠리 큐브릭은 이 홉뜬 눈의 코드를 매우 즐겨 사용하였고 가장 극적인 순간에 배치했다.

스탠리 큐브릭은 시대를 앞서가거나 장르의 규칙을 파괴함으로써 익숙해진 관습을 불편하게 만드는 도전적 행위로 인해 언론의 공격, 상영금지 조치 등에 직면하기도 한다. 그는 영화 제작의 거의 모든 과정에 직접 참여하여 완벽한 통제를 하는 연출 태도를 보인다. 스탠리 큐브릭은 영화 역사상 가장 혁신적인 영상을 제작하는 완벽주의자로서 높은 기술적인 완성도와 창의적인 촬영기법을 추구하였다. 그는 파격적인 영상, 장르와 관습에 대한 도전 등으로 대중과 평단으로부터 비판을 받아왔지만, 자신의 작품세계를 끝까지 견지한 선구자적인 작가이다.

|주 석|

1) 박수미b, 「스크린에 재현된 문자예술 -얻는 것과 잃는 것, <롤리타>를 중심으로-」, 한양대학교 현대영화연구소, 『현대영화연구』, 17권, 2014년, 208~210쪽.

2) 박수미c, 「아폴론적 질서에 던지는 의혹의 시선 - 스탠리 큐브릭의 <샤이닝>」, 동덕여자대학교 인문과학연구소, 『인문과학연구』, 21호, 2013, 42쪽.

3) 김시무, 「스탠리 큐브릭 감독 연구 -반전(反戰) 영화 삼부작을 중심으로」, 부산대학교 영화연구소, 『아시아영화연구』, 6권 2호, 2014, 75쪽.

4) 최윤식, 「인간이 만들어낸 세계, 그 속에서 파괴되는 인간 - 〈메탈 자켓〉(스탠리 큐브릭, 1987)을 보고」, 『씨네포럼』, 제2호, 1999년 12월, 153-161쪽.

5) 박수미c, 앞의 글, 40쪽.

6) 김시무, 앞의 글, 72쪽.

7) 김시무, 위의 글, 72~73쪽.

8) 김혜정·이상례, 앞의 글, 157쪽.

9) 박수미a, 「스탠리 큐브릭 영화의 기호와 심리」, 한양대학교 현대영화연구소, 『현대영화연구』, 24호, 2016, 239~247쪽.

10) 박수미b, 앞의 글, 207~213쪽.

11) 김혜정·이상례, 「스탠리 큐브릭의 영화 <로리타(1962)>에 나타난 의상의 상징성에 관한 연구」, 한국패션비즈니스학회, 『패션비즈니스』, 13권 1호, 156~157쪽.

12) 박수미b, 앞의 글, 210쪽.

13) 네이버영화 — 2001 스페이스 오디세이

14) 김시무, 앞의 글, 71~72쪽.

15) 김현승, 「영화 '2001: 스페이스 오디세이'와 '인터스텔라'에서 모노리스의 기계적 특수효과와 진화에 대한 연구」, 한국영상제작기술학회, 『영상기술연구』. 2017년 12월, 197~210쪽.

16) 이태훈, 「스탠리 큐브릭 감독의 영상 스타일 분석 연구(그의 영화 "시계태엽오렌지(1971)"를 중심으로)」, 한국디지털정책학회, 『디지털융복합연구』, 제15권 9호, 2017년 9월 30일, 457쪽.

17) 이태훈, 위의 글, 458쪽.

18) 이태훈, 위의 글, 455~456쪽.

19) 이태훈, 위의 글, 459쪽.

20) 박수미a, 앞의 글, 242쪽.

21) 박수미a, 위의 글, 229~248쪽.

22) 박수미c, 앞의 글, 37~55쪽.

23) 박수미c, 위의 글, 39쪽.

24) 박수미a, 앞의 글, 234~235쪽.

25) 박수미c, 앞의 글, 52~53쪽.

26) 네이버지식백과 - 로리타 신드롬

27) 위키백과 - 피터 셀러스

28) 네이버지식백과 - 스파르타쿠스

29) 위키백과 - 모노리스

30) 위키백과 - 죄르지 리게티

31) 다음백과 - 미국항공우주국

32) 다음백과 - 슬릿 스캔

33) 다음백과 - 스테디 캠

| 참고 문헌 |

제1부 노동의 소외와 사회의 모순

1장 미카엘 하네케 ─ 중산층 부르주아의 어두운 본성과 끝나지 않는 화두

강소원 | 「이만희에서 미카엘 하네케까지, 부산국제영화제에서 만난 몇 편의
영화들」, 『오늘의 문예비평』, 겨울 통권 59호, 오늘의 문예비평,
2005년 6월호, 277~284쪽.
김금동 | 「시스템이론을 통해 본 하네케 영화 <하얀 리본>에 나타난 관계
와 소통의 문제」, 『독일언어문학』, 한국독일언어문학회, 74호,
2016, 151~175쪽.
김선아 | 「포스트필름 시네마의 기억술」, 『미학 예술학 연구』, 한국미학
예술학회, 36권, 2012, 143~172쪽.
남수영 | 「포르노그래피, '비정상적' 쾌락의 이론과 실재: 미하엘 하네케의
〈피아니스트〉를 중심으로」, 『문학과영상』, 문학과영상학회,
10권 2호, 2009년 8월, 355~378쪽.
이형섭 | 「미카엘 하네케의 〈히든〉: 포스트모던 인식론과 포스트콜로니얼
서사의 불편한 조우」, 『문학과영상』, 문학과영상학회, 2011년 3
월, 211~232쪽.
최일목 | 「영화 <피아니스트>의 억압과 자유의 상징 연구」, 『한국콘텐츠학
회논문지』, 한국콘텐츠학회, 2016년 12월, 151~159쪽.
도미니크 비달 | 「1961년 '파리 학살' 환기하기」, 르몽드코리아, <르몽드 디
플로마티크>, 2011년 11월 11일.
사진 출처: 네이버영화, 위키백과 영문판

2장 장-피에르 다르덴, 뤼크 다르덴 ─ 보이는 세상, 안 보이는 가치

다르덴 형제와 Cineuropa 인터뷰, by Matthieu Reynaert Cinergie, 2005년
9월 9일.
다르덴 형제와 Film지 인터뷰 by Sam Adams, 2009년 3월 8일.
박태식 | 『그것이 옳은 일이니까요』, 비채, 2015.
『영화는 세상의 암호 III』, 늘봄, 2012.
안은수 | 『논어, 삶을 위한 트리올로지』, 케포이북스, 2016.
Borcholte, Andreas, "Zwei Tage, eine Nacht: Menschlichkeit oder 1000
Euro?", in Der Spiegel 2014년 10월 30일.
Darfismarch, Manohla, "Seeking a Father, Finding Humanity" in New
York Times(NYT) 2012년 3월 15일.
'History of Dardenne brothers' article in Encyclopaedia Britannica

사진출처: 인터넷 위키피디아 영어판

3장 켄 로치 ― 좌파 영화감독을 넘어 스타일이 되다

존 힐, 이후경 옮김 | 『켄 로치: 영화와 텔레비전의 정치학』, 컬처룩, 2014.
[네이버 지식백과]
사진 출처: 위키피디아 영문판

제2부 영화적 일탈과 예술의 경계

**4장 라이너 베르너 파스빈더 ― 한 줌의 현실 타협도 용납지 않는,
영화적 혁명의 산 정신**

버지니아 라이트 웩스먼 | 김영선(역), 『세상의 모든 영화』, 이론과실천,
2008.
수잔 헤이워드 | 이영기·최광열(역), 『영화 사전 ― 이론과 비평』, 한나래출판
사, 2012.
제프리 노웰 스미스 외 | 김경식 외(역), 『세계영화대사전』, 미메시스, 2015.
마사 너스바움 | 조계원(역), 『혐오와 수치심』, 민음사, 2015.
사진 출처 : IMDB

5장 알레한드로 아메나바르 ― 장르영화의 대가

『공동번역 신약성서』 대한성서공회, 1977.
그린, B. | 『우주의 구조』, 박병철 역, 승산, 2004.
프란츤, A. | 『세계교회사』, 최석우역, 분도출판사, 2001.
박태식 | 『그것이 옳은 일이니까요』, 비채, 2015.
　　　 『영화는 세상의 암호 III』, 늘봄, 2012.
Mormando, Franco, The Preacher's Demons: Bernardino of Siena and
the Social Underworld of Early Renaissance Italy, Chicago:
University of Chicago Press, 1999.
"Agora" in Wikipedia (https://en.wikipedia.org/wiki/Agora_film)
"Q&A: Alejandro Amenabar". The Hollywood Reporter. 5/17/2009.

6장 페드로 알모도바르 ― 악동(惡童)에서 거장(巨匠)으로

Allinson, Mark | Un laberinto español , Ocho y Medio, 2003.

Brasó, Enrique ｜ 『Carlos Saura』, Taller de Ediciones Josefina
　　　　Betancor, 1974.

Dongsup, JUNG ｜ 「Yuxtaposición artística en La piel que habito de
　　　　Pedro Almodóvar」, 『Neophilologus』, 98권 4호, 2014,
　　　　617~635쪽.

Kaplan, E. Ann ｜ 『Motherhood and Representation: The Mother in
　　　　Popular Culture and Melodrama』, Routledge, 1992.

Molina Foix, Vicente ｜ 『El cine estilográfico』, Anagrama, 1993.

Rodríguez, Jesús ｜ 『Almodóvar y el melodrama de Hollywood』,
　　　　Maxtor, 2004.

Smith, Paul Julian ｜ 『Desire Unlimited』, Verso, 1994.

Strauss, Frédéric ｜ 『Conversación con Pedro Almodóvar』, Akal, 2001.

Willoquet-Maricondi, Paula ｜ 『Pedro Almodóvar: Interview』, Univ.
　　　　Press of Mississippi, 2004.

리타 펠스키 ｜ 『근대성과 페미니즘』, 거름, 1998년

유지나 외 ｜ 『멜로드라마란 무엇인가』, 민음사, 1999년

정동섭 ｜ 「La intertextualidad en las películas de Pedro Almodóvar –
　　　　en torno a <Hable con ella>-」, 한국스페인어문학회, 『스페인
　　　　어문학』, 57호, 2010, 587~598쪽.
　　　　「알모도바르 영화에 나타난 멜로드라마성」, 한국스페인어문학회,
　　　　『스페인어문학』, 59호, 2011, 197~210쪽.
　　　　「새로운 가족의 탄생 -<내 어머니의 모든 것>과 <가족의 탄생>을
　　　　중심으로-」, 62호, 2012, 221~239쪽.
　　　　「알모도바르 영화 속 테네시 윌리엄스의 영향 -<페피, 루시, 봄 그
　　　　리고 다른 많은 아가씨들>에 나타난 <뜨거운 양철 지붕 위의 고양이
　　　　>의 영향-」, 71호, 2014, 307~324쪽.
　　　　「알모도바르 영화에 나타난 애도와 우울증 -<내 어머니의 모든 것>
　　　　과 <그녀에게>를 중심으로-」, 72호, 2014, 401~418쪽.
　　　　「정동섭의 시네마 크리티크: <그녀에게> -희생과 부활의 메타모르
　　　　포시스」

http://www.ilemonde.com/news/articleView.html?idxno=8180

네이버영화

네이버지식백과

다음백과

위키백과

사진 출처: 위키피디아 영문판

제3부 불안한 영혼과 이방인의 노래

7장 라스 폰 트리에 ― 영화 속에 육화(Incarnation)된 종교적 이미지

롤랑 바르트 | 『애도일기』(김진영 역). 걷는나무, 2018.
미셸 푸코 | 『성의역사 1』(이규현 역). 나남, 2004.
장뤽 낭시 | 『코르푸스 몸, 가장 멀리서 오는 지금 여기』(김예령 역), 문학과
　　　　　　　지성사, 2012.
지그문트 프로이트 | 『히스테리 연구』(김미리혜 역), 열린책들, 2003.
제임스 조이스 프레이져 | 『황금가지』(이용대 역), 한겨레출판, 2003.

8장 루카 구아다니노 ― 감정을 착취하지 않는 감각

네이버 백과 terms.naver.com/
씨네21 cine21.com
다음영화 movie.daum.net
위키백과 wikipedia.org
인터넷무비데이터베이스 www.imdb.com
(사진출처)
인터넷무비데이터베이스 www.imdb.com

제4부 욕망의 현실과 환상의 매혹

10장 루이스 부뉴엘 ― 초현실주의, 그리고 은밀한 욕망(欲望)

Besas, Peter | 『Behind the Spanish Lens』, Arden Press, 1985.
Buñuel, Luis | 『Mi último suspiro』, Debolsillo, 2003.
Fuentes, Víctor | 『La mirada de Buñuel』, Tabla Rasa, 2002.
Jordan, Barry & Allinson, Mark | 『Spanish Cinema: A Student's
　　　　　　　Guide』, Hodder Arnold, 2005.
Sánchez Vidal, Agustín | 『Luis Buñuel』, Cátedra, 1999.
Schroeder Rodríguez, Paul A. | 『Latin American Cinema』, Univ. of
　　　　　　　California Press, 2016.
Stone, Rob | 『Spanish Cinema』, Pearson/Longman, 2002.
William Evans, Peter | 『The Films of Luis Buñuel』, Clarendon Press,
　　　　　　　1995.
임호준 | 『스페인 영화』, 문학과지성, 2014년.
잭 씨 엘리스 | 『세계 영화사』, 변재란 옮김, 이론과실천, 1996년.
장 클로드 스갱 | 『스페인 영화사』, 정동섭 옮김, 동문선, 2002년.

정동섭 | 『20세기 스페인 시의 이해』, 전북대학교출판문화원, 2016
「루이스 부뉴엘의 <비리디아나>에 나타난 정신분석학적 요소
─들: 지그문트 프로이트의 이론을 중심으로」, 한국스페인어문학
회, 『스페인어문학』, 84호, 2017, 211-231쪽.
네이버영화
네이버지식백과
다음백과
위키백과
사진 출처: 네이버 & 위키피디아 영문판

11장 미셸 공드리 ─ 현실과 환상의 경계 넘기

김현희 | 「미셸 공드리의 초현실적 세계를 표현하는 수공예의 연출 기법에 관
한 연구-미장센 요소 세트, 소품, 의상을 중심으로-」, 『기초조형학
연구』, 16권, 2015, 203~216쪽.
김선형 | 「미셸 공드리 영상에 나타난 초현실주의적 요소들」, 『인문콘텐
츠』 제17호, 2010. 305~326쪽.
방윤경 | 「<수면의 과학〉에 나타난 시뮬라시옹 표현기법 연구」, 『만화애
니메이션연구』, 2011, 135~154쪽.
최현주 | 「미셸 공드리 감독의 표현주의적 영상 미학-영화 <이터널 선샤인>
과 <무드 인디고>를 중심으로」, 『애니메이션연구』, 12권, 2016,
183~198쪽.
네이버 영화
네이버 지식백과
위키백과
사진 출처: 네이버 영화

12장 스탠리 큐브릭 ─ 개인의 욕망·광기와 국가의 폭력

김시무 | 「스탠리 큐브릭 감독 연구 -반전(反戰) 영화 삼부작을 중심으로」,
부산대학교 영화연구소, 『아시아영화연구』, 6권 2호, 2014,
65~89쪽.
김현승 | 「영화 '2001: 스페이스 오디세이'와 '인터스텔라'에서 모노리스의 기
계적 특수효과와 진화에 대한 연구」, 한국영상제작기술학회, 『영
상기술연구』. 2017년 12월, 197~210쪽.
김혜정·이상례 | 「스탠리 큐브릭의 영화 <로리타(1962)>에 나타난 의상의 상
징성에 관한 연구」, 한국패션비즈니스학회, 『패션비즈니스』, 13
권 1호, 152~166쪽.
박수미a | 「스탠리 큐브릭 영화의 기호와 심리」, 한양대학교 현대영화연구
소, 『현대영화연구』, 24호, 2016, 229~253쪽.

박수미b ┃ 「스크린에 재현된 문자예술 -얻는 것과 잃는 것, <롤리타>를 중심으로-」, 한양대학교 현대영화연구소, 『현대영화연구』, 17권, 2014년, 197~228쪽.

박수미c ┃ 「아폴론적 질서에 던지는 의혹의 시선 - 스탠리 큐브릭의 <샤이닝>」, 동덕여자대학교 인문과학연구소, 『인문과학연구』, 21호, 2013, 33~58쪽.

이태훈 ┃ 「스탠리 큐브릭 감독의 영상 스타일 분석 연구(그의 영화 "시계태엽오렌지(1971)"를 중심으로)」, 한국디지털정책학회, 『디지털융복합연구』, 제15권 9호, 2017년 9월 30일, 453~461쪽.

최윤식 ┃ 「인간이 만들어낸 세계, 그 속에서 파괴되는 인간 - 〈메탈 자켓〉 (스탠리 큐브릭, 1987)을 보고」, 『씨네포럼』, 제2호, 1999년 12월, 152~162쪽.

네이버영화
네이버지식백과
다음백과
위키백과
사진 출처: 위키피디아 영문판